«За гранью непознанного»

Л. А. Секлитова
Л. Л. Стрельникова

ВЫСШИЙ РАЗУМ ОТКРЫВАЕТ ТАЙНЫ

4-е издание

Москва

Амрита-Русь
2008

УДК 133.18
ББК 86.42
С28

Секлитова Л.А., Стрельникова Л.Л.

С28   Высший Разум открывает тайны / Л.А. Секлитова, Л.Л. Стрельникова. – 4-е изд. – М. : Амрита-Русь, 2008. – 432 с. – (Серия «За гранью непознанного»).

ISBN 978-5-9787-0170-8

Данная книга открывает серию «За гранью непознанного» и рассказывает о первых контактах группы энтузиастов с Высшим Разумом. Здесь вы можете найти ответы на вопросы про НЛО, снежного человека, ознакомиться с эзотерической трактовкой некоторых политических событий. Контактеры рассказывают о своем опыте взаимодействия с тонкими мирами, предупреждают об опасностях, с которыми можно столкнуться на этом пути.

УДК 133.18
ББК 86.42

ISBN 978-5-9787-0170-8

ВВЕДЕНИЕ

Данная книга является самой первой в серии диалоговых контактов и отображает наши начальные, робкие и неумелые шаги в познании загадочного Космоса и самих себя. Она охватывает период с 1990 по 1992 годы и написана в соответствии с первоначальным уровнем понимания происходящих событий и получаемой информации.

Предлагаемая Вашему вниманию публикация является стенографической записью контактов, которые провела группа энтузиастов по изучению аномальных явлений с Системой Высшего Разума. Контакты велись в форме устного диалога посредством контактеров, обладающих способностью подключаться к каналу связи с Высшим Разумом. Вопросы, подготавливаемые к каждому контакту, не подбирались по единому плану и определялись кругом интересов каждого участника контакта.

Мы соприкоснулись с неведомой пока Человечеству областью Вселенского Разума. Встречные вопросы участникам контакта, указания и пожелания в их дальнейшей деятельности, а также определённый запрет на разглашение части информации, данной в ходе контактов – всё это говорит о существовании Высшего Разума как объективной реальности. О степени достоверности информации, содержащейся в данной публикации, читатель может судить по неординарности подхода и теме обсуждения, а также по самому стилю изложения ответов на вопросы, что позволит ему отбросить мысль о возможной мистификации со стороны участников контакта.

Вопросы и ответы приведены не в хронологической последовательности их получения, а группировались по тематике, поэтому некоторые начальные вопросы попали в конечные главы и выглядят несколько наивно по сравнению с предыдущими.

Из конспекта исключены многие вопросы личного характера, вопросы, касающиеся работы группы, а также информация, на которую наложен запрет.

Надеемся, что данный материал поможет вашему разуму подняться над суетой жизни, укажет вашей душе путь к очищению, поможет вам стать добрее, выше, духовнее. В этом – цель движения Человека по бесконечной спирали космического развития.

С КАКОЙ ЦЕЛЬЮ ВЫСШИЙ РАЗУМ ВЫХОДИТ НА КОНТАКТЫ С ЛЮДЬМИ
(работа группы)

Прежде чем начать разговор, давайте определимся – что такое Высший Разум.

Нельзя сказать, что мы вели диалог с истинно Высшим Разумом, который сотворил весь Космос, всё мироздание, и всю материю в нём. До Него мы тогда ещё не доросли, и надо было пройти десятилетний путь исканий и испытаний, прежде чем удостоиться чести говорить с Богом. Но в то время для нас всё являло Высший Разум. Мы стояли в начале пути, и поэтому стали вести диалоги сначала с помощниками Бога. Конечно, мы можем назвать их тоже Высшим Разумом по отношению к себе, потому что Они ни по каким показателям не могут сравниться с нами, настолько мы отстали от Них. Но дело в том, что Они знают, что и над ними есть тоже Высшие, которым подчиняются в свою очередь Они сами. Поэтому мы Их назвали Высшими Иерархами Земли, так как Они непосредственно управляют ею.

Но в то же время мы начали беседы и не со своими Небесными Учителями*, хотя именно такая связь казалась бы наиболее простой и доступной, а с более высоким Уров-

---

* Здесь и далее, слова, отмеченные звездочкой смотри в словаре.

нем Высших Личностей, пребывающих уже в самой Иерархии Бога на Уровне, стоящем выше Уровня тех, кто ведёт человека по жизни. Небесные Учителя ведут человека по программе, и не более. А Высшие Иерархи занимаются управлением и перестройкой Земли. Первоначально трудно было разобраться, с кем мы говорим, потому что для человека все, кто Вверху – Высшие, все Боги. Но человек привык к одному Богу, а Их оказалось множество, и требовалось время, чтобы досконально разобраться – кто в действительности есть кто и чем занимается. А для этого в процессе учебы надо было перестроить свое сознание с материалистических догм на позиции духовной основы, переосмыслить понятия, увидеть за ложным истину и старое соединить с новым.

Но для правильного понимания читателем информации, переданной Высшими Иерархами, необходимо внести некоторые пояснения.

В данной книге представлены материалы контактов, полученные в результате работы группы людей самых разных профессий, начиная от преподавателя музыки, врачей и кончая инженером-связистом. Но работа, которую произвела рабочая группа города Александрова с октября 1990 г. по ноябрь 1992 г., представляет собой уникальный и неповторимый на Земле труд, в результате которого получена новейшая информация от Иерархов Высшего Разума, управляющих Землёй, управляющих именно Россией.

Этот эксперимент Иерархов Земли единственен в нашем мире, единственен и неповторим. Я не боюсь показаться нескромной, но та информация, которая получена нашей группой, не ограничивается только той, что представлена в этой первой книге. Впоследствии нами была получена более развёрнутая, углубленная и тематизированная информация. Но она представлена нами в других книгах.

В первые годы нам давали упрощённые понятия, как и полагается для начинающих, но впоследствии все понятия усложнились и, если сравнить тексты первых контактов в 1990 г. и дальнейшие в 2000 г., то последние превышают уже уровень академических знаний. В данной же книге – азы понимания земного и других миров. Здесь начало нашего нового осмысления мира.

Впервые Боги приоткрыли людям свои тайны, впервые открыли то, что никогда не знала данная цивилизация.

Цель их информации – сдвинуть с мертвой точки науку, давно зашедшую в тупик, целенаправить её и, самое главное, – образумить человечество, поднять мораль и нравственность, открыть ему смысл своего существования, его обязанности перед Космосом, перед Вселенной и своим Создателем.

Те, с кем мы общались, дали нам такое понятие, как «энергия».

Но этот термин несёт в себе не тот физический смысл, который вкладывают в него наши учёные, хотя оно включает, конечно, и этот смысл тоже, но как часть того большего, что представляет на самом деле.

В наших контактах слово «энергия» представляет собой ту тончайшую материю, из которой состоит весь мир, вся Вселенная и абсолютно вся материя в ней.

Материя – это не что иное, как самый грубый вид энергии, полученный в результате определённых преобразований её. И всё, что окружает нас, и всё, что существует во Вселенной – это всего лишь бесконечные виды энергии, более грубой или более тонкой. Материя – её низшее проявление. Высшее её проявление – Дух, Бог.

Что же собой представляют Те, с Кем мы общались? Они назвали себя «Союз», сказав, что это слово наиболее распространено у нас на Земле среди всевозможных обществ и поэтому будет понятней нам хотя бы потому, что Они тоже представляют собой объединение нескольких космических Систем, заведующих на нашей планете разными народностями и нациями.

Каждая Система, в свою очередь, представляет собой высокоразумное сообщество энергетических индивидуальностей, которые в одной Системе, в зависимости от уровня развития и энергетического потенциала, объединяются в Уровни и Подуровни. Чем более высоким энергетическим потенциалом обладает Уровень, тем выше он стоит на ступенях Иерархии, и тем большее число нижележащих Уровней ему подчиняется. Причём, у Них существует чёткий закон беспрекословного подчинения нижерасположенного Уровня высшему.

Чтобы проще было понять, что такое **космическая Система,** * проведём следующую аналогию: у людей человеческое сообщество называется **цивилизация**, у Них называется **Система**. У нас называется **нация**, объединяющая людей по внешним физическим признакам, у Них называется **Уровень**, где Сущности, или Сути, объединяются по качеству и количеству энергетической мощности, соответствующей их степени развития, по энергопотенциалу.

Иерархическое строение «Союза» показано на рис. 1.

Можно сказать, что Уровни* и Подуровни – это особые миры для существования высокоразвитых личностей, находящихся на том плане бытия, который соответствует их степени развития. Это у нас на Земле всё смешано: и высшие, и низшие, и светлые, и тёмные – все в одном городе, на одном предприятии, в одном доме. А в тонких мирах всё строго разложено, как говорится, по полочкам, там каждому своё место в соответствии с достигнутыми индивидом внутренними духовными накоплениями.

Но вернемся к нашим Иерархам.

Высший Мир спустился на Землю со своих невиданных высот, чтобы образумить человечество, стремительно несущееся к гибели, и с осени 1989 г. по 1993 г. включительно землян одолели всевозможные контактеры. И каждый призывал, и каждый утверждал, что он связан с самим Богом. И каждый из них был прав по-своему.

Как было назвать себя Высшим Иерархам, чтобы человеку стало понятно – кто Они? Из самых Высших миров человек знаком только с Богом, Иисусом Христом, Пресвятой Девой Марией, поэтому, подключаясь к контактёрам, Иерархи назывались человеку именами, знакомыми ему.

Трудно порой бывает объяснить низшему на ступенях Иерархии, кто он есть. Как, к примеру, нам объяснить муравью – кто мы такие, чем занимаемся. А мы с муравьями из одного мира. И тем более трудно объясняться тем, кто из другого мира, из другого измерения, совершенно иначе устроены и имеют колоссальный интеллект по сравнению с нашим. Поэтому можно сказать лишь в общих чертах, что мы начали своё контактирование с Иерархами Высшего Разума, которые тоже отличаются друг от друга и по степени мышления, и по интересам, и по многим другим показателям, неизвестным нам.

Язык ответов иногда может показаться корявым, не на высоком литературном уровне. Но это объясняется тем, что Они использовали, во-первых, словарный запас наших восемнадцатилетних контактёров, а запас слов в таком возрасте ещё не высок, тем более что Космосом они (контактёры) никогда раньше не интересовались; во-вторых, те личности Иерархов, которые контактировали с нами, впервые освоили нашу современную разговорную речь.

Почему Они осваивали её? И у нас возник такой же вопрос: если Высшие контролируют человечество, то почему не знают нашего языка?

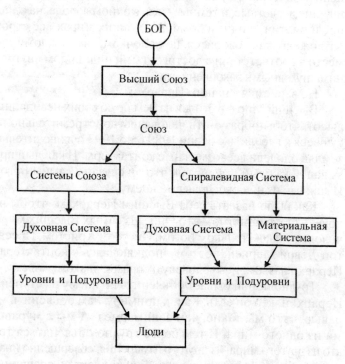

Рис. 1

Здесь надо сделать пояснение. Наш человеческий язык знают только те Уровни, которые непосредственно осуществляют связь с человеком. Это обычно Определители и те Высшие, которые непосредственно занимаются Землёй. Им понимание нашего языка необходимо, чтобы вести с людьми определённую работу.

Остальным Вышестоящим Иерархам знание языка не требуется, так как у них идёт снятие с нас информации мгновенно с помощью энергетических импульсов, причём, снимают такую полную информацию, о которой мы и не подозреваем. Между собой же Они общаются с помощью импульсов. У них отсутствует языковая форма связи. Наш язык Им надо было освоить только для того, чтобы мы смогли понять Их, но не Они нас. Они всегда понимали человека, а вот он Их – в редких исключениях. В своих контактах мы поднялись выше тех Личностей, которые занимались Землей и знали языки, то есть тем, с которыми мы общались, пришлось осваивать наш язык и наши современные понятия, чтобы человек смог Их услышать. (В их мирах существуют другие понятия и смысловые категории. – *Прим. авт.*)

Трудность в понимании друг друга заключалась еще в том, что Они жили в одном мире, мы в другом; среди Них существовали одни понятия, среди нас – совершенно другие, к тому же у нас укоренилось детское представление о том, что Они должны знать о нас почему-то абсолютно всё: к примеру, почему закончился неудачей полет «Фобоса-1» или почему кто-то не нашел в любви свою вторую половину. С таким же успехом нас может спрашивать муравей о своих собратьях по муравейнику или выяснять у нас, кто возглавит их муравейник через пять лет.

И, несмотря на подобную разницу в развитии и образе жизни, Иерархи пытались отвечать нам и даже давать некоторые прогнозы. Но я использую подобное сравнение с муравьями, чтобы мы хотя бы немного научились понимать несоизмеримость многих вещей и понятий, хотя бы на таких наипростейших примерах научились сравнивать, анализировать и понимать, что есть миры, где совершенно всё устроено по-другому. И как порой трудно Им перевести свои понятия на наш уровень восприятия. Иногда это оказывается так же невозможно, как рассказать тому же муравью об устройстве телевизора. Поэтому надо осознавать некоторые Их затруднения в донесении до нас многих смысловых образов, о которых мы вообще не имеем никакого представления, или они у нас неправильны. Отсюда и те причины, по которым Они или уклонялись от некоторых ответов, или отвечали слишком односложно.

Они сами объяснили трудности изложения некоторой информации таким образом, когда был задан следующий вопрос:

— Является ли каждое число натурального ряда выражением определённого количества энергии? Содержит ли единица, к примеру, квант энергии?

— Нет, это по-вашему, земному. У Нас совершенно другая нумерология. Каждой энергии соответствует не только число, но и звук, и симптоматичность, и спектральность. Понятно? Мы не рассматриваем всё в плоскости, мы рассматриваем всё в Великом объёме. И нам бывает очень тяжело объяснить то, что спрашиваете вы, потому что вы находитесь в трёхмерном пространстве и вы сами трёхмерны. Мы – многомерны, и Нам поэтому бывает очень трудно в ваш крошечный объём сознания вложить целый объёмный комплекс наших знаний. Мы опасаемся за ваши мозговые функции и за то, что контактёр не сможет перевести информацию. Он будет говорить лишь звуки, непонятные вам.

Ещё одной из причин, по которой скрывалась от нас часть информации, явилось то, об этом тоже надо упомянуть, что существует информация, на которую наложен запрет, и запрет потому, что человек не достиг определённого уровня понимания, точнее, совершенствования, и то, что должно пойти на благо, может направить во зло.

Однако через множество контактов мы пришли к максимальному пониманию друг друга. И, несмотря на некоторые первоначальные наши неудачи, группой получена интересная информация и о Космосе, и о самом человечестве.

И вновь в который раз Высшие Иерархи приблизились к Земле, чтобы проконтактировать с человеком и в который раз воззвать к его совести, разъяснить его роль в Космосе, пробудить сознательность, а также ниспослать новую надежду на вечную жизнь и сказать вновь, что после смерти жизнь продолжается,.. но или в раю, или в аду; что есть ступени, ведущие вверх и вниз, и человек вправе выбирать, но Они, всё-таки, надеются на благоразумие человека и торжество в нём его Высших Начал.

СОСТАВ РАБОЧЕЙ ГРУППЫ
(на период с 1990 по 1992 гг.)

Первые контактёры:

1. Марина Молодцова – 18 лет, студентка медучилища.
2. Владимир Чичилин – 19 лет.
3. Стрельникова Лариса – 18 лет.

Члены группы:

1. Дмитриев Александр Владимирович – инженер-электрик.
2. Панкратов Владимир – инженер-технолог.
3. Панкратова Наталья – врач.
4. Чичилина Татьяна Васильевна – инженер-экономист.
5. Чичилина Анна – студентка.
6. Молодцова Наталья Александровна – инженер-радиотехник.
7. Стрельников Александр Иванович – инженер-конструктор.
8. Стрельникова Людмила Леоновна – инженер-конструктор.
9. Стрельникова Лариса Александровна – радиотехник.
10. Фадеев Михаил – физик-математик.
11. Салкин Николай Васильевич – инженер-связист.
12. Голубин Сергей – рабочий.
13. Громов Владимир Николаевич – инженер-строитель.

Позже трансовыми контактёрами стали:

1. Чичилина Анна – 23 года.
2. Чичилин Аркадий – 11 лет.
3. Дмитриев Александр – 31 год.

Телепатический канал получили:

1. Стрельников Александр.
2. Стрельникова Людмила.
3. Фадеев Михаил.

Каналы связи были даны ещё нескольким членам группы, но так как наука их не особенно интересовала, то, попробовав несколько раз свою связь и получив немного информации, они перестали пользоваться каналами, и последние были вскоре аннулированы.

Особенно хочется выделить работу контактера Стрельниковой (Секлитовой) Ларисы, которую «Союз» впоследствии избрал своим основным источником информации после отхода от контактов Чичилина Владимира и Марины Молодцовой. Ей был передан основной канал связи с Высшим Разумом и оказано высокое доверие «Союза» по принятию информации о Законах Мироздания, по которым существует вся Божественная Иерархия. Информация была принята, расшифрована, и на ее основе была написана одноименная книга – «Законы Мироздания или основы существования Божественной Иерархии», а также получена другая уникальная информация, вошедшая в последующие книги. В данную же книгу вошла информация, принятая другими контактёрами.

НАЧАЛО КОНТАКТОВ
(РАБОТА ГРУППЫ)

С чего начались наши контакты?

Можно сказать, что начались они с увлечения «летающими тарелками», с создания в нашем городе клуба по изучению аномальных явлений. Организатором клуба стал Шишкин Юрий Анатольевич, член московской уфологической комиссии.

В наших местах часто видели неопознанные летающие объекты, и Юрий Анатольевич создал небольшую инициативную группу по исследованию предполагаемых мест посадки НЛО. Начались выезды на места приземления странных объектов, энтузиасты делали замеры, съёмки, обнаруживали мощные поля неизвестного происхождения и, не думая о возможных отрицательных последствиях, рискуя здоровьем, изучали неизвестное и собирали материалы, о которых докладывали на клубе.

Клуб Юрий Анатольевич предложил назвать «Контакт» и, что удивительно, название оправдало себя, через какое-то время у нас начались сплошные контакты, но не с физическим миром, а с тонким, невидимым для нас энергетическим планом бытия.

В клубе работала маленькая группа людей, которые пытались понять – как же устроен мир, откуда взялся на Земле человек, и действительно ли со смертью для человека всё кончается. Но подобные знания в то время (1989 г. – *Прим. авт.*) были недоступны для простого читателя при том уровне духовной информации, которая окружала современного человека. Мы ничего не знали ни о религии, ни о Боге, ни о Вселенной, ни о самом человеке. Однако в душе жила вера в Высший Разум, в то, что невозможно появиться такому даже простому чуду, как цветок, из мирового хаоса без участия мысли.

Развал в стране, известия о «летающих тарелках», другие странные случаи в жизни заставляли нас искать объяснение происходящему. И мы послали к нашим Высшим Братьям, обитающим в поднебесье, мысль-запрос:

– Если Вы существуете, отзовитесь. Дайте хотя бы какой-то знак.

Как ни странно, но наша мысль по непонятным в то время для нас причинам дошла до Них, и Они стали думать, как спуститься к нам и заговорить с людьми на их примитивном языке.

Высшие разработали целый план по вопросам совместной работы Их с людьми. Конечно, в то время нам казалось, что инициатива шла от нас, мы Их звали, мы добивались встречи с Ними. И только спустя десять лет, когда основной подготовительный путь был пройден, и наше осознание выросло на порядок, мы поняли, насколько были наивны и насколько преувеличивали собственные силы. Но данное повествование я так и решила оставить, исходя из наших первоначальных, примитивных понятий о Них и о себе. Поэтому продолжаю историю познания с позиций того времени.

Наши физические тела к моменту начала контактов были очень слабы, чтобы воспринять Их первоначальную энергетику, поэтому началась энергетическая подготовка к контактам. Сначала Высшие Учителя нашли в нашем городе человека, живущего недалеко от нас, который смог принять на себя очень большой поток энергии, человека-трансформатора, который затем в малых дозах стал перераспределять эту энергию на людей. Этим человеком оказалась Наталья Графова.

Она должна была подготовить нас к контактам энергетически. Фактически же Графова открывала нам каналы связи, работая с самой верхней нашей чакрой – сахасрарой. Своей мощной энергией она прочищала каналы, открывала чакры и поднимала энергетику оболочек до должной величины. Такова физическая сторона её работы, хотя на бытовом плане это выглядело иначе.

Наталья Графова – женщина 35 лет, невысокого роста и очень мощного телосложения, по всем физическим параметрам она подходила для трансформации энергии. На Графову с небес полился невидимый поток, проявив в ней способность показывать людям картины астрального мира, а некоторых отправлять в путешествия в их тонких* оболочках. Свыше ей давалась энергия* и основные понятия. Она знала, для чего ей эта энергия, что нужно с нею делать, какие пассы проводить над головами людей, чтобы включить их в энергетические потоки; знала, какие пояснения давать при работе с ними. Знания приходили ей в голову как бы сами собой, и она рассказывала совершенно удивительные вещи, но понимала, что эти знания ей дают Небесные Учителя.

В это же время по городу пронёсся слух, что Графова учит людей «летать» в тонкие миры. И все, кто не боялся вылететь из своего бренного тела или кто просто желал посмотреть с закрытыми глазами необычные цветные картинки, ринулись к ней.

Нашей дочери, Ларисе, вдруг нестерпимо захотелось научиться парить в таинственных тонких мирах. «Хочу летать», – заявила она нам и предложила: – «Пойдёмте, попробуем». Мы с мужем засомневались: – «Вылетать из своего тела опасно. Этот опыт ещё не изучен». Но она отшутилась: – «Всё равно однажды вылететь придётся, надо готовиться заранее». А так как нас и самих неудержимо влекло к необычному, и это влечение было сильнее чувства самосохранения, то мы всей семьёй отправились к Наташе Графовой. Так начались наши встречи с необычным.

У Графовой собирался самый разный народ, но в основном фантазёры, романтики, люди, ищущие новые впечатления и пытающиеся осмыслить непонятное; приходило много любопытных и случайных зевак, которые после неудачных попыток «полетать» по тонкому миру сразу же уходили, ничего не почувствовав и не увидев. Оставались те, у кого что-то получалось. Таким образом, шёл отсев лишних естественным путём.

Здесь, за подобной игрой, наши небесные исследователи делали нам энергетические инъекции, проверяли, кто на что способен, и одновременно готовили контактёров.

На сеансы к Графовой собиралась группа в 8–10 человек. Наталья включала лёгкую музыку, просила сесть поудобней, расслабиться и закрыть глаза. Подходя к каждому, делала над головой определённые пассы, прочищала верхние чакры – и люди чувствовали, как от её рук идет мощная энергия, давящая на голову.

Через какое-то время у некоторых появлялись перед закрытыми глазами цветные картинки: у кого-то смутные, у кого-то разыгрывались целые сцены, другие отправлялись в путешествия по планетам Солнечной системы. Сеанс длился час-два. Потом мы сверяли свои видения. У некоторых иногда картинки совпадали, в основном, как ни странно, они носили религиозный характер: мы видели церкви, диковинные золотые росписи в них, иконы, фрагменты соборов. Многие видели человеческий глаз, который возникал во тьме и то приближался, то удалялся, как бы, следя за человеком. Были и члены группы, которые ничего не видели и никуда не летали, оказавшись не способными на подобные вещи, но энергию, давящую на голову, ощущали и энергетический уровень свой всё-таки повышали, напитываясь энергией, как губка водой. Правда, так как их оболочки не привыкли к ней и были ещё слабы подолгу удерживать её, то после сеансов энергетика частично спадала.

Как оказалось, люди с большой физической массой способны воспринимать на себя без особой подготовки мощные потоки космической энергии. Энергетическая ёмкость тучного человека в несколько десятков раз больше, чем худого.

Три месяца мы терпеливо пытались вылететь из своего тела или открыть хотя бы «третий глаз», но у всех членов моей семьи перед глазами появлялись только картинки. Больше всего в них преуспела дочь Лариса. Но она терпеливо пыталась и вылететь из своего тела, однако последнего не получалось, так как выяснилось позднее, что ей это просто не нужно. Перед ней в будущем стояли другие задачи. Нас радовали только картины, связанные с природой или религиозными сюжетами. В церквях мы всегда бывали только внутри и никогда снаружи. И хотя желанные полёты не получались, мы увлеклись встречами с тонким миром, в который заглядывали краешком глаза.

Основные встречи переместились к Графовой, а клуб стал существовать только для отчётов, но его тематика стала меняться, постепенно переходя с «летающих тарелок» на эзотерические темы.

Высшие Иерархи, следя за нашей игрой, преследовали свои цели и, прозондировав группу, из множества людей, прошедших через руки Натальи Графовой, выявили только трёх способных к словесному контакту. Это были восемнадцатилетняя Марина Молодцова, девятнадцатилетний Володя Чичилин и наша дочь Лариса, которой тоже в то время было восемнадцать.

Почему такие молодые? Нам пояснили позднее, что их мышление не засорено всякими догмами и теориями, которые во многом оказываются ложными и мешают правильному изложению новой информации.

Дочь Лариса вместе с другими контактёрами тоже попробовала принимать информацию, но ввиду своей скромности не захотела участвовать в массовых контактах, когда надо было сидеть перед группой взрослых людей и отвечать на их вопросы. Она была слишком стеснительна и малообщительна для такой работы, поэтому предпочла какое-то время только слушать своих сверстников, явившись постоянным и самым тихим и незаметным членом нашей группы. И таким образом, слушая новую информацию, она самообразовывалась в нужном направлении, усваивая понятия, которые потребовались ей для будущей работы.

На первые словесные контакты наших молодых контактёров, Марину и Володю, вывел Александр Дмитриев. На первых порах он стал лидером произвольно сформировавшейся контактной группы. Саше было 30 лет, по профессии – инженер-электрик, в силу молодости он оказался более смелым в своих начинаниях и поисках в той области, которая нам была совершенно не понятна. Он первым начинал задавать вопросы Высшим Иерархам и вёл с Ними беседы.

Честно говоря, вначале мы чувствовали себя неловко перед Ними, и как-то язык не поворачивался спросить Их о чём-то, поэтому первые контакты вёл Саша, а остальные предпочитали слушать. И лишь через три контакта мы осмелели и тоже начали задавать вопросы.

Мы считали, что заслуга в том, что разговорные контакты состоялись, принадлежит нам: мы сами смогли благодаря способности наших контактёров подсоединиться к Ним и заговорить, но «Союз» (будем называть их тем именем, которое Они дали себе – _Прим. авт._) как-то подправил нас и заодно поставил на место:

– Помните – не вы подсоединялись к Нам, а Мы – к вам.

Эта фраза сказала очень многое: мы были обязаны Им, но не Они – нам. Высшие Иерархи осуществляли свой план по пробуждению в человеке духовности и Веры, новой Веры. Человечеству давалась Новая вера, основанная на энергетических понятиях, освещающая новым светом истины старые понятия, раскрывающая их истинную смысловую суть. Высшие Иерархи дают возможность человеку по-новому осознать веру в бессмертие, веру в самосовершенствование души, в существование Высших Духовных Миров, веру в возможность здесь, на Земле, стать на ступень выше в своём развитии, чтобы оправдать доверие Бога, создавшего бессмертную душу человека.

Они руководили нами сверху, а мы этого не замечали. Но именно Их руководством объяснялось то жгучее желание, с которым члены группы собирались сначала у Натальи Графовой; а потом у нас, Стрельниковых.

В первоначальную группу вошли: Саша Дмитриев, Володя Панкратов; Володя (сын), Анна (дочь), Аркадий (сын), Татьяна Васильевна (мать) Чичилины; мы втроём, Стрельниковы: Александр Иванович (отец), Людмила Леоновна (мать), Лариса (дочь, впоследствии сменившая фамилию на Секлитова); Марина (дочь), Наталья Александровна (мать) Молодцовы и Михаил Фадеев, которые получили космические имена, согласившись добровольно работать на иерархические Системы «Союз». Остальные пришли позднее и не имели уже космических имён, но стали активными членами нашей группы.

На каждый контакт люди собирались, как на праздник. В наших глазах горело вдохновение и детское любопытство познать непознанное. Казалось чудом разговаривать с Небожителями, невидимыми для нас и превосходящими человека во всех отношениях. Их величие ощущалось сквозь расстояние, а в интонации ответов сквозила непостижимая мудрость, благородство и то таинство, которое оставалось за гранью человеческого понимания. Для нас началась сказка, в которой было и прекрасное, и грустное, были надежды и разочарования.

Что любопытно – на первый Маринин контакт я расставила в комнате произвольно 13 стульев, и пришло ровно 13 человек. Я поняла, что это Они телепатически внушили мне, сколько людей будет присутствовать на сеансе связи.

Первый контакт состоялся с Уровнем Системы 42 в октябре 1990 года.

На начальных сеансах «Союз» часто сообщал энергетические уровни каждого члена группы. Но постоянно отвлекать Их на такие мелочи было неудобно, поэтому Александр Иванович стал думать – чем же можно замерять этот невидимый и неосязаемый показатель. Никаких приборов у нас, конечно, не было. Он упорно размышлял над этим вопросом, и, как всегда в затруднительных случаях, помогли наши Высшие Учителя. Однажды перед сном, когда он расслабился, его осенило: «Замерять можно биолокационной рамкой».

На следующий день он попробовал осуществить идею. Не сразу, но после ряда попыток рамка заработала. Для контроля замеры проверили на контакте и «Союз» подтвердил, что они правильны. После этого рамкой было сделано много интересных замеров и открытий.

Диалоги с Высшими Иерархами продолжались. Во время контакта на всю группу уже напрямую из Космоса посылалась энергия, мы ощущали её давление, жар, но были уже вполне достаточно подготовлены Наташей Графовой для нормального восприятия её потоков. Графова, выполнив свою задачу в отношении нас, перешла в оздоровительный сектор, а мы стали работать обособленной контактной группой.

Свыше нам было предоставлено право энергетического и интеллектуального роста, то есть мы должны были сами работать над собой, делая дыхательные и другие упражнения, повышающие физическую энергию тела, а также должны были повышать свои знания, касающиеся Высших сфер и Космоса. До этого все мы являлись неверующими материалистами, поэтому никто из нас не читал ни Библии, ни одной книги по эзотерике или теософии. В Их глазах мы выглядели полными неучами и невежами в данных вопросах, но Они терпеливо работали с нами, учили, наставляли.

В самых первых контактах на вопрос: «С кем мы говорим?», Они отвечали не именем «Союз», а называли номер Уровня*. То есть это выглядело так:

– С кем мы говорим?

– Уровень 42.

– Что означает этот Уровень?

– Ваш мозг привык воспринимать всё в числовых единицах, поэтому Мы даем их для вашего понимания. Цифры помогут понять направление вашего движения.

То, что Уровни – это ступени нашего восхождения к Богу, мы тогда ещё не знали, шли через непонятное и, как дети, восхищались тому, что можем слышать из другого мира голоса Учителей человечества. Как многое хотелось у Них узнать, как много надо было спросить! И Они спокойно и с достоинством слушали взволнованные голоса своих учеников. С Ними невозможно было разговаривать без волнения. Разве, что только Дмитриеву удавалось это делать без внутреннего трепета.

По мере контактов менялись наши вопросы от простого к сложному, и соответственно повышался тот Уровень, с котором мы вели разговор. То он становился 46, то поднимался до 52, но всё шло постепенно. А когда мы на одном из контактов опросили:

– Что такое вдохновение?

Они сразу же сообщили:

– Уровень 56.

В данном случае переход состоялся сразу же на одном сеансе с 52-го Уровня на 56-й скачкообразно.

Как оказалось, вопросы делятся на отдельные группы по энергетическому содержанию. Поэтому за вопрос более высокого порядка Они сразу же повысили наш Уровень. Контактёр при этом испытал лёгкий духовным подъём, как будто молниеносно перескочил с первого этажа на четвёртый. Подобным скачком Они дали нам понять, что вопрос вопросу – рознь, и их энергетическое выражение отличается от тех смысловых, к которым мы привыкли. К примеру, многие технические вопросы, несмотря на свою сложность, более чем тридцатому Уровню не соответствуют.

Когда мы шаг за шагом поднялись до Уровня 100, нам объявили, что теперь с нами будет работать «Союз». То есть, если говорить точно, то это девять иерархических Систем, находящихся уже в Иерархии Бога. Мы привыкли Их называть просто космическими Системами, хотя это несколько не так. Именно это содружество: девять Божественных Систем – дали человечеству арабские цифры (1, 2, 3,…9) по числу Систем «Союза», и каждая цифра по качеству энергетики соответствует своей Системе.

Надо сказать, что наш рост шёл нелегко. Давил быт и общая разруха экономики. Тогда еще все мы работали на предприятиях, успевали делать хозяйственные дела в семьях и по вечерам в свободное от работы и быта время занимались контактами и повышением своего интеллекта в новой для нас области, перерабатывали кучу литературы, чтобы подготовить вопросы, выяснить, что ещё неизвестно человечеству или уточнить правильность известного. Пытаясь понять, какие вопросы Они ценят, а какие – нет, мы искали, анализировали и вместе с этим развивались сами именно в том направлении, которое Им требовалось.

Часто Они просили нас не задавать двойных вопросов, то есть, чтобы одно предложение не содержало в себе два противоречащих друг другу вопроса. Эта двойственность человеческого изложения своих мыслей Им очень не нравилась. К примеру, был такой вопрос, касающийся катастрофы в 1996 году:

– В катастрофе обязательно погибнут хорошие люди, или Вы их вывезете из опасных мест?

– Нет, – коротко ответили Они.

Вот и пойми – к первой части вопроса относится это «нет» или ко второй. А переспрашивать мы не решались, так как Они нам очень строго объявили:

– Не повторяйте вопросы. На каждый ответ Мы тратим очень много энергии.

Поэтому нам было крайне неловко уточнять, чувствуя свою вину за неумение составлять вопросы. Для людей, конечно, это было вполне нормально для разговорной речи, но у них был другой тип мышления, требующий последовательности и чёткости. Поэтому в дальнейшем мы старались изжить двойственность формулировок и выражаться более чётко, но вряд ли нам это удалось в полной мере.

Не в обиду будет сказано многим, но люди с высшим образованием, в основном техническим, не умели составлять вопросы на одну тему. На один контакт надо было придумать как минимум 40–50 вопросов. Первоначально каждый спрашивал всё, что взбредет в голову. И поэтому тематика была самая разнообразная и крайне разбросанная. Когда эти вопросы задавали контактёру, у неё распухала голова от их разноликости, точнее её мозг испытывал крайние перегрузки при их переводе, и наши Учителя сделали нам замечание, пояснив, что каждый вопрос несёт в себе мысль, то есть определённый энергетический заряд. А раз вопросы разные по своей сути и не объединены определённой тематикой, то и заряды у них очень разные. Для лучшего нашего понимания Они сравнили энергетические заряды, скрывающиеся в вопросах, с лифтом, который поднимается то на 15 этаж, то вынужден опуститься на второй, то снова взмывает на девятый. Конечно, от такой работы мозг контактёра испытывает перенапряжение. Гораздо легче контактёру, когда выбрана одна тема, и все вопросы строятся на основе общей тематики. Однако группе долго пришлось учиться этому, чтобы добиться кое-каких посредственных результатов в работе на одну тему.

Я обратила внимание, что некоторые люди, даже с высшим образованием, вообще не способны были задавать вопросы, не касающиеся быта и своей материальной жизни, не способны задать вопрос о природе, о Высшем мире и прочем. Одну тридцатилетнюю женщину, окончившую институт и очень грамотную в техническом отношении, я спросила – какой бы вопрос ей хотелось задать Им, раз есть такая возможность. Она месяц думала и так и не смогла придумать ни одного вопроса. Вот уровень мышления многих людей на данный момент времени. Кроме узкого быта и своей специальности с заученными догмами они ничего не знают и не способны свободно мыслить. А разве таким должен быть человек?

Поэтому Они и спустились к людям со своих высот, чтобы напомнить старые знания, дать основу к новым учениям, пробудить интерес к чужим мирам, к другим существам.

Уровни, начавшие беседы с нами, можно сравнить для простоты понимания с некоторыми отделами на крупном предприятии. Каждый отвечал за какую-то определённую группу знаний, и когда мы задавали вопрос на тему не их ведения, Они делали запрос в другие «отделы» и потом уже отвечали нам.

Чичилина Татьяна Васильевна, например, интересовалась:

– С кем из «Союза» конкретно мы общаемся?

– Это трудно сказать точно, – отвечали Они. – Нас много и Мы – одни.

– Что Вы из себя представляете?

– Вам трудно Нас представить, но попробуем объяснить попроще. Если взять лист, разделить его на клетки и обозначить каждую клетку цифрой, то получится лист с клетками, где у каждой клетки будет имя. Но вместе – это лист.

Уровни вели связь с человеком на современном языке и сами осваивали наш язык постепенно. Мы наблюдали, как Они учатся строить предложение, иногда неправильно и косноязычно. Для них главным в вопросе была интонация нашего голоса. От простых и кратких ответов Они перешли впоследствии к довольно пространным объяснениям.

Иерархи пользовались словарным запасом контактёров и, когда не находили в их голове нужных данных, так и говорили:

– У контактёра нет в запасе подходящего слова.

Пример того, как Система, с которой мы работали, выискивала в нашем уме нужные слова, можно рассмотреть на следующем диалоге. Контакт проводила Марина Молодцова. Вопрос задавала её мать – Молодцова Наталья Александровна:

– Я слышала, что какой-то антибиотик провоцирует рост раковых клеток. Вы не смогли бы его назвать?

– У контактёра нет в запасе такого названия, под которым существует это лекарственное вещество. Если хотите его узнать, сядьте рядом. Мы направим энергию в ваш мозг. Это название находится в вашем мозгу, вы его вспомните. – (Они откуда-то знали, что название искомого антибиотика находится в голове Натальи Александровны, хотя она сама была уверена, что оно ей не известно. – *Прим. авт.*)

Наталья Александровна садится на стул рядом с Мариной. Присутствующие замирают в ожидании чуда.

– Сосредоточьтесь, пожалуйста. Называйте лекарства, – приказывают Они.

– У меня в голове названия – стрептомицин, пенициллин... – говорит она робко и с придыханием. Наталья Александровна волнуется, и все названия вылетают у неё из памяти.

– Расслабьтесь максимально. Отбросьте все посторонние мысли, – вновь приказывает Они.

– Тетрациклин, бицилин, сульфадимезин... эритромицин... – продолжает перечислять Наталья Александровна.

– Да, этот, – прерывают Они её на последнем названии.

Состоялась стыковка понятий. Но откуда Они определили, что у одного человека такого понятия нет, а у другого есть? Это осталось для присутствующих загадкой.

Я упомянула, что Наталья Александровна волновалась перед невидимым собеседником. Но это не было случайным и единственным фактом, волновалась не только она, а многие из нас. Я не говорю – все, потому что чувствительность высоких энергий у всех разная. И кто чувствовал Их приближение, те волновались, кто не чувствовал, оставался спокойным.

До начала контакта обычно оставалось ещё несколько минут, а ты уже слышал, как громко в твоей груди начинало колотиться сердце. Сердце не видело, оно чувствовало Их приход. И позднее по тому факту – колотилось ли сердце взволнованно или нет – можно было тоже судить: приближаются Они или нет.

«Союз» тоже хорошо чувствовал каждого нового члена группы. Однажды у нас присутствовал человек, который, по мнению «Союза», отвлекал контактёра и, чтобы он не мешал, они сделали так, что за время сеанса он не мог не только слова произнести, но и пошевелиться. Сам гость, делясь позднее впечатлениями, сказал, что он словно окаменел на какой-то срок – всё слышал, видел, но совершенно не владел своим телом, сидел, как каменное изваяние. Но как только сеанс закончился, у него всё восстановилось. И рассказывая нам о случившемся, он не мог понять, что с ним произошло.

ЗАГАДКИ НАШЕГО МИРА

Контактёр Молодцова Марина (18 лет)
Начало контактов – 31 октября 1990 г.
Вопросы Стрельникова А.И.:

– С какой целью летают НЛО в нашем районе – Александров, Карабаново (Владимирская область)?

– Для выправки тектонических подвижек.

– Верно ли утверждение, что в окрестностях Загорска (Московская область) в глубине земли существует особая геологическая платформа, которая помогает осуществлять связь человека с Космосом?

– Да, верно.

– Как влияет деятельность человека на состояние этой платформы?

– Взаимоотношения людей сейчас ухудшились, а также ухудшилось и их влияние на окружающую среду. Но чем больше человек внедряется в природу, тем хуже делает не только себе, но и самой Земле, поскольку вы знаете, что Земля – живой организм со своим разумом.

– Откуда взялись круги на хлебных полях под Харьковом?

– Круги – это энергия, которая послана третичными системами. Они скоро исчезнут, но прежде выполнят свою программу.

– Какую?

– У них миссия нагнетания зла.

– Как защититься от них?

– Защититься смогут люди, которые способны воздействовать на других людей и ставить на себя защиту, то есть энергетически более сильные.

— Что вызвало взрыв Тунгусского метеорита в 1908 году? Почему в этот день перед взрывом люди видели полёт двух светящихся тел, одно из которых маневрировало в полёте?

— Взрыва метеорита не было. Вашу Землю хотели погубить.

— Кто?

— Неважно. «Союз» предотвратил это событие.

— Почему видели два тела?

— Смотря какие тела. Если тело в виде светящегося шара – это посланец от «Союза», а если в виде материальных объектов, то это инородный контакт.

— Погиб ли космонавт Юрий Гагарин в 1968 году? Как объяснить слова ясновидящей Ванги: «Гагарин не погиб, он был взят»?

— Погиб материальный объект. Душу* взяли Мы. Смерти не существует в Космосе.

— С какой целью вы его взяли?

— Цель была запланирована.

— Чем вызваны аварии спутников «Фобос-1» и «Фобос-2»?

— Спутники были сбиты одним из кораблей галактической системы.

— Почему они их сбили?

— Спутники могли им повредить.

— Как?

— Не всё ещё можно знать людям.

— Что такое Бермудский треугольник?

— Канал для материальных (для «летающих тарелок» – *Прим. авт.*).

— Куда исчезла эскадра американских самолётов в районе Бермудов?

— «Летающие тарелки» забрали их себе.

Контактёр Аркадий Чичилин (11 лет)

— В каком месте находится погибшая Атлантида?

— Там, где сейчас бермудский треугольник. Материк затонул, и работает его энергетика, цивилизация затонула. Она была очень высокого уровня развития, и Мы возлагали на нее большие надежды, как на вашу Россию, но она пошла низким путём и возомнила себя великой, выше «Союза». Она хотела завладеть всей Землёй. И могла это сделать.

– За счёт чего?

– У них было всё: подводные лодки, самолёты и многое другое.

– Что стало с людьми Атлантиды?

– Некоторые Атланты были хорошими людьми, они не желали завоевания всей Земли. Они были увезены на другие планеты, в другие цивилизации. А некоторые переправились сами на другие земли.

Контактёр Марина Молодцова
Вопрос Стрельникова А.И.:

– Почему комета Галлея резко увеличила свою яркость в начале этого года, когда пролетала в районе Сатурна?

– Здесь сыграли свою роль множество факторов. Земля в данном десятилетии находится в необычном своём состоянии и так же, как и все другие небесные тела, подчинённые законам Галактики, влияет на менее совершённые космические тела, находящиеся в Космосе. Земля так же, как и другие преобразованные тела нашей Галактики, повлияла на комету. Когда она пролетала по своему курсу, Землёй было выделено огромное количество энергии, нужной людям, за счёт чего произошло очень много катаклизмов и стихийных бедствий на Земле. Вот поэтому древние люди считали, что кометы несут зло.

Вопросы Куницыной Т.Н.:

– Где сейчас находится планета Немезида, и в каком году она приблизится к Земле?

– Немезида находится на этапе своего движения между двумя планетами, которые закрыли ее от взора. Люди смогут ее увидеть в 2049 году.

– Каков её период обращения вокруг Солнца?

– Данные ищите в своих книгах.

– Что вызовет на Земле её приближение?

– Катастроф она вызывать не будет. Но начнёт изменяться природа, появятся новые растения и животные.

– Как это отразится на человечестве?

– Появятся люди нового плана. Они будут мыслить по-другому, чем настоящий человек.

Вопросы Стрельниковой Л.Л.:

– Такие игры, как домино, игральные карты, шахматы – даны из Космоса?

– Да. Эти игры даны для прогресса глубины вашего мышления. (Эта информация была получена мною в сновидении, но правильность её осмысления я решила уточнить на контакте, поэтому был задан такой вопрос. – *Прим. авт.*)

– На Земле иногда появляются редкие животные типа Лох-Несского, хотя подобные виды давно вымерли. Откуда они берутся и для каких целей?

– Космос пытается реабилитировать всех, которые когда-либо исчезли на Земле по вине человека, но это почти не удаётся.

– Почему поиски Лох-Несского чудовища людьми не увенчались успехом?

– Дело в том, что в дне озера есть отверстие, ведущее в другое подземное озеро, куда оно и прячется.

– Дельфины – существа с высокоразвитыми умственными способностями. Какова цель их существования на Земле?

– Это отдельная группа животных, которая не контактирует духовно с человеком. Точнее, они созданы отдельно от человека и взаимодействуют с Космосом, причём их контакты намного продуктивнее, чем ваши. Они дают Нам намного больше информации, чем вы, и их энергетика в миллионы раз чище, чем ваша.

– С кем мы общаемся на спиритических сеансах: с оболочками умерших людей или с другими сущностями?

– Вы общаетесь с информационным полем Планеты, в которое входят все приобретённые мысли человечества. Вам в сознание приходят те мысли, которые когда-то уже были высказаны. Вы как бы улавливаете эти мысли из оболочки планеты.

– Но при этом точно воспроизводится характер умершего человека. Или это идёт из нашего подсознания?

– Происходит взаимосвязь того и другого.

– Вредно ли заниматься спиритизмом?

– Всё хорошо в меру.

– У людей в некоторых домах встречаются мохнатые существа – домовые. Из какого они мира?

— Из вашего, земного.

— Они находятся на другом энергетическом уровне?

— Это хорошие существа, но они обладают более высокой энергетикой, чем вы, люди. Мы относимся к ним очень хорошо.

— Расскажите что-нибудь о них?

— Они вас часто пугают своими действиями, своими неадекватными способностями, как, например, исчезать и появляться в совсем другом месте, выполнять какие-то замысловатые движения. Они часто вам не нравятся потому, что вредят вам. Но это вызвано, прежде всего, плохими действиями человека. Сами же существа совершенно безобидны, если к ним хорошо относиться, и должны вами восприниматься так же, как домашние кошки и собаки. Более того – вы должны относиться к ним на равных хотя бы потому, что они энергетически выше и умнее вас.

— Как им удалось набрать такой высокий энергетический уровень?

— Это не им «удаётся». Это то же самое, что и характер у людей – каждый вырабатывает его в ходе совершенствования. Также и Уровень – он нарабатывается за счёт развития.

— А увидеть мы их можем?

— Для того, чтобы им проявиться на материальном плане, они, как все существа развитых цивилизаций, должны потратить очень много энергии. Поэтому они этим не злоупотребляют.

— Кто такой снежный человек? Его происхождение и цель существования на Земле?

— Это разумное существо, которое давно обитает на Земле. Оно обладает телепатией и на расстоянии улавливает мысли приближающихся к нему людей. Оно осуществляет связь с Космосом, контактирует, давая сигналы в нужную Систему. Его разум на 10 степеней выше, чем у человека, но живёт оно своими понятиями. Снежный человек – посланник инопланетян.

— Для чего снежный человек заброшен на Землю?

— Перед ними стоит экологическая задача. Они покажут те участки Земли, которые экологически чисты. Людей заставят очищать Землю.

– Как снежный человек контактирует с людьми?

– Естественно, телепатически.

– Заложено ли в его сознании понятие морали и гуманности?

– Не совсем так. Дело в том, что это не человек, это своеобразный гуманоид. Понятие человеческой гуманности, как таковой, у него отсутствует. Перед ним была поставлена определённая задача, которую он выполняет. Всё остальное его не касается.

Вопросы Стрельникова А.И.:

– Снежный человек по своему типу больше подходит к биологическому роботу?

– Да.

– У нас на Земле имелись случаи его жестокого отношения к животным и людям. Чем это объяснить?

– Это связано с тем, что люди в своих мыслях имели нехорошие намерения, пытались захватить его для своих целей. Животные по отношению к нему тоже выражали агрессивность. Это была его ответная защитная реакция.

Вопросы Стрельниковой Л.Л.:

– Снежный человек лишён творческого начала?

– Зачем вам это знать?

– Почему при своём большом уме он не способен что-нибудь создавать?

– Высокий ум здесь, на Земле, ему дан не для того, чтобы он думал и творил прекрасное. Вы сами говорите – это биологический робот, выполняющий свою программу. И его разум направлен совсем на другое. Он проявляется в другом.

– Обладает ли снежный человек свойством быть невидимым для людей?

– Да, обладает.

Вопросы Стрельникова А.И.:

– Владеет ли он левитацией?

– Владеет.

– Появление снежного человека на Земле входит в программу её развития?

– Да, входит. Существо это неземное, осуществляет связь Земли с Космосом, и способности у него космические.

— Кем и когда он был заброшен к нам?

— Определённой Системой. Названия у неё нет, а есть свой шифр. Под руководством этой Системы находятся все существа на вашей планете, которые предназначены для связи с Космосом и человеком. Это промежуточное звено необходимо для контроля над деятельностью человека. Эти существа представлялись людям или чудищами, или непонятными объектами и до конца не были изучены.

— Надолго ли он заброшен на Землю?

— Это зависит от выполнения им своей миссии на Земле. Как только он её выполнит, так исчезнет.

— Почему ни разу не находили его останки после смерти?

— Он способен на очень многое. Если человек убьёт его на материальном плане, он способен сразу воплотиться в то же существо, то есть после вылета души он снова тут же возвращается в своё тело, уже восстановленное. Убить его может только его Система.

— Как обеспечивается энергообмен снежного человека при недостатке физической пищи? Получает ли он энергию из Космоса для своего питания?

— Получает из Космоса и ещё от людей. Всё взаимосвязано. И снежный человек питается энергией этого союза.

— Единственная ли у него миссия на Земле – улучшение экологической обстановки?

— Нет. Миссия у него огромная, а это только часть. Ещё в его обязанности входит: стабилизация отношений между людьми, компенсация в недрах Земли тех веществ, которые на исходе, и стабильность энергообмена.

ПРЕДСКАЗАНИЯ

Контактёр Марина Молодцова
Вопросы Молодцовой Натальи Александровны:
— Существует ли русская Шамбала? Нам сказали, что это треугольник – Москва – Киржач – Александров?

— Чуть дальше: Москва – Сергиев Посад – Махра.

— Кто управляет этой Шамбалой?

— Могущественные силы.

— Они с Земли или от Космоса?

– И те, и другие.

– То есть они взаимодействуют?

– Постоянно.

– Какая у них цель?

– Направить человечество на истинный путь.

– А сейчас (22 июня 1991 г. – *Прим. авт.*) намечаются какие-то действия на улучшение окружающей обстановки?

– Сейчас очень много зла именно в русской Шамбале. Космос направляет импульсы на подавление зла, но пока до 1993 г. зло будет преобладать в Шамбале. В это время произойдут огромные изменения в сфере психики человека, произойдёт переоценка ценностей. Многие люди поймут, что зря прожили жизнь, и тот остаток жизни, который остался, начнут заниматься другим делом, то есть совершать благие поступки во имя добра. Этим характеризуется ближайший период. Следующий период будет характеризоваться активностью добрых сил. Он продлился с конца 1993 г. по 2000 год. Это будет наиболее активный период, поскольку в это время произойдёт массовое просветление душ в физических оболочках. Будет очистка внешней окружающей среды и, поскольку давление за счёт светлых сил будет увеличиваться, тёмные силы фонтаном хлынут в Космос, где будут нейтрализованы.

– Правда ли, что Христос посетил Шамбалу?

– Мы можем сказать – правда, но и посещать можно по-разному. Для вас же Шамбала – это Мы. Это Дух. Это царство и храм Божий. Конечно, Он и другие, как и Рерихи, посещали Шамбалу своими мыслями. И образ Шамбалы может возникать в глазах посвящённых людей так же, как может возникнуть у вас, если вы достигнете высокого уровня сознания. И тогда Шамбала явится к вам в дом, в келью, в квартиру, в сад, где бы вы ни находились. И не обязательно уходить в Гималаи или пустыню. Это представится вам вдохновением. Вы закроете глаза – и увидите её. Но предварительно надо научиться высоко, духовно мыслить, отдавать всего себя миру, Земле, людям.

Вопросы Салкина Николая:

– Как Вы относитесь к государственности?

– Каждое государство – это особая структура общества, особая психология.

Оно устанавливается по программе Свыше. Это есть стадия в развитии общества. В каждом государстве существует одна или несколько наций, объединённых общим управлением. Наличие разных государств позволяет иметь многовариантность. Если гибнет одно государство, другое расцветает, поэтому жизнь не прекращается, если каким-то нациям что-то не удаётся. Если бы люди всей Земли жили в едином государстве, то в случае гибели системы общего государства погибли бы все. К тому же, такое единение невозможно из-за психики человека.

– Значит то, что наше государство СССР сейчас разваливается – это происходит согласно программе?

– Да, это программа.

– А что же тогда будет с нашей Россией, она погибнет?

– Она преобразуется, как будет преобразована и вся Земля. Планета перейдёт на другой этап своего существования. Но всё произойдёт в своё время. Всё имеет определённые границы развития.

– Что ожидает нас в скором времени? (Ноябрь 1991 г. – *Прим. авт.*)

– Вы знаете, что на Земле расширяются озоновые дыры. Через них из Космоса будет поступать сильнейшая энергетика, которая повлияет на души людей. Эта энергетика усилит все дарования, которые имеются на данный момент у людей. И экстрасенсы, которые обладают от природы такими способностями, получат особый заряд энергии, после чего они смогут влиять на людей только с противоположной стороны. Им будет казаться, что они помогают людям, но на самом деле они будут просто разрушать их биополя. На остальных людей из Космоса тоже будет поступать огромная энергетика, и их душевные оболочки будут просто-напросто взрываться. На физическом плане люди будут сходить с ума.

– Что ожидает Грузию в ближайшее время, затихнет ли там война? (Сентябрь 1991 г. – *Прим. авт.*)

– Волнообразная схема событий. Они то будут утихать, то снова обострятся.

Контактёр Володя Чичилин
Вопросы Стрельникова А.И.:

– К какому времени относится «час Х»?

– Он начнётся с 1996 года и продолжится далее.

– Что случится?

– Начнутся различные катаклизмы с многочисленными жертвами.

– А Москву заденет?

– Будут техногенные катастрофы.

Вопросы Дмитриева А.:

– Какого рода катаклизмы ожидаются в нашей стране?

– Сильно льётся вода. – Контактёру показывают картинку. Он докладывает Нам: – Походит на наводнение, вода повсюду, люди тонут.

Надо заметить, что Володя сидит с закрытыми глазами, и картинки открываются его внутреннему зрению, когда это необходимо. Так же происходило и у Марины.

Вопросы Чичилиной Татьяны Васильевны:

– Предскажите, пожалуйста, какое-нибудь важное событие в нашей стране, которое произойдёт в ближайшее время? Это необходимо, чтобы нам верили другие люди (январь 1991 г. – *Прим. авт.*).

– Какой год интересует?

– 1991 год.

– Это будет в основном 17–22 августа 1991 г. – (Они предсказали августовский путч в Москве, когда руководитель нашего государства Горбачёв М.С. отдыхал в Форосе на даче. Противники попытались свергнуть его. Путч был предсказан нам за восемь месяцев до начала событий – *Прим. авт.*) – Будет пик вашей политической неурядицы. К этому времени часть ваших объединённых обществ, республик, вернутся к прежнему положению разобщённости. Они сделали неправильный шаг на разъединение.

– Кто победит – Горбачёв или Ельцин?

– Не победит ни тот, ни другой. Придёт Третий, который поставит всё на место. Он придёт позже.

– Вы сможете предотвратить кровопролитие в республиках Прибалтики, которое сейчас начинается?

– В республиках, которые относятся к Нам, мы сделаем. В республиках, которые управляются другими Системами, произойдут некоторые изменения. Но в основном всё пройдёт мягко, вас не затронет.

Вопрос Дмитриева А.
Контактёр Марина Молодцова
– Придёт ли диктатура пролетариата?
– Трактовка неправильная, – делают Они замечание.
– Тогда опишите, что произойдёт в период с 1991 по 1997 годы, – поправляется Дмитриев.
– Медленно, но человечество будет познавать истины. Для людей уже не станет новостью то, что душа отделяется от тела. И подобную информацию будут воспринимать спокойно. Люди разделятся на две группы: добро и зло. Одни будут использовать энергию Космоса и его знания на благо, другие будут противодействовать этому. В конечном итоге, количество людей, летающих в астрал, увеличится. Из Космоса будет получен большой объём информации для научных целей. С помощью нетрадиционных методов люди будут воздействовать на болезни, психику и улучшать жизнь.

Иногда мы не задавали специальных вопросов, требующих непосредственно прогнозов на ближайшее или далёкое будущее, но, спрашивая о чём-то, получали информацию предсказательного характера, например такого содержания.

Контактёр Марина Молодцова
Вопросы Стрельникова А.И.:
– Катастрофы на шестой параллельной планете кем вызываются: самой планетой или Высшим Разумом?
– Вашу Землю тоже ждёт катастрофа. Это будет вызвано обитателями вашей планеты. То же самое и на шестой параллельной планете.
– Когда нас ожидает эта катастрофа, и какая?
– Взрыв всей планеты. (Предсказание может сбыться только в случае неправильного выполнения человечеством своей программы. Переход на более высокий духовный Уровень поможет ему избежать трагедию. Но если человечество, несмотря на предупреждение, не одумается, то будет так, как говорят Они. – *Прим. авт.*)
– И как скоро это может произойти?

– Не беспокойтесь, вы до этого не доживёте.

Утешение было очень приятным, хотя, впрочем, было бы заманчиво явиться свидетелем такой грандиозной катастрофы. Но зато предсказание Володи обнадёживало стать участниками катастроф поменьше, начинающихся с 1996 г.

Вопросы Громова В.Н.:

– В печати появилось сообщение, что 17 июня 1992 года на Земле будет высадка десанта из «проклятых миров» с целью порабощения Земли тёмными силами. Есть ли тут какая-то доля истины?

– Да, есть. Но десант будет не в том виде, в каком вы представляете: на парашютах, в физическом теле. Будет нашествие из параллельных миров энергетических сущностей, которые постараются вредить людям.

– И дата эта совпадает?

– Дата совпадает, но это только начало.

– Они будут видимы?

– Нет. Они останутся невидимы для человека. Их смогут увидеть только те, у кого открыт «третий глаз».

– Каковы меры предосторожности?

– Меры предосторожности – это энергозащита, о которой мы скажем позже, кроме того – очищение собственной души молитвами, чистыми помыслами, добрыми пожеланиями.

– А людям тоже эти методы рекомендовать?

– Рекомендуйте почаще ходить в церковь, так как церковь сама по себе – это сильное оружие против таких сущностей. Во-вторых, нужно немного попоститься, то есть произвести очистку не только души, но и собственного тела, так как всё внутри вас взаимодействует. И, в-третьих, посоветуйте людям больше читать духовной литературы и почаще заниматься дыхательными упражнениями и всякими прочими практиками такого рода. Вся работа должна быть направлена на самосовершенствование и на очистку души и тела.

– Вы хотели рассказать об энергозащите, – напомнил Громов.

– Надеемся, ваше воображение работает хорошо. У кого-то оно лучше, у кого-то хуже, но всё-таки работает.

Нужно представить своё тело, заключённое в шар. Это небольшая защита, но её хватает на полдня. Лучше всего ставить на себя защиту два раза в день: на ночь и утром – и тратить на это необходимо очень много энергии. Можно представить себя под куполом. Если хотите посильней защиту, ставьте один купол за другим, пока не почувствуете себя полностью защищённым.

Вопросы Салкина Н.:
– Так же и на детей?
– Да, так же. Если надо, ставьте защиту и на других. Вам это восполнится.
– Защиту ставить каждый день?
– По необходимости, и когда вы будете общаться с людьми, отсасывающими энергию.

СИМВОЛИКА

Контактёр Марина Молодцова
Вопросы Дмитриева А.:
– Что обозначает символика пятиконечной звезды?
– Она многое обозначает, смотря как её повернуть.
– Если остриё направлено вверх?
– Для некоторых людей это обозначает защиту, для других – разрушение поля.
– А если повернуть остриём вниз, что она будет означать?
– Дьявольскую силу.
– А что означает шестиконечная звезда?
– Сильную защиту и нейтрализацию тёмных сил.
– Чей символ восьмиконечная звезда?
– Символ одного из Подуровней, который находится на несколько Уровней выше нас.

ПОЛИТИКА. ЛИЧНОСТИ

Контактёр Марина Молодцова
Вопрос Лапина С.Г.:
– Являлась ли коммунистическая идеология новой религией XIX–XX веков?

— Понятия у вас немного искажены, но не в этом суть. Мы поняли, что вы хотели узнать. В начале XX столетия и вплоть до 1970-х годов это была, действительно, ваша религия, но это сказано очень грубо, поскольку религия может существовать только на основе Божественности, на основе настоящей веры человека в Бога. Коммунизма при данном состоянии человечества быть не может. Это ваше заблуждение.

Салкин Н.В.:

— Каково ваше отношение к материальным благам? У нас сейчас идёт такая идеология (июнь 1991 г. – *Прим. авт.*) – кто больше других работает, тот должен и больше получать. Вы это не приветствуете, конечно?

— Нет, мы эту идеологию приветствуем.

— Значит, выходит – наша Россия идёт не по тому пути?

— Вы не совсем ясно представляете себе путь России. Внешне это действительно так. Ваша страна свернула на новый путь. Как это у вас называется... перестройка. И чем больше заработал, тем больше получил – это вы так видите свой внешний путь. На самом деле внутренний её путь, то есть путь мировой Души, путь страны идёт по иной дороге, потому что люди пытаются найти истину не в материальном, а в духовном. Поэтому люди обращаются к Богу, что Мы приветствуем. Другая сторона – материальность – очень мешает этому, но внутренний путь, так как он сильнее и направлен на благо людей, победит обязательно.

Лапин С.Г.:

— Возможно ли существование человечества без войн и болезней?

— Возможно, но такого никогда не будет. Можно сказать даже, что это маловероятно, потому что в основе каждого человека лежит очень много недостатков, которые рождают новые и новые войны, и болезни. Только тогда, когда человек изменит свой образ жизни и внутреннее состояние, его покинут болезни, дурные мысли и намерения. Он задумается о совершенствовании своей души, своего тела и, возможно, его будут занимать другие проблемы, такие, как контактирование, налаживание связи с Космосом.

Это Нам кажется наиболее важной проблемой, чем войны и собственное благосостояние.

Дмитриев А.:

— Какую роль играют вожди?

— Ваш Бог был человеком. (Они имеют в виду Христа, но Дмитриев называет не ту личность в связи со своим материалистическим образованием. – *Прим. авт.*)

— Это Ленин?

— Ваш Бог не Ленин, – говорят Они. – Не обижайтесь, пожалуйста, но не отвергайте религии. Вождя у вас быть не может. Есть Разум. (Замысловатое Их изъяснение, очевидно, можно понять как то, что любой вождь назначается более Высоким Разумом. – *Прим. авт.*)

Панкратов В.:

— Ленин – развитая душа?

— Да.

— Почему тогда наше общество зашло с ним в тупик?

— В тупик загнал общество не он, а сами люди.

— Ленин, претендуя на роль вождя, владел судьбами людей. Почему Система разрешила это?

— Некоторые стороны его личности были поддержаны Высшими. Само желание совершенствоваться – приветствовалось.

— Какова ваша оценка Ленина?

— Нельзя сказать, что он хороший или плохой. В каждом человеке имеется и то, и другое. Всё, что делает человек на Земле – всё запрограммировано. Мы не можем осуждать программу. Мы можем только советовать.

— Расстрел Ленина входил в программу тех событий, которые протекали в то время?

— Покушение на Ленина было запрограммировано.

— Посылали ли Махатмы с Тибета одобрение Ленину, когда он совершил революцию?

— Это не совсем так. Это был импульс, но не одобрения, а импульс к дальнейшим действиям.

— Почему Рерих и патриарх Тихон разоблачали Ленина?

— Мы поможем сказать, что они оба правы. Их действия были подчинены их программе. Поэтому они не могли себя вести иначе.

– Каково ваше отношение к нашей революции 1917 года в России, которая привела к падению духовности? Чем обусловлено ваше бездействие?

– Не надо огорчаться, но это есть эксперимент «Союза» на проверку силы вашей Веры в Бога. Но вы поддались на зло.

– Но почему люди выбрали не то, что надо?

– В это время был послан импульс. Его восприняли неправильно.

Дмитриев А.:

– А расстрел Кронштадтского мятежа был тоже запрограммирован? Для чего нужны были жертвы, для какой цели?

– Расстрел был запрограммирован. Но выбор делают сами люди. Это больные проблемы общества.

– Мы в этом виноваты?

– А кто вас винит?

– В 1937 году общество требовало казни людей. (Речь идёт о сталинских репрессиях. – *Прим. авт.*)

– Это было неправильно.

– Но как тогда ориентироваться на оценку общества? Тысячи людей считались врагами народа.

– Оценка общества здесь не приветствуется. Человек должен делать то, что считает нужным для его судьбы и совершенствования души.

Лапин С.Г.:

– Жертвы Гражданской, Отечественной войны, жертвы репрессий оправданы ли? Нужны ли они были человечеству?

– Они не нужны были людям. Это недостаток человечества. Так было запланировано как вариант развития, это программа, которая выполняется на протяжении развития человечества. Этих жертв могло бы и не быть, если бы не свершились определённые события в истории вашего общества, которые повлекли за собой следующие события. Всё связано с выбором людей. Как вы знаете, развитие человечества идёт по цепочке, но с каждым столетием эта цепочка отправных точек отклоняется на несколько градусов от своего намеченного пути. Из-за этого не выполняются кое-какие намеченные события, и в итоге вы получаете то, что имеете на данный момент.

Панкратов В.:
– Масонство – это один из путей к истине?
– Оно выходит на Высший Разум.
– Каков его конечный этап?
– Диалог с Высшей Силой.

Контактёр Володя Чичилин
– От чьего лица выступали Елена и Николай Рерихи?
– От лица Системы. Они существуют среди нас.

Чичилина Т.В.:
– Почему они поддерживали идеи Ленина?
– Они поддерживали его желание совершенствоваться, помочь чем-то людям.
– Имеете ли Вы какое-то отношение к упомянутому в трудах Рериха «Высшему миру»?
– **Мы дали эти знания.** Не надо их присваивать кому-то. Да, такой мир есть. Это созвучно вашим понятиям.
– Научные труды великих учёных – это Ваша заслуга или результат деятельности разума человека?
– Какие лица вас интересуют конкретно?
– Например, конструктор космических кораблей – Королёв.
– Королёв был признан учёным на Земле. Он экспериментировал и создавал свои работы на основе трудов других учёных, он много думал и много сделал для ваших контактов с планетами. Он труженик.
– А Циолковский?
– Не надо присваивать другим чужие труды. Мы говорили вам.
– Но мы не знали этого разделения.
– Какого именно?
– Для нас Циолковский был видным учёным.
– Он получил информацию от Нас.
Из Их слов следует, что Циолковский был контактёром и основную информацию о межпланетных полётах получил от Системы, с которой контактировал. Но это не означает, что наше уважение к нему от этого должно быть меньше, ибо чтобы принять и осмыслить передаваемую информацию

тоже надо иметь определённый Уровень развития и подготовки. Человек, не обладающий специальными знаниями, не способен воспринять точно подобную информацию.

Контактёр Марина Молодцова

Стрельников А.И.:

– Можно ли Вам задать вопросы по книге Даниила Андреева «Роза мира»?

– Пожалуйста?

– Откуда Андреев получил информацию для своей книги?

– Андреев был подключён к одной из Систем «Союза».

– Даниил Андреев в «Розе мира» пишет о великих демонах государственности, существующих в форме громадных спрутов и управляющих каждым государством. Так ли это?

– Это преувеличено. Что вас интересует?

– Есть ли пространства с двумя пространственными координатами и несколькими временными?

– Да, они существуют.

– Существа, обитающие в этих мирах, верно ли описаны в «Розе мира»?

– Да, это энергетические существа, меняющие свою форму и своё направление в окружающем пространстве. Но всё это относится только к земному плану.

– Андреев пишет, что Соборная Душа России сейчас находится в плену у демонических сил в низших слоях нашего мира, поэтому Россия терпит столько бедствий. Соответствует ли это истине?

– Все эти мысли высказаны им. Они прошли через его личные образы, понятия, через его мозг. Каждый человек видит мир по-своему. В данном случае всё немного преувеличено, но само ядро истины сохраняется. Да, действительно, как пишет Даниил Андреев, активизировались тёмные силы и направили всю свою мощь на то, чтобы задержать общее развитие цивилизации на Земле. Они хотят направить его в сторону деградации или, в худшем случае, направить совершенно по другой линии развития, но не вперёд, а назад с небольшим отклонением. Чтобы вы лучше представили эту мысль, вообразите себе единицу, направленную своим углом вперёд – тупик. Это тот самый путь, который предполагают выбрать данные тёмные силы. Поэтому во многих сферах вашей жизни всё складывается неблагополучно.

Стрельникова Л.Л.:

— Серафим Саровский – святой. Он спас от греха многих людей. Даниил Андреев дал людям информацию в книге «Роза мира». Кто из них более ценен?

— Наше мнение такое. Саровский одухотворил материю, в которой пребывал. Андрееву это сделать не удалось. Но мы не осуждаем, мы говорим о двух личностях: одна была готова, чтобы одухотворить материю, другая – чтобы дать информацию. Но все молятся и поклоняются Саровскому и получают от него большую помощь. С вашей точки зрения, чисто человеческой, Андреев, конечно, ближе и понятней вам, и его жизнь более близка: он сидел в лагере, принял большое мучение; но они шли совершенно разными путями: праведным – Саровский и очеловеченным – Андреев.

— Существует ли кармическая связь между писателем и созданными им персонажами?

— Да, связь существует.

— Должен ли он после своей смерти направлять на восходящий путь отрицательных персонажей?

— Должен работать и над отрицательными и над положительными персонажами. Они живут вместе с ним в его подсознании.

Салкин Н.:

— Как Вы относитесь к книге Андреева «Роза мира»? Вы согласны с его идеями?

— Мы не можем быть согласны или не согласны. Вам было сказано, что этот человек воспринимал информацию через своё понимание, поэтому в том, что он написал, есть много искажений. Но это его творчество. У вас должна выработаться своя точка зрения на данную информацию.

ЭКСТРАСЕНСЫ

Контактёр Марина Молодцова

Дмитриев А.:

— Необходимо ли экстрасенсу перед сеансом лечения ставить на себя энергетическую защиту?

— Защита ставится, если вы не уверены в окружающих людях. Защита нужна каждому. Есть люди, которые непроизвольно выкачивают энергию из других и отдают её злым силам. Перед сном вы должны очищаться, каждому необходимо читать одну-две молитвы. После этого можно тоже поставить на себя защиту в форме шара.

Лапин С.Г.:

— Сеансы Кашпировского имеют и положительный, и отрицательный эффект. Значит, психотерапия может нанести вред?

— Экстрасенсы, подобные ему, используют энергию Космоса и самого человека. Их действие Мы основали на том, что они забирают энергию у здоровых людей и переносят на больных. Организм их использует дополнительную энергию. Кроме того, человек верит в свои силы, и Вера является дополнительной помощью. Здесь происходит комплекс лечения: дополнительная энергия плюс собственная энергия, мобилизуемая определённой установкой на лечение. Но не всем полезна такая энергия, так как к собственной энергии больного примешивается энергия другой частоты. Каждый человек индивидуален. Для него нужен свой подход. Сеансы должны проводиться индивидуально, с глазу на глаз, чтобы быть уверенным в положительном исходе сеанса.

— Как конкретно Кашпировский осуществляет свою работу?

— У него имеется определённая система, по которой он действует. Он держит её в секрете, но вскоре секрет раскроется.

Контактёр Анна Чичилина (23 года)

— На основе чего у экстрасенса вырабатывается способность собирать энергию в себе и передавать затем её другим?

— Ни один экстрасенс не накапливает энергию по собственному желанию, как бы он это ни называл: «концентрация» или «я желаю», «я хочу». Нет, это, всё не так. Экстрасенс – это программа, которая разрабатывалась специально Свыше. И поэтому этот экстрасенс с детства был помещён в определённое географическое положение (место рождения), сопряжённое с осью вращения Земля и осью вращения Земли – Солнца – великого энергетического питателя, а также Луны, балансирующей энергию. Ни один экстрасенс не помещён просто так; каждый, даже самый маленький экстрасенс, будет выдавать то, что запрограммировано. Ни одна энергетическая единила не идёт от его желания. И если его программа заканчивается, Мы его или совершенно забираем, или же он переходит на другую стадию работы, чтобы не ущемлялось его достоинство. Но никогда он не может сказать: «я эту энергетику даю сам». Ему дают её на определённое дело, на то, которое нужно. Так, например, работают Кашпировский и Чумак, и множество других экстрасенсов. Откуда, например, многие знают, что существует полярность экстрасенсов, и что северному Кашпировскому нельзя владеть массой юга. Северный Кашпировский принесёт им лишь травмы и непонимание. Однако многие относятся к нему с большой симпатией, несмотря на его многие отрицательные человеческие качества. Все даём Мы: и знания, и энергию.

– Если человека наделяют сверхспособностями, как Кашпировского, то как это отражается на его душе? Не способствует ли её деградации, ведь он пользуется чужой силой?

– Сверхспособностями Кашпировский не обладает. Такие способности имеют многие сейчас. Дело в том, что он сумел активизировать своё поле. За счёт него он стал оказывать влияние на биополя других людей, что нередко приводило к ухудшению их здоровья. Но он влиял также и положительно на больных. Однако это было временным эффектом. Позднее к этим людям вернётся их прежний недуг с ещё большей силой. В дальнейшем мы постараемся, чтобы у людей такие способности больше не активизировались. Или, если они будут обнаруживаться, то постараемся не давать им ходу.

Чичилина Т.В.:

– Почему же тогда Кашпировский так безбожно работал с общей массой населения, хотя знал, что наносит многим вред? Или он не понимал этого?

– Это тоже программа, тестирование людей. И, конечно, вначале он ничего не знал.

– А сейчас?

– На данный момент он это понимает (30.12.91 – *Прим. авт.*). Вначале были пробы и наши. Было массовое выявление физических, травматических и других ос-ложнений тела. У Кашпировского была большая программа диагностирования общего состояния физических оболо-чек масс, выявления предрасположенности к контактёрской деятельности и распределение нашей энергетики. Мы ему говорили: «Не пользуйся благом нашим, как тебе забла-горассудится, а пользуйся так, как надо по душе твоей». И вначале он поступал правильно. Потом ему очень понра-вилось, что его любят, и он стал более самостоятельным. Но Мы предупреждали его и предупреждаем, чтобы не вы-ходил за рамки. Мы будем серьёзно корректировать его де-ятельность. Но, по крайней мере, до настоящего времени он особо большого вреда никому не принёс.

– Скажите – он такой же контактёр, как и мы, и Чумак, и Руцко?

– Безусловно.

– Только они это не раскрывают?

– Кашпировский это прекрасно знает.

Стрельникова Л.Л.:

– На какую работу переводят экстрасенсов, к примеру, Кашпировского, если у него закончилась первая стадия, свя-занная с деятельностью экстрасенсов?

– Ему Мы предложили приостановить свою деятель-ность в большом масштабе, и он дошёл до такого понима-ния, что абсолютное излечение людей не нужно. Надо ис-кать причины болезни и лечить психику человека. Он также пришёл к выводу, что главное в лечении материальных бо-лезней – это их осмысление. И ему очень хотелось бы найти то, что заставляло бы людей задумываться о причинах их заболеваний, но контакт его происходит не так, как у вас, многое ему не дано, как вам, и поэтому его путь сейчас ле-жит через искания. Но главное – он понял, что не тело чело-века надо лечить, а его Дух.

– У Вас в период его массовых сеансов по излечению шло одновременно тестирование людей через его энерге-тику?

– Безусловно.

– Вы получали информацию о физическом состоянии человека или о психическом на данный момент времени?

– И о том, и о другом. И можно сказать, что именно после Кашпировского многие люди стали видеть «летающие тарелки» (то есть он открыл им это виденье – *Прим. авт.*) и появились контактёры. Конечно, контактёры были и до него, но об этом молчали, не было таких массовых контактных групп и даже не было у людей желания пробовать контактировать, а здесь всплыла массовость, всплыла религия. И на неё люди взглянули уже с другой стороны. Пошли в церковь те люди, которые никогда в жизни не ходили. Мы не говорим, что это именно от Кашпировского всё пошло, но он дал толчок, он посылал на массовых сеансах энергию «плюс» и энергию «минус» на того, кто заряжен и выявлял те качественные информации, которые были заложены в человеке, но спали.

Дальше речь пойдёт о небольшом южном городке Алушта, куда поехали в свой летний отпуск контактёры Чичилины.

Об эксперименте они знали заранее. Он проходил в помещении местного цирка. Когда контактёры смотрели цирковую программу, на них из Космоса направлялся поток энергии, который они, трансформируя, распределили на окружающих зрителей. Энергия «снимала» нужные показатели с людей, возвращалась назад к Чичилиным, и вновь через них полученные данные направлялись в Систему, проводящую эксперимент.

Сам «Союз» пояснил свою работу следующим образом.

Контактёр Анна Чичилина
Вопрос Стрельниковой Л.Л.:

– Вы проводили тестирование людей в цирке в Алуште через контактёров Чичилиных. Это тестирование аналогично с тестированием, которое вёл Кашпировский?

– Во-первых, люди были разные, разный их композит*; во-вторых, Кашпировский выявлял уровень тех контактёров, которые смогут давать уже более объёмную программу тестирования, и они приняли его энергетику, усвоили, как бы сделали своей и на эту энергетику нанизали знания «Союза». Они получили как бы отправные точки, на которые мы наса-

дили, если говорить образно, свои приборы и с их помощью
смогли проводить тесты в определённых местах. Если же
говорить о тестировании в Алуште, то надо сказать, что там
присутствовал состав людей ниже среднего уровня по развитию, души их подключены более к материальным Системам обеспечения и они, грубо говоря, думают только о еде.
Их мало интересует осмысляющий фактор, они более под-
властны любви, но она у них акцентирована на сексуальнос-
ти и не потому, что у них заглушён осмысляющий фактор, а
потому, что они воспринимают её лишь на уровне животных.

Вопрос Чичилиной Татьяны Васильевны:
— Понятно. Это характеристика присутствовавших в
цирке. Но на них наша энергия как-то подействовала?

Будем работать и с этими людьми. Они глотнули тоже
этого чистого воздуха (в смысле – энергии – *Прим. авт.*) и
пусть по-своему, но их может увлечь астрология, пред-
сказания и те же экстрасенсы. Им это будет интересно, и
они смогут говорить об этом без конца, а это уже всё-таки
более повышенный разряд людей, чем те, которые говорят
только о молоке, мясе и прочей еде. У Нас цель была поставлена на региональном выявлении, то есть вся страна ваша
была разделена на области, и люди собрались в Алуште из
разных мест, многие приехали в командировки, и соответ-
ствующий был подобран тест. Акцент делался на осмысление. И как показало тестирование – северные области показали, что им больше присущ осмысляющий фактор. Но,
конечно, много было и таких, которые тоже заботятся только о своём материальном благосостоянии и расстаться с
материей им очень тяжело. И Мы будем думать, советуясь
с Землёй, как бы ослабить земной гипноз и сделать людей
более совершенными, потому что именно гипноз даёт такой
акцент на материальность. Понятно? (Имеются в виду внутренние качественные характеристики южан. – *Прим. авт.*)

— Да.
— Но этот вопрос очень сложный. Он затронул огромные сферы земного понимания. Сама Земля должна дать на
это согласие, потому что она имеет от этого очень большие
последствия. Это великий организм, с которым Мы счита-
емся, который ценим и который любит вас.

– И это повлечёт нарушение общих программ?

– Это повлечёт пересмотр программ, пересмотр структур общения между людьми, пересмотр программ снабжения людей энергетическими и органическими ресурсами. Это касается и животных, и молекул, и ваших химии и физики, так как они должны будут измениться. А ведь это же ваша наука, которая прогрессирует. Одни законы вытекают из других. Нельзя же всё взять и сразу отвергнуть. Это же будет не эволюция, а... (они ищут подходящее слово).

– ...полный переворот, – подсказывает Чичилина Т.В.

– Да, – соглашаются Они, – но так нельзя. Мы не пойдём на это. Всё должно идти постепенно. И поэтому Мы решили, что имеется план восстановления и что с помощью вашего знания и той Веры, которую вы вселите в других – всё это будет прогрессировать, встанет сначала на баланс земного гипноза, материи и духа. Дух всё-таки облечёт материю в свою одежду.

– Поясните, пожалуйста: тесты в Алуште были связаны тоже с распространением через контактёров энергии? И какой?

– Мы использовали три вида энергии, которые отвечали за становление материальной оболочки человека, за восстановление отношений всеобщей любви и за отношение осмысления. И эти три вида энергетики через вас Мы как бы временами выпускали на других. Она, как атомная энергетика (имеют в виду радиацию – *Прим. авт.*), проникающая, но был высчитан её коэффициент, и он действовал на людей определённым образом, на каждого в отдельности. И люди моментально возвращали данные в ваш мозг (мозг контактёров – *Прим. авт.*), в котором тоже стоят определённые энергетические датчики. А уже контактеры передавали данные Нам.

* * *

В разговоре о контактёрах хочется подчеркнуть роль Кашпировского в их массовом выявлении. Именно энергия, посланная через него на зрителей, сидящих непосредственно перед ним в зале, а также у экранов телевизоров, смогла выявить способных к контактам людей.

Действительно, контактёров сейчас очень много, но у всех у них одна цель – показать, что человечество не одиноко в Космосе, что оно отстало в развитии и обязано подтянуться в духовном отношении. Они переносят энергию на других людей, трансформируя её через себя.

Наши контактёры Марина и Володя были знакомы с Кашпировским только по телевизионным передачам, но первый импульс они получили от него. Это был первый шаг.

Вторым шагом было включение их в работу. Марина и Володя должны были понять принцип действия своего контактёрского аппарата, чтобы не посчитать себя сумасшедшими. Поэтому к работе их должны были подключить другие, которыми оказались Наташа Графова и Саша Дмитриев.

Конечно, у многих контактёров это могло происходить другим путём. Кроме того, существуют и люди, которым Кашпировский не нужен, и они ведут связь с Космосом или со дня рождения, или по воле какого-то другого случая. Так что вариантов пробуждения в человеке подобных способностей множество.

ЛЕЧЕНИЕ

(РАБОТА ГРУППЫ)

Марина Молодцова и Володя Чичилин проводили контакты с разными Системами. Марина начала контактировать со Спиралевидной Системой, Володя – с «Союзом», чуть позднее Марину тоже переключили на «Союз», и она вела связь с его отделами. Володя вёл контакты только с Духовной Системой, Марине позволили контактировать и с Духовной, и с Материальной Системами Высшего Разума. Нам было дано указание:

– Надо соединить Наши знания со знаниями Земными, чтобы они не казались такими оторванными от жизни.

Марина и Володя вели связь по очереди: одну субботу – один контактёр, другую – другой. Что же представляли собой наши молодые контакторы?

Володя к тому моменту, как начал первые контакты, окончил среднюю школу и работал на заводе электроники сначала разнорабочим, потом стал заниматься маркетингом, и дело шло у него довольно успешно, хотя никаких институтов для этого он не заканчивал.

Марина училась на втором курсе медицинского училища, была девушкой общительной, эмоциональной и очень любящей дискотеки. Космосом до встречи с нами оба они не занимались, наука их тоже не интересовала. Но желание увидеть чудо и открыть тайны непознанного объединили нас, людей самых разных возрастов, специальностей и интересов.

Группа собиралась каждую субботу в шесть вечера в нашей квартире. В первое время приходило много любопытных. Сидели, просто слушали. Но такие долго не задерживались: им уже через несколько контактов становилось всё не-интересно, так как задавали какие-то непонятнее вопросы, не касающиеся любимой политики или современной жизни. Некоторые стремились попасть на сеанс связи только с це-лью узнать что-нибудь о своём личном, но их тут же обры-вали Сверху:

— Личных вопросов не принимаем, слишком дорого об-ходится Нам энергия, посылаемая вам, чтобы тратить её на одного человека. Вы не думайте, что контакты с вами Нам ничего не стоят. Поэтому просим не задавать личных и по-вторяющихся вопросов.

И те, кто приходили с корыстными или сугубо личными вопросами, очень быстро теряли интерес к Космосу. Однако основной костяк любознательных оставался. Люди приходи-ли и уходили, а костяк оставался. Группа работала терпели-во и упорно без сенсаций, без громкого афиширования, без материальных поощрений и за счет сугубо личного времени. Вопросы у многих быстро иссякли, и так получилось, что подготовка их полностью легла на нашу семью.

Появились и первые сложности. Чуть ли ни с первых контактов нас пытались запугать, приходили люди и говорили:

— А вот мы слышали, что контакты – это от тёмных. Их цель – роботизировать человека, заманить в ловушку, чтобы завладеть его душой. Смотрите, как бы что не слу-чилось.

Слышать это было довольно неприятно, а таких выс-казываний было очень много. В душу закрадывались со-мнения: «С кем же мы контактируем?», но бросать контак-ты не думали, хотя шли вслепую, не зная куда: то ли действительно в лапы к «тёмным», продавая свою душу за искушения в познании, то ли вперёд по пути совершенство-вания, поэтому в контактах появилось много вопросов о тёмных и светлых силах.

К тому же, у нас были трудности и с контактёрами. Как я сказала, они были очень молоды и впервые столкнулись с таким явлением, как контактирование, непонятным и зага-дочным.

Володя и Марина представляли собой трансовых кон-тактёров, то есть они впадали в транс, отключая «сознание» от своего мозга и превращались в обычный радиопередатчик и радиоприёмник одновременно: через них наша словесная информация поступала к Высшим Иерархам и от Них направлялась к нам. Они превращались, в какой-то разговорный аппарат, а когда выходили из транса, то совершенно не помнили, о чём шла речь. Им было непонятно и страшно свое состояние.

Володя Чичилин – стройный, симпатичный брюнет с красивыми тёмными глазами и длинными ресницами. Когда мы спросили его, что же он всё-таки чувствует при впадении в транс, рассказал:

– Моя душа поднимается куда-то очень высоко в пространство, и я зависаю где-то во мраке, в пустоте. Мне всё время кажется, что я сейчас упаду. Пугает окружающая пустота.

Мы передали об этом неприятном ощущении контактёра «Союзу», и Он внёс поправку в его положение. В следующие сеансы, когда Володя «вылетал» из тела и останавливался в пространстве, перед ним появлялась дверь, точнее – дверной проём. Он останавливался у порога. Дальше его почему-то не пускали, но пустоты уже как бы не было.

Однажды из любопытства мы попросили его попробовать войти в этот проём. Он попытался, но у него ничего не получилось. Там дальше была какая-то слишком упругая среда, и как он ни старался втиснуться в неё, не смог.

Однако помимо ощущения пустоты пугало контактёров и много других факторов. Они боялись одержания, боялись вылететь и не вернуться или не очнуться от транса, опасались быть перехваченными другими существами из тонкого мира. Володя как-то признался своей матери, что идёт на контакт, как на расстрел. Но надо отметить и мужество Марины и Володи, потому что, несмотря на эти внутренние страхи, внешне не проявляя их и никому не жалуясь, они приходили на контакт и проводили его положенное время.

Что заставляло их рисковать, несмотря на свой страх? Конечно, это была не жажда популярности или внимания, потому что о работе контактёров мы тогда не афишировали. Отчёты в клубе носили чисто информационный характер, и о каких-то конкретных личностях не сообщалось. Но самое главное, все контактёры желали оставаться инкогнито. Правда, их систематическую работу в то время можно объяснить особой дружеской атмосферой, царящей в коллективе. Мы были как единая семья, часто после окончания сеанса связи устраивали чаепитие. И дочь Лариса отличалась своими кулинарными способностями, у неё получались очень вкусные торты. Наталья Александровна тоже приносила пироги, поэтому такие домашние чаепития создавали уютную домашнюю атмосферу. Таков был внутренний настрой нашего маленького коллектива.

Однако последнее тоже не могло явиться приманкой для Марины и Володи в их работе. То, что двигало ими, было внутри них. Они безропотно подчинялись этому внутреннему голосу, работая и работая. Теперь, конечно, спустя много лет, познав истины Небес, мы знаем, что это была их личная программа – дать группе основы новых знаний, чтобы начать долгий путь восхождения. И не осознавая этого, они чётко выполняли то, что требовалось Высшим. Всё шло по плану. Преодолевая собственные сомнения, жертвуя личными интересами, они открывали нам новое.

И мы все остаёмся им очень признательны и благодарим за их труд, за их мужество, за умение преодолеть личные страхи, за чувство долга перед другими, за умение подавлять собственные интересы ради общественных. Ведь им было всего по восемнадцать лет, и по субботам хотелось сходить на дискотеки, в кино, пообщаться со сверстниками, а они жертвовали этими желаниями ради других в течение целых двух лет и через свои необычные качества вводили людей в новый мир.

Пытаясь и дочь Ларису увлечь на путь контактной деятельности, мы с мужем спрашивали её:

– А ты не хочешь поучаствовать в общих контактах, как Марина и Володя?

– Мне это не нужно. Слушая их, я должна всё вспомнить. Мне кажется, эти знания – внутри меня. Через Володю и Марину я вспоминаю.

Её ответ звучал в то время несколько непонятно для нас, но, зная её тихий характер, мы не настаивали. Однако, забегая на десять лет вперёд, скажу, что только спустя этот промежуток времени мы поняли смысл сказанного. Молчаливо присутствуя на каждом контакте, не пропустив ни одного, она вспоминала Высшие знания, уже накопленные её душой в прошлом, вспоминала то, что должно было впоследствии послужить информационной базой для принятия новых Законов Мироздания.

Оставаясь всё время в тени среди активных и напористых, она впоследствии поднялась выше всех и стала тем контактёром, которому Бог доверил принятие новых законов, необходимых для развития человечества на последующие две тысячи лет.

Но, возвращаясь к началу наших контактов, скажу, что они проходили регулярно, и ничто не могло нарушить их четкого ритма.

Как-то мы поинтересовались у Высших Иерархов: может ли простой человек вступить в их «Союз». Они ответили:

— Да, после того, как человек получит свой Уровень. От вас требуется на материальном плане подчинение Низших – Высшим.

— Каковы будут тогда действия человека?

— На него будет записан специальный канал выхода, по которому он может связаться с «Союзом». От вас требуется много усилий, чтобы контактёр пробился к Нам. Но и для Нас это тоже трудно.

— А какие обязательства будет иметь тот, кто вступил в «Союз»?

— Помогать низшим Уровням.

Многие из нас мечтали получить свой канал связи или тоже стать контактёрами, но для этого требовалось набрать определённое количество энергии в себя, то есть насытить ею свои оболочки до определённой величины. И от контакта к контакту повышалась наша общая энергетика. У многих увеличилась аура, а биополе физического тела выросло в 3–4 раза.

Так как люди, приходившие в нашу группу, не отличались особым здоровьем, то их, конечно, волновали методы лечения и диагностика. Поэтому однажды мы спросили Их – могут ли Они на расстоянии диагностировать человека. Они ответили – «да» и решили провести показательный сеанс.

Диагностику проводили на Молодцовой Наталье Александровне, которую более всего волновали вопросы оздоровления. Она встала по стойке смирно перед Мариной, которая в этот день проводила сеанс связи, видя, однако, в её лице не ту, которой можно было как дочерью командовать в обычной жизни, а Тех, которые спустились к нам со своих высот. Надо заметить, что матери видели во время контактов перед собой не детей, а Тех, кто стоял за ними. Поэтому и Наталья Александровна в эту минуту стояла не перед дочерью, а перед Высшими Учителями, стояла как робкий первоклассник, с лёгким смущением на лице и ожиданием приговора.

Марина сидела в кресле с закрытыми глазами, потом вытянула вперёд правую руку и, развернув ладонь в сторону тела матери, начала лоцировать, останавливаясь против ослабленных зон и в местах заболеваний, называя повреждённые органы и сразу предлагая способы лечения.

Подобным образом было продиагностировано несколько человек, включая и детей. Заболевания были названы правильно. Но предлагаемые Ими методы лечения всегда оказывались несколько непривычными и затруднительными для нас, потому что оказалось – современный человек совершенно не привык использовать для лечения собственную волю и энергетические методы. Нас приучили к легкодоступным лекарствам, для применения которых не требуется ни малейшего усилия – глотнул таблетку и жди результата.

Они же основной упор и в лечении, и в воспитании делали на собственную волю человека. Поэтому и предлагали соответствующие методы. Только упорная работа над собой с помощью своей силы воли позволяет человеку добиться успеха во всём.

Пробовали Они ставить диагнозы и по фотографиям. Некоторые больные не могли присутствовать на контактах, поэтому мы клали на колени Марины фотографию. Она располагала на высоте двадцати сантиметров от неё свою ладонь, которая превращалась в какой-то немыслимо сложный для нас аппарат, способный снимать с фотографии все данные о физическом и психическом состоянии человека и передавать их куда-то на немыслимые расстояния и в неизведанные измерения Космоса, а потом получать оттуда ответ.

Марина ничего не знала о болезни конкретного человека, так как люди были совершенно неизвестные, но называла всегда точно то, что больше всего волновало больного и представляло для него наибольшую угрозу.

Иногда у нас не было даже и фотографии больного, но у кого-то сложилось очень тяжёлое или даже критическое положение со здоровьем и они просили нас помочь им. И «Союз» помогал в таких ситуациях. Человеку, знающего больного, предлагали мысленно сосредоточиться на его образе, как можно лучше представив внешний вид больного. Информация в данном случае считывалась с мозга того, кто представлял его, и вслед за этим давалась соответствующая диагностика и предложения по лечению.

Но больных становилось всё больше. Посетители клуба, узнав, что в нашей группе проводится успешно лечение, стали просить помочь и им. Поэтому Высшие Иерархи стали искать другие методы оздоровления.

Один раз Система предложила зарядить оздоравливающей энергией естественные камни, чтобы затем раздать их больным. Конечно, мы замерили поле камней до контакта и после их подзарядки. Замерами занимался обычно Александр Иванович, лучше всех из нашей группы освоивший метод биолокации с помощью рамки. Поле камней выросло с тридцати сантиметров до полутора метров.

И многие, кому были выданы эти камни, утверждали, что после того, как поносили их у себя на теле, почувствовали улучшение самочувствия. Но, к сожалению, камень заряжался только на месяц, и по истечении этого срока поле его вновь падало до естественного. Поэтому мы решили повторить опыт и попросить «Союз» ещё раз зарядить камни. Они согласились.

Так как сам процесс подзарядки представлял собой некоторое материальное явление, мы хотели попробовать сфотографировать его и посмотреть, что же получится. Но самовольно заснимать на плёнку мы не имели права, а когда попросили разрешения у «Союза», он запретил нам делать какие-либо съёмки.

Камни обычно мы раздавали на клубе «Контакт», где присутствовало до сорока и более человек. Здесь мы делились с членами клуба полученными материалами контактов, и, в свою очередь, люди рассказывали нам о тех удивительных вещах, которые происходили с ними, и о которых они никому не могли раньше поведать, опасаясь, что будут приняты за сумасшедших. В клубе царила свобода мнений и доверительная обстановка.

Желающих получить заряженные камни было много, поэтому, чтобы удовлетворить спрос, мы с мужем и дочерью Ларисой отправились на железную дорогу и с энтузиастом принялись собирать маленькие камушки, стараясь, чтобы они были красивы и не превышали в размерах трёх сантиметров. Вдоль железнодорожного полотна валялось много белого кварца, жёлтой и голубоватой мраморной крошки, розового гранита. Так что поиск носил творческий характер. Особенно старалась дочь, подбирая особо тонкие сочетания цветов. Таким образом, мы насобирали килограммов пять. Но когда я поставила ящик с грудой камней перед контактёром, «Союз» объявил:

— Весь объём камней мы зарядить не сможем, поскольку для каждого контакта готовим специально нужное количество энергии и нужное её качество. Если мы зарядим все камни, это Мы сможем, то сократится время контакта.

Пришлось оставить всего двадцать камешков, а остальные убрать.

— Отведите контактеру 4—5 минут для зарядки камней, — попросили Они и неожиданно предложили: — Заодно Мы хотим провести оздоровительный сеанс и для вас всех. Сядьте поудобней, расслабьтесь.

Когда мы замерли в удобных позах, то почувствовали, как сверху полились тёплые приятные потоки. Стало жарко. Пришлось терпеть. После окончания подзарядки камней я спросила:

— Должен ли человек, владеющий одним из этих камней, называть Ваше имя или как-то мысленно обращаться к вам?

— Нет, не надо. Энергия, заложенная в камне, направляет и осуществляет связь с Космосом сама.

Камни вновь были розданы членам клуба. Однако вылечить всех желающих было невозможно, и не потому, что на это требовалось много энергии, а по двум основным причинам: болезнь — это есть чаще всего Карма человека, и он должен исправить последствия своих ошибок сам, иначе эта

Карма опять перенесётся на следующую жизнь. И второе: работая над болезнью сам, человек занимается совершенствованием своей души. Когда же кто-то опять же мгновенно излечивает его, то он замедляет совершенствование данного человека.

Спустя год наш собственный энергетический уровень повысился уже настолько, что мы и сами смогли лечить других руками, как экстрасенсы.

Была у нас не только диагностика по фотографии через контактёра, но и лечение на расстоянии. Две больные с опухолями (две наши родственницы – *Прим. авт.*) находились от нас на расстоянии более чем две тысячи километров. Для лечения их «Союз» предложил следующий энергетический метод.

Мы пишем текст с добрыми пожеланиями здоровья на одну больную и на другую. И в назначенный «Союзом» час мысленно читаем эти тексты, представляя их образы, читаем на каждую в течение семи минут. В это время «Союз» направляет на нас поток энергии, и через трансформацию наших мыслей, через образ пациентов энергия передаётся на больных, оказывая врачующее действие.

Так как это были наши родственницы, то в данном эксперименте участвовала только наша семья, то есть я с мужем Александром Ивановичем и дочерью Ларисой.

В назначенный час, как только мы начинали произносить про себя первые слова текста, на нас сверху обрушивался такой мощный поток энергии, что голова клонилась вниз, а веки делались немыслимо тяжёлыми и глаза закрывались сами собой. Но мы всё-таки размыкали их и, прилагая тоже со своей стороны немалые усилия, чтобы не уснуть, читали тексты. И так изо дня в день в течение двух недель.

Эффект был положительный. Спустя два месяца мы получили письма от родственниц, что они были у врачей, и те сообщили, что опухоли рассосались. Однако я думаю, что местные врачи приписали этот успех на свой счёт. Но мы не стали разуверять их. Им тоже нужна была вера в свои силы, иначе они на всех раковых больных просто махнут рукой. Но если кто-то из их больных вылечился, значит, они будут знать, что рак всё-таки победить можно и надо бороться за каждого своего пациента. Так что от подобного эксперимента была двойная польза: больные поверили в могущество Высших Сил, а врачи поверили в свои собственные возможности.

Кстати, нашей группе был предложен ещё и такой эксперимент – разбиться на тройки и передавать друг другу в определённый час и в определённой последовательности добрые пожелания тоже в течение пяти минут. Это очень простое упражнение давало двойной эффект.

Земная оболочка последние годы перенасытилась отрицательной и агрессивной энергией, а положительной была недостача. И, посылая друг другу наилучшие пожелания, мы как раз прибавляли Земле недостающую ей положительную энергию. Конечно, это покажется слишком маленьким вкладом в дело Космоса – что значит наша крошечная группа по сравнению с земным шаром в целом – но Иерархи подключились не только к нам, а ко многим контактёрам Земли и просто людям, призывая направить тоже их помыслы на добро и любовь. Так что, собирая по крупицам, они получали определённый эффект. Но вот насколько люди смогли сделать это результативным, к сожалению, нам осталось неизвестно.

Вторая сторона этого эксперимента, на первый взгляд ничего не значащего, давала положительный эффект самому человеку, посылающему добрые пожелания другому. Мы замеряли его психическую энергию – она возрастала в два-три раза. Потом, конечно, спадала, когда прекращались упражнения, но систематические занятия в течение года делали её уже устойчивой. Возрастала же она за такой период уже на несколько десятков единиц, к примеру с 16 до 80. Психическая же энергия имеет для человека огромное значение: с её помощью творятся многие чудеса, и она создаёт защиту для индивида от разных отрицательных факторов. Кстати, люди с психической энергией меньше 10 единиц часто сходят с ума и подвержены одержанию. Так что добрые пожелания другим людям дают человеку внутреннюю силу, поэтому почаще желайте добра другим.

4

«СОЮЗ»
И ДРУГИЕ СИСТЕМЫ

Не с первого контакта нам удалось выяснить, с кем мы говорим. На наши вопросы сначала они отвечали очень уклончиво по непонятным для нас причинам: то ли мы не доросли до Их понимания, то ли у Них тогда ещё не было разрешения на огласку, то ли Они опасались каких-то последствий. Мы были поставлены в трудные условия: с одной стороны, не могли задавать личных вопросов и с другой стороны, они не хотели ничего рассказывать о себе, а нас как раз это больше всего и интересовало.

— Кто вы: сущности, сгустки разума, люди?
— Не имеет значения.

Однако через несколько контактов Они, наконец, заговорили о себе, заговорили о тех, кто управляет Землёй, решив приоткрыть нам многие тайны нашего существования, но не для того, чтобы удовлетворить человеческое любопытство, а для того, чтобы образумить человечество, чтобы оторвать его от низменных интересов материального мира и устремить к Космическим высотам.

Диалог начался.

Контактёр Володя Чичилин
Вопрос Чичилиной Т. В.:
— Вы — Вселенский Разум или Высшая цивилизация?
— Разум.

Дмитриев А.:
— Бог — это тот, кто сотворил всё вокруг. А кем Вы являетесь для нас?

– Как вы поняли, Мы не являемся Богом, так как мы намного ниже Высшего Космического Разума. Мы являемся всего лишь посредниками между Ним и вами.

– Вы выше уровня Христа по энергетике?

– Нет.

– Почему Вы уделяете столько внимания нашей интонации?

– Мы не до конца знаем ваше непонятное изменение интонаций. Мы изучаем её.

– Знание не до конца наших интонаций не свидетельствует ли о том, что Вы начали работать с человечеством недавно?

– Нет, вы оглянитесь и увидите, что люди контактируют с нами давно.

Стрельникова Л.Л.:

– Одновременно по вашей интонации у нас создалось впечатление, что среди вас одни мужчины, то есть вы предпочитаете мужские черты характера, а не женские?

– Нет, у нас нет ни мужчин, ни женщин.

– Но черты характера есть?

– Если бы контактёр была женщиной, то ей бы говорили женской интонацией.

– Проходили ли Вы в своём развитии стадию человека?

– Нет.

Чичилина Т.В.:

– Есть ли люди «Союза» у нас на Земле?

– Да, есть. Их деятельность направлена на введение людей в «Союз». Вы нам нужны.

Дмитриев А.:

– Каково ваше место существования?

– Для вас это – Галактика.

– Перемещаетесь ли вы в пространстве?

– Нет, находимся на определённом месте.

– На каком плане разума существует ваша Система: на ментальном, витальном или другом?

– Эти планы предназначены для Земли, а Мы находимся на другом плане, то есть существуем в другом измерении. Вам это трудно понять.

Стрельников А.И.:

– Во скольких измерениях Вы существуете?

– Их бесчисленное количество. Мы можем переходить от одного измерения к другому и по-разному сочетать их. Мы общаемся с любыми Системами, можем вселиться в любое тело и через него воздействовать. Нам всё подвластно.

Стрельникова Л.Л.:

– Вам нравится ваша форма существования?

– Она не может нравиться или не нравиться. Мы не можем её критиковать.

– За счёт каких сил притяжения Вы в пространстве Космоса составляете единое поле?

– Это силы энергетического характера. Есть часть гравитационных сил. Но их немного.

– Вы бессмертны?

– Для вас – да.

– Вы бессмертны по отношению к нам, но всё-таки и у Вас есть какой-то конец?

– В Космосе нет понятия смерти.

– Требуется ли Вам отдых, сон?

– Нет.

– Каким образом вы подзаряжаетесь энергией?

– Переход на другие Уровни*.

– Какова ваша миссия?

– Отправить на Землю больше энергии.

Дмитриев А.:

– Сколько существует таких Систем* как Ваша?

– Их множество.

– Сколько Систем входит в «Союз»?

– Их девять, не считая Подсистем.

– Каким образом можно вступить в «Союз»?

– В «Союз» вы можете войти только тогда, когда получите свой знак и свой Уровень. Тогда вы пойдёте выше и выше.

– При каких условиях Земля может войти в «Союз»?

– Земля может войти в «Союз», когда человечество будет единым разумом. Ваша Земля перейдёт на другой план существования, вы потеряете материальные оболочки. Ваши запасы на Земле строго регламентированы до такого состояния.

– Чем ведают Системы «Союза»?

– К каждой Системе подключены определённые расы человека.

– Имеются ли различия по расам и энергетике?

– Они различаются по силе разума.

Чичилина Т. В.:

– Сколько членов Системы ведёт с нами связь?

– Вся Система сразу.

– Каковы задачи Системы по отношению к человеку?

– Вывести на правильный путь.

– Какими методами выполняется задача?

– Контакты с людьми.

– С какой целью ведутся контакты с нами:

1) чтобы получить Вам больше энергии;

2) чтобы познать людей, их психическую энергию или

3) чтобы изменить духовность людей?

– Все эти цели, что вы перечислили, вытекают одна из другой. Нас интересует всё сразу.

– Какова Иерархия у Вас?

– Мы понимаем слово Иерархия* не так, как понимаете его вы. У вас Иерархия заключается в получении каких-то материальных благ, за счёт лишения их других, у нас такого нет. Иерархия – это сообщество Разумных Высокодуховных существ. Мы всегда слушаем тех, кто выше. Они выше и умнее. Над Нами тоже есть «Союз», не забывайте это.

Дмитриев А.:

– По каким критериям построена Иерархия «Союза»?

– По энергетическим.

Стрельникова Л.Л.:

– Что лежит в основе структуры вашего подчинения: любовь, страх?

– Страх свойственен только человеку. Это самое низменное чувство, нам оно не свойственно. Любовью Мы тоже не руководствуемся. Нет, ни того, ни другого. Мы опираемся на то, что пока не свойственно вам. У вас это чувство, если можно так сказать, появится через некоторое время, когда вы достигните определённого уровня развития. Тогда вы поймёте, что это такое, и не будете спрашивать.

– Как построены взаимоотношения в «Союзе»?

– На этот вопрос Мы можем ответить только с разрешения Свыше. Нас могут наказать, так как непонятые знания могут повернуть людей спиной к религии, и они пойдут по пути материального развития.

Контактёр Марина Молодцова

Стрельникова Л.Л.:

– Существует ли у вас любовь к вышестоящему руководству?

– Любовь, как таковая, в нашем понимании отсутствует, но вы не думайте, что Мы черствы. Просто Наши мысли, эмоции, как вы называете, – на другом уровне. Они более совершенны, чем у вас. Естественно, уважение к руководству есть. Это то же самое, что и чувство долга.

Дмитриев А.:

– По какому общему плану работают Системы «Союза»?

– У Систем «Союза» есть общий план – это люди.

Фадеев М.:

– Значит, «Союз» – это содружество монад, каждая из которых создаёт определённую часть шельта или энергетические центры разной частоты для каждого отпечатка души?

– «Союз» – это содружество посвящённых монад.

– А отданная через конкретного человека информация принадлежит сразу всем монадам «Союза»?

– Так же, как она присутствует одновременно и во всём «Союзе».

– Возможно ли отделение от монады её шельта и потеря связи между ними по желанию шельта?

– Да.

Стрельникова Л.Л.:

– Какое значение имеет индивидуальность для членов Системы?

– У Нас качеств как типов характера нет. Имеются определённые правила, описанные в религии. Они – закон для вас.

Дмитриев А.:
— Есть ли у вас личные потребности?
— Есть, но в другом понятии. У нас нет, как вы говорите, «бытовухи».

Стрельников А.И.:
— Как вы между собой общаетесь?
— Из-за того, что у людей низкий уровень развития, они разговаривают словами и звуками. Это ваш способ понимания друг друга. У Нас такого нет. Все наши диалоги происходят телепатически, то есть Мы обмениваемся постоянно энергией-информацией, улавливаем мельчайшие её изменения.

Дмитриев А.:
— Каковы функциональные назначения каждой Системы, входящей в «Союз»?
— Можем сказать лишь про некоторых. Одна Система занимается восточными расами, как и Центр. Две другие – занимаются материальными благами и образованием материальных оболочек. Ещё одна Система осуществляет внедрение своих духовных планов для развития духовности.

Чичилина Т.В.:
— Как зародилась жизнь на Земле?
— Жизнь зарождалась и умирала, какое зарождение вас интересует?
— Последнее.
— Зарождение человека в форме, в которой он сейчас обитает? – уточняют Они.
— Да, – подтверждает Чичилина.
— Сначала Мы выбрали ту форму, которую вы имеете сейчас...
— Какая Система создала человека?
— Это план «Союза». Все Системы работали с вами. Материальную оболочку дали Материальные, духовную – Духовные и т. д. Выше, ниже – везде Мы.
— Но всё-таки, конкретно кто-то создавал человека. Кто его непосредственный создатель?
— Это не Наша миссия. Новые биологические существа создают Высшие Системы. Человечество создал Высший Разум.

— А кто управляет сейчас жизнью на Земле?

— «Союз».

— Почему Он допускает столько зла на Земле?

— Это воздействие разных Уровней.

— Что для Вас самое страшное?

— Гибель людей.

Панкратов В.:

— Вы говорили, что человек даёт Вам знания о Вселенной. Каким образом он даёт эти знания?

— Каждая ваша клетка в отдельности и все вместе несут знания. Вы о них не знаете. Вместе получаются знания Вселенной.

Стрельникова Л.Л.:

— Почему некоторые люди хорошо поддаются гипнозу, а другие – нет?

— Мы не в силах контролировать поведение всех людей. Часть из них Мы можем контролировать. Остальные не для нас.

— Остальным даётся свобода выбора?

— Свобода выбора относительна. Если одной частью населения руководит одна Система, то второй, менее гипнотабельной, руководит другая Система, более сильная. И на вторых, менее гипнотабельных, затрачивается более сильная энергетика.

— Все ли гипнотабельные люди могут контактировать с Вами?

— Нет, не все. Многие люди ошибаются, думая, что контактируют. Но это их воображение и ошибка. Нужно несколько раз проверить точность данных ответов с уже полученными данными. Это правильней ход с вашей стороны. Если вы сомневаетесь в Нас, проверьте. Мы не против.

— Почему в состоянии гипноза некоторое люди вспоминают, что в прошлой жизни были животными или растениями? Это их фантазия?

— Нет, это не фантазия. Слишком много было бы тогда фантазёров. Это естественное явление, так как в состоянии гипноза у человека отключается барьер, который закрывал ту область головного мозга, где закодированы ячейки памяти прошлых жизней.

– Вы опекаете человечество. А каким образом Вы собираете о каждом человеке информацию?

– Для Нас это труд.

– А творческой, созидательной работой Вы не занимаетесь?

– Если бы Мы не созидали, то не существовала бы наша Система. Мы, как и вы, трудимся, но труд Наш основан совсем на другом, нежели у вас.

– Можно ли создать общество людей, где все будут счастливы? На чём оно основано?

– Есть такое у Нас, не на Земле. Основано на бесклассовости, различие – на энергетической базе.

Контактёр Марина Молодцова

– Как пользуются члены Системы получаемой информацией?

– Информацию получаем с разных точек Вселенной, но больше всего с Земли. Она подопечная, и ещё с нескольких подопечных нам планет. Эти планеты перерабатывает информацию и посылают ответные импульсы в виде процессов на Землю.

– Что Вы делаете в промежутках времени между контактами?

– Фильтруем информацию. Нужную берём, а ненужную отбрасываем.

Чичилина Т.В.:

– Что мы, люди, значим для Вас?

– Вы для нас как солнышки. Мы получаем от вас энергию.

– А ещё что вы делаете?

– Мы перекачиваем энергию из одних точек Вселенной в другие.

Стрельникова Л.Л.:

– Вы полностью употребляете сами получаемую энергию или часть её передаёте на более высокий Уровень?

– Передаём на более высокий.

– Не кажется ли Вам всё в Космосе бессмысленным, если в итоге всё сводится к перекачке энергии с одного Уровня на другой?

— Мы используем вашу энергию для определённых целей, а людям подаём на Землю импульс благ. С помощью этого импульса люди встанут на истинный путь. Ничто не бессмысленно. В каждом действии заключён смысл.

Контактёр Володя Чичилин

Вопрос Дмитриева А.:

— Вы все выполняете одну работу или у Вас есть специализация?

— У каждой Системы есть отделы. Каждый отдел выполняет определённую работу.

Чичилина Т.В.:

— Как Вы воздействуете на людей?

— Мы можем не выделить человеку энергию, и действия не будет.

Стрельникова Л.Л.:

— Способны ли Вы одновременно производить разные действия: решать задачи, писать стихи, сочинять музыку, к примеру, и т. д.?

— Все эти действия Нам не нужны. У Нас много других действий, которые Мы выполняем. Например, сейчас идёт контакт с Землёй, параллельный вашему, который ведём Мы.

— Существует ли у вас запрет на средства при достижении цели?

— Да, но не запрет. Мы любим вас. Понятно?

— Совершают ли члены Системы поступки, за которые следует наказание?

— Для членов нашей Системы это не выгодно. Они не совершают проступки... Но были случаи, были. От виновных избавились. Их перевоплощали в другие Системы. Одни Системы были согласны их принять, другие – нет, поэтому их (виновных – *Прим. авт.*) переделывали.

Дмитриев А.:

— Соотносится ли деятельность «Союза» с человеческими понятиями о нравственности, изложенной в Христианском учении?

— Нет нравственности человеческой, нравственность – христианская. Мы её дали, и «Союз» ею руководствуется.

Стрельникова Л.Л.:

– Существует ли у Вас идеал?

– Чувственного идеала нет. Есть правило – закон сотого Уровня. Выше Нас стоит «Высший Союз», который управляет нами. До этого «Союза» никто из ваших не дойдёт сразу, но вы можете знать одно – все Мы в отдельности и все вместе – это Разум в Космосе.

Чичилина Т.В.:

– Что означает для вас добро и зло?

– Они существуют, но носят другие понятия, чем у вас. Добро для нашей Системы – это та информация, которая Нам нужна, а зло – это то, что не нужно. Мы не причиняем вреда друг другу, как это принято у людей. Мы едины.

– Что означает для Вас понятие справедливости?

– Возможность существовать независимо от разных условий. На Земле понятие справедливости – расширенное. В Космосе оно существует в узком спектре.

Стрельникова Л.Л.:

– Какие чувства присущи вашей Системе?

– У Нас чувств нет, есть импульсы, которые возбуждают чувства контактёра.

В первых контактах, когда мы задавали Им некоторые вопросы, то контактёр, прежде чем передать ответ, сообщал: «Они смеются», – или сам начинал улыбаться, как будто их спросили какую-то нелепость. И нам казалось, что это именно Они посмеиваются со своих Высот над нашей наивностью. Мы всё переводили на свой примитивный человеческий язык ощущений и пытались познать Их через себя. Но другого пока нам дано не было.

– Какие чувства ублажают Вас?

– Приём чистой энергии. Так как наша цель – это добиться совершенствования человека с помощью его же энергии, чтобы от него к Нам поступала энергия как можно чище. Тогда Мы испытываем блаженство. Это значит, Мы привели ученика к высшему для земного плана уровню развития.

– Что значит для Вас мораль?

– Такого понятия у Нас нет. Это – для вашей формы существования. Мы руководствуемся Высшими законами.

Чичилина Т.В.:

– Есть ли у Вас жестокость?

– Жестокости нет. Мы все – одна большая семья. Что вы подразумеваете под жестокостью?

– Не гуманность.

– Если говорить о гуманности, которая в ваших книгах, то у Нас такой гуманности нет, это тоже чисто земное понятие. У Нас – просто высокие отношения, а это означает, что они включают всё лучшее.

– Есть ли у Вас ложь?

– Ложь, как таковая, отсутствует. Информация, которую Мы даём вам, содержит часть той информации, которую берём у вас на Земле. Мы интересуемся вашими знаниями.

– Что для Вас истина?

– Истина – это цель.

– Какие у Вас цели?

– Личных целей у нас нет. Все энергетические единицы* (то есть члены Системы – *Прим. авт.*) объединяются в одно целое. Цели у Нас общие.

– Что означает для Вас красота?

– Совершенство.

Салкин Н.:

– Как Вы понимаете красоту в картинах, музыке? Вы говорили, что физических тел у Вас нет. Но тогда – какую красоту Вы воспринимаете?

– Мы говорили, что для Нас не существует человеческих чувств, эмоций, а также любви, ненависти и подобных им чувств. У нас, как это ни странно звучит для вас, всё воспринимается на энергетическом плане как более или менее чистая энергия.

– Значит у Вас, всё-таки нет понимания красоты?

– У нас есть подобное, но под красотой это подразумевать нельзя.

– Что подобное?

– Для Нас это то же самое, что для вас счастье, то есть удовлетворение от работы.

Стрельникова Л.Л.:

– Счастье для Вас только в работе состоит?

– Да, для Нас это чувство удовлетворения, которое приходит, когда Мы добиваемся своей цели.

– Поясните высший вид вдохновения для Вас.

– Для Нас высший вид вдохновения – это работать с вами. Вы, как бы сказать, – наша картина или скульптура, которую Мы лепим.

– Существуют ли у Вас импульсы, соответствующие нашей любви?

– Любовь на материальном плане рождает низкое. Любовь должна быть к человеку в целом, но не такой, какая она есть сейчас у вас. В большинстве своём она у вас грязная.

– Но что-то подобное любви у Вас есть?

– Любви у Нас нет. Это земное чувство.

– Людей связывает между собой любовь, уважение. Что тогда связывает Вас?

– Единая цель.

– Что для Вас выше – любовь или долг? Любовь в высшем понимании.

– Долг.

– Существует ли у Вас юмор?

– Юмора не существует. Но Нам интересно на вас смотреть, когда вы волнуетесь.

– Как Вы понимаете «конец» и «бесконечность»?

– Как вы можете совместить в своём программированном мозге эти понятия? Вы можете не понять то, что мы скажем. Представьте хотя бы, что такое цифры. Это бесконечность, заключённая в формуле. Для вас математика не важна, важен процесс созидания разума, сигналы энергии. Пока вам трудно объяснить, что это такое.

– Человек ощущает течение времени как старение, как смену дня и ночи. А по каким признакам вы определяете течение времени?

– Это определяется по количеству сделанной Нами работы.

– А больше никаких факторов, определяющих для Вас время, нет?

– Нам нужно определять время только тогда, когда Мы появляемся в вашей галактике или других мирах, где существует материя. А так оно Нам ни к чему. У каждого из нас внутри существует своё время, которому Мы подчиняемся, то есть **время равно закону.**

– Но когда Вы согласуете какие-то действия между собой, вам тоже нужна определённая ориентация во времени?

– Нет, это происходит как бы по электрическому импульсу. Если Мы согласовываем, то об этом знает тот, которому это нужно знать, и делает свое дело, когда ему положено. Мы говорим, что время – это неотъемлемая часть материи, а у Нас материи нет.

Контактёр Марина Молодцова
Вопрос Стрельниковой Л.Л.:
– Имеет ли значение в вашей деятельности математика?

– Нет.

– Каким образом Вы производите количественные вычисления?

– Всё зависит от Уровня. Он не поддаётся математическим вычислениям. Это способность – состояние фигурального пространства, фигуральность пространства – возможность искривления пространства в разных плоскостях. Тринадцатый план – это состояние фигурального пространства.

Контактёр Володя Чичилин
– Какой смысл несёт в себе каждая арабская цифра от 1 до 9?

– Каждая цифра обозначает номер Системы, входящей в «Союз». Мы дали вам цифры.

– Какие процессы выражает математика с вашей точки зрения?

– Математика цифр не важна, математическая энергия важна. Её функции направлены к выходу на другие, нематериальные Уровни.

– Какие процессы выражает физика?

– Она нужна для вашего существования и прогресса материальных тел.

Дмитриев А.:
– В чём заключается война Абсолютов?

— Войны Абсолютов не может быть. Это две материи, которые не соприкасаются. Они сильны материально. Мы – духовно.

— Существуют ли Вселенские войны? Мы часто сейчас слышим, что в Космосе идёт активизация тёмных сил.

— Да, это так. Поэтому Мы вынуждены в определённое время ограждать ваш канал связи.

Чичилина Т.В.:

— Какие методы борьбы используете Вы против темных сил?

— Борьбы никакой нет. Это не входит в наши обязанности. Мы не воюем ни с кем. Если Нам что-то угрожает, то это только потеря контакта с вами из-за вмешательства тёмных сил.

— Как ограничить их наглость?

— Вы хотите Нам помочь?

— Нам интересно узнать, как Вы поступаете с ними. Вы используете какую-то энергию?

— Да, конечно, но зачем вам это знать? Это Наши проблемы.

— Люди борются с помощью оружия, а у Вас как? Нам просто интересно.

— Ну, конечно же, не мечом.

— Только с помощью энергии?

— Да. У Нас – свои методы. Мы просто ставим защиту.

Стрельникова Л.Л.:

— Из-за чего чаще всего бывают разногласия в Космосе?

— Нам необходимо налаживать связи со многими цивилизациями. Тёмные силы Нам мешают, поэтому их приходится нейтрализовать.

— Для чего вам нужны связи с другими цивилизациями? Только для получения энергии?

— Это наш повседневный материал для работы.

— Что означает нейтрализация?

— Временную пассивность. В Космосе, в Высших мирах, никто друг друга не убивает. Все вечны.

— Существует ли насильственный захват одних другими?

– Да. Но это бывает очень редко, в том случае, если нарушается схема, выполняемая Нами. Если они нам мешают или мы им – происходит нейтрализация тех или других.

ВТОРИЧНЫЕ И ТРЕТИЧНЫЕ СИСТЕМЫ

Контактёр Володя Чичилин
Стрельников А.И.:
– Что такое Первичные и Вторичные Системы?
– Если сказать правду – Первичные – это Мы, Духовные. Вторичные – это материальные.
– Чем Вторичные Системы отличаются от Третичных?
– Вторичную Систему представляют более разумные существа, чем Третичную.
– Чем различается их деятельность?
– Третичные Системы предназначены для прогресса Вторичных. Чтобы вам стало понятней, скажем, что у вас животные часто предназначены для питания вашей материальной оболочки. Но в отношениях Систем это, конечно, другое. Однако Третичные создают определённые условия существования для других.
– Что представляют собой Третичные Системы?
– Это материальные Системы, цель развития которых направлена на материальное превосходство.

Дмитриев А.:
– В чём прогресс материальных?
– Это технический прогресс. Ваша духовность ограничена рамками вашего сознания.

Фадеев М.:
– Верно ли, что Третичные Системы питают своей энергией Вторичные Системы, а Вторичные – Первичные? Верна ли иерархия?
– Нет в иерархии зависимости. Везде: и в природе, и в Космосе – прогрессирует круговая система обращения. Даже у вас в питании, в общении имеются круговые системы оборота и обмена.

Чичилина Т.В.:
– Как люди дошли до загрязнения среды?
– Это воздействие Третичных Систем.

Дмитриев А.:

— А в нашем Космосе есть Третичные Системы?

— К ним принадлежат «летающие тарелки».

— Какова классификация этих Систем?

— В Третичных Системах находится ряд сущностей, которые производят материальные расы. Вашу Землю частично заселяли такие же люди. Эти люди могут принимать различные формы. Третичные Системы могут заполнить весь Космос своими клетками, у них свой Абсолют. Здесь подчинение идёт по энергетической накачке. Если у вас энергетическая накачка будет больше, чему Нас, вы будете Нами управлять.

— Как Духовные системы отреагируют на то, если Третичные Системы заполнят Космос?

— Есть закон «Союза»: «Вселенная, Космос и пространство не принадлежат никому». Если Третичная Система заполнит Космос, ничего не произойдёт – Мы будем в их оболочке. У них оболочка может быть биологическая и субстанцией класса.

СПИРАЛЕВИДНАЯ СИСТЕМА

Марина начала свои первые контакты со Спиралевидной Системой. По мере расширения кругозора контактёра, позднее, её тоже вывели на связь с «Союзом». Когда мы спросили «Союз» – что представляет собой Спиралевидная Система, Он дал ей такую характеристику: – Спиралевидная Система входит в наш «Союз». Она делится на две части.

Первая часть – материальные, вторая часть – духовные. Это универсальная раса. Она походит на людей. Первая часть создаёт материальные расы. Их нужды и потребности велики, отдачи мало. Спасти их можно только возвышением Уровня. Материальные расы могут передвигаться, наделены чувствами, могут рождать себе подобных. Спиралевидная Система вкладывает в них духовность. Из-за этого они могут погубить себя.

Сама же Спиралевидная Система рассказала о себе следующее.

— Мы находимся в Спиралевидной Галактике. Её строение – каждая планета вращается вокруг своей оси и две планеты – на каждом витке. (Марине дают зрительную информацию, рис. 2. – *Прим. авт.*) Мы не одни ведём с вами связь. Если это необходимо – Мы можем создать Солнце. Но Система Круга препятствует нашей связи с вами. Есть такие цивилизации, которые не хотят, чтобы с ними вели контакт и всячески препятствуют этому.

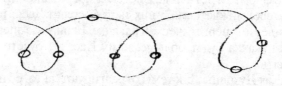

Рис. 2

Дмитриев А.:

– Эти цивилизации тоже энергетические?

– Да.

– Можно представить так: Вы – оптимистический экспериментатор. Система круга – пессимисты, а мы, люди, – предмет эксперимента?

– Да, это в чём-то напоминает настоящую ситуацию, – соглашаются Они.

– Что входит в Ваши функции: производство материальных миров, сбор информации или энергии?

– Сбор информации, перекачка энергии из одной точки Вселенной в другую, контактирование и посылание импульсов на другие планеты, совершенствование собственной, по-вашему, «цивилизации», и ещё ряд функций, которые вам знать пока рано.

Фадеев М.:

– Вы несёте людям добро?

– Стараемся.

– А из закона сохранения энергии – в таком же количестве нам посылается и зло? – постарался поймать Их Фадеев.

– Это зависит от вас, от вашего поведения. Люди вынуждают Нас применять к ним иногда жёсткие меры.

— Но, так или иначе, а зло в мире существует как противоположный полюс. Или оно может исчезнуть вообще?

— По вашему желанию зло может остаться в вас и с помощью некоторых ваших усилий может превратиться в добро, то есть в этом и заключается работа вашей души. Всё зло можно превратить в качественную энергию, которая пойдёт на добро. Вам необходимо научиться это делать.

— Мы находимся под вашим гипнозом?

— По вашему желанию, но это выражается незначительно.

— Можете ли Вы подключиться к полю всезнания?

— Мы можем, но нам это будет стоить очень дорого.

— Какое существует соотношение между вашим временем и нашим, например, наша минута и ваша?

— Минута – это сто семьдесят три четвёртых (173/4).

Стрельникова Л.Л.:

— Есть ли у вас стремление к истине?

— Так же, как и у вас.

— Любое ли развитие контролируется?

— Да, контроль осуществляется более Высшей Системой над любыми формами развития.

— Но мне кажется – понятие бесконечности говорит о бесконтрольности, то есть бесконечность невозможно контролировать, потому что она не имеет конца.

— Вы неправильно рассуждаете.

— Поправьте, пожалуйста. Или бесконечность имеет в определённых рамках конечный результат?

— Да, в определённых рамках достигает определённого результата. Но когда этот конечной результат достигает своей вершины, то он переходит в другую систему развития, более совершенную и отличную от прежнего. Но всё контролируемо.

— «Союз» выше Вас? – вопрос задан к Спиралевидной Системе.

— Мы находимся во власти «Союза».

Фадеев М.:

— А кто контролирует «Союз»?

– Полностью «Союз» контролирует Высший Разум.
Но наша Спиралевидная Система контролирует Россию.
Другие регионы контролируют другие Системы. Схема
понятна?

– Да. Но другие Системы, контролирующие всю Землю, относятся к «Союзу»?

– «Союз» контролирует всю Землю в целом, но не всех
людей, а только тех, кто полезен ему.

– А не полезные люди – кто такие?

– Мы выразились образно. Каждый человек полезен.
Каждый несёт свою миссию на Земле. Но «Союз» контролирует тех людей, которые полезны именно ему. Остальных
контролируют другие Системы.

– Сколько Систем всего контролирует Землю?

– Землю контролирует весь Космос. В нём бессчетное
количество Систем.

– Какая часть населения контролируется именно Вами?

– Нами контролируется Россия.

– Только?

– Да.

– В чём разница интересов Системы Спирали и Вас,
«Союза»?

– У Системы Спирали цель – совершенствовать материальное тело. У «Союза» цель – совершенствование душ
и их выход в «Союз».

5

ВАРИАНТЫ КОНТАКТОВ

(РАБОТА ГРУППЫ)

Над нашим городом работал мощный канал связи с Космосом. И в центре города, где собиралась наша группа энтузиастов и куда был направлен основной поток связующей энергии, общая фоновая энергетика держалась повышенной, поэтому произошло открытие канала связи не только у нас, но и у некоторых других людей, обладающих определёнными данными для этого.

Возможно, в первоначальные планы «Союза» входило включение в работу сразу нескольких групп людей для анализа их психологии и прочих факторов, интересных Им.

Вокруг других контактеров тоже собирались небольшие группы любопытных, но они задавали в основном вопросы о личной жизни, как на сеансе гадания, и на этом круг интересов их замыкался, никаких сдвигов в сторону познания Космоса или решения общечеловеческих проблем не наблюдалось, всё только о себе и для себя. Такие группки быстро вспыхивали и быстро угасали, не получив никакой интересной информации.

Только одна женщина, назовём её просто Р.У., получала через свой канал очень любопытную информацию и, так как мы работали с ней на одном предприятии, то она делилась при встрече и со мной тем, что получала, однако не всем, а только частью, скрывая по каким-то личным соображениям большую её часть. Да я и не старалась узнать остальное, не желая выступать в роли какого-нибудь космического шпиона, и поэтому довольствовалась тем, что она не считала секретным.

Р.У. могла говорить на каких-то якобы древних языках, так как её подключили к прошлой информации нашей планеты, хранящей именно языки всех народов, когда-либо населявших Землю за всё время её существования. Оказывается, ничего не уходит в небытиё: память планеты, её банки памяти сохраняют всё, что на ней было когда-то, и сохраняют не сумбурно, а как в лучших библиотеках мира – всё систематизировано и разложено по полочкам. Если хочешь серьезно изучить языки прошлого, подключись к информационному банку памяти Земли – и тебе откроются невероятные тайны.

Р.У., очевидно, была первым человеком, которого подключили к данному отделу Земли, но так как она представляла собой класс любителей, то ей было достаточным воспроизводить непонятные языки вслух, для окружающих, удивлять их звучанием и тут же забывать воспроизведённое.

Помимо языков Р.У. могла воспроизводить ещё более удивительные вещи, например, она могла пропеть мелодию вашего сердца или желудка, лёгких или печени. Оказывается, все они звучат на своей индивидуальной волне.

И это действительно так, потому что каждый наш орган работает на своей частоте и, значит, имеет своё собственное звучание, хотя первоначально, когда она предлагала: – «Хотите, я напою вам мелодию вашей селезенки? А можно и почек…» – это звучало чуть ли не бредом больного воображения. Но когда сам начинаешь разбираться досконально во всём, то «бред» приобретает реальные формы, и грань между вероятным и невероятным рвется, как тонкая паутинка.

Р.У. получала и сложную информацию об энергиях. Она имела высшее образование и поэтому прекрасно излагала то, что ей давали из области физики других миров.

Однажды она сообщила, что те, с которыми она контактирует, предлагают провести большой эксперимент совместно с нашими контактёрами и двумя представителями от нашей группы.

Они назвали Володю Чичилина, Марину Молодцову, Панкратова и Куницыну Т.Н. Остальные присутствующие были из другой группы.

Эксперимент, как Они объявили, должен был проходить в поликлинике предприятия в присутствии медперсонала. Вероятно, Они сами не знали, к каким последствиям он приведёт.

Панкратов и Куницына к назначенному дню и часу собрали людей, подготовили странную амуницию в виде полотенец и металлического таза с водой, который потребовали из тонкого мира. Всё было проникнуто таинственностью и большими ожиданиями чего-то необычного.

Однако Марина Молодцова и Володя Чичилин отказались принимать участие в работе другой группы. От наших присутствовали только Панкратов и Куницына, являвшаяся в то время секретарем клуба «Контакт» и занимавшая должность начальника отдела рационализации на предприятии радиоэлектронной промышленности, где, кстати, работали и многие члены пашей группы, в частности: Панкратов, Дмитриев, семья Чичилиных, включая Володю и Анну, Наташу Графову, Р.У. и меня. Все мы работали на одном заводе, в одном здании, но на разных его этажах (хотя корпусов у завода было несколько). И в этом – тоже некоторый перст судьбы, собравшей нас из разных городов к определённому времени в одном месте.

Порой мне казалось, что нас сверху просветили каким-то невидимым лучом, выявили желающих контактировать с другим миром и после этого собрали воедино в некоторую рабочую группу для проведения своего эксперимента. Надо сказать, что цель – дать человечеству азы новых знаний, укрепить веру в Бога и вывести цивилизацию из тупика – была не единственной для Космической Системы «Союз». Они изучали психологию человека, его реакцию на те или иные события, поэтому иногда устраивали нам встряски, но чисто на психологическом плане. Однако об этом расскажу несколько позднее. А сейчас вернёмся к эксперименту, который должен был проходить через Р.У.

Вопреки требованиям её представителей из тонкого мира, на эксперимент явились далеко не все, кто планировался, но, несмотря на это, его решили провести. Собрались в положенное время в одной из свободных помещений поликлиники, подготовили ритуальные принадлежности.

Р.У. вошла в состояние контакта и начала отдавать приказы собравшимся:

– Встаньте в круг, разуйтесь, снимите носки, ногами встаньте в таз с водой... – и дальше посыпались приказы, о которых никто из присутствующих не осмелился рассказывать посторонним, настолько они были неблагопристойными и неприличными.

Люди, настроенные на высокое и необычное, услыхали, как изо рта Р.У. полилась самая настоящая словесная грязь. Чего только не несла она! Р.У. ругалась, что не пришли контакторы Марина и Володя, она обзывала присутствующих. Из её рта, как из помойной ямы, лились нечистоты, но остановиться она не могла.

Р.У. сама осознавала, что несет невесть что, но была не властна над собой, превратившись в некоторого потустороннего наблюдателя, и как бы с высоты своего мозгового аппарата наблюдала за тем, что вытворяет её непослушное тело и в частности рот. Женщиной овладел ужас, она пыталась замолчать и не могла. Поток сквернословия лился из ее уст лавиной. Только изредка ей удавалось вставить сквозь брань того, кто овладел ее речевым аппаратом, свои восклицания:

– Это не я! Не я!

Она изо всех сил мотала головой, отрицая всё своё черноречие, старалась жестами показать, чтобы её не слушали, пыталась зажать себе губы рукой, но ничего не получалось.

Присутствующие, видя нечто ужасное для себя, стали молча расходиться.

Куницына, поняв, что Р.У. надо спасать, подхватила ее под руку и потащила к невропатологу Пронину В., который пошел дальше своей ортодоксальной медицины, был знаком с тонким миром, изучил некоторые его особенности и поэтому, когда требовалось, использовал методы нетрадиционного лечения.

Работал он в этой же поликлинике, где проводился эксперимент, этажом выше.

Пронин зажёг у себя в кабинете свечи, достал икону Христа-Спасителя, окурил потерпевшую благовониями ладана и стал отчитывать ее. Р.У. в это время продолжала с таким же жаром ругаться, понося все вокруг, в том числе и врача. Пронин, не обращая внимания на ее речь, читал молитвы.

Несколько часов длилось единоборство сквернословия и молитвы – и Божье слово победило. Р.У., наконец, смолкла. Она была выжата, как лимон.

– Спасибо, – еле прохрипела она осипшим от шестичасовой брани голосом и, разбитая, поплелась домой. С тех пор Р.У. больше на контакт не выходила.

Нам об этом рассказали вскользь. Присутствовавшие на её контакте люди были очень напуганы случившимся и молчали, хотя любопытствующие и пытались выпытать у них подробности. Всё осталось тайной.

Что же произошло в итоге?

Можно предположить, что всё-таки Система, с которой контактировала Р.У., намеревалась провести нормальный эксперимент, раз предложила провести его в поликлинике и предполагала компенсировать возможные осложнения с помощью местного медперсонала. А то, что случилось, можно объяснить прорывом в канал связи низких Уровней (тёмных), которые и сорвали первоначальные замыслы Системы.

Для нас же это был тоже урок, который учил прежде всего осторожности – на чужих ошибках учатся, поэтому в своих контактах мы спрашивали о способах защиты, и нас учили им.

В нашей группе возникали сомнения – не контактируем ли и мы с людьми, не морочит ли и нам кто-нибудь голову, не насмехаются ли над нами? Но излагаемая информация, совершенно другая точка зрения на мир, своеобразная интонация и манера изъяснения, ощущения прихода энергии и многое другое – всё это подтверждало, что с нами говорит другой Разум, которому не свойственно косное человеческое мышление. Это Разум свободно парящий в других мирах и измерениях и пытающийся и нам передать частичку своих знаний.

Работа в группе, информация, получаемая Свыше часто позволяла делать нам интересные выводы. В частности, В. Панкратов сделал вывод, что повышая на контактах собственную энергетику, мы изменяемся в глазах тонкого мира и, прежде всего, становимся видимыми для многих существ этого мира.

Все люди имеют некоторый энергетический уровень около 30 условных единиц (данные для 1989 г. Этот средний уровень повышается сейчас год от года, что связано с повышением общего энергетического фона Земли. – *Прим. авт.*). И поэтому всё человечество, отдельные его общества и группы людей – имеют некоторое усредненное свечение. Естественно, что те люди, которые набирают энергетику выше среднего уровня, начинают светиться на общем среднем фоне, как светлячки.

Такие «светлячки» привлекают к себе существ из тонкого мира, и они начинают приставать к людям с повышенной энергетикой и доставляют им какое-то время массу хлопот. Существа способны их всячески провоцировать, и если психика людей недостаточно сильна, то могут возникнуть неприятности чисто психологического плана. Когда же человек вместе с повышением энергетики укрепляет и личную психику, то ему уже никто не страшен, и никто не в состоянии его спровоцировать.

Но вернёмся к тому, как «Союз» учил нас различать тех, с кем мы вступаем в контакт, различать тех, кого мы не видим. Они познакомили нас ещё с одним примером возможных контактов.

Летом этого же года мы с мужем поехали в деревню навестить его родителей. И там старый знакомый мужа, работающий на тракторе в поле, рассказал удивительную историю.

На его тракторе, на котором он работает вот уже год, стал звучать голос. Первый раз он услыхал его, когда ехал по полю и запел старую русскую песню «Землянка».

Не успел пропеть один куплет: «Бьётся в тесной печурке огонь, на поленьях смола – как слеза...» – как неизвестно откуда раздался отчётливый насмешливей голос:

– Русские все старые песни поют. И не надоело вам это старьё? Или на новое не способны?

Как ни странно, оглушительный шум мотора не заглушал голос, и он слышался так ясно, как будто кто-то проговорил эту фразу прямо ему в ухо. Тракторист оглянулся –

вокруг никого. Подумав, не спрятался ли кто за трактор, он остановил его, обошёл вокруг, исследовал кабину внутри – нигде никого.

«Может, почудилось», – решил он, завёл трактор и поехал дальше. Остаток дня проработал нормально, но когда возвращался домой, при въезде на горку трактор его неожиданно заглох. Тракторист выругался по поводу машины, и голос тут же не замедлил проявиться опять.

— Русские от своего мата никак не отучатся. Сплошное невежество, – заявил он недовольно. – Культура на нуле.

Тракторист осекся, и ему уже стало не по себе. Вернувшись в мастерские, он тщательно обследовал машину, решив, что, может быть, кто-нибудь из друзей замаскировал радиоприёмник, чтобы подшутить над ним, но ничего не нашёл. Тогда он предположил – не вражеская ли это разведка замаскировала какое-нибудь микроустройство среди деталей машины ещё на заводе. Но с другой стороны – зачем следить, к примеру, за ним, если он ездит только по полям? Разве что засекать места по производству мяса и молока, чтобы в нужный момент лишить страну основного производства сельскохозяйственной продукции.

Предположений было много, вплоть до того – не собираются ли и его завербовать во вражескую разведку, а голос между тем всё звучал и не давал покоя. В течение года он сопровождал его на работе в тракторе и при этом проявлял себя только в степи, в поле, когда рядом никого не было. Дома он тоже не проявлялся.

Высказывания его были следующего характера.

Когда однажды трактор забуксовал в грязи во время сельской распутицы, голос с иронией заметил:

— У русских техника слабая. Вас всех голыми руками можно брать.

Тракториста долго мучил вопрос – почему голос постоянно обращается к нему как к представителю другой нации. Сам-то он тогда кто?

Как-то в жару, когда машина утонула в пыли, тракторист закашлялся от неё. Пыль проникла в горло и першила, а голос тотчас же зло прокомментировал:

— Вы все и без войны вскоре передохнете.

Однажды он остановил трактор, чтобы отдохнуть недалеко от дороги, по которой проносились автомобили. Голос тут же проявил себя:

— По звуку можно определить, что поблизости скоростное шоссе. У нас на карте такого нет.

Подобные высказывания раздражали, и как-то не выдержав, тракторист выругался по отношению к голосу:

— Иди ты к чертовой бабушке. Ну, чего пристал! Делать больше нечего что ли?

Голос весело ответил:

— Нечего к бабушке посылать, мы и так очень далеко от вас – на мысе Канаверал, куда дальше?

Тракторист поведал эту историю только нам, опасаясь рассказывать другим, чтобы не быть принятым за сумасшедшего. А так как у нас уже был опыт знакомства с воздействием психотронного оружия московских исследователей, то мы объяснили ему, что он подвергся воздействию мощного психотронного оружия со стороны иностранных компаний, не побоявшихся даже назвать себя.

«Союз», наталкивая нас на подобные случаи, показывал, что к контактерам или к людям, способным к контактной деятельности, могут подключаться и низкие Уровни (называемые тёмными), и сами люди со своими корыстными целями, поэтому надо уметь отличать – с кем контактируешь, на кого выходишь, к какому Уровню подключаешься.

Я пишу обо всех этих случаях с той целью, чтобы показать, насколько разнообразны возможности человеческого контактирования сейчас и в силу развития техники, и в силу приближения к людям наших Небесных Учителей. А раз спускаются Светлые Учителя, чтобы поговорить с людьми, то обязательно снизу поднимутся Тёмные, чтобы ввести, наоборот, в заблуждение, нагнать страху, опорочить одних перед другими, и поэтому нужна бдительность.

6

КОСМОС

Контактёр Володя Чичилин
Вопросы Дмитриева А.:
— Что такое Абсолют?
— Энергия Высшего Уровня.
— Какова функция Абсолюта?
— Ни одна цивилизация не может пройти дальше Абсолюта. Сейчас вы не можете понять его.
— Имеет ли Абсолют форму?
— Он постоянно меняет форму в зависимости от условий.
— Обладает ли он личностным аспектом?
— Качественности у него нет, как, например, у человека.
— Было ли явление Абсолюта в форме человека?
— Для человечества это невозможно. Не на той степени развития вы находитесь. В человеке возможно только частичное воплощение Абсолюта, его частицы.
— Сама эта частица индивидуальная?
— Да. Индивидуальность сохраняется во всём. Не случайно же на Земле нет двух абсолютно одинаковых людей. (Имеется в виду не физическая оболочка, а духовная сущность. – *Прим. авт.*)
— Каким образом происходят процессы эволюции и в каком масштабе?
— Эволюция происходит во всем Космосе. Где-то она проявляется больше, а где-то – меньше.
— А инволюция?
— Инволюция происходит частично, не во всех Системах.

Стрельникова Л.Л.:

— Человеку за образец развития дан Бог, до которого он и должен доразвиться, чтобы достичь совершенства. Космос тоже развивается. Есть ли у него такой эталон или идеал, до которого он должен дойти в своем развитии?

— Это Высший Разум Космоса, который управляет всем Космосом. Бог дан человеку Земли.

Дмитриев А.:

— Почему существует разделение на материю и энергию?

— Это разделение осуществилось на Земле. Материя произошла от энергии. Материю вы ощущаете, энергию – нет.

— Как образовался материальный мир?

— Чтобы всё описать, необходимо огромное количество времени. Не хватит всей вашей жизни, чтобы Нас выслушать.

Стрельникова Л.Л.:

— Чем отличается материя от антиматерии?

— Материю вы можете узнать по характерным для неё признакам, какие бы формы она ни принимала. Антиматерия постоянно изменяется и для восприятия человека недоступна.

— А что в ней: свойства противоположны или время течёт обратно?

— Дело во времени. Её время отличается от земного на несколько единиц.

— В какую сторону оно течёт по отношению к нашему?

— В обратную. Поэтому она может проявляться здесь, на Земле, и исчезать, для человеческого восприятия это почти недоступно.

Фадеев М.:

— Каков механизм перехода тонкой материи в плотную? Как идёт этот процесс: с поглощением или выделением энергии?

— Материя, как и энергия, бывает разного качества. То есть, к примеру, энергия бывает как высокочастотная, так и низкочастотная, так и радиоволны – это вид тонкой материи, а ваш быт, всё, что в нём находится – это грубая материя. При превращении одной энергии в другую может происходить как поглощение энергии, так и выделение, потому что в основной процесс включается множество других более тонких процессов. И на осуществление одних из них требуется поглощение энергии, на осуществление других – ее выделение.

Контактёр Марина Молодцова
Вопросы Дмитриева А.:

– Какова общая концепция мироустройства?

– Это сложно для вашего понимания. Земля, можно сказать, это ваш космический корабль, который направляется к Нам. При различной группировке планет вокруг Земли при её движении происходят различные процессы.

– Вселенная на самом деле такая, как мы её видим, или это всего лишь наше воображение?

– Воображение присуще людям. Это вредит вам, поэтому вы видите не то, что есть реально. Отбросьте все черты, присущие человеку, и вам откроется дар.

– Поясните, пожалуйста, концепцию мироустройства.

– «Союз» – это основа мироустройства, мироустройство – это «Союз».

Стрельникова Л.Л.:

– Что представляет в Вашем понятии Космос?

– На вашем языке – это чисто условное понятие. Вы же прекрасно понимаете, как условен ваш язык. Невозможно вместить в вашем сознании то, о чём говорим Мы, ибо ваше всё ложно, условно, схематично. И всё ложно только потому, что воплощено в форму слова, а оно не способно передать все аспекты устройства Вселенной. Настоящие модели Вселенной настолько непохожи на всё, представляемое вами и заключённое в ваши понятия, что трудно донести вам истину. Мы стараемся при объяснениях использовать отдельные понятные вам элементы, чтобы нарисовать людям модель понятной им Вселенной. Но эта модель получается сильно искажённой, это та условность, которая необходима человеку для того, чтобы он поднялся на степень выше в своём развитии.

– С какой целью в Космосе преобладает вращательное движение, а не поступательное?

– Вращательное движение – это тоже закон Космоса, и в этом заложен свой смысл, цивилизация тоже развивается именно по спирали, а не по прямой линии. Если бы человечество развивалось по прямой, у него было бы меньше времени для совершенствования, чем на данный момент. Людям бы просто не хватило времени для этого, и они погибли бы. Им пришлось бы воплощаться в какие-то другие частицы Космоса, но не в людей. Также и всё остальное требует для развития свои сроки.

Стрельников А.И.:

– Существует универсальный закон Космоса – «Как вверху, так и внизу». В связи с этим наша жизнь, события на Земле, не являются ли отражением событий, происходящих в небесных сферах бытия?

– Да, это маленькое подобие того, что происходит в Космосе. Только там это всё в более широких масштабах и в качественно других состояниях. Полной аналогии между Верхом и Низом никогда быть не может.

– Насколько одни события соответствуют другим, и есть ли между ними взаимовлияние?

– Во всём есть взаимовлияние, во всём есть своя связь, но связь почти неуловимая для человека, то есть необъяснимая. Для человечества нужен Разум, который бы в одном своём сознании вместил все знания, которые были приобретены человечеством за всю его историю. Только тогда, когда все эти знания, весь этот опыт прошлого соберётся в едином сознании, только тогда можно будет помочь человечеству.

Фадеев М.:

– Человек пытается установить связь с Космосом с помощью радиоволн. Это совершенная связь или имеются другие?

– Это очень примитивная связь. Существует большое количество других видов связи с Космосом. Через некоторое время люди узнают два способа.

– Назовите эти два способа, если можно.

– Они известны всем, только человек не фиксирует на них своё сознание как на своих возможностях контакта. Первый способ – контакт с помощью Системы. У каждого человека существует индивидуальная система связи с Космосом. Второй способ – контакт с инопланетянами. Людей похищают, испытывают, потом самых выносливых и пригодных снабжают нужной информацией – как вести себя дальше для лучшего развития.

Стрельникова Л.Л.:
– Что такое тьма в Космосе?
– Ее не существует.

То, что нет тьмы, меня сначала удивило и показалось лжеинформацей, но это было сказано таким категоричным тоном, что и переспрашивать было крайне неудобно. «Как же нет тьмы, – думала я, если, выгляни в окно ночью – кругом непроглядный мрак. Почему же Они это отрицают?» Но когда наши понятия расширились, я поняла, что Они совершенно правы. Глаза человека работают в очень узком диапазоне. Человеческое зрение устроено таким образом, что уменьшение солнечного света, а именно потоков фотонов, воспринимается глазами, как наступление сумерек или тьмы. Тьма – это восприятие чисто наше, земное. У других существ органы зрения устроены так, что для них в Космосе всегда светло, даже при отсутствии светила. Всё в разном устройстве глаз.

Контактёр Аркадий Чичилин (11 лет)
Вопросы Стрельниковой Л.Л.:
– Что такое космические смерчи?
– Космических смерчей нет в материальном виде, но в энергетическом они существуют и даже мешают некоторым цивилизациям. Они проходят две Системы: Солнечную и задевают вторую, название говорить не будем, так как некоторые цивилизации не должны знать ничего про неё.
– Какие функции выполняют смерчи в Космосе?
– Функции их разные. Они собирают песчинки и несут их другим цивилизациям. Они помогают нам – дают пробу вашей Земли. А некоторые для этих проб посылают космические корабли. Но бывает, прилетает смерч и приносит образцы сам.

Контактёр Володя Чичилин
Вопросы Стрельникова А.И.:
– На одном из контактов Вы упоминали о тринадцатом плане, но мы не поняли, что он собой представляет?

– Вы не поняли, что такое тринадцатый план? – удивились Они, но, извинившись, пояснили: – Извините. Фигуральное пространство – это изменяющееся пространство, где нет ни материи, ни времени. Там могут быть материальные субстанции, но не рожденные днём – ваши «летающие тарелки».

– Существует ли жизнь в двухмерном пространстве?

– Нет.

– Существуют ли живые формы в пространстве, мерность которого меньше трёх?

– Не существует.

– Что такое антимир для физического плана жизни?

– Он перевёрнут. С вашим миром антимир не соприкасается и вашему глазу не виден. Он может сломать вашу систему... и доступен только для высших цивилизаций.

Вопросы Дмитриева А.:

– Есть ли Белый и Чёрный Космос?

– Есть. Но всё относительно. Чёрный – Зло, Белый – Добро.

– Ваша Система относится к Белому Космосу?

– Да.

– А Земля?

– Здесь сложно. На ней имеется и то, и другое – и белое, и чёрное.

Стрельников А.И.:

– Что такое «тёмные» и «светлые» силы?

– Эти понятия находятся в мозгу человека, хотя они относительны. Для Нас их не существует. Но Мы даём пояснения на вашем уровне. То, что не существует для Нас, для вас – реально. Когда вы подниметесь в своём развитии, то и для вас многое низкое перестанет существовать.

Дмитриев А.:

– Белые и Тёмные – в чём их задачи и на каком уровне происходит розыгрыш программ добра и зла?

– На энергетическом уровне, путём анализа в человеческом мозгу. Каждому индивидуально даётся импульс, и человек его воспринимает. И дальше уже зависит от его действий: хорошее он сделает для Космоса – Добро, или плохое – Зло.

Панкратов В.:

– В чём состоит задача Белых и Чёрных?

– Белые тянут вверх, тёмные тянут вниз. И не *кто* из них победит, а кого *вы* больше победите. Борьба идёт на уровне души человека.

– Но ведь не всё едино?

– У Белых и Тёмных одна цель – «очистить зёрна от плевел».

Стрельникова Л.Л.:

– Светлые силы всегда одерживают победу над тёмными?

– Рядом с Землёй действуют одинаково и те, и другие. Главное для людей – не попасть в сети к тёмным силам, иначе нам труднее будет с ними справиться.

– Что нужно предпринимать, чтобы не попасть?

– Если это касается контактов, то надо контактировать с большой осторожностью и проверять ответы.

– А в обычной жизни что делать, чтобы не попасть к тёмным?

– Необходимы чистые мысли без зла и насилия, чистые, добрые поступки.

Стрельников А.И.:

– Закончилась ли на небе борьба между Тёмными и Светлыми силами?

– В Космосе идёт постоянная борьба. Другое дело – она ослабевает или усиливается. Если же борьба прекратится, то прекратится существование всего Космоса, а не только Земли и окружающей её Галактики. Таков космический закон развития.

Контактёр Марина Молодцова
Салкин Н.:

– Существует ли на Земле единый центр зла и кто стоит во главе его?

– Центр зла есть. Кто стоит во главе, мы сказать не можем, так как это секретная информация. Центр зла существует, он активизируется тогда, когда активизируются тёмные силы во всём Космическом пространстве. Центр зла, его точка, находится над Восточными странами. Каждый год эта точка постепенно перемещается на несколько градусов в сторону Запада. Это пока всё, что Мы можем вам сказать.

Стрельникова Л.Л.:

– Как спастись от рабства тёмных тем, кто в него попал?

– В рабство попадают лишь те, кто этого желает. Осознанно или неосознанно – это уже другой вопрос. Но эти личности целенаправленно ведут такой образ жизни, который их ввергает в пучину рабства, ведь всегда есть причины и есть следствие этих причин. Но если кто-то попал в рабство, освободиться ему будет нелегко. Во-первых, он должен осознать, что действительно находится в рабстве, хотя немногие на это способны. Во-вторых, для высвобождения из рабства потребуется огромная космическая сила, которую человек должен заработать. В том случае, если он ее заработает, очистится и, если у него хватит мужества противодействовать тёмным силам, тогда он избавится от рабства.

– А как заработать – молитвами, добрыми действиями?

– И поступками, и молитвами – всем, чем угодно. Но эта энергия должна быть не одноминутной, односекундной, а должна быть постоянной, чтобы она числилась в его потенциале в оболочках души и была заработана честным трудом.

Стрельников А.И.:

– Неизбежно ли установление всемирной тирании?

– Всемирной тирании быть не может только потому, что в Космосе всё же действуют Светлые силы. Они нейтрализуют Тёмные силы и поэтому их активизация не так страшна для вас. Сейчас активизация Тёмных сил проявляется во многих действиях человечества, но всё это не столь важно, важно, что будет потом. Сейчас, если человечество не посмотрит на своё развитие другими глазами, или хотя бы не взглянет на себя со стороны, то вас ждут более серьёзные испытания. Космос заинтересован в том, чтобы спасти вас от крупного бедствия. Но, к сожалению, человек не столь совершенное существо, какие водятся на других планетах, в других мирах, где отсутствуют войны в вашем понятии, где нет Разума, который бы разрушал все на своём пути для собственной выгоды. В этом ваш недостаток.

Контактёр Марина Молодцова
Чичилина Т.В.:

– Существуют ли материальные инопланетяне?

– Да. Они бывают разные, в основном – энергетические.

Дмитриев А.:

– Но люди видят настоящие материальные «тарелки». Это что – иллюзия человеческого воображения или реальность?

– Все инопланетяне, которые потеряли управление энергиями между собой и кораблём, потерпели крушение. Другие приняли облик материальных машин, которые вы называете «тарелки». То есть после потери связи с кораблём они меняют форму, принимают такую, которая не шокирует людей.

Стрельников А.И.:

– А в США на базе в 1948 году, почему их останки были материальными?

– Первоначальная их форма была другая, но они её изменили. Это было сделано тоже для того, чтобы меньше воздействовать на психику человека.

Стрельникова Л.Л.:

– Может ли у существ с высокой духовностью быть страшная физическая оболочка?

– Конечно, это бывает часто.

– Почему?

– Потому что нет в мире полного совершенства. Если даётся один дар, то отнимается другой.

– Инопланетяне, которые способны материализоваться, владеют кодами материи?

– Для них это не составляет особого труда, поскольку это более развитая цивилизация.

Дмитриев А.:

– Каковы их цели?

– Экспериментальные. Перехват. Они берут энергию души. Это питание для них.

Чичилина Т. В.:

– Почему Высший Разум допускает это?

– Он противостоит этому, делая Нас сильнее. Высший Разум не контролирует их, у них свой Разум.

— Высших Разумов много?

— Бесчисленное количество.

— Кто для нас Высший Разум?

— Для вас Разум – это Мы. Мы ежедневно контактиру-ем с вами и не вмешиваемся до поры.

Стрельникова Л.Л.:

— Вы сказали, что материальные инопланетяне берут энергию души. Исчезает ли при этом душа вообще, или они берут одну из ее составляющих и на душе это никак не отра-жается?

— Вашу энергию, чем она чище, тем её труднее разбро-сать.

— Если инопланетяне похитили человека и увезли его в другое созвездие, то после смерти куда идёт душа: к вам или тем, кто заведует этим созвездием?

— Она идёт туда, куда ей требуется, то есть куда было запланировано первоначально.

— Используют ли корабли инопланетян психическою энергию?

— Да. Но эта энергия недолговечна.

— Мы читали, что некоторые «летающие тарелки» за-висают над кладбищами и считывают с них информацию? Это действительно так?

— Да, считывают информацию.

— С чего именно?

— На кладбищах существует своя система энергоинфор-мационного обмена. Они считывают информацию с мозга не-давно умерших. Смысл в том, что умершие оболочки не со-всем мертвы, как вам кажется. Некоторое время оболочки питаются только отрицательной энергией, отсасываемой от живых людей. И делают это для того, чтобы на какое-то вре-мя сохранить содержащуюся в них информацию для Космо-са. А Космос, обрабатывая эту информацию и суммируя её, посылает соответствующие импульсы всему человечеству.

Контактёр Володя Чичилин

Стрельников А.И.:

— Как осуществляется переход от одного измерения к другому для материальных систем, летающих к нам на «тарелках»?

– У материальных инопланетян, которые находятся в этих объектах, мозг устроен по-другому, чем у вас. У них заложено пять измерений, которыми они пользуются. У вас заложено четыре измерения, и вы пользуетесь ими. Если хотите переходить в другие измерения, для вас два выхода: перейти в нейтральное измерение или развить свой мозг, переделать на другие измерения, что в материальном состоянии невозможно.

– Что такое нейтральное измерение?

– По аналогии с вашей нейтральной средой это то, что она ни на кого не влияет, и никто на неё не влияет. Она существует там, где нет ни времени, ни пространства.

– Мы туда можем попасть?

– Туда может попасть душа.

Контактёр Марина Молодцова
Стрельникова Л.Л.:

– Какими качествами высокие материальные цивилизации отличаются от низких?

– У них отсутствуют эмоции, агрессия.

– Следовательно, чем выше цивилизация, тем меньше эмоций?

– Эмоции свойственны низким цивилизациям.

– Чем ещё высокие цивилизации отличаются от низких?

– Более плодотворной работой и более качественной производимой энергией.

– Характерно ли для высоких цивилизаций бескорыстие – отдавать что-то другим, ничего не требуя взамен?

– Для некоторых это свойственно, для некоторых – нет.

– У цивилизаций в других созвездиях тоже есть Бог, для которого собирается энергия, или там сбор энергии осуществляется другими способами?

– У них в этом заключено другое понятие. У них тоже есть то, чему они поклоняются, во что верят. Причём, вера у них не такая, как у вас сейчас, а именно – первозданная вера и любовь.

– Был ли опыт развития человеческих цивилизаций, которые помнили прошлую жизнь?

– Да. Но это не привело ни к чему хорошему.

– А к чему это привело?

– Если человек думает о прошлом, ему трудно думать о будущем. Задача человека – идти вперёд, а не назад.

Дмитриев А.:

– Возможны ли звёздные войны?

– На материальном плане – да, но цивилизации, подчиняющиеся «Союзу», с вами воевать не будут.

– Сколько разумных цивилизаций, кроме человеческой, находятся на Земле?

– Разумные – не в вашем, в их понятии. Они энергетически выше вашего уровня развития.

– На нашу активность они влияют?

– Да, очень.

– А здесь, в комнате, они есть?

– Да, но в полусонном состоянии.

Стрельников А.И.:

– Участвовали ли внеземные цивилизации в строительстве Египетских пирамид?

– Участвовали цивилизации второго поколения.

– Для чего служат пирамиды?

– Для контакта тех, кто построил.

– На Земле существуют ещё две цивилизации, неизвестные человечеству. Кто они, где и в какой форме существуют?

– Это тоже люди, только более цивилизованные, чем настоящий, средний человек, живущий по правилу: работа, дом, семья, обязанности, права. Те люди выше по уровню развития, чётче представляют свои права и обязанности. Они ведут прямые контакты с Космосом, с другими цивилизациями. Результаты контактов они могут показать при разрешении Космических сил и при их желании. Но в связи с тем, что человечество ещё не готово воспринять ту информацию, которую получают эти цивилизации, они держат всё в секрете. Вы вряд ли сможете к ним приблизиться, по своему уровню энергетики они очень далеки от вас. Кстати, среди вас к ним приближаются по этим показателям некоторые священники, а также отдельные художники, музыканты, и просто отшельники, живущие в тех уголках земли, куда редко заглядывает мирской человек.

Стрельников А.И.:

– Существует гипотеза о том, что цивилизация участвует в накоплении энергетического заряда, которой затем используется для создания новых Вселенных, галактик, планет, и новых цивилизаций?

– Это неизбежно.

– Какова упрощённая схема этого процесса?

Контактёру даётся следующая зрительная схема (рис. 3).

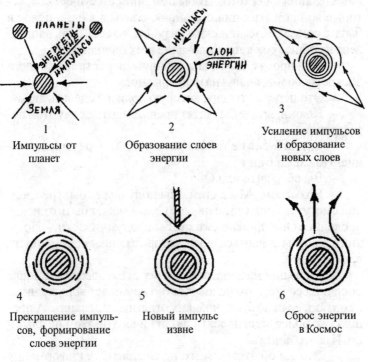

1
Импульсы от планет

2
Образование слоев энергии

3
Усиление импульсов и образование новых слоев

4
Прекращение импульсов, формирование слоев энергии

5
Новый импульс извне

6
Сброс энергии в Космос

Рис. 3

– Происходит ли развитие цивилизации одновременно на нескольких витках пространственно- временной спирали?

– Да, происходит.

– Возможно ли осуществить связь с будущим своей цивилизации?

– Возможно, но не сейчас. Для вас это в будущем.

Фадеев М.:

— Я только что прочитал Третье послание человечеству, данное нам еще в 1929 г. какой-то коалицией. Они предупреждают Землян о надвигающемся космическом урагане. Что это за коалиция?

— Это сообщество нескольких цивилизаций. Их очень много. У каждой цивилизации – своё развитие. Объединены же они с целью: добиться одновременного развития во всех цивилизациях для того, чтобы помочь всем существам, которые живут в этих цивилизациях, слиться в одно целое и быть в союзе с Космическим Разумом, то есть цель направлена на общее совершенствование всех цивилизаций.

— Они просят, чтобы мы добились перестройки своего дискретного мышления на непрерывное.

— Это первая ступень, которую должны сделать люди.

— Но они, вроде бы, хотят предоставить схему этой перестройки.

— Схема будет не точна. Она пройдёт через преломление. Но схема будет.

— Вы её дадите или Они?

— Возможно, Мы дадим. Мы получим её быстрее, чем они смогут донести её до людей. Схема может быть от нас, – последнее Они произносят как бы в задумчивости. – Но до этого должны появиться люди, которые исправят неточности в этой схеме.

— Но коалиция написала, что через пятьдесят лет после послания сочтёт, что человечество не желает войти с ними в контакт, если не будет никаких ответных посланий. А прошло уже более шестидесяти лет, и ничего об этом не слышно. Как это понять?

— Это вы об этом ничего не слышите. А информация была получена. Она достигает своей цели. Но напомним, что имеются такие силы, которые будут препятствовать этому и препятствуют. Всё не так просто. Они захотели помочь, Они дали схему – и вы быстро перешли на другой тип мышления. Всё гораздо сложней.

СОЛНЦЕ.
СОЛНЕЧНАЯ СИСТЕМА

Контактёр Марина Молодцова
Вопрос Стрельникова А.И.:

— Имеется ли предел энергии у Солнца, погаснет ли оно?

— Все ресурсы строго регламентированы экспериментом.

— За счет взрыва какой сверхновой звезды образовались планеты нашей Солнечной системы? Была ли она такой же, как наше Солнце?

— Она была в несколько миллионов раз больше размеров Солнца.

Стрельникова Л.Л.:

— Что в нашей Галактике возникло раньше – Солнце или планеты?

— Первым возникло Солнце.

— А почему было решено, что Солнце должно возникнуть первым?

— Это программа.

— Каковы закономерности в зарождении планет после того, как появилось Солнце: первыми возникли ближние к Солнцу планеты, а потом остальные, или всё шло по-другому?

— Вначале возникло Солнце. Затем образовались окружающие его планеты, они образовались одновременно. Разница в их возникновении в космических масштабах составляла считанные единицы.

— А то, что одни планеты имеют большую массу, а другие – меньшую – с чем это связано?

– С находящейся в них энергией.

Голубин С.:

– Солнце – это двойная звезда?

– Как вы понимаете слово «двойная»? Поясните.

– Две звезды вращаются вокруг общего центра масс, – поясняет Голубин.

– Понятно. Это было в самом начальном периоде зарождения Галактики и Солнечной системы.

– А что стало со вторым компонентом?

– Они соединились, так как по отдельности функционировали очень слабо. А, соединившись, они дали жизнь многим планетам.

– При соединении их произошёл взрыв?

– Взрыва не было. Это явление сопровождалось всего лишь огромным излучением энергии.

Стрельников А.И.:

– С чем связана солнечная активность?

– Солнечная активность связана с людьми. Чем сильнее и хуже ваша энергия – энергия агрессии, жестокости, зла, тем больше активность Солнца.

Стрельникова Л.Л.:

– Структура Солнечной системы была создана специально для той формы человека, в которой он сейчас существует?

– Она не была создана для человека. Человек был создан для нее.

– А почему все планеты Солнечной системы лежат в одной плоскости, а не в разных?

– Так было задумано.

– Шар имеет наиболее устойчивое положение, а существование планет в одной плоскости не даёт устойчивости системе.

– Да, это положение не даёт устойчивости планетам, и при невыполнении какого-то звена программы такая система может быстро разрушиться. Но в таком положении Солнечная система выполняет заданные ей функции, а в другом она не смогла бы выполнить именно эти функции. Производимая ею продукция определяет расположение планет в ней.

– Сколько планет Солнечной системы имеют разумную биологическую жизнь?

– На некоторых планетах имеются зачатки биологической структуры.

– Аура Солнца распространяется непосредственно вокруг него, или в этой ауре находятся все планеты солнечной системы?

– Что вы подразумеваете под аурой Солнца?

– Это та первая оболочка, которая вырабатывается непосредственно материей Солнца. Каждая планета, звезда вырабатывают какой-то первый слой.

– Понятно. Мы задали этот вопрос только для того, чтобы выяснить, что вы под этим понятием подразумеваете, потому что каждое космическое существо подразумевает под этим своё. Значит, вы думаете, аура Солнца – это та энергия, которая излучается им и является его первой оболочкой.

– Да. До каких пределов она распространяется?

– Аура Солнца распространяется на всю Солнечную систему и воздействует на ауры других планет, они взаимодействуют друг с другом.

– Каким образом взаимодействует одна аура с другой?

– Они связаны энергетически, и роль аур планет, которые вращаются вокруг Солнца, является связующей. Они как бы притягиваются за счёт этих аур. Существуют и другие физические законы, за счёт которых планеты вращаются по определённой траектории, в определённом направлении и с определённой скоростью. Но и ауры играют немалую роль в этом. Естественно, имеет значение и обмен энергий планет. Солнце является связующим звеном, через которое циркулирует энергия от планет к Солнцу, от Солнца – к планетам, то есть существует определённый закон течения этой энергии.

– Солнечный свет или свет любой звезды распространяется беспредельно, или предел какой-то есть и идёт постепенное угасание?

– Свет распространяется беспредельно, но по своим законам. Видимый человеку свет видим только в определенных рамках, потом он как бы исчезает. Но на самом деле это не совсем так. Он трансформируется, превращается в невидимую энергию, которая течёт дальше и дальше. Вам кажется, что свет рассеивается, на самом деле он трансформируется в энергию другой частоты.

— Солнечный свет – что это за такая материя, которой раз сообщён импульс энергии, и он сохраняется бесконечно. Что это за такая бесконечно движущаяся материя?

— По закону, что ничего не исчезает и ничего не появляется, солнечный свет трансформируется в другой вид энергии при своём перемещении в пространстве. И импульсом движения служит сам заряд энергии, посылаемой Солнцем. Свет является огромным импульсом, который даёт Солнце и который движет его энергию.

— Может ли быть Солнце холодным для какого-нибудь мира?

— Да, всё в мире относительно. Для вас оно горячее, для других может быть холодным. Существует множество миров, которые воспринимают любую точку Космоса по-своему.

ПЛАНЕТЫ СОЛНЕЧНОЙ СИСТЕМЫ

Контактёр Аркадий Чичилин (12 лет)
Стрельникова Л.Л.:

— Бывают ли извержения вулканов на планетах Солнечной системы, помимо Земли?

— Они происходят так же, как и у вас. Но, например, на Марсе вы их не увидите. Их видят только энергетические существа, обитающие там.

— А как они реагируют на изменения?

— Так же, как и вы. Боятся их.

— А как представляются вулканы для энергетических существ?

— Им кажется, что у них имеются материальные оболочки.

— Существуют ли безжизненные планеты?

— Нет.

— Подпитывают ли планеты своей энергией звёзды?

— Да.

Контактёр Марина Молодцова (18 лет)
Фадеев М.:

— Каждая планета имеет свой код. Что означают коды планет?

— Коды планет, так же, как и коды всего остального – это не что иное, как Карма. Код, карма – по ним можно вычислить, что будет с этим предметом или этой планетой в будущем, для чего они созданы, и какой в них заложен смысл.

— При каждом перевоплощении планеты код её меняется?

— Код меняется, но он подразделяется на основную часть и не основную так же, как и душа человека имеет ядро и другие оболочки. Основные оболочки, основная часть кода меняются, а ядро остается.

— Что заключает в себе основная часть?

— Это кодировка на далёкое будущее. Чем больше планета или предмет перевоплощаются, тем меньше остаётся оболочек. Они как бы отсеиваются. Например, астральная оболочка изживает себя. Но её общие накопления растут.

Стрельников А.И.:

— Верно ли знают астрологи код Земли – 9995?

— До сих пор эта цифра была точной. В скором времени она изменится, так как меняется скорость движения планет во всём Космосе.

— Код каждой планеты зависит от скорости её движения или от других параметров?

— Эта цифра зависит не от одного параметра, а от нескольких. Она зависит от скорости движения планет в Космосе плюс общее энергетическое состояние планеты, плюс изменение таких показателей как скорости света в вакууме.

Дмитриев А.:

— Является ли каждая планета ретранслятором энергии между Космосом и человеком?

— Каждая планета служит определённой цели. Иногда она является балансом для энергетического обмена и фильтрования энергий. Кроме того, планеты сами излучают определённый набор энергий, которые влияют не только на живое, но и на все, что есть на вашей планете. Мы говорим «живое» – как понимаете вы это. А в Нашем понимании, на Земле – все живое. Кроме того, идёт воздействие не только на вашу материальную структуру, но и на духовную энергию, заключённую в вас.

ФАЭТОН

Контактёр Володя Чичилин
Куницына Т.Н.:

– Существовала ли десятая планета Фаэтон между Юпитером и Марсом с периодом обращения около четырёх тысяч лет?

– Ваших планет не десять и не одиннадцать, а больше.

– Но эта планета всё-таки существовала?

– Все вы знаете, что на месте этой орбиты имеются камни. Поле от планеты осталось. Его можно зафиксировать. Но представьте: если сделать кольцо из шаров и давить их с двух сторон, то слабый шар из него вылетит, произойдёт дисбаланс. То же произошло с этой планетой. Она несла определённую задачу в стадии развития человека. Когда эта стадия завершилась, то круг стал сниматься.

– Почему она погибла?

– Она погибла от избытка энергии, которую на неё послали.

– От какого Уровня она погибла?

– От 98-го энергетического Уровня.

Это данные для шкалы, данной Ими, по которой 100 – это уровень Высшего Разума, 99 – уровень Христа.

– На ней были люди?

– Нет. Были энергетические существа.

Стрельникова Л.Л.:

– Где в настоящее время находятся эти энергетические существа?

– На другой планете.

– В пределах Солнечной системы?

– Нет, за её пределами.

Стрельников А.И.:

– Оказало ли влияние на развитие человечества гибель планеты Фаэтон?

– Гибель каждой планеты влияет на развитие человечества.

Куницына Т.Н.:

– Утверждают, что осколки от этой планеты падали на Марс?

– Нет, такого не было.

– Но сейчас некоторые астероиды от этой планеты близко подходят к Земле. Это опасно?

– Мы позаботились и позаботимся, чтобы этого не произошло.

МАРС

Контактёр Аркадий Чичилин

Стрельникова Л.Л.:

– Имеются ли у марсиан энергетические каналы связи с вами, как у нас?

– Как таковых нет. Они подключается для связи к другим уровням «Союза», подобным Нам, но у них другое название.

– Есть ли вода на Марсе?

– Раньше на Марсе существовала цивилизация, потом она погибла. Остались энергетические формы жизни. Вода на нём тоже раньше была, но и сейчас для существ вода есть, только она искусственная.

– В каком виде там растительный мир?

– По-вашему понятию он очень скуден.

– Какие биологические формы, подобные земным, имеются сейчас на Марсе?

– Как таковых, биологических форм нет, только энергетические.

– Какое значение имеет марсианский Сфинкс? И какая есть связь у него с земным Сфинксом?

– Да, есть взаимосвязь. Марс и Земля подобны, только ваша Земля совершенней, чем Марс. А Сфинкс нужен для канала связи, для очень большого канала.

– Но Сфинкс – это же каменная глыба!

– Поймите – каждая глыба, каждый камень несут своё предназначение. Это для вас глыба, а для нас и некоторых цивилизаций это не глыба.

Стрельников А.И.:

– Кто создал сфинкса?

– Сфинкса сделали существа второго пришествия.
– Использовали ли марсиане другие виды энергии, кроме солнечной?
– Энергию Космоса.
– А сейчас они её используют?
– Да. Вы ведь её тоже используете.
– Какие это были виды энергии?
– Как таковая, энергетика одна, но она идёт на разные предназначения.

ЛУНА

Контактёр Володя Чичилин
Стрельникова Л.Л.:
– Луна имеет искусственное происхождение?
– Спутник.
– Кто её создал?
– Создал Союз. Это план «Союза».

Дмитриев А.:
– Поясните значение Луны?
– Энергетический баланс Земли.
– Только одной Земли?
– Луна создана для баланса Земли и других планет.

Стрельникова Л.Л.:
– Почему Луна обращена к Земле одной стороной?
– Требовалось, чтобы её воздействие было постоянным и не менялось от колебаний. Нужен был канал, постоянно направленный на Землю.
– Мыслящая ли планета Луна как живое существо, если её сравнить с Землёй?
– Это искусственная планета. Луна лишь придаток Земли.
– Задатки мышления у Луны есть?
– Мы называем мыслящим всё, что прогрессирует.
– Луна прогрессирует?
– Нет.

Контактёр Марина Молодцова
– Имеется ли какая-нибудь жизнь на Луне?

– На Луне, как и на Земле, также имеются живые существа, иначе бы Луна просто изжила себя. Только существа эти невидимы для ваших глаз. Луна живёт своим особым миром, в который человек, живя в материальном мире, проникнуть не в состоянии. Там всё происходит на энергетическом, тонком плане, который не подвластен ни зрению, ни чувствам человека. Так же происходит и на многих других планетах. И если человек не видит и не чувствует, что на этой планете что-то происходит, то это не значит, что этого нет в действительности. Всё далеко не так. И если планеты существуют в материальном плане, значит, они существуют за счет чего-то, значит, имеются существа, имеется та энергия, на которой они работают. Неправильно было бы думать, что и ваша Земля существует только для того, чтобы вы по ней ходили и пользовались всем, что она рождает в своих недрах. Также и Луна. Грубо говоря, есть существа, которые связаны с её энергетикой.

– Эти существа тоже обладают какой-то агрессией?

– Нельзя сказать, что в большой степени. Больше зла, чем проявляет человек, нет, пожалуй, ни на одной планете. И этим злом он погубит свою планету. Можно ли говорить о разуме человека, если в его голове рождаются порой самые ненавистные, самые злобные мысли, которые губят и его самого, и Землю.

– Сколько параллельных миров существует на Луне?

– У каждой звезды, у каждой планеты есть свои энергетические двойники и их определённое число. Каждый имеет свою энергетику, свои функции.

– А материальные двойники есть?

– Вы задавали вопрос о параллельных мирах?

– Да.

– Параллельные миры – это энергетические двойники планет.

– Чем отличаются между собой параллельные миры?

– Они отличаются количеством пространственных координат, своей функцией, энергетикой, уровнем и плотностью. Они многим отличаются, но в то же время являются двойниками планет. Их невозможно убрать из общей системы планеты.

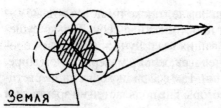

7 параллельных миров разных по размеру. Центры их не совпадают. В точках пересечения миров – аномальные зоны

Рис. 4

– Сколько параллельных миров у Земли, Луны?

– Их много. Они постоянно меняются с их развитием. Но на данный момент у Земли их семь, у Луны меньше.

– По каким причинам они меняются?

– В зависимости от общего состояния планеты.

– Почему у человека проявляются свойства лунатизма?

– Свойство лунатизма проявляется только у тех, кто жёстко воспринимает баланс, которым служит Луна.

Стрельников А.И.:

– Между Землёй и Луной существует ли невидимая планета?

– Да, есть субстанция тонкого плана.

– Чем она занимается?

– Функция защиты. Души умерших отправляются туда.

ЗВЕЗДЫ

Контактёр Марина Молодцова
Стрельникова Л.Л.:

– Что такое звезды?

– Аккумуляторы энергии.

– Из чего образуются звёзды – из газопылевых туманностей или других веществ?

– Прежде всего, звёзды образуются из энергии.

– Зарождение звёзд происходит в ядре Галактики или может происходить в другом месте?

– Зарождение может происходить где угодно, но главное – что оно осуществляется не хаотически. Зарождение той или иной Галактики происходит также по программе, и зарождение самого ядра осуществляется импульсивно в любом месте. Мы хотим сказать, что всё подчиняется программе. Звезда не может возникнуть сама по себе. Если Космос нуждается в ней, она возникнет. Если не нуждается – она не возникнет. Всё находится в гармонии.

– Почему звёзды живут в пространстве скоплениями, с чем это связано?

– По аналогии с планетами. Каждая планета имеет свой заряд энергии. Они не одинаковы. И поскольку планеты между собой взаимодействуют на расстоянии, то есть осуществляется связь за счёт внутриядерной энергии, то расстояние оказывает влияние на эту связь. Чем большею энергией обладают две сообщающиеся между собой планеты, тем дальше друг от друга они находятся. Чем меньше они имеют энергии, тем ближе располагаются друг к другу.

– Могут ли звёзды сталкиваться?

– Это происходит очень редко.

– А в каких случаях?

– Если нарушается программа одной из них.

– Почему взрываются сверхзвёзды?

– Они не взрываются сами по себе. Выполняется программа.

– А для каких целей? Это что – высвобождение энергии?

– В какой-то части Космоса необходимо затратить какое-то количество энергии. Эту энергию неоткуда взять. В Сверхразум поступает импульс о нехватке энергии. Оттуда идёт сигнал, по которому выполняется программа – взрывается звезда или другое космическое тело, за счёт чего в данную точку поступает дополнительное количество энергии.

– Какая связь существует между звёздами: составляют ли они какой-то определённей энергетический каркас?

– Каждая планета несёт свою миссию, каждая звезда имеет свою судьбу, как человек. Жизнь звёзд очень похожа на жизнь человека. Конечно, всё это относительно, но есть и аналогия. Каждый человек вырабатывает определённый вид энергии, каждый по-своему взаимодействует с другими людьми. Законы жизни людей и звёзд очень похожи. А насчёт каркаса так просто ответить нельзя.

– А вот, допустим, в металле есть кристаллическая решетка и по углам ее – определённые атомы, которые взаимосвязаны друг с другом и образуют как бы каркас. Звёзды не образуют такой же каркас в пространстве?

– Да, есть подобное. В созвездии имеется одна или две звезды, которые представляют две основные точки, по которым узнают созвездие. Даже если созвездие состоит из четырех и более звёзд, оно несет в себе определённый код. Если взять больший масштаб – Галактику – там тоже существует ряд созвездий, которые имеют определённый смысл, и по этим основным созвездиям узнаётся та или иная Галактика. По этим ориентирам инопланетные корабли определяют путь среди звёзд. В корабль поступает информация от нескольких созвездий, по которым определяется та или иная Галактика.

– Звёзды передают энергию друг другу или между ними нет передачи?

– Есть, естественно.

– Звёзды одного созвездия собирают энергию со своих планет, а потом куда они её передает?

– Они передает эту информацию в центр своей Системы.

– Каждое созвездие вырабатывает определённый вид энергии. Звёзды группируются таким образом, чтобы данная группировка выдавала требуемый вид энергии?

– Да.

– Значит, одни созвездия вырабатывают средние частоты, другие – высокие и так далее?

– Да, есть такие созвездия, которые вырабатывают примерно одинаковые частоты, но всё равно какими-то микродолями они отличаются. Всё разное.

– Значит, звезда передаёт энергию-информацию в другие Галактики?

– Да, бо́льшие по размеру. Идёт обмен. Всё взаимодействует, пульсирует. Космос – это огромный организм, в который отовсюду стекает информация: и из микрочастиц, и из макросистем.

ГАЛАКТИКА. ВСЕЛЕННАЯ

Контактёр Марина Молодцова
Дмитриев А.:
– Покажите знак нашей Галактики?
Они дают его как шар, катящийся по наклонной плоскости.

Стрельникова Л.Л.:
– Галактики распределены во Вселенной беспорядочно или равномерно?

– Существует своя конструкция, беспорядка в Космосе быть не может. Всё взаимосвязано и всё взаимодействует друг с другом. А если в Космосе не будет порядка, то есть какая-то Вселенная не будет подчиняться общекосмическим законам, она выйдет из космического графика, из общего строения, это будет равнозначно её гибели.

– Чем главным определяется расположение Галактик в том или ином участке Вселенной – их функциями, качествами или какими-то другими свойствами?

– Функции и качества, безусловно, имеют большое значение, но существуют ещё другие условия, во-первых, её строение. Во-вторых, существует межгалактический закон, по которому идёт развитие Галактики, а следовательно, выполняются её функции, и закладывается её строение дальше.

– Но каждая Галактика идет по своему пути развития?

– Каждая Галактика имеет собственный путь совершенствования, и этот путь развития является одновременно межгалактическим путём развития, то есть всё, что находится в одной Вселенной, подчиняется Общекосмическому Закону Развития.

– Что это за Общекосмический Закон?

– Это закон, по которому идёт эволюция Космоса. Он будет не понятен вам, так как до его понятий надо пройти большой путь развития.

– Каждая Галактика связана с другой какими-то определёнными обязанностями?

– Грубо говоря – да.

– Формирование Галактик идёт с различием на качество вырабатываемых частот?

— В определённой Галактике есть определённые созвездия, которые в сумме своей вырабатывают такое количество энергии и такой частоты, которые нужны для жизни самой Галактики. Всё это вращается, живёт, действует по своим законам. И в итоге получается именно такая Галактика, а не какая-то другая.

— Центр нашей Галактики какой?

— В Галактику входит множество систем. Центром Галактики является некая звезда, название которой Мы сказать не можем, так как она вместо названия имеет энергетический код. Звезда эта имеет размеры, в сотни раз превосходящие величину Солнца. Внутри неё концентрируется энергия, поступающая сюда из многих систем. Галактика подобна макро- или микро- организму. От неё информация поступает в центр, а сам центр, то есть эта звезда, является частью другой системы, галактики, является частицей другого огромного мира.

— Для чего необходимо ядро Галактике? По аналогии с человеком в ней заложена программа развития Галактики?

— Да, а также заложен ещё потенциал энергетики, которая время от времени выходит наружу.

— Вселенная рождается от взрыва? Нужен ли взрыв как первотолчок, как утверждают наши ученые?

— Да, он необходим, так как происходит перезарядка энергии и переход её в другое качество.

— Разлетаются ли сейчас Галактики в разные стороны, или это только кажется?

— Разлётом это нельзя назвать. Повторяем, что идёт их развитие по определённому закону.

— Что означает пульсация Вселенной?

— Переход от одного периода к другому. Точно так же, как происходит вспышка и затухание.

— Мы заметили, что иконы тоже пульсируют, то есть пульсируют их поля.

— Что означает их пульсация?

— Они выделяют чистую энергию. А энергия не может быть постоянной, мы уже говорили.

— Элементарные частицы пульсируют по аналогии?

— Да.

— Существуют ли ещё какие-нибудь материальные образования в Космосе, кроме звёзд, планет, комет, которые недоступны нашему восприятию?

— Всё создано из энергий. Образования в Космосе созданы из иных форм. Они недоступны вашему зрению. Наше зрение в десять в девятой степени лучше вашего. Оно регистрирует и фиксирует всё окружающее намного лучше, чем у вас, на всех планах и во всех измерениях.

— Какие образования из тонкой материи существуют в Космосе?

— У людей существует своя система восприятия. Это образное восприятие. Но если вы захотите увидеть тонкую материю, то увидите. Всё идёт через медитацию. Если сможете сконцентрировать энергию, то многого достигнете. А свои глаза вам не передашь.

— Для чего существуют чёрные дыры?

— Их нет.

— Какова функция квазаров в Космосе?

— Перекачивание энергии из одного пункта в другой.

Дмитриев А.:

— Учёными недавно обнаружен источник излучения во много раз сильнее, чем Солнце. Является ли он по происхождению искусственным? Какова его природа?

— Он не является искусственным. Он будет распространяться на некоторые расстояния. На людей он воздействует и отрицательно, и положительно. Это космическая энергия.

— Каков характер этой энергии?

— Она относится к одному из видов чистой космической энергии, которая является как бы топливом для Системы.

ТОНКОСТИ КОНТАКТОВ

(РАБОТА ГРУППЫ)

Марина пришла с улицы румяная, красивая. Длинные волосы распущены по плечам, а голова по-турецки перевязана бельм шарфом, отчего она и сама походила на турчанку, хотя была голубоглаза и светловолоса.

Поздоровавшись с присутствующими, она сразу же уселась на своё место – в кресло, ожидавшее её посреди комнаты. Александр Иванович, ответственный за технику, поставил перед ней микрофон, на полу расположил магнитофон: контакт записывали на кассету, а потом дословно я или дочь переписывали его в общую тетрадь.

Вопросы были готовы. Группа начинала работу.

Марина закрыла глаза, настраиваясь минуту, две... пять. Время настройки зависело от каких-то внутренних состояний души. Потом звучало:

– Уровень Системы 58.

Это означало, что нас слушают, и с нами говорят Высшие Личности, принадлежащие Системе, находящейся на Уровне 58, – и дальше следовало:

– Вначале Мы хотим вас поблагодарить за начатую конкретную работу. Вы делаете значительные успехи, продолжайте в том же духе. Но в дальнейшем вам следует в два раза увеличить свои усилия на выполнение заданий, которые вам будут даны. Пожалуйста, вопросы.

Первой задала вопрос Чичилина Татьяна Васильевна:

– Что значит – сознательное и подсознательное прикосновение к Высшему миру?

– Если говорить о прикосновении к Высшему миру, то человек познаёт этот мир тогда, когда есть возможность. Вы работаете, вы думаете – вы уже прикасаетесь к тому, что есть в ваших помыслах и добрых делах.

– Каким образом каждый человек осуществляет контакт с Системой?

– Можно представить связь в виде кольца. Наша Система – это кольцо, каждый сектор кольца отвечает за группу людей посредством энергии.

Вопрос Дмитриева А.:

– Откуда контактёру во время сеанса поступает информация: из подсознания человека или из Космоса?

– Всё взаимосвязано.

Вопросы Стрельниковой Л.Л.:

– Как подключиться к информационному полю Земли?

– С помощью мысли.

– Каков источник пополнения энергии участников контакта после сеанса связи?

– Системный обмен.

Миша Фадеев любил задавать провокационные вопросы. Не удержался он и на этот раз:

– Можете ли Вы распознавать людей по каким-то качествам? Или мы для Вас все, так сказать, на одно лицо?

– Можем. Чем и занимаемся, – в их интонации слышалось достоинство.

– Вы можете отличить меня от других, присутствующих в этой комнате? – не унимался наш материалист.

– Да, по определённым признакам.

– Какие это признаки?

– Состояние души, ваша энергетика.

– Состояние моей души – сегодня хорошее, завтра – плохое...

– Это не имеет значения. Ваша душа отличается от всех остальных по многим показателям. Вы путаете настроение с качествами.

– А не может быть такого, чтобы две души были в одинаковом состоянии?

– Нет. У каждой своё восприятие окружающего и своя реакция на него.

– А ещё по каким признакам различаете нас?

– Нам важна ваша интонация. Она очень много даёт и для понимания вопросов, и для определения вас. Можете не говорить Нам своё имя, фамилию, интонация скажет – кто вы. И если вы сами научитесь понимать её, многое откроется вам.

Вопрос Стрельниковой Л.Л.:

– На сеанс связи с Вами отводится определённое время. Чем ограничено время контакта: нехваткой энергии или возможностями контактёра – его усталостью, перенапряжением и так далее?

– Это зависит и от Системы, и от контактера. Время складывается из многих понятий. Оно строго регламентировано.

Одному и тому же Уровню мы задавали вопросы через двух разных контактёров и получали иногда одинаковые ответы, иногда отличающиеся друг от друга, поэтому во втором случае возник вопрос:

– В чём причина разной информации у разных контактёров?

Они пояснили:

– Информация не разная – различны ощущения контактёров и различна способность её передачи.

Ради эксперимента мы пробовали один и тот же вопрос через одного контактёра задавать различным Уровням, например Уровню 72 и Уровню 86, и тоже получали отличающиеся ответы, хотя считали, что они должны быть похожи как две капли воды. Хотя и таких было много, но мы всё-таки уточнили:

– Почему расходится информация, даваемая на один и тот же вопрос различными Уровнями вашего «Союза»?

– Это зависит от многих показателей. Во-первых, контактёр старается дать информацию наиболее легким, доступным языком. Часто он не желает повторяться. Во-вторых, меняются условия контактирования. Нам становится всё сложней обеспечивать безопасность контактов, то есть в канал связи может прорываться дезинформация от кого-то другого. В-третьих, меняется ваша жизнь, ваши знания, и то, что вы не поняли вчера, поймёте через неделю. С позиций ваших изменяющихся знаний многие процессы приходится объяснять по-другому для вас, так как вы уже многое понимаете гораздо шире, чем раньше. Чем больше спрашиваете, тем больше знаете. И то, что Мы объяснили вам два месяца назад, теперь надо будет объяснять более расширенно. Мы знаем – чем сложнее будет получаемая вами информация, тем больше вы будете ею удовлетворены.

Но, конечно, мы были слишком придирчивы, добиваясь одинаковых ответов. Взять хотя бы нас, землян. Если один вопрос задавать разным людям, то невозможно будет получить двух одинаковых ответов. То же самое наблюдалось и у Них. Отвечали разные Личности, поэтому отличались и ответы. Придя именно к такому выводу, мы вскоре перестали устраивать Им проверки и продолжили исследование работы контактёров. Иногда им вместо ответов показывали зрительные картинки или схемы, т.е. они сидели с закрытыми глазами и видели их внутри себя каким-то другим, внутренним зрением. Но это было не часто, поэтому возник вопрос:

– Почему контактёру показываете мало зрительных образов?

Отвечал Володя Чичилин:

– Воздействовать на речевой аппарат контактёра Нам легче. Если воздействовать на зрительный аппарат, то на это затрачивается больше энергии.

Так как мы заговорили о зрительных картинах, то надо отметить, что Лариса тоже потихоньку экспериментировала со своими возможностями. Если у Натальи Графовой она видела то, что ей показывали, то теперь она пыталась увидеть то, что желает сама. Восприятие картин происходило через контактную связь, поэтому она говорила конкретно, что хочет увидеть, и после нескольких секунд настроя видела желаемое, даже не закрывая глаза. Это было ново – видеть то, что показывали как бы изнутри, но не закрывая век. У Графовой же, чтобы увидеть что-то, показываемое из тонкого мира, мы должны были обязательно закрывать глаза. Да и Марина с Володей контактировали пока с закрытыми веками, отрешаясь от внешнего мира.

Зрительные образы постепенно расширялись. Так, например, в один из приходов подруги Лариса пожелала увидеть её прошлые жизни. И увидела. Показали пять предшествующих воплощений. Картинки мелькали, как на киноплёнке. В них были и другие люди, но Лариса всегда знала, в каком облике пребывает подруга в той или иной жизни: то она была дикарём, то кудрявым негром, то молодой женщиной и т.д. В другой раз, проверяя свои способности, Лариса попросила показать ей какие-нибудь чертежи. Перед глазами появилась схема движения энергий планетарной системы.

Но это всё примеры зрительных возможностей контактёров. А способности у всех были разные. Одни передавали лучше что-то одно, вторые – другое.

В частности нас заинтересовал различный язык контактёров. Мы почему-то считали, что раз контактёр – это всего лишь передаточный аппарат, то речь должна быть у них одинаковой, если через них говорят Высшие. Поэтому я поинтересовалась:

– Почему у одних контактёров упрощенный слог, а у других сложный? От чего это зависит – от аппарата контактёра, то есть его мозга, или от ваших импульсов?

На этот раз отвечала Марина:

– Конечно, импульсы по частоте своей разные, но больше всё-таки слог зависит от аппарата контактёра, потому что информация к нему поступает в виде энергетических частот, а уже те слова, которыми она выражается, зависят от его словарного запаса. Отсюда и качество получаемой информации.

– Что нужно сделать, чтобы получаемая информация была глубокой по содержанию?

– Нужно заниматься над собой, совершенствоваться: побольше читать, запоминать, пополнять свой словарный запас, развивать сознание.

Часто мы сомневались в достоверности той информации, которую получали, потому что она иногда противоречила тем нашим представлениям и знаниям о человеке и природе, о Земле и Вселенной, которые нам преподали в школе и институте. К примеру, нам «Союз» говорил, что камни, Земля – живые, что они тоже мыслят. Поначалу у нас это не укладывалось в сознании, и мы подолгу спорили друг с другом – в каком смысле они могут быть живыми и выступать как самостоятельные существа. Мы считали, что контактёр не так трактует или излагает те понятия, которые Они дают. И потребовалось длительное время, чтобы пришло настоящее осознание того, что всё вокруг нас действительно живое, всё развивается, живёт, чувствует. Но пока сомнения обуревали нас, мы спорили и пытались докопаться до сути происходящего. Уточняя что-то или недопонимая, мы, хотя нас и предупреждали, всё же задавали повторные вопросы. Они помнили всё, что мы спрашивали среди тысяч вопросов, и поначалу отвечали:

– «Подобное уже было» – или – «Ответ дан».

Но так как мы всё-таки повторялись часто, они стали отвечать повторно на некоторые из них, как-то напомнив нам:

– Мы заметили, что так или иначе вопросы всё равно повторяются. И у Нас хватает терпения, чтобы повторять ответы. Будьте внимательны.

Мы опасались и дезинформации, то есть информации ложной, и, получая ответы, анализировали их, сомнительное пытались отбросить. Но отличить правду от лжи оказалось очень трудно. Сенсационная ложь могла иногда оказаться абсолютной правдой, до которой мы не доросли в своих понятиях, а некоторые простенькие истины превращались в ложь, потому что мы их переросли уже в своём развитии. Так что ложь и правда оказались очень относительны.

Но, хотя мы и просеивали получаемый материал, дезинформация всё-таки просачивалась в некоторые ответы контактёра. А появлялась она по многим причинам, к одной из которых относились, как у нас говорят, обычные «технические» неполадки связи; к другой – неточный перевод с Высшего языка на Низший, то есть контактёр не точно воспроизводил ту информацию, которую ему давали. И, в-третьих, в канал вмешивались посторонние силы, враждебные человечеству, которые специально давали или помехи или свою искажённую информацию.

«Союз» знал о намерениях кого-то вмешаться в связь, поэтому иногда предупреждал:

– Внимание. Особо чёткая информация будет идти в начале и середине сеанса, затем, возможно, кто-то помешает, могут дать помехи. Для этого уже настроены в определённом плане некоторые Силы, противные Нам. Так что будьте к этому готовы. После этого сеанса вам предстоит огромная работа. Когда сеанс закончится, останьтесь и обсудите полученную информацию, сверьте её с предыдущей. Определите, какой можно доверять, какой – нет. Напоминаем – желательно задавать вопросы неповторяющиеся, наиболее важные, интересующие вас. На каждый вопрос, на каждый ответ идёт очень много энергии, так как нас разделяют огромные расстояния. Каждая минута контакта Нам стоит очень дорого.

Иногда перед началом сеанса «Союз» делал нам замечания по поводу введения в группу нового человека и предупреждал, что это возможно только после проведения определённой предварительной работы с ним. Но из-за постоянной, занятости делами обработка новичка не всегда получалась, и он попадал на контакт неподготовленным, можно сказать – сырым. Естественно, что Они опять делали замечания. Мы же, не особенно понимая, почему человека обязательно должны готовить к сеансу, как-то спросили:

– Чем Вам могут помешать некоторые люди при контакте?

– Люди помешать не могут. Они слабы против Нас. Но контактёр не всегда воспринимает нормально их энергию. Всё дело в контактёре.

Но новые люди просились и просились к нам, многим хотелось хотя бы раз побывать на связи с Космосом, и мы, понимая их, не могли отказать. Поэтому в начальной стадии работы к нам продолжали приходить любопытные. Приходили и уходили.

Состав группы менялся до какого-то определённого времени, потом Марина вдруг стала тяжело реагировать на каждого нового человека. Мы считали, что это чисто психологический момент: девушка привыкла к работе с определёнными людьми, сжилась с ними, а каждый новый член группы вызывал у неё стеснение, неловкость, ощущение дискомфорта. Но неясность требовала расшифровки, и мы спросили:

— Как отражается на здоровье контактёра введение в группу нового человека?

— Мы вас предупреждали несколько раз: если вы собираетесь вводить нового человека: во-первых, надо посоветоваться с Нами – будет ли он взаимодействовать своим полем с контактёром или нет. Это решаем только Мы. Во-вторых, введение каждого нового человека отражается энергетически на Нас и психически – на контактёре. Но со временем всё улаживается, поскольку Мы отвечаем за сохранность контактёра. Нам приходится вносить некоторые поправки.

Стало понятно, что у постоянно работающих вместе членов группы вырабатывается единое поле, в котором все, и в первую очередь контактёр, чувствуют себя уютно, комфортно. Постоянный коллектив работает как хорошо сыгравшийся оркестр. Новый человек вносит в группу свою энергетику, чаще всего низкую, грубую, потому что все люди, в основном не связанные с контактами, имеют энергетику в 3–4 раза более низкую. Получается энергетическая несовместимость, дисбаланс. Но если человек со слабой энергетикой продолжал ходить на сеансы достаточно долго, его общий энергетический уровень быстро повышался до нашего уровня, и контактёр уже переставал реагировать болезненно на новичка. Очевидно, и в производственных коллективах, хорошо слаженных, происходит, прежде всего, выравнивание общего энергетического поля группы. Те люди, которые энергетически не вписываются в данную группу, быстро ее покидают. Отсюда – фактор психологической несовместимости. Это явление носит энергетический характер.

ГЛАВА

9

ЗЕМЛЯ

ПРИРОДА

Контактёр Володя Чичилин
Дмитриев А.:
– Мыслящая ли планета Земля как живое существо?
– Да.
– Кто конкретно управляет жизнью на Земле?
– «Союз».
– Назовите код или номер Земли?
– Номера нет. Кодов несколько.
– Покажите знак Земли.
– Их четыре:

Рис. 5

– Наш мир: небо, звёзды – это иллюзия или реальность?
– Сказать прямо – это всё есть. Но у каждого вида существ, у каждого мира – свои звёзды, небо и представления о них.

Стрельникова Л.Л.:
– Выражает ли погода на Земле настроение планеты как живого существа?
– Иногда – да. Погода зависит от оболочки, окружающей Землю.
– Что выражает вулканическая деятельность на Земле?

– Вулканическая деятельность выражает балансировку внутренней энергии Земли.

– Природные богатства даются Земле, или она их создаёт?

– Что вы понимаете под богатствами?

– Нефть, газ, золото, железные руды...

– Если бы камней было мало, они бы тоже стали для вас богатством. Всё есть богатство.

– Я имею в виду полезные ископаемые. Земля сама создаёт их, или они появляются согласно вашей программе?

– Это было запрограммировано и, следовательно, вырабатывается самой Землёй. Это взаимосвязано.

Контактёр Марина Молодцова
Панкратов В.:

– Чем вызвано выделение сероводорода в Чёрном море?

– Это ответная реакция сферы Земли на её загрязнение. Реакция – на безобразное отношение к Земле, её недрам, воде и всему, что плодится в ней.

– До каких пор это будет продолжаться?

– До тех пор, пока вся вода не будет заражена.

– Можно ли сейчас купаться в Чёрном море?

– Купаться в ста метрах от берега, дальше нельзя.

– Но ведь сероводород вреден?

– Если в больших количествах, то вреден. Но идёт самоочищение моря.

– Сколько времени понадобится природе Земли на очищение?

– Этому поможет Космос. Но главная роль в этом будет принадлежать всё-таки человеку. Будут продолжаться дебаты, споры среди учёных. И наступит, наконец, момент, когда у человечества произойдёт переворот в мышлении, направленном на самосохранение. Человек начнёт думать о спасении души, а не тела. Люди начнут заниматься экологической проблемой, хотя в тот момент многое уже будет упущено. Но у вас будет шанс. Осознав его, человечество спасёт себя в экологическом плане.

Савенкова А.:

– Мумиё – это слезы Земли?

– То вещество, которое содержится в мумие, находится в недрах Земли. А в недрах находится всё то, что может изменить человека и любой живой организм.

Лапин С.Г.:

– Что будет с озоновым слоем Земли в ближайшие десять лет?

– До определённого времени он будет увеличиваться, затем будут приняты меры, направленные на его уменьшение. Последние действия будут проведены с вашей стороны, то есть со стороны людей, но и не без Нашей помощи.

Фадеев М.:

– Программа Земли состоит из множества подпрограмм, каждая из которых является программой души человека и других существ, заселяющих нашу планету. Эти программы записаны в ядрах душ людей, а программа Земли – в ядре её души. Правильно ли это?

– Есть некоторые детали ошибочные.

– Подскажите, что не так?

– Каждая подпрограмма является программой определённой группы людей, поскольку подпрограмм не так уж и много. А групп на Земле столько же, сколько подпрограмм в самой программе. И каждый человек подключён к определённой группе, то есть подпрограмме на основе уже своей собственной программы. Здесь идёт своя классификация.

– Эти программы записаны в ядрах душ людей или душ групп людей?

– В душах людей.

Голубин С.:

– Чем вызвано ослабление магнитного поля Земли и смена магнитных полюсов? Чем это может повредить человеку?

– За время ослабления магнитного поля возможны сильнейшие катаклизмы в связи с тем, что нарушается непосредственная связь биополя человека с биополем Земли. Это связано опять же с неправильным образом жизни человека. Обитатели Земли непосредственно влияют на живой организм Земли накопленными низкочастотными энергиями, которые витают вокруг вашей планеты. Их накопилось очень много. Однако существуют люди, которые пытаются нейтрализовать их, но пока эти тёмные силы активизированы.

— Какое значение имеет медитация человека для нашей планеты?

— Сейчас на Земле очень много людей, которые занимаются медитацией и этим снимают ту напряжённость, которая накапливалась на вашей планете тысячелетиями. Накоплена она в результате неправильных действий ваших же собратьев и вас самих до того момента, как вы узнали, что существуем Мы.

— Как нам увеличить свою помощь Земле в очистке её атмосферы от низких энергий?

— Ваша планета нуждается в притоке чистой энергии, энергии вашей мысли. Мы не говорим, что у вас сейчас очень чистая энергия, но всякая энергия эффективна, если её применить по назначению. Поэтому каждый должен медитировать ежедневно минут по десять на голубой земной шар, посылая ему пожелания добра, света, мира.

Салкин Н.:
— Земля сейчас находится на экваторе нашего Космоса, то есть при переходе от материи к антиматерии?

— Да.

— Но если мы вошли в экватор, значит, на нашей планете начались изменения от мозга до атома?

— Да.

— Земля переполняется энергией низших частот и начинает выпадать из энергетического движения системы. Как это понять?

— Низкого плана энергии – это зло, которое находится внутри каждого человека. Если бы таких людей были единицы или сотни – это одно. Но Земля переполняется уже такими людьми, и добрых поистине, светлых людей на вашей планете осталось совсем немного. Низкая энергия переполняет не только Землю, но и окружающее её пространство. В свою очередь, эта низкая энергия давит на это пространство и на саму Землю. Отсюда происходят все катаклизмы и стихийные бедствия.

Стрельников А.И.:

— Значит, существует прямая связь между катастрофами на Земле и поведением людей?

— Да. Дело в том, что биополя человечества взаимосвязаны. Аура человека подразделяется на несколько слоёв – сейчас это объясняется очень примитивно. Каждый слой соответствует каждому вашему поступку в цвете и качестве. Все распри человечества взаимодействуют между собой полями, скапливаются над Землёй в атмосфере и своими разрядами, своими импульсами (это условно), действуют на Разум Земли, происходит связь наподобие нервной клетки в головном мозгу человека и нейроном в каком-либо органе по цепочке, по нервному волокну.

Стрельников А.И.:

— Какие имеются в природе признаки надвигающейся катастрофы?

— Первые признаки наблюдаются у людей, которые живут в местности, где намечается данная катастрофа. Эти люди начинают испытывать внутреннее беспокойство – срабатывает та самая интуиция, которая присуща отдельным личностям. Второй признак – это беспокойство насекомых, животных, в частности – домашних. Происходит изменение биополя всего живого, населяющего данную местность. Это можно легко установить, если заняться данными исследованиями и поставить перед собой цель. Определить можно с помощью приборов, даже самых примитивных, таких, как рамка. Рамка будет крутиться с большой частотой в ваших руках. Таким способом можно определить землетрясение, наводнение и даже человеческие стычки.

Фадеев М.:

— Земля в своем развитии прошла четыре фазы: состояние Сатурна, Солнца, Луны и настоящее состояние. Что это за состояния?

— Состояния, которые прошла Земля в своём развитии, нельзя приписывать состояниям других планет, так как всё индивидуально. Но те стадии, которые она проходила, занимали очень большой срок по космическим меркам. Эти фазы были продиктованы данной ей программой развития, то есть прежде, чем она сформировалась в настоящую планету, она прошла определённые этапы, которые можно сравнивать с настоящим состояниям Луны, Солнца, Сатурна и Земли. Только та Земля была без рода человеческого.

— Какая следующая стадия у неё?

— Стадия энергетической планеты. Сама материальная планета будет распылена и как материальное тело прекратит своё существование. Земля начнёт существовать на энергетическом уровне. Все обитатели планеты также будут соответствовать какому-либо энергетическому Подуровню. Для Космоса в целом этот переход из одного измерения в другое будет мало что означать. Для Земли же, как для живого организма, это будет серьёзным катаклизмом. Этот переход затронет и остальные планеты Солнечной системы, поскольку не бывает малого без большого и большого без малого.

— А на других планетах подобные переходы совершаются?

— Совершаются, но на другом уровне.

ДРУГИЕ ЦИВИЛИЗАЦИИ НА ЗЕМЛЕ

Контактёр Марина Молодцова
Дмитриев А.:

— В физическом мире на Земле сейчас находится только одна материальная жизнь?

— Да.

— Сколько цивилизаций с других планет живёт на нашей Земле? Говорят, что марсиане переселились сюда к нам.

— На вашей Земле – неисчислимое количество представителей разных цивилизаций.

— А японцы – представители другой планеты?

— В их нации преобладает количество людей, прибывших из других цивилизаций. Этим во многом объясняется и их преимущество в развитии над другими нациями.

Стрельникова Л.Л.:

— В Земле находится Система, которая нужна, как Вы говорили, для жизнеобеспечения человека. Какое конкретно это жизнеобеспечение и в чём оно выражается?

– Это те явления, которые необходимы для жизни человека. Эта Система посылает информацию о том, чего достаточно и чего не хватает вам, как бы заведует ресурсами человеческими и земными. И Мы даём то, в чём вы нуждаетесь.

– Уточните, чего может не хватать нам?

– Когда вам не хватает каких-то ресурсов, вы бурите отверстия в Земле, и они появляются.

– Эти ресурсы Вы можете материализовать?

– При необходимости – да.

– Что представляет собой Система, находящаяся в центре Земли и перерабатывающая информацию, поступающую с её поверхности?

– Эта Система нужна для жизнеобеспечения вас. Она работает на благо «Союза».

– На каком плане бытия она находится?

– Бытиё одно. Через несколько лет вы дотронетесь до неё. Это может привести к разрушениям и гибели людей.

Стрельников А.И.:

– Земля – это место для существ, выбившихся из ритма работы своих планет в Солнечной системе? Место ссылки?

– Да.

– Почему именно Земля выбрана местом ссылки?

– Потому, что цивилизация на Земле является самой низкой цивилизацией.

– Означает ли это, что человечество никогда не достигнет совершенства из-за постоянного притока на Землю низких душ?

– Такое возможно, если основная часть населения Земли не будет совершенствоваться, то есть не поймёт свою миссию. Но если произойдёт всё наоборот, то Земля вырвется из неполноценного круга цивилизаций.

– Есть ли в Космосе ещё планеты, на которых говорят на русском языке?

– Да, такие планеты есть. В необъятном Космосе существуют материальные двойники той или иной планеты. Они полностью копируют эти планеты, в том числе и вашу Землю. Есть только некоторые изменения. Чтобы для вас было понятно, сравним их с детьми, с двумя близнецами. Они одинаковы, во многом похожи характерами, но всё же в них много и индивидуального. Так же и у планет. Ищите аналоги вокруг себя, и вы найдёте правильный ответ.

Фадеев М.:

– Всё в Космосе дублируется, и Земля также. Вероятно, есть «Земля» с отставанием времени и с опережением времени относительно нашей планеты?

– У Земли существует семь параллельных миров, аналогичных её миру физическому. И все параллельные миры имеют с ней связь.

– Но Вы говорили о дублировании Земли.

– Да, есть дублированная Земля в Космосе, есть такие же люди.

– Там опережение или отставание времени по сравнению с нашим? И сколько таких Земель?

– Таких планет, подобных Земле, в Космосе неисчислимое количество, так как Космос бесконечен.

– И все они являются дублёрами?

– Если они подобны, то их можно назвать дублёрами. Сам принцип их построения аналогичен. Но исчисление во времени на них значительно отличается от вашего, земного, поскольку они находятся на большом расстоянии от Земли, а в каждом участке Космоса своё течение времени, свой уровень.

– Для чего нужно было такое дублирование?

– Цель создания заключается в том, что в случае, если одна планета потерпит крах, то остальные останутся.

– Но их так много!

– Не забывайте, что каждая планета, будь она маленькой или большой, имеет цель своего существования, то есть вносит определённый вклад в развитие Космоса.

– Имеют ли души людей, что находятся на тех Землях, такую же характеристику, как на нашей, или они другие по качеству энергии?

– Они – дублёры.

– То есть такие же, как у нас?

– Да.

– Значит, есть две одинаковые души? Даже множество?

– Полностью одинаковых нет. Они аналогичны, но отличаются так же, как у вас здесь на Земле. Близнецы похожи, но отличаются.

– Я думал, что на Земле имеется основная душа человека, а на другие Земли посылается отпечаток души или матрица. И поэтому их множество.

– Извините, но в Космосе другой процесс, другой механизм.

– Значит, отпечатков нет?

– Отпечатки есть.

– Где?

– В параллельных мирах.

– Там, где лешие, домовые и так далее?

– Да.

АТОМНАЯ ЭНЕРГЕТИКА

Контактёр Володя Чичилин
Стрельникова Л.Л.:

– Какая энергия самая мощная?

– На уровне материальных – энергия Земли, а на уровне человека – энергия Уровня «Союза».

Панкратов В.:

– Получит ли дальнейшее развитие атомная энергетика?

– Атомная энергетика скоро зачахнет, взамен придёт энергия «Союза».

Контактёр Марина Молодцова
Салкин Н.:

– Идёт разнос радиоактивных отходов от Чернобыля по территории России, в том числе попадает и в наш город. Как обезопасить свой город от радиации?

– Опасность существует реально, и вы отдельно ничего не сможете сделать, поскольку радиация сильнее вашей энергии. К вам должно примкнуть достаточное количество людей, и тогда вы сможете действовать совместно. А пока это невозможно. Ваша работа заключается в ознакомлении людей с получаемой информацией.

– Начался неконтролируемый распад начинки ядерных бомб. Кто поможет нам справиться с этими трудностями?

– Вам поможет Космос, насколько это возможно. Но процесс этот будет идти. Он будет приостановлен через некоторое время, но потом возобновится. Эта угроза пострашнее радиации, хотя при распаде ядерной начинки, как вы выражаетесь, тоже выделяется радиация. Подождите немного, и вы получите всю информацию, которая вас интересует. А пока вы не готовы для неё.

– Как нам нейтрализовать вредные отходы на Земле?

– Не надо обижать Землю, море – её глаза, а вы засоряете, прежде всего, их. Единственной выход – это Наша помощь Земле. Люди только загрязняют её. Бороться за чистоту планеты надо всем вместе.

– Где на Земле расположены семь энергетических накопителей?

– Они находятся в ядре Земли.

– Сможем ли мы их использовать?

– Сначала научитесь использовать свою энергию, а потом уже переходите к энергии Земли, если она вас подпустит к себе.

– Я имею в виду, что энергия нефти у нас истощается, а атомная энергия приносит много бед.

– Придёт время, и вам не понадобятся земные ресурсы для вашей цивилизации. На смену этим ресурсам придут другие, более совершенные. Вам не стоит особенно беспокоиться. Ваше беспокойство должно быть в том плане, что вы издеваетесь над Землей, как только можете. Мы не имеем в виду лично вас, вашу группу, а имеем в виду всё человечество. Вы знаете, что Земля – живой организм, и когда с ней обращаются, извините за выражение, по-скотски, ничем хорошим она ответить не может. Когда вы научитесь обращаться с Землёй по-хорошему, только тогда она вас подпустит к дополнительным запасам своей внутренней флоры.

ЭГРЕГОРЫ ЗЕМЛИ

Контактёр Марина Молодцова
Стрельникова Л.Л.:

– Вопрос об эгрегорах. Мысли животных собираются в одни эгрегоры, мысли человека – в другие, Земли – в третьи. Смешиваются ли между собой эти эгрегоры?

– Они не смешиваются. Они взаимодействуют и очень тесно.

– Каким образом они взаимодействуют между собой?

– Таким же, как человек при общении с животным, с Землёй и наоборот.

– Получается, что эгрегоры выступают как самостоятельные разумные существа?

– Они выступают как разумные, но это нечто другое. Робот тоже способен действовать как человек, но это не человек.

– Но эгрегорам нужен обмен информацией?

– Обязательно. Без этого они жить не могут. Надо же им за счёт чего-то питаться, поддерживать себя.

– Использует ли Земля для каких-либо целей эгрегоры животных и человека? Ведь она более разумная.

– Это неправильная формулировка – «использует или не использует». Она взаимодействует с ними. Это плоды, которые порождает она сама. Всё, что Земля рождает, всем этим она пользуется.

– Для каких целей она использует энергию этих эгрегоров?

– Она использует её для обмена биотоков между ней и другими планетами.

– Может ли человек подключиться к эгрегорам животных или Земли и получить из них информацию о них самих?

– Естественно, может.

– Каким образом он может это сделать – с помощью мысли?

– С помощью мысли и с помощью своих сознания и подсознания. Когда человек входит в контакт, он настраивается на определённую волну, именно на ту, с которой собирается получить информацию. И в зависимости от этого подключается или к эгрегору Земли, или эгрегору какого-либо общества, чтобы получить ту информацию, которая его интересует. Всё по силам человека. Здесь необходимо иметь кое-какие знания, чтобы не ошибиться и не обмануть самого себя, иначе он получит разочарование, и после этого могут последовать большие ошибки и заблуждения.

— Человеческая агрессия собирается в отдельные эг-регоры?

— Она может собираться в отдельные эгрегоры, а может внедряться в эгрегоры добра и тем самым разрушать их.

— Как это происходит?

— Мы вам уже не раз говорили, что на Земле на физическом плане происходит много аналогичных процессов. Огонь, вода, круговорот энергий, все процессы микро- и макромира. Все эти процессы похожи на те, которые происходят в энергетическом мире, в мире духовности.

— Другие планеты тоже имеют свои эгрегоры? Или есть планеты без эгрегоров?

— Таких планет нет, потому что каждая планета – живое существо. Они не могут без мыслей, хотя мысли их выражаются не так, как у человека, они вырабатываются на других планах. Это духовная жизнь планеты и без этого она существовать не может на физическом плане.

— А если пояснить более популярно, что такое эгрегор планеты: это кладовая каких-то знаний или нечто вроде души её, или это какое-то сознание? С чем можно его сравнить?

— Душа планеты, душа человека. Например, эгрегор какого-то коллектива – иносказательно можно сказать, что это душа этого коллектива, частицы этой души сплотились вместе и несут в себе зашифровку целей в действии этих людей.

— Чем отличаются эгрегоры разных планет?

— А чем отличаются люди друг от друга?

— Характером, умом, знаниями, уровнем развития.

— Это всё примитивно, можно сказать так.

— Можно ли на примере Земли и Луны объяснить разницу между их эгрегорами?

— Свойства этих планет совершенно разные. И процессы, которые происходят на Земле и Луне, тоже разные. Единственное, что их объединяет – это сама природа их рождения, то есть обе планеты вращаются, на них происходят процессы дня и ночи. Луна несколько отличается от Земли, но сам по себе факт, что они обе – планеты, объединяет их эгрегоры.

— Но, видимо, эгрегор Луны более беден, чем у Земли?

– Да, безусловно, но там идёт своя жизнь.

– Есть ли на Луне какие-то эгрегоры зла, агрессии, которые тоже ударяют по ней и вызывают какие-то стихийные бедствия?

– Естественно, есть.

– Имеет ли каждый человек свой личный эгрегор?

– Каждый человек имеет частицу эгрегора, который имеет свойство в любую минуту соединяться с частицей другого человека стоит лишь только ей этого захотеть. Эгрегор – это часть души, часть сознания, которая имеет в себе возможность соединиться с другим таким же сознанием. В нём заложена определённая информация, и он должен обязательно подпитываться мыслями, идеями. Эгрегор сам по себе – это объединение частиц сознания, мыслей людей.

– Эгрегор – это энергии. А на что используются энергии эгрегоров разных планет: на образование новых планет или звёздных систем?

– Нет. Они составляют с другими планетами общность, единое целое, за счёт чего они как бы слиты, взаимодействуют друг с другом. Это как бы неуловимые связи, которые объединяют их в один целый организм.

ПАРАЛЛЕЛЬНЫЕ МИРЫ

Контактёр Володя Чичилин

Фадеев М.:

– Сколько параллельных миров во Вселенной?

– Ещё два.

– Что это за миры, назовите их?

– Ф-2 и Ф-3. Вы не мажете их понять, так как находитесь в своей собственной космической частоте (СКЧ). Если сделаете расчёты по формуле, то поймёте – какова разница в частотах, а соответственно и в энергиях между вашим миром и их. Но до конца понять его не сможете, находясь здесь, в своём мире. Если же вы окажетесь в их мире, то не сможете вернуться обратно, для вас это будет гибелью или переходом. Существа из этих миров часто вмешиваются в ваш мир и оказывают влияние на людей.

Салкин Н.:

– Параллельное миры Ф-2 и Ф-3 – это ступени совершенствования души?

– Нет, они не являются ступенями совершенствования души.

– А сколько параллельных миров у нашей планеты?

– Семь.

– А чем миры Ф-2 и Ф-3 отличаются от миров Земли?

– Местоположением и многими функциями. Это очень сложная схема. Семь параллельных миров Земли находятся непосредственно возле её ядра и проходят через само ядро. А Ф-2 и Ф-3 – это как бы энергетические близнецы. Они располагаются на некотором расстоянии от Земли, но тоже являются параллельными мирами.

– А их задача какая?

– Всё связано с энергией.

Стрельников А.И.:

– В ядре Земли находится семь энергетических накопителей. Это центры параллельных миров?

– Да.

– Здесь прямая взаимосвязь?

– Да, прямая.

Контактёр Марина Молодцова
Стрельникова Л.Л.:

– Все ли планеты в звёздных системах имеют параллельные миры? Есть ли такие, которые не имеют их по каким-то причинам?

– В последнем случае это не планеты, а просто космические тела. Вы правы – все планеты имеют параллельные миры и нужны они для того, чтобы поддерживать энергетическое состояние самой планеты, то есть они являются как бы двойниками основного физического мира и постоянно поддерживают энергию планеты, как бы питают её энергетически. Они же являются и фильтрами для энергий, которые пропускают через себя и подпитывают данную планету.

– Постоянно ли число параллельных миров у разных планет? Если у Земли, к примеру, их семь, то у других столько же?

– Нет, у всех разное количество.

– От чего зависит количество параллельных миров?

– Это зависит от уровня развития, Кармы самой планеты, от её программы, от её задания, то есть той цели, ради которой она существует в Космосе.

– Чем совершеннее планета, тем больше у неё параллельных миров или меньше?

– Тем больше.

– А есть ли предел количеству?

– Нет. Но качество этих миров, то есть энергетические оболочки этих миров совершенно разные. И эти миры могут быть созданы как для полезного действия, так и для вредного. Существуют такие планеты, у которых имеется два параллельных мира, и таких, что один мир существует для доброго, другой – для плохого, то есть за спиной самой планеты как бы борются два мага.

– Кто создаёт эти планеты?

– Создаёт Бог.

– Закон Кармы существует во всех мирах: и материальных и тонких?

– Да.

Фадеев М.:

– Что собой представляет просветление миров?

– Просветление миров – это не что иное, как посылка элементов Космоса другими цивилизациями в эти миры. То есть просветление миров – это внесение информации, которой ранее в этих мирах не было, причём – чистой информации.

Стрельников А.И.:

– Как развитие одного параллельного мира влияет на другой?

– Друг без друга они не могут существовать, и само название – «параллельные миры» говорит о том, что они взаимосвязаны. Они соприкасаются друг с другом отдельными точками пространства, своими полями.

– У Земли семь параллельных миров, включая наш физический. Есть ли у каждого из миров своё название?

– Названия для вас никакой роли играть не будут. Практически названий нет. Существуют особые кодовые названия, кодовые знаки, с помощью которых эти миры ведут контакты с другими. Но вы, если хотите, чтобы было проще для вас, можете называть их просто под номерами.

— Все ли параллельные миры физические в нашем понимании?

— Мы говорили, что эти параллельные миры существуют вокруг вашей Земли только в энергетическом плане.

— Значит, в физическом состоянии находится только наш один?

— В физическом, в вашем человеческом понимании, существует только Земля. Если бы и те миры пребывали в таком же состоянии, как и Земля, вы бы ощущали их существенней.

— В чём качественное различие физических характеристик материи нашего мира и параллельных миров?

— Вы хотите спросить — чем они отличаются друг от друга?

— Да.

— Хорошо, объясним. Их существенное отличие друг от друга заключается в их качественном состоянии энергий. Состояние энергий в каждом из миров очень отличается друг от друга. Энергия постоянно видоизменяется, переходит из одного качества в другое. Миры между собой совмещаются, но не перемешиваются. Есть точки, в которых они соприкасаются. Вы это знаете, рисунок был дан (рис. 5).

— Чем вызвано несовмещение центров сфер параллельных миров?

— Нам сложно это объяснить. Каждому миру соответствует свой центр, находящийся в определённой точке Земли. Из второго центра к каждому миру или каждой параллельной планете подаются импульсы. Эти импульсы обуславливают жизнь параллельной планеты, её разум. Точно такие же импульсы идут из центра вашей планеты к Нам и в Космос. Это небольшие подобия вашей планеты, только несколько изменённые. Они находятся в недоразвитом состоянии в вашем понимании, но в то же время их достоинство в том, что они энергетические, а не физические.

— Среди этих семи миров имеются базисные, основные?

— Нет, базисных нет. Они одинаковы между собой по функциям.

— Одновременно ли были созданы все семь миров?

— Параллельные миры создаются одновременно с планетой. Но число их зависит от Уровня её развития.

— Соответствуют ли природно-климатические условия параллельных миров и их география природе нашего мира?

— Различие в том, что природа Земли качественно отличается от природы других параллельных планет, в вашем понимании природа – это сама планета и всё, что на ней находится: леса, вода, воздух, почва. Там под понятием «природа» подразумевается совсем другое, так как функции этих миров значительно отличаются от функций вашей планеты. Там идёт совершенно другая жизнь, а следовательно, вам не стоит сравнивать вашу планету с её параллельными мирами.

— Все ли семь миров обитаемы?

— Обитаемы все. Это сказывается на особых территориях вашей планеты, в тех местах, где эти миры совмещаются.

— Во всех ли мирах существует разумная, в нашем понимании, жизнь?

— Разумная – во всех.

— Есть ли там цивилизации, подобные человеческой?

— В каком плане подобные?

— По степени своего развития: интеллектуального, духовного, мыслящего, технического?

— Интеллектуального – да, мыслящего – да, духовного – да, технического – нет. Там совершенно другая жизнь, чем у вас на планете. Своей энергией они влияют на вашу планету, но жизнь там совсем другая.

— Можете ли Вы описать внешний вид, рост и способности разумных существ из параллельных миров?

— Обитатели этих миров уже имеются в ваших понятиях: это домовые, лешие, ведьмы и другие. Они ведут интересный, в вашем понимании, образ жизни, правда, не совсем вам понятный и иногда пугающий вас. В их мирах имеются рабочие, которые не могут контактировать с вами напрямую. Это не входит в их обязанности. Они занимаются передачей импульсов и энергий в Космос другим мирам. Все остальные обитатели желают контактировать с вами, но чаще всего им это не удаётся из-за вашей малой общительности, то есть не способности слышать, видеть и понимать их. Не всегда у человека имеются такие данные для вступления с ними в контакт.

– Какова структура общественного устройства параллельных миров?

– Вы хотите спросить – как устроено их общество, их организация?

– Да.

– Чтобы вам было понятней, скажем, что это улей. В нём имеется своё начальство, свои рабочие, есть существа, которые занимаются внешними контактами.

– Ведут ли они сотрудничество с инопланетными цивилизациями из Космоса?

– Да, ведут.

– Сотрудничество заключается в передаче энергии и информации?

– Да, только этого.

– А личные контакты бывают с инопланетянами?

– Что вы подразумеваете под личными контактами?

– Встречи.

– У них это осуществляется намного легче, чем у вас. Вы существа материального плана, поэтому и трудней.

– Способны ли они совершать межпланетные полёты?

– Да, они совершают межпланетные полёты на определённые расстояния. Дальше не имеют права. Они в этом ограничены точно так же, как и вы.

– У нас ограничения в технических средствах...

– А у них ограничения в энергетических.

– А запрет Свыше, со стороны «Союза» на них не наложен?

– Нет, не наложен.

– Все ли параллельные миры подвержены влиянию тёмных и светлых сил?

– Так же, как и все планеты на материальном плане.

– Влияние каких сил: тёмных или светлых – преобладает в каждом из миров?

– Равноценно.

– Существуют ли на Земле параллельное миры, полностью захваченные демоническими силами?

— Когда миры полностью захвачены, как вы выражаетесь «тёмными силами», они погибают и перестают функционировать.

— Одинакова ли скорость течения времени в параллельных мирах?

— Нет, не одинакова.

— В каком соотношений с нашим миром находится скорость течения времени?

— Один к нескольким тысячам.

— То есть у нас – один, а там проходит тысяча единиц времени?

— Да. Везде по-разному, везде свой коэффициент.

— Имеют ли обитатели этих миров материальные оболочки?

— Они могут принимать материальные формы за счёт своей энергии, могут материализоваться, затратив много энергии, но ненадолго, так как возможны последствия.

— Происходит ли переселение душ людей или животных, после завершения их развития в нашем мире, в параллельные миры Земли?

— Да, это возможно и происходит очень часто, но там не задерживаются, потому что душа человека не может находиться долго в параллельном мире.

— А обратный процесс: переселение душ из того мира в наш – происходит?

— Нет, не происходит. Перераспределение их осуществляется только через Космос, то есть через Высших.

— Как видят наше Солнце жители параллельных миров Земли?

— Видят так же, как и вы, но не все.

— Используют ли они солнечную энергию для своих целей?

— У них есть другая энергия – духовная.

— А как относятся существа параллельных миров к людям: как к высшей цивилизации или как к низшей?

— Как к низшей.

— Осознают ли они, что такое добро и что такое зло?

— Так же как и вы.

— К чему они стремятся?

— У них нет выбора. Перед ними ставится одна определённая цель, которой они следуют.

— У них *более жёсткая* программа развития, чем у человека?

— Да, более жёсткая. У них меньше выбора, чем у людей.

— При переходе существ параллельного мира на следующую ступень развития происходит ли смена энергетической формы?

— Незначительно.

— А как происходит этот процесс?

— Так же, как у человека, когда после смерти он воплощается в следующей жизни в другое тело. Различие есть в форме, но незначительное. Человек тоже остаётся человеком, но всё же становится другим.

— Имеется ли у существ параллельных миров религия?

— Религии в вашем понимании нет.

— Что им заменяет религию?

— Некоторая вера у этих существ есть, но она более примитивная, чем у обитателей Земли. Мы не можем сравнивать их веру с вашей, потому что на Земле вер и религий великое множество. Мы сказали, что, как таковой, религии у них нет, есть вера более низкого плана. Она заключаем в подчинении их более цивилизованным мирам и существам, более развитым, чем они сами.

— Это походит на наше раннее язычество?

— Подобие есть.

— Имеется ли у них мораль?

— В предыдущих контактах по этому вопросу была информация, что существование обитателей параллельных миров заключено в строгие рамки программы. Из этого следует, что морали, как таковой, у них нет. Их действия заключены в рамки личной программы.

— Имеется ли у них культура, искусство или что-то подобное?

— Такие понятия существуют, но они, как и религия, слишком примитивны. Они выполняют свою работу и не более того.

— А какие у них духовные ценности?

– Вы, наверно, поняли, что все те понятия, которые существуют у вас в духовном плане, существуют на более низком уровне у них. Это как бы тени, как бы отражения вашей жизни в начале её.

– Христианская религия причислила всех существ из параллельного мира к нечистой силе. Не нанесёт ли контакт с ними вред нам?

– Если вы будете строго соблюдать все наши рекомендации, то опасности не будет. А рекомендации таковы: энергетическая защита вас, подпитка вашего биополя, работа над своей душой.

– Как повлияет такой возможный контакт на нашу духовность, если это действительно нечистая сила?

– Всё зависит от вашего желания. Если не пожелаете, никто вашу духовность не понизит. А общаться можно с кем угодно, не принимая их сторону. Например, на земле вы часто общаетесь с пьяницами, не опускаясь до их позиций, то есть остаётесь сами собой. И такое общение, кроме пользы, ничего принести вам не может, потому что вы видите отрицательные стороны поведения человека, анализируете, делаете какие-то положительные выводы. Получается наоборот, что от общения с ними ваша душа приобретает плюсы, отвергая всё то низкое, что привносят они в жизнь. Поэтому, повторяем, общаться можно с кем угодно, но важно – что ты вынесешь из этого общения.

– Чем интересен контакт с существами из параллельного мира?

– Вы почерпнёте нужную информацию для себя, они – для себя.

– А как практически осуществить контакт с их миром, если разница в течении времени составляет одну к тысячной: у нас исходит минута, а у них – целый день?

– Космос возместит эту разницу.

– Могут ли существа из параллельного мира материализоваться по нашему желанию?

– Для их материализации необходима дополнительная энергия, а она не всегда имеется в резерве.

– Между собой существа из параллельных миров взаимодействуют?

– Да, конечно, как и вообще с Космосом.

– В чём состоит помощь этих существ человечеству на материальном плане?

– На материальном плане эта помощь незначительна, проявляется в единичных случаях. Для вас такая информация не нужна, она является мусором.

– Почему эти существа материализуются на Земле в формах, далёких от образа человека и поэтому пугающих его?

– Это происходит в связи с тем, что их энергетики не хватает для того, чтобы они смогли выразить себя в человеческих формах. Их энергетики хватает только на то, чтобы проявить себя на Земле в том виде, в каком они существуют.

– Могут ли они превращаться в любую форму?

– Да, они способны превращаться в любую доступную им форму при наличии дополнительной энергии. Но все эти формы лежат ниже уровня человека.

– Энергетическая форма, в которой они существуют, постоянна?

– Нет, она не может быть постоянной, потому что все энергетические формы постоянно изменяются в Космосе.

– Использует ли они энергетические корабли или другие технические средства для полётов в Космосе?

– Нет. «Летающих тарелок», как вы называете летательные аппараты, они не используют, а летают другим способом, но только в том случае, если есть необходимость и если Свыше даётся такой приказ.

– Как правило, они летают в том виде, в котором существуют в своём мире?

– Да, вы правы.

– На материальном плане носителем и преобразователем энергии служит материя. Посредством чего накапливается и преобразуется энергия в параллельных мирах?

– Аналогия материи – энергия. Только энергия бывает разной, как и материя. Носителем энергетических форм является более тонкая энергия так же, как и материальных форм – более тонкая материя, которая свойственна оболочкам душ.

– Каково время жизни этих существ по земным измерениям?

– Вы опять затуманиваете своё представление о смерти. Её в Космосе нет. Есть только переход из одного состояния в другое.

– А если по-другому спросить: каково время их существования в одной форме?

– Для нас в ответе существует трудность, так как время планеты несколько отличается от времени параллельных миров. Следовательно, когда наука на Земле коснётся вопроса о времени других планет вместе с параллельными мирами, только тогда мы сможем вам объяснить этот вопрос, так как это целая наука.

– Человек осуществляет энергообмен с Космосом неосознанно. А обитатели параллельных миров делают это сознательно?

– Да, поскольку им позволяет это их сознание.

– А что их к этому побуждает?

– Образ их жизни.

– Как они общаются между собой?

– Телепатически.

– Мы хотим получить систематизированные знания об обитателях каждого из параллельных миров, примерно по такой схеме:

Мир первый. Обитатели, формы существования, форма общения, время жизни, основная деятельность, умственные способности, возможности в действиях. И так по другим мирам.

– Такая характеристика займёт много времени, но краткую информацию можем дать.

Как было сказано ранее, семь параллельных миров или семь энергетических планет окружают вашу Землю. Три из них находятся в пассивном состоянии, как бы в зародышевом. Они действуют на планету незначительно. Четыре из семи миров более активизированы. Их обитатели очень похожи друг на друга, но их функции немного отличаются. Как было сказано прежде, обитатели: домовые, лешие и прочие существа, которые иногда внедряются в ваш мир, пугают людей и оказывают благоприятные или неблагоприятные действия. Первые три мира отбрасываем.

Четвёртый мир. Обитателей здесь немного, но они выполняют больше работы, чем все остальное. Их функции следующие: они занимаются подпиткой энергии своей планеты, на которой живут, сбором информации, осуществляют некоторые контакты на более низком уровне, оказывают помощь людям в материальном плане.

Пятый мир. Почти такие же функции, но исключается материальная помощь и подпитка энергией. Здесь обитателей больше, но в основном это противники людей, то есть они очень часто забирают энергию из Космоса и тратят её на свои нужды здесь, на Земле. На физическое состояние людей они не влияют, а оказывают действие в основном на их настроение и душевное состояние. Их воздействие очень быстро устраняется чистыми космическими силами, бывает и тёмными силами, если они им мешают.

Шестой мир или шестая параллельная планета. Здесь были чистые намерения в отношении к Земле. В этом мире занимаются осуществлением контактов между Землёй и другими системами, это их наказание. Их очень часто наказывают за нарушение дисциплины, как это ни примитивно звучит для нас, но там такое понятие есть. Существа этого мира больше похожи на роботов, чем на разумных существ. Каждый выполняет строго свою функцию. Но бывают случаи, когда выполнение этих функций нарушается либо со стороны, либо по каким-то внутренним причинам. И тогда их наказывают.

Седьмой мир. Или седьмая параллельная планета. Этот мир больше похож на собственную Землю, и там занимаются очищением и подпиткой энергией Земли, ведут связь с ядром Земли, её оболочкой и Космосом. Но продуктивность этой работы невелика, хотя имеет большое значение.

— У нас в материальном мире люди различаются по расам, нациям. Имеют ли, к примеру, подобные различия обитатели четвёртого мира?

— Да, эти существа различаются между собой в пределах своего мира, но не по расам, как на Земле, а по своим возможностям и работе, выполняемой ими. По энергетическим способностям существует четыре класса, на которые они делятся. Это более развитые, и далее – с более низкими способностями. И последний класс из четырёх – это те, которые энергетически развиты меньше всех.

– Возможен ли переход с самой низшей ступени этих классов на самую высшую?

– Да, аналогия с вашим развитием имеется, но у вас этих категорий значительно больше, у вас учитывается способность думать, способность общаться с Космосом телепатически, люди разнятся и по качеству получаемой из Космоса информации. Сейчас объясним. Мы уровень развития человека воспринимаем с другой точки зрения, чем вы, люди, а именно с космической. Поэтому Мы учитываем другие способности, чем вы, и в соответствии с этим производим деление людей на семь категорий: по умению распознавать контакты, распознавать информацию, получаемую из Космоса, умению контактировать и другим параметрам. Вы знаете, что каждый человек с рождения контактирует с Космосом, но у каждого это проявляется по-разному, в зависимости от его способностей.

– Имеются ли в параллельных мирах существа, стоящие на низшей ступени развития и служащие Высшим, как у нас животные служат людям?

– Да, это низшая категория из четырёх упомянутых.

– Как называются высшие и низшие из них?

– Четыре категории существ следующие:

СИМ – это самая высшая, четвёртая категория.

КАР – средняя, третья категория.

СИК – следующая, вторая категория.

АУР – низшая, первая категория.

– С кем из низших планов контактируют существа четвёртого параллельного мира? И с какой целью?

– Цель всё та же. Кто-то должен поддерживать связь с низкими планами.

– Где находятся эти низкие планы, и что они из себя представляют?

– Они находятся в Космосе по отношению к Земле.

Контактёр Володя Чичилин
Стрельников А.И.:

– Как влияют на нашу жизнь параллельные миры?

– Они иногда вторгаются в вашу жизнь, внося неразбериху. Вам интересно бывать в других измерениях, им тоже интересно побывать у вас. Если в вашем измерении бутылка ставится на стол горлышком вверх, а у них по-другому, то они будут её ставить так, как привыкли у себя. Отсюда и странности их поведения. Прежде, чем входить в контакт с другими измерениями, надо понять и соблюдать их правила.

– Они проникают в наш мир только с познавательной целью?

– Да, поверьте – они не сделают вам ничего плохого.

Контактёр Марина Молодцова
Стрельников А.И.:

– Имеется ли средство для прекращения явления полтергейста?

– Зачем вам это нужно? Они вас беспокоят?

– Не нас. Беспокоят некоторых людей, и они не знают, как прекратить в своей квартире подобное явление.

– Они должны изменить свой образ жизни. Причина полтергейста – это неправильный образ жизни. И в дальнейшем те люди, которые не изменят свой неправильный, в нашем понятии, образ жизни, будут подвергаться подобным воздействиям.

– Есть ли аналогия между этими мирами и теми, которые описаны в «Розе Мира» Даниилом Андреевым?

– Аналогия есть.

– А образы, которые он там привёл?

– Образы – это его личные. Работа воображения.

– А сами процессы движения души по этим сферам соответствует действительности?

– В этой книге много информации, которая достоверна, но дело в том, что автор пропустил её через своё воображение. Вам нужно считаться с этим.

10

РАБОТА КОНТАКТЕРА

(РАБОТА ГРУППЫ)

Наблюдая работу контактёра, мы пытались понять сам процесс передачи информации из одного мира в другой.

Когда по радио передают новости из одного города в другой, это понятно. Но вот когда из одного измерения – в другое, это действительно уму непостижимо для нас. Если мы пока и можем что-то осознать в этом направлении, то только приблизительно. Любая информация, идущая от человека в этом плане будет ложной, потому что не сможет передать суть явления в силу ограниченности человеческого мышления. Но ложная информация – это тоже есть ступень в осмыслении на лестнице познания, ведущей вверх, если мысль направлена на познание созидательных процессов, и ведущей вниз, если целью познания является путь, направляющий к разрушению.

Но нас пока мучил довольно простенький вопрос – как работает контактёр и на основе чего. Поэтому Михаил Фадеев изложил интересующий нас вопрос следующим образом:

– Каково физическое строение выхода на контакт с Вашей точки зрения?

Не знаю, насколько Они поняли то, что он спрашивал, ибо мы тоже порой мучились – как же задать вопрос, чтобы он был понятен Им, и вместить в небольшое предложение какой-нибудь глобальный процесс, но ответ Их носил следующий характер:

– Физикой человеческой Мы не интересуемся. Но вы являетесь для Нас откровением. Схема заключается в том,

что контактёр наделяется той частицей, которая может пре-
образовывать пучковатую информацию в растянутую. Мы
воздействуем на головной мозг контактёра, и его воля во время контакта отключается. Так как в это время он ничего не
чувствует, вы не должны влиять на него физически. Но сам
процесс связи носит сложный характер, он имеет определённое строение.

Если это подробно расписать, то есть если перевести
«с русского на русский», шутливо выражаясь, то это будет
так. «Союз» даёт контактеру информацию в виде энергии,
которую мозг контактёра переводит в словесную форму, доступную нашему восприятию. Но вместе с передаваемой
информацией контактёр передаёт ещё и заряд. Система за-
ряжает слушающего энергией «Союза». Если этот слуша-
тель в свою очередь поделится данной информацией с посторонним человеком, то передаст энергетический заряд
следующему человеку, сделает на нем как бы метку.

Каков смысл этой передачи заряда? Трудно дать полное
объяснение в виду сложности процесса, но если говорить
коротко, то это – обновление энергии человека и одновременно своего рода – знак-клеймо, указывающий, что данная
душа соприкоснулась с высокой энергией Божественной
Системы. Оболочки человека, воспринявшего данную энергию, начинают светиться определённым светом, а так как
таких энергий у других нет, то данный человек выделяется
среди прочих особым свечением, которое хорошо заметно
из тонкого мира.

Что же касается работы контактёра, то для непросве-
щённого человека на первый взгляд сам контактёр мог показаться просто сумасшедшим.

Представьте себе такую картину: сидит человек с закрытыми глазами и бесстрастным голосом говорит сам о себе:

– У неё в голове каша. Сплошная каша. Она не даст по
данному вопросу полной информации вам (говорится о неправильных понятиях контактёра на определённую тему.
Неправильно понимая Высшие процессы, контактёр не мог
сделать истинный перевод. – *Прим. авт.*).

Или был задан такой вопрос:

– Как действует механизм Кармы?

Они пытаются из тех знаний, что заложены в мозгу контактёра по данному понятию, как из кубиков, сложить для нас ясную картинку.

— В голове у неё заложено, – говорит контактёр о себе, – что Карма – это программа, а от программы никуда не уйдёшь... Это можно было бы объяснить формулами из вашей математики, но Мы поискали – в её в голове мало математических формул, которые требуются для выражения Нашего ответа... Она сейчас этого выдать не сможет, у неё не хватает понятий. Но сохраните свой вопрос, и через две недели Мы ей распишем ответ, вставим в сознание, и она расскажет вам популярно.

Так что контактёры, случалось, отзывались о себе довольно нелестно. Да и нам самим было очень забавно слышать, как человек говорит о себе как о чём-то совершенно постороннем. Но это были всего лишь впечатления. За странным же явлением шёл наисложнейший процесс.

Во время проведения разных контактов мы заметили, что у одного и того же контактёра меняется интонация, как будто с нами говорили разные личности. Поэтому возник вопрос к Володиной Системе:

— Контактёр ведёт связь с кем-то одним из «Союза»?

— Нет.

— У Вас система как бы дежурств? – попыталась сравнить с нашей жизнью Татьяна Васильевна Чичилина.

— Да, как бы дежурств, – согласились Они. – «Союз» большой.

— Почему у контактёра бывает слабый голос во время сеанса?

Если у Марины голос всегда был сильный, ровный, то у Володи он иногда словно затухал, и он через несколько минут контакта начинал говорить еле слышно. Поэтому мы спросили:

— Почему у контактёра слабеет сила звучания голоса?

— Это помеха в связи, – пояснил «Союз».

— У контактёра идёт ещё сильное давление на глаза, – передала Вверх сведения о состоянии Володи мать, беспокоясь за сына. Он жаловался ей, что после контактов начинают болеть глазные яблоки.

– Мы знаем, и поэтому в прошлый раз прекратили контакт раньше, чтобы не возникло последствий. Не беспокойтесь – его состояние Мы контролируем.

Так что не всё в связи с Космосом шло гладко, и по ходу Им приходилось корректировать технику передачи, приноравливаясь к индивидуальности каждого контактёра.

Наши связисты с Высшим миром работали по-разному. Володя вел сеанс в полумраке, почти в темноте. Он садился спиной к настольной лампе, которая прикрывалась ещё газетой, чтобы свет не раздражал его глаза. Хотя сеансы он проводил с закрытыми веками, но даже и через них свет вызывал раздражение сетчатки, поэтому «Союз» приказал проводить контакты в полумраке. У Володи, видимо, зрительные органы были слабые, поэтому требовались дополнительные меры предосторожности. А Марина работала при ярком электрическом освещении, ей свет не мешал.

Что же касается звуковых эффектов, то тоже наблюдались интересные вещи.

После каждого контакта мы прослушивали кассеты с записью и однажды обнаружили двойную запись голоса Володи. Один голос говорил как обычно, а второй – слабее, как эхо. Но так как среди нас не было специалистов по звукозаписи, то мы не смогли объяснить этот звуковой эффект двойного голоса. Впечатление же создавалось такое, как будто Володя говорил в глубокий – глубокий колодец, уходящий в бесконечность, и голос его, точнее – звуковые частоты, отражались от стенок этого колодца и угасали где-то в бесконечности.

Когда у Володи слабел голос, и мы жаловались, что контактёра плохо слышно, «Союз» извинялся, что-то подправлял в связи и, как это делалось у нас на сцене перед микрофоном, давал пробный счёт уже громко.

– Раз, два, три. Нормально? – спрашивали Они.

– Да, – подтверждали мы, и сеанс продолжался.

У Марины затухания голоса никогда не наблюдалось. Она говорила всегда ровно и мелодично, голос Володи часто в начальных контактах звучал монотонно, роботизировано. Но впоследствии и у него интонация восстановилась.

Далёкие, невидимые собеседники! Как хотелось порой нам их увидеть, увидеть среди нас.

— Вы материализоваться можете? – спрашивали мы робко.

— А разве ваш контакт – не есть Наша материализация? – удивлялись Они. – Без этого вы бы Нас никогда не знали. Мы существуем в другом состоянии, чем вы.

— Можем мы доказать людям, что Вы есть? – беспокоилась Анна Чичилина. – Люди нам не верят.

— Доказать можете.

— Каким образом?

— Знаниями.

— Многие не верят.

— Поверят. Нужно время. Не всё сразу.

Но нам, как детям, хотелось чуда. Саша Дмитриев пытался внушить Им, что, когда Высший Мир спускается вниз, он обязательно должен показаться хотя бы в виде ангелов или какого-либо чудодейственного явления, как это было обычно раньше по свидетельству многих легенд.

Но «Союз» отказывал нам в подобных чудесах, говоря, что с нас достаточно того, что мы имеем, или хотя бы той информации, которую передают в снах отдельным членам группы. Всякое чудо, говорили Они, требует больших энергетических затрат, но эффекта от него получается мало.

Информацию в снах Они пробовали передавать через отдельных членов группы, но последние не всегда могли ею воспользоваться. Так, например, сложная информация физико-математического характера была передана во сне Мише Фадееву. Но, проснувшись, он не смог её воспроизвести. Также получилось и с Анной Чичилиной. Ещё до того, как она сама стала контактёром, она получила во сне некоторые сведения об азбуке, но днём не смогла восстановить увиденное в памяти и обратилась к «Союзу» с претензией:

— Во сне мне дали русский алфавит с расшифровкой каждой буквы. Почему я проснулась и ничего не запомнила?

Они успокоили:

— Если вы ничего не помните, то сознание помнит. Когда надо будет, эти знания вам откроются.

В связи с тем, что мы были настолько несовершенны, что не могли воспроизвести даже свой собственный сон, а Они пытались использовать его несколько раз, «Союз» перестал давать нам сложную информацию в сновидениях. Но информацию предсказательного характера или воспитательного давали. Такие сны видел Сергей Голубин и я. Мне, например, пришла следующая расшифровка таких игр, как игральные карты, домино, шахматы. Эти игры пришли из Космоса, но для чего они даны людям и что выражают, было не ясно, тем более что первоначальный смысл их давно извращен людьми. Я получила следующую расшифровку.

Игральные карты выражают условную Иерархию, существующую в земных мирах (я подчёркиваю – земных, но не Космических, потому что там всё несколько по-другому).

Домино – игра, показывающая, как с помощью подыскивания определённых кодов происходит стыковка разных миров.

Шахматы – игра, показывающая, как Высшие Иерархи управляют со своих высот людьми, и те этого не замечают.

В основном же наши сновидения носили как бы аллегорический характер, их надо было разгадывать или трактовать. Но я поняла из этого, что у каждого человека сны индивидуальны, и каждый должен уметь понимать и объяснять их сам.

Я почти всегда понимала, что мне собираются сказать той или иной картиной. Сергей был молод, поэтому понимал не всё и тогда выносил сон на обсуждение всей группы, и мы пытались трактовать, что они выражают.

Не все сны что-то значат в предсказательном отношении. И хотя нам «Союз» сказал, что пустых снов не бывает, но мы интуитивно знали, на какой сон следует обратить внимание, а какой нужно забыть.

Что же касается материализации, то Чичилины почти добились исполнения этой просьбы – показаться воочию, но помешала их психологическая неподготовленность.

Они проводили контакт у себя дома в кругу семьи. С ними же находился и Сергей Никитин, Анин друг, воинствующий материалист, жаждущий доказательств. Володя сидел в кресле. Татьяна Васильевна задавала вопросы.

А так как и её мучило подозрение – не беседует ли она с подсознанием своего сына, то она решила попросить Высших подтвердить своё явление в наш мир каким-нибудь зрительным моментом. И Они, наконец, согласились.

«Союз» приказал всем присутствующим на контакте встать, подойти к контактеру. Надо дополнить, что обстановка была сама по себе таинственной. Полумрак в комнате. Время около полуночи. Голос контактёра звучал таинственно и завораживающе.

Когда Володя говорил их интонацией, он становился другим, в нём изменялось всё: осанка, голос, весь его внутренний лик. Он полностью перевоплощался в них. На время контакта он становился Тем, голос Которого являл нашему земному миру. Поэтому и сейчас он не был сыном Татьяны Васильевны, он был членом «Союза», и мать так и воспринимала его обычно. Но в этот момент его восприняли также и остальные.

Присутствующие: Татьяна Васильевна, одиннадцатилетний Аркадий – младший сын, Анна – старшая дочь, и Сергей Никитин – образовали вокруг контактёра круг и замерли в ожидании очередного приказа.

– Вытяните руки вперёд, – скомандовали Сверху. Присутствующие уже собрались было коснуться контактёра, так как стояли очень близко от него, но резкий голос предупредил: – К контактёру не прикасаться. – Они отдёрнули руки, встали чуть дальше. – Сейчас будет жарко, терпите, – предупредил «Союз». – Приготовьтесь. Явление начинается. – Голос звучал в ночной тишине торжественно и властно. Ночной мрак ночи вокруг сгустился, готовый выплеснуть из себя нечто таинственное.

Ладони окружающих ощутили, что от тела контактёра пошёл жар, как от раскалённой печи, его всего начало корёжить, словно он собирался вылезти из собственной кожи. Видимо, такой мощный поток энергии органической материи было воспринимать очень тяжело, и она давала некоторую реакцию. И хотя явление готово было проявиться, но человеческая психика всё-таки оказалась неподготовленной к восприятию подобных зрелищ.

В двенадцать часов ночи в полумраке маленькой комнаты непонятные телодвижения контактёра, нестерпимый жар, распространяющийся от его хрупкой фигуры на присутствующих, и самое главное – ожидание, что сейчас, наконец, произойдёт чудо, и явятся Они – те, кто, быть может, никогда не показывались людям; явятся совершенно не такие, как мы – невидимые и вездесущие, всевидящие и всемогущие, совершенно другой формы и из другого мира, для которых мы – всего лишь пчёлы в улье человечества – и люди не выдержали.

Татьяну Васильевну и Аркадия охватил невольный ужас, ужас от того, что сейчас, наконец, произойдёт нечто невероятное и уму непостижимое. Сергея Никитина, наоборот, охватила дикая радость от сознания, что он увидит сейчас то, чего никто никогда не видел, увидит Их – представителей Высших миров. И вот эти чувства – беспредельного страха, с одной стороны, и столь же беспредельной радости – с другой, всё испортили.

Контактёр мгновенно нормализовал своё состояние. Прозвучал суровый и недовольный голос:

– Вы не готовы к явлению. Материализации не будет. Приведите сначала в норму ваши эмоции. Они Нам очень мешают.

Позднее, когда семья Чичилиных уже пришла в обычное своё спокойное состояние, Татьяна Васильевна спросила:

– Скажите, а что бы мы в конце-концов увидели, если бы не испугались?

Они ответили:

– Из контактёра вышел бы белый луч и обнял всех вас.

Как ни странно, но факт страха перед невидимым миром у человека оказался очень сильным. Психика нашего современника в силу неправильного воспитания была совершенно неподготовлена к зрительному восприятию другого мира, и это доказали многие случаи из нашей личной практики.

Но, конечно, это касается не всех. Были среди нас и такие, которые вообще никого не боялись, как, например, Сергей Никитин, бывший ярый материалист. Вначале он требовал только физического подтверждения Их существования, и поэтому, когда материализация Их из-за эмоций присутствующих не состоялась, он пришёл в ярость.

После контакта он остался в семье Чичилиных для обсуждения происшедшего. Все были взбудоражены, а он злился и уверял, что Они слабы и только строят из себя сильных мира, а материализоваться не способны. Он долго ругал Их, спорил и дошёл до того, что пригрозил чисто по земному:

– Кроме, как трепаться, Они ни на что не способны. А если бы материализовались, я бы им в глаз дал. Вот тогда бы почувствовал, что Они реальны.

Он не учёл, что Они всё слышат. Через три дня у него над глазом вверху выросла большая шишка, а глаз стал болеть.

Когда Аня спросила: – «Не может ли «Союз» помочь излечить Сергея», Они ответили:

– Лечить не будем. Это наказание. Он получил то, что хотел.

Вот это уже была настоящая материализация – Сергей, наконец, поверил, что Они способны управлять материей, но на тонком уровне, и попритих, поверив в высший Разум и в то, что Они всемогущи.

Глаз же у него болел ещё полгода в целях воспитания и для лучшего осознания наличия тонкого мира, потому что Сергея всё-таки в виду его импульсивного характера продолжало иногда заносить не в ту сторону, и он, задавая всякие провокационные вопросы, пытался «вывести Их на чистую воду». Шишка же нависала над веком как материальное доказательство того, что Они способны материализовать некоторые наши идеи и даже в состоянии «дать в глаз» совсем по-земному, как простые наши смертные.

Сергей после этого случая стал более осмотрительным в своих выражениях и начал относиться к Ним, как к реальным, вникая постепенно в сущность невидимого мира.

Высшие Иерархи требовали к себе уважения. Они поправляли нас, если замечали, как по старой привычке, внушённой со школьной скамьи, мы считали, что человек – это царь природы, и по этой причине продолжали ставить себя наравне с Ними или даже выше Их. И мы старались быть почтительными к Ним и поэтому после каждого полученного, ответа благодарили Их, то есть говорили Им «спасибо». Но иногда кто-нибудь из новеньких по незнанию или из нас самих по забывчивости допускал в этике оплошность, и тогда Они снова делали нам замечание и ставили на место.

Однажды летом было очень жарко, и наш контактёр Володя уселся в кресло без рубашки, в одних брюках. Они тут же сделали ему замечание, сказав, что к своему земному начальству мы не позволяем себе являться в таком виде, а Они выше любого нашего земного руководства и поэтому просят впредь в таком виде не начинать контакт. Надо заметить, что Володя, уже усевшись на контакт, делал эти замечания сам себе назидательным и недовольным тоном. Со стороны для непосвящённого, конечно, это выглядело нелепым. Жизнерадостный парнишка садится полуобнаженным в кресло, замирает – и через несколько секунд совершенно другим тоном, свойственным не ему, а недовольному строгому учителю, делает себе замечание по поводу собственной внешности. После чего встаёт, надевает, конфузясь, рубашку, и снова впадает в транс.

Для непосвящённого в контакты подобная картина выглядела бы просто забавной. Но мы, уже хорошо чувствующие Их за интонацией голоса контактёра, испытывали крайнюю неловкость и стыд, когда нам делали какие-то замечания, и старались поправиться. Но всегда казалось – раз Они невидимы, то мы можем себе позволить некоторую вольность. Однако не видели Их – мы, а Они-то нас прекрасно видели и понимали. Так человек, стоящий рядом с муравьем, видит его, а тот не замечает человека. Так что, случалось, из-за недооценки ситуации мы попадали впросак, но исправлялись и учились понимать и чувствовать тонкий мир, учились общаться с теми, кто не похож на нас, но гораздо выше нас и по интеллекту и по энергетике, и по возможностям, и по многим другим показателям. И самое главное – до которых человеку в развитии предстояло идти тысячи лет.

ЧЕЛОВЕК И ЧЕЛОВЕЧЕСТВО

ЦЕЛЬ СОЗДАНИЯ

Контактёр Марина Молодцова

Стрельников А.И.:

– Вы говорили, что события в небесных сферах и на Земле взаимосвязаны. Но чьё влияние является преобладающим?

– Влияние небесных сфер.

– Всегда ли такая зависимость существует?

– Не всегда, она меняется.

– События на Земле могут существенно влиять на небесные?

– Да, влияют, потому что не могут не влиять. События в Космосе влияют на Землю, и события на Земле влияют на Космос. Такая зависимость равноправна.

Лапин С.Г.:

– Каково назначение человечества?

– У человечества очень много функций, очень много задач, половину из которых оно не выполнило за определённый промежуток времени, данный ему. Сейчас человечество является лишь ущербом для Космоса, которому наносит большой вред. Космос, в свою очередь, старается направить человечество на истинный путь. В настоящий момент предпринимаются первые шаги в этом плане. Назначение человека – это совершенствование души. Физическая оболочка человека – это лишь очередной этап совершенствования души. Это испытание души.

Стрельникова Л.Л.:

– Какие функции не выполнило человечество в ходе своего развития?

– Человек много времени отдаёт своему материальному благоустройству на Земле, материальному благополучию. Человек не правильно разобрался в своей миссии на Земле. Его миссия состоит в совершенствовании собственной души и оказании этим помощи Космосу. Сейчас идут те самые процессы, которые должны были идти несколько веков назад, то есть человечество запоздало в своём развитии и затормозило цивилизацию всего Космоса, за это оно будет наказано.

Панкратов В.:

– Знает ли кто-нибудь на Земле о конечной цели «Союза» в отношении человеческой цивилизации?

– Есть, были, будут.

– Сколько ступеней посвящения в знания Космоса имеет земной человек?

– Семь.

Дмитриев А.:

– Что «Союз» понимает под благом для людей?

– В этом задача «Союза» – вывести людей на Высший Уровень сознания и самосознания. Когда человек находится в материальной оболочке, он не достигнет Высшего. Только Дух может оторвать вас от ваших неправильных понятий. Если есть тело, нет блага. Благо – это не деньги, деньги – это не счастье на вашем уровне. Благо – это работа.

– Для каких целей душу заключили в материальную оболочку?

– Ответ прост. Люди созданы для эксперимента. Всё было занесено в программу, все процессы, которые осуществляет человек. Высшие Силы хотели узнать, как через материю можно достичь чистоты энергии души. Человек душит свои силы посредством материи. В дальнейшем будет применено несколько вариантов для устранения этих помех. Потом мы будем контактировать более простым способом, и у людей исчезнет чувство страха перед контактами. Человек не может быть совершенным, но в каждом из людей имеется истина Абсолюта. Движение к нему вечно.

– Общий план эволюции всего сущего, каким образом приводится в движение?

– Вопрос не понят. Что вас интересует, уточните.

– Структура этого плана.

– На каком уровне? Если на материальном – вопрос не наш, а духовный вопрос спрашивай.

Нам, людям, часто бывает тяжело понять то, что нас спрашивают другие, а существам, живущим в других пространственно-временных координатах, и подавно трудно понять, о чём речь.

Дмитриев пытается разъяснить свою мысль.

– Есть конкретные субстанции, отвечающие за выполнение части программы человечества. Так?

– Да, правильно.

– Интересует сама схема этой программы. И кем мы являемся в этой схеме?

Они поправляют:

– Ваш вопрос заключён в двух фразах: «Кто же вы есть» и «Зачем»? Правильно?

– Да.

– Вы являетесь нашим хлебом.

– Мы излучаем энергию, которой питаетесь Вы? – теперь уже уточняет Дмитриев.

– Да, но не в чистом виде. Мы не питаемся, а собираем энергию, производимую людьми. Если бы Мы не очищали энергию, которая исходит от вас, то без ее очистки, Мы бы стали такими же, как вы. Ваши пороки нам не нужны. Любовь у вас – светлое чувство, у нас – нет. Любовь у вас нужна, это от чувств, от низкого Уровня. А Нам она не нужна. У Нас другие отношения, потому что нет разделения на полы. У Нас другой мир. Мы все, по-вашему, братья, одна семья.

Панкратов В.:

– Почему Вы подразделяете вопросы на материальные и духовные?

– Вы не сравнивайте сладкое и солёное, хотя и то, и другое – вкус. Мы, Духовные, знаем всё. Мы видим Цели.

Дмитриев А.:

– Все люди находятся под действием гипноза?

– Вы близки к истине. Кто вам это сказал?
– Это написано в книгах.
– Тогда читайте книги.

СОЗДАНИЕ ЧЕЛОВЕКА

Контактёр Володя Чичилин
Чичилина Т.В.:
– Как зарождалась на Земле наша жизнь?
– Жизнь зарождалась и умирала. Какое зарождение вас интересует?
– Последнее.
– Сначала Мы выбрали ту физическую форму, в которой человек существует сейчас... Что интересует ещё?

Часто информацию они выдавали не в развёрнутом объеме, а как-то уж очень сжато, скупо. Создавалось впечатление, что, с одной стороны, Они пытаются выяснить, что же мы знаем, с другой стороны – не желают раскрывать свои тайны, выходя за рамки наших понятий.

Контактёр Марина Молодцова
Дмитриев А.:
– Является ли человеческая форма тела продуктом эволюции земных форм?
– Нет, не является.

Стрельникова Л.Л.:
– Мог ли человек развиваться на Земле в другой форме с таким же успехом? Или форма не имела значения?
– Форма значения не имела.

Дмитриев А.:
– Как душа человеческая спустилась на Землю в своё тело?
– Материальной оболочке даётся программа, по которой люди могут размножаться. А Мы вкладываем в оболочку душу как энергию, а энергия может распространяться в любой части бытия. Если бы не вселили душу, то вы бы просто ходили, не думали, не работали. Был бы только прогресс ваших материальных тел. Они смогли бы и без души переформировываться (т.е. размножаться – *Прим. авт.*)

в другие тела. Это была конечная цель. Наша обязанность – не вмешиваться в дела Материальных Систем*.

– Каковы этапы становления человека? Сначала создали душу?

– Да.

– Какие компоненты использовали для создания души?

– Сначала Мы сделали просто душу, не наделив её никакими качествами. Это были, как вы говорите, человекоподобные существа, которые общались на материальном уровне. Они употребляли в пищу те плоды, которые росли на Земле, и питались другими, но при этом душа прогрессировала только при съедании и выполняемых ею некоторых физических и других упражнений. Это был быстрый прогресс души, но ненадёжный, потому что эти существа были без серьёзной программы, и это могло бы привести их к исчезновению. Но потом был еще один эксперимент. И тогда Мы создали человека, пригодного для существования на Земле, но наделили его чувствами. Благодаря чувствам человек мог общаться, получать и отдавать информацию и даже более того – производить обмен энергией. Так развитие души шло медленней, но надёжней. Вы не сможете сделать ничего ни против Нас, ни против программы, потому что вы управляемы программой.

– Какое соотношение существует между материальным и духовным в человеке?

– В вашей материи заложена часть Духа, в каждой частице вашего тела находится Дух.

– Когда Вы создали Душу, душа видела Вас, создателей, как видим мы друг друга?

– Мы не ставили это целью.

Контактёр Володя Чичилин
Стрельникова Л.Л.:

– Для нашей пятой цивилизации была выбрана настоящая форма тела человека. А какие формы существовали до этого?

– Формы были разные в зависимости от того, где они находились. Душа человека постоянно приобретает разные формы в зависимости от окружающего мира. Сама душа отвечает за своё формообразование.

– Как пошло развитие первого поколения цивилизации человека?

– Часть погибла из-за климатических условий Земли. Остальных забрали на другие планеты.

– С последующими цивилизациями произошло то же самое?

– Частично.

Дмитриев А.:

– Можете ли Вы дать качественное сравнение всех пяти цивилизаций, существовавших на Земле?

– Можем сказать, что никто из них не дошёл до пика, потому что надеялись на их благоразумие, а его не было.

Фадеев М.:

– Спираль истории замкнута во времени?

– Частично она повторяется.

Стрельников А.И.:

– Мужское и женское начало в Космосе распространено?

– Мужчина и женщина – биологически мыслящие системы трехмерного порядка, присущие Земле.

Контактёр Марина Молодцова

Дмитриев А.:

– В Библии сказало, что Адам имел и женские, и мужские качества вкупе.

– Они (Адам и Ева – *Прим. авт.*) видели Создателя в материальной оболочке, – неожиданно сообщили Они нам.

Дмитриев удивлённо переспрашивает:

– Они видели Бога, Создателя материальной оболочки?

– Да.

Дело в том, что Духовная* Система создавала души людей, которые, как нам сказали впереди, не видели своих Создателей. А Материальная Система создала тело для этой души. Так вот этих Материальных Создателей Адам и Ева видели, видели тех, кто создал материальное тело будущего человека. Но видели они Создателей после вселения в тело души.

Панкратов В.:

– Кто такие Адам и Ева?

– Ваше заблуждение. Их звали не так. Это ваши предки.
– Как их звали?
– Первых людей звали Риос и Фирина.

Стрельников А.И.:
– Кем и где они были созданы?
– Они были созданы на планете Орэкта Шарообразной Системой, не в вашей Галактике. Их послали на Землю.
– Наши предки Риос и Фирина были отправлены на Землю вместе с другими людьми?
– Нет, были не люди, а существа, сопровождающие их.
– Они дали белую расу. А от кого произошла чёрная и жёлтая раса?
– Люди менялись от поколения к поколению в зависимости от климатических условий. Постепенно потребовались люди с новыми качествами.
– Верно ли, что дети первых людей жили по семьсот – восемьсот лет?
– Неправильно поняли. Семьсот, восемьсот лет – подразумевалась сумма их жизней на Земле. То есть, прожив одну жизнь и умерев, они возвращались на Землю другими людьми. В общей же сумме получалось семьсот – восемьсот лет.
– Изменился ли период вращения Земли со времени их жизни?
– Незначительно, на доли секунды.
– Похож ли был процесс создания первых людей на процесс выращивания искусственных детей?
– Да, отчасти. Но дело в том, что Мы против выращивания детей в пробирках. Это ведёт к деградации человека в обществе.
– Явились ли клетки первого мужчины исходным материалом для создания первой женщины? Как у нас говорилось – Ева была создана из ребра Адама. Под последним подразумевалось, что она была создана аналогично мужчине?
– Да, для создания её использовались несколько клеток, но не ребро.

ДЛИТЕЛЬНОСТЬ ЖИЗНИ

Контактёр Марина Молодцова
Стрельникова Л.Л.:

— Сто лет жизни – это максимальный возраст, установленный для человека?

— Первоначально человеку было отведено жить триста с лишним лет, но за счёт активности тёмных сил в Космосе было отнято двести с небольшим лет. Те люди, которым удаётся жить больше ста лет, принадлежат к своей определённой Системе, которая обеспечивает им защиту и продлевает их существование на Земле.

— В каком случае развитие человека произойдёт быстрей: если он проживёт одну жизнь за триста лет или три жизни по сто лет? Если учесть, что двести лет у него отняли тёмные.

— Да, у человека отняли двести лет жизни, но это не связано с тем, что вы говорите. Это произошло совершенно по другой причине. А насчёт того, что вы спрашиваете, можно сказать, что по существу никакой разницы нет: проживёт ли человек сто лет или триста. Даже если он проживёт тридцать или двадцать лет – главное для него – выполнить ту программу, которая ему задана. Бывают случаи, когда человек выполняет свою задачу преждевременно, чем было задано по программе. Это такая же патология для Космоса, как самоубийство или убийство. Совершается это по причине случайного рождения на Земле. Тут существуют мини-законы, которые иногда выбиваются из общей программы.

— А с какой целью тёмные отняли у человека двести лет жизни?

— Если бы человек жил триста лет, сознание его бы за это время стало настолько совершенным, что он понял бы и смысл своей жизни, и свою миссию на Земле, смог бы выполнить её до конца за одну жизнь, и тогда ему не пришлось бы возвращаться на Землю, он остался бы навечно в Космосе. У тёмных же цель – запутать человека и направить его в развитии вниз.

— Можно ли продлить жизнь человека и как это сделать?

— Этого может добиться каждый человек. Для этого необходима чистая вода, нормальная еда, психологически нормальная обстановка. Вы сами отнимаете у себя каждый день по два-три часа жизни криком, шумом, скандалами. От вас самих зависит многое сделать для своего блага.

– Что такое смерть?

– Переход.

– Возможно ли добиться, чтобы люди переходили на другой уровень существования не через смерть?

– Пока люди не изменят свой образ жизни, этот способ перехода останется в силе.

– Уточните – как человечество должно изменить свой образ жизни для этого.

– Чтобы приблизиться к Космическим существам, человек должен изменить очень многое. Вы не раз слышала и, может быть, сами встречались с гуманоидами (говорится об инопланетянах, прилетающих к нам на «летающих тарелках» – *Прим. авт.*). Это существа в физическом плане существования. Вы их видели, знаете, на что они похожи и как себя ведут. Если вы собираетесь изменить что-то в своём внутреннем и физическом состоянии, вы должны быть похожи на них, внутренне, энергетически, духовно. Но вы хотите жить полноценной человеческой жизнью, в куче соблазнов и удовольствий. Вы хотите получать и радости, и счастье, и заботы, и горе, и любовь. Но если вы желаете что-то предпринять для изменения процессов внутри себя и снаружи, вы должны отбросить эмоции и стать в какой-то мере биологическими роботами. А если вас это не устраивает, тогда живите и развивайтесь своим путём.

– Существуют ли другие материальные цивилизации, которые добились перехода на более высокий уровень развития не через смерть?

– Да, существуют. И их становится всё больше.

– Назовите некоторые из них?

– Эти названия вам ничего не дадут.

– А местонахождение этих цивилизаций?

– Орион, созвездие Близнецов, Скорпиона – наиболее активного.

Стрельников А.И.:

– Существуют две гипотезы о ранней смерти гениальных людей. По первой гипотезе – гений отрывается в своём развитии от своего времени, общество начинает тормозить его дальнейшее развитие, и он покидает своё тело, чтобы воплотиться на высшей ступени развития общества уже в новом теле. По второй гипотезе – ему помогают уйти из жизни демонические силы, чтобы помешать поднять за собой других людей. Какая гипотеза верна?

— Верна первая, но и во второй тоже есть доля правды.

Лапин С.Г.:

— В ходе эволюции человека его организм станет саморегулирующей системой, лечащей себя?

— Этот процесс уже идёт. Большая часть населения именно такими и становятся.

— Избавит ли это от смерти?

— Человек в плане духовном был всегда. А в плане физическом для пятой цивилизации – это невозможно, так как человек способен продлить свою жизнь до трёхсот лет, но бессмертной оболочка стать не может.

— Значит, человек, продлевая себе жизнь, может избавиться от старения. Но если он будет само-излечивающимся, то он сможет отодвинуть и свою смерть, – настаивал Лапин.

— Самоизлечивающийся – это значит, что человек избавится от недугов и будет сам контролировать своё внутреннее и внешнее состояние. От смерти это не избавит. И Мы считаем, что человек должен к смерти подходить совсем по-другому: смерть физической оболочки неизбежна, но смерти души быть не может. Когда человек умирает, это означает переход на другой уровень развития души. В дальнейшем люди будут не так болезненно воспринимать этот процесс, не будут принимать близко к сердцу, то есть они начнут считать смерть вполне естественным процессом.

Лапин С.Г.:

— Память о ближних умерших нужна человеку?

— Память нужна и самим умершим и вам особенно.

Фадеев М.:

— Как на нас влияют души умерших родственников?

— Их воздействие может проявляться на вас во сне, потому что после того, как человек умрёт, его душа находится некоторое время на Земле. Позднее это воздействие может идти из Космоса. Дело в том, что, несмотря на то, что физическое тело ваше продолжает жить, ваша душа способна через определённые промежутки времени во сне или медитации отделяться от тела, выходить в астрал и там общаться с сущностями Космоса, в том числе и с душами умерших ваших знакомых и близких. Они оказывают влияние на общее состояние вашей души.

— А если я не вижу этого влияния ни во сне, ни наяву?

— Влияние может происходить совершенно не так, как вы думаете. Вы можете не видеть их во сне, но влиять они на вас будут, если захотят, конечно, то есть это может происходить без подключения вашего сознания.

— То есть подсознательно, – уточняет Фадеев.

– Да.

— А если я не умею пользоваться подсознанием, то, значит, никогда их не увижу?

— Вы увидите их, когда сможете контролировать своё подсознание.

Вопрос о возможности изменить форму перехода в иной мир, то есть не через смерть, а другим путём, нас долго мучил, но мы видели, что они не желают менять существо процесса, а всё упирают в изменение точки нашего сознания. Однако пример других цивилизаций, которые сумели решить эту проблему, обнадёживало нас, и я спросила:

— Как в настоящий момент сделать, чтобы смерть не причиняла человеку столько страданий?

— Смерть неизбежна, потому что оболочка не может жить вечно. Это физиологический процесс. Но возможен для вас и переход менее мучительный. Чтобы смерть не причиняла вам особого горя, надо изменить свой образ жизни в корне. Примером на вашем уровне развития могут послужить йоги и некоторые народы восточных стран.

— А разве нельзя дать человечеству такие коды, с помощью которых можно менять всю биологическую структуру?

— Так как программа человечества закодирована, как закодированы развитие и рост самого человека, всех его физиологических и химических процессов, то это невозможно. Возможно только в единичных случаях, когда программа не нарушается, а лишь немного изменяется. Тогда при желании самого человека, при использовании определённых методов осуществляется подобный процесс, но это происходит очень редко.

Лапин С.Г.:

– Почему древние люди при погребении клали в могилу умерших предметы быта?

– Это их ритуалы, их культура. И если вы хотите узнать, что это означает в Космическом плане, то энергетически никакой связи с Космосом здесь нет.

Дмитриев А.:

– Эксперимент по умерщвлению своей плоти приветствуется?

– Да, если у вас есть цель. Без цели делать не следует. Будут отклонения.

– Почему этого нет в религиозных доктринах?

– Человек склонен к эпидемиям. Начинает без всякой веры – все подхватывают, делают не так, как это требуется.

ЭМОЦИИ. ДОБРО. ЗЛО

Контактёр Марина Молодцова
Лапин С.Г.:

– Что такое эмоции?

– Это энергия – проводник между Космосом и душой. Чувства играют огромную роль для подпитки Космоса энергией.

– Обязательно ли проявлять свои эмоции?

– Это должно зависеть от человека. Если он эмоциональный и эмоции положительные, то для нас это хорошо. Если наоборот – плохо.

Стрельникова Л.Л.:

– Какой человек лучше: который проявляет свои эмоции или ограничивает себя?

– Лучше с ограниченными эмоциями. Ему легче жить в человеческом обществе, но Космосу он несёт мало положительной энергии. Эмоциональный человек вредит себе, но огромную пользу несёт Космосу.

– Что такое вдохновение?

– Это особая энергия, которая посещает людей особого склада.

– А что такое высшее вдохновение?

– Высшее вдохновение присуще только человеческому существу. У Нас этого нет, но от вашего чувства идёт энергия особого качества, и от неё Мы испытываем тоже своё удовольствие. Поэтому – спасибо за это чувство.

– Каких людей посещает вдохновение?

– Всё зависит от уклада и образа жизни человека. Прекрасные картины, музыку и прочие произведения создают под влиянием вдохновения. Оно имеет огромное значение в жизни человека и должно посещать его чаще. Человек чувствует себя счастливым во время вдохновения, чувствует лучше, чем в повседневной жизни. Для развития души оно имеет большое значение. Вы можете всё попробовать на себе. Вдохновение и добро – одно и то же, но истоки их разные. Добро можно делать всегда. Вдохновение же приходит, когда человек сделает добро – при этом повышается настроение, а вслед за этим может прийти вдохновение. Оно выше по уровню энергии, чем добро. Это следующий, второй этап, после того, как вы сделаете добро.

Панкратов В.:

– Где грань между добром и пользой?

– Вы не замечали, что когда делаете добро, то реакция на него у людей разная. Под пользой подразумевается ответная реакция окружающих. Вы считаете, что сделали добро, но человеку это может оказаться во вред. Пользы в этом случае не будет. Добро – это с вашей стороны, а польза – со стороны тех, кому делаете добро. И в зависимости от того, как человек отреагирует на ваше добро, будет для него польза или вред.

Стрельникова Л.Л.:

– Какое дело засчитывается за доброе, если за некоторые добрые дела наказывают, как, например, Прометея?

– А вы не обратили внимания на то, что в основном бедствуют на Земле добрые люди? Каждое доброе дело не обязательно поощряется на Небесах. И если с хорошим человеком происходит что-то плохое, это не обязательно означает, что его наказывают. Это испытание. И, как правило, доброму человеку на свете жить тяжелее, чем злому, но он от этого поднимается только выше. Поэтому делайте добрые дела и ничего не бойтесь.

Контактёр Володя Чичилин

Дмитриев А.:

— Когда я медитирую на одной энергии покоя или добра, что происходит со мной?

— В этом случае чувство покоя обостряется, и вы начинаете получать энергию покоя, хотя такой энергии нет. Это только пример.

— Как при этом трансформируется моё сознание, душа?

— Если вы делаете добро, и по вашей программе это добро приносит больше энергии, то вам хочется делать это добро, и вы будете его делать постоянно. Но нам нужен человек развитый всесторонне, то есть с полным набором требуемых энергий. Поэтому и добро для каждого своё.

— Значит надо медитировать на различных энергиях?

— Надо быть человеком, которому бы хотелось узнать всё и всё попробовать самому.

Панкратов В.:

— Помимо трансовых контактов, осуществляет ли человек связь с Космосом?

— Вдохновение тоже является быстрым способом связи с Космосом.

Стрельникова Л.Л.:

— Какова связь искусства с духовностью?

— Искусство во благо человека – это и есть духовность.

— Может ли быть искусство бездуховным?

— Бездуховность есть. Но Мы не углублялись в ваше искусство, которое не несёт заряда энергии.

— Как вкладывать в произведение душу, одухотворять его?

— Это присуще только определённым людям.

Салкин Н.:

— Мода – это попытка изменить качества человека или что-то другое?

— Извините, вопрос не нашего плана.

Стрельникова Л.Л.:

– Что такое страх?

– Страх присущ человеку.

– Существует ли вирус страха и вирус ориентации на материальное превосходство? Люди всегда стараются материально превосходить друг друга.

– Да, у людей низшей расы это есть.

– Какая энергия выплёскивается при страхе?

– Отрицательная.

– Кому она нужна?

– Нужна одной из Систем. Их несколько. Они разделяются на две группы. Первая группа ведёт борьбу против вас, а другая заинтересована в продолжении развития человечества. Отрицательная группа создаёт свой резерв энергии.

Дмитриев А.:

– Все наши эмоции имеют энергетическую окраску. Определённая часть годится для питания Систем, а другая часть в виде зла, греха... Они не дослушивают вопрос до конца и отвечают:

– Очищаем.

– Зло, грех – это грязные энергии. Вы предлагаете нам очищать их сами?

– Дело в том, что слишком много нехорошего именно в вас, людях. Не в душе – в вас.

– Но ведь человека сделали Вы, – возражает Дмитриев.

– Если говорить по-вашему: когда вы имеете бумажку – рубль, вам хочется иметь два рубля. Нам тоже хочется иметь вас как можно больше. Понятно?

И, видимо поэтому Им приходится принимать нас со злом и грехами, однако производя соответствующую очистку.

– Тогда каким образом нам производить чистую энергию?

– Скоро вы научитесь это делать. Сначала чистую энергию будете производить вы, потом те люди, которым вы передадите наши знания, потом вы перейдёте в другое сознание уже в этой жизни. Затем направитесь к Нам после смерти. Потом в отдельности вы будете направляться в другие миры. И это для Нас – счастье.

Контактёр Марина Молодцова
Голубин С.:

– Как нам бороться со злом?

– Не бояться его. Ваш страх – залог вашего краха. Вы должны действовать уверенно. Только в том случае, когда вы уверены в себе, вы добьётесь чего-то. Добро и зло легче отличать своей внутренней интуицией. Интуиция – это ваша самая тонкая, самая чуткая энергия. Та самая энергия, которой вы пользуетесь в самых необходимых случаях, именно тогда, когда больше никто не сможет прийти вам на помощь. А самое главное – убрать свой страх, тогда ничто и никто не смогут помешать вам в ваших делах.

– Насколько совместимы всепрощение и борьба со злом? Если человек прощает всё другим, то он и зло должен прощать?

– Само по себе прощение, то есть раскаяние и молитва, очищают душу и, естественно, что такое прощение вытесняет зло, очищая душу.

– То есть, активного действия по отношению к злу не должно быть?

– Нет, не должно быть, потому что зло и добро – это совершенно равноправные составляющие этого мира. Нет такого зла, которое заслуживало бы наказания, потому что зло идёт именно от самого человека, а человеку нужно прощать. Только тогда зло переходит в добро.

Стрельникова Л.Л.:

– Не считаете ли вы, что главная причина торжества зла на Земле – неправильное наказание за него?

– Наказание, которое применяете вы, уничтожает не только материальность но и подкладку духа.

– Как отличить те испытания, которые даются человеку Свыше, от неприятностей, которые причиняют тёмные?

– Тёмные сидят в вас, внутри, почти у всех людей. Вот они то и причиняют вам всякие гадости. Все же испытания идут Свыше. Это те ситуации, которые возникают на протяжении всей вашей жизни. А от того, как вы отнесётесь к этому испытанию, можно будет судить – испытание это или неприятность.

– Мы получили сведения, что этим летом (13. 07. 1991 – *Прим. авт.*) на Алтае состоялось единоборство Единого Бога и Сатаны. Последний был повержен. Верна ли информация?

– Временно повержен.

РАЗВИТИЕ

Контактёр Марина Молодцова
Стрельникова Л.Л.:

– Характер человека наследуется из предыдущей жизни или закладывается с рождения как новое качество?

– Характер способствует возвышению человека. Он получает его с рождения. Предыдущие жизни не влияют, то есть это: оптимизм, пессимизм, повышенная или пониженная активность и т.д.

Дмитриев А.:

– Для чего человеку дан познающий принцип?

– Чтобы человек развивался в определённом плане, образуя материальную структуру. Нам жалко загубленные души. Это ошибка эксперимента. Мы приносим извинения.

– Что произойдёт, когда закончится сила познания?

– Сила познания кончиться не может, но не запутайтесь – это дорога без конца. Но если он и будет, вы его не заметите. Идите по пути, как советуем Мы.

– Что значат сомнения для человека?

– Малая доля сомнений человеку необходима. Но когда он начинает сомневаться во всём, то теряет смысл жизни.

– Как Вы относитесь к сомнению? Как составляющей познавательного принципа человека?

– Сомнение важно для познания. Нельзя всему верить слепо, верить Дьяволу.

– От чего зависит эволюция человека?

– От энергетического уровня, который человек накопил при жизни.

Фадеев М.:

– Как человеку достичь гармонии между высшим своим началом и низшим?

– Развивать низшее с помощью высшего.

Стрельникова Л.Л.:

– Зависит ли уровень энергии человека от количества инкарнаций?

– Безусловно.

Дмитриев А.:

– Что означает порядковый номер Уровня и Подуровня энергии?

– Это стадия развития.

– Что такое смешанный уровень энергии?

– Граница перехода между Уровнем и Подуровнем.

– Может ли человек пойти по пути инволюции?

– Здесь, на Земле, это неизбежно.

– Это происходит сознательно?

– Этим распорядился Высший Разум, но и ты был в этом задействован.

– Имели ли люди опыт жизни в других измерениях в прошлых жизнях?

– Это происходит постоянно.

– То есть они могли существовать в энергетических и других формах?

– Да.

Стрельникова Л.Л.:

– Мы знаем пути развития общества через рабство, технократический путь, за счёт развития психической энергии. Существуют ли ещё какие-нибудь пути?

– Для человека – нет.

– А для Вас?

– Для Нас существует один способ – энергетический. Но если захотим, можем развиваться иными путями, хотя для Нас это не реально.

– Какими?

– Хотя бы такими, которые существуют у вас. В этом плане у нас нет ограничений.

– Почему некоторые люди походят на животных и птиц? Связано ли это с переселением душ в человека?

– Да.

– В нашей группе есть человек, который подключен к Системе со знаком минус. Что это означает?

– Ничего страшного в этом нет. Как правило, если люди узнают об этом, они сразу стараются отстраниться от такого человека, хотя сами не имеют никакого понятия об отрицательном и положительном поле. В мире существуют две противоположности, точнее – всё в мире противоположно. Также и человеческие биополя. Если существует положительный заряд поля, то обязательно должен существовать и отрицательный. Поведение такого человека, его характер, судьба несколько отличаются от людей с положительным полем, но это не значит, что он обязательно действует на людей отрицательно. По стечению обстоятельств случается, что человек с отрицательным полем становится вампиром, но это только в том случае, если к его отрицательному полю прибавляются ещё некоторые факторы, которые влияют на его поведение. В других же случаях это никак не может отразиться на окружающих.

– Обычно человек подключён к Космосу сверху. Что произойдёт, если его отключат от верха и подключат снизу?

– Это происходит часто. У человека меняются логика, мышление.

– Но становится ли он проводником тёмных сил?

– Когда человек подключён сверху, ему больше доступен приём информации сверху, с неба, то есть он может напрямую общаться со Святым Духом. Когда человек подключён снизу, доступ такой информации ограничен, и он больше контактирует с энергией Земли, которая не всегда очищена и в основном заполнена шлаками, поэтому не воспринимается человеком так, как следует.

– Но характер человека при этом резко меняется?

– Это зависит от воли человека. Если он захочет переменить состояние своей души, свой характер, то сможет это сделать. Если не захочет, будет довольствоваться тем, что имеет.

БОЛЕЗНИ. СТРАДАНИЯ

Контактёр Марина Молодцова
Молодцова Н.А.:
– Для чего нужны болезни человеку?

– Каждая болезнь запрограммирована. Для одной Системы – это благо, другим это причиняет вред.

– На основе чего возникают заболевания?

– Все заболевания возникают в результате нарушения биополя человека и отсутствия его внутренней гармонии между душой и телом.

Стрельников А.И.:

– Как приходит болезнь человеку: автоматически срабатывает программа после неправильного действия человека или приходит Ваш импульс?

– Болезнь даётся не в наказание, а в испытание. Каждая болезнь запрограммирована. Но она может быть, а может и не быть. Всё зависит от поведения человека.

– При болезни и при голодании человек выделяет чистую энергию. Но какая энергия чище и предпочтительнее для Вас?

– Если человек правильно голодает, то действительно выделяет большое количество энергии. Этим вы помогаете Космосу и Нам, за это спасибо.

– Если человек выделяет энергию через голодание, то ему не требуется выделять её через болезнь?

– Человек при болезни выделяет эту энергию независимо от того, хочет он этого или нет. Но Мы должны учитывать нормальное состояние ваших оболочек. Каждому человеку необходимо голодание в определённый день недели.

Станиславенко Э.:

– Болезни, страдания даются человеку как испытания. Следует ли в этом случае противостоять им или лучше их мученически переносить?

– Человек никогда не будет мириться с тем, что ему преподносит жизнь. Он так или иначе будет барахтаться, да – именно барахтаться, что-то предпринимая против, но всё это, если посмотреть сверху, как Мы на вас смотрим, это выглядит по-детски несерьёзно и вызывает у Нас по отношению к вам противоречивые чувства. Конечно, сопротивляться необходимо тем испытаниям и невзгодам, которые посылают вам, вернее – не сопротивляться, а выдерживать их, то есть выходить из них духовно чистыми, с достоинством. Надо эти испытания выдерживать, а не как-то обходить окольными путями, чтобы сгладить свою вину, оправдать себя. Всё это мелочно, суетливо и, если вы посмотрите на это другими глазами, вам станет смешно, как это бывает Нам. И поэтому всё, что вам посылают: болезни, меланхолию, огорчения – нужно выдержать, заучить как урок раз и навсегда, чтобы потом не было обидно за неправильно сделанный ход. И советуем вам: какая бы болезнь ни случилась – не применяйте лекарства, используйте другие методы для лечения: травы, энергетическое воздействие, медитацию. А вы чуть что – сразу хватаетесь за таблетку. Если вам послана боль, испытайте её. Точно так же, если вам послана какая-то энергия, вы должны затратить её на какое-то дело. Когда человек болеет, страдает, он многое понимает. А когда человеку постоянно везёт, он забывает о смысле жизни. Только тот человек понимает другого в его страданиях и муках, кто сам перенёс их. Он становится внимательней и терпимей к другим, он осознаёт чужую боль как свою.

Контактёр Анна Чичилина

Стрельникова Л.Л.:

– Почему страдания необходимы человеку?

– Если человеку даётся всё в полной мере, он перестаёт задумываться о жизни и живёт просто себе в удовольствие. Но если он хоть что-то пережил, он не пройдёт даже мимо нищего, потому что, если человеку было хоть раз плохо, он это запоминает надолго.

– Но энергия страдания не совсем полезна Космосу, как, по-моему, Вы говорили.

– Это не энергия страдания, энергия страдания – это слишком грубо. Человек боится страдания так же, как боится физической боли. Страдание – это боль души, это осмысление. Человек мыслит не только головой, но и сердцем. Если он страдает от физической боли, то совершенствуется по способу материального кода. Если, к примеру, у него нет руки – это, во-первых, неудобно в быту, во-вторых, у него происходит психологическое осмысление своего состояния по отношению к другим, к обществу. И он здесь может сделать выбор – пойти по светлому пути или не по светлому. В его программе имеются контрольные точки, самые сильные. Их четыре – пять. И если это нужно, в них происходит коррекционная работа.

– Можно ли освободить человека от зла?

– Нет. Зло и добро нужны для закалки души, для его воспитания.

– Как наказывают человека за содеянное зло по закону Кармы?

– В большинстве случаев наказывают во время жизни. Но чаще наказание наступает после смерти на том или ином космическом уровне на протяжении следования души на своё место в Космосе.

– Всё ли зло, содеянное человеком, наказуемо, или что-то прощается ему?

– Никакое зло человеку не прощается.

– Значит, он расплачивается за него частично здесь...

– ...частично в Космосе, – продолжили они мою мысль. – Но зло может нейтрализоваться в том случае, если человек покаялся, осознал то, что сделал и в ответ за своё зло сделал хороший поступок. Только в этом случае зло может нейтрализоваться, но полностью всё равно не стирается, потому что то зло, которое совершилось, невозможно убрать или стереть из прожитой жизни.

– А если человек покается, а потом опять продолжает делать то же самое?

– В таком случае грехи не прощаются.

Контактёр Марина Молодцова
Стрельникова Л.Л.:

– Как наказывают пьяниц за употребление спиртного?

– Во-первых, сам алкоголизм – это те же болезни, которые возникают как следствие после длительного употребления алкогольных напитков. Во-вторых, это деградация личности, то есть вместо того, чтобы душа совершенствовалась на протяжении данной ему жизни, она тратит впустую тот потенциал энергии, который ей был дан при рождении, как младенцу. И этим, то есть болезнями и деградацией, они уже наказывают себя.

– А после смерти душа алкоголика испытывает какие-то неприятные ощущения?

— Да, так же, как в случаях тяжких согрешений человека.

— Человек своей деятельностью зарабатывает Карму. Не означает ли это, что чем он меньше действует, тем меньше зарабатывает Карму?

— Нет, от этого не зависит. Карма может быть выполнена даже в момент рождения. У каждого она разная.

— Может ли злой человек перенести на других людей свою Карму, заставить их отрабатывать её?

— Нет, такого быть не может. Нет такого закона в Космосе.

— Считаете ли Вы, что человек обязан отрабатывать свою Карму?

— Да, считаем.

— А по христианскому учению Бог защищает человека, а не наказывает. Вы согласны с этим?

— Во власти Бога и наказывать, и защищать.

— Высшая гуманность состоит в том, чтобы найти путь развития человечества без Кармы. Это можно сделать?

— Такой путь можно найти, но вне человеческого общества.

ДВЕНАДЦАТЬ ЧЕЛОВЕК

(РАБОТА ГРУППЫ)

Работа группы шла своим ходом. С получаемой информацией мы продолжали знакомить людей в клубе «Контакт». Слушали нас с большим интересом. Здесь же мы рассказывали членам клуба о биолокации, о всевозможных аномальных явлениях. В свою очередь посетители клуба знакомили нас с теми загадочными и странными явлениями, которые происходили у них в домах. Некоторые жители специально приходили за помощью, потому что у них творилось что-то невероятное. (Очевидно, приход Высоких энергий в наш город привлёк сюда же существ из тонкого мира. Они могли «черпать» энергию, как воду из чистого родника, пополняя свои запасы. И попутно, конечно, порождали всякие странные явления в физическом мире. – *Прим. авт.*)

Мы пытались осмыслить происходящее и помочь людям. У нас образовалась группа во главе с Дмитриевым А. и Громовым В.Н. по изгнанию невидимых существ из квартир, в которых они вели себя, как казалось хозяевам, агрессивно или просто мешали обычному существованию. Когда мы что-то не понимали в происходящем, просили помочь «Союз».

И Он сначала помогал, а потом, когда наше сознание повысилось достаточно для осмысления ситуации, стал объяснять, что все существа должны жить в мире и не надо никого изгонять из жилищ, а надо добиться, прежде всего, чтобы сами хозяева изменили свой образ жизни и не провоцировали на агрессию других существ. И тогда уже приходилось работать над сознанием самих жильцов.

«Союз» наблюдал за нашей работой в клубе и в других местах с людьми. Контакты же вошли в систему, и мы продолжали жить и дышать ими, как чистым воздухом. Они окрыляли нас и вдохновляли.

Перед началом контакта мы часто что-нибудь обсуждали. Контактёр при этом не присутствовал. Марина обычно приходила точно по времени, где-то минут за пять до начала сеанса. В дискуссиях она не принимала участия и поэтому, естественно, не знала, о чём шла у нас речь до ее прихода. Но когда сеанс начинался, Они объявляли:

– Здравствуйте. Мы прослушали ваше обсуждение и ознакомились с теми вопросами, которые вы хотите задать. Поэтому начнём сразу с ответов на некоторые их них...

Или в другой раз:

– Мы слышали вас. (Они слышали нас без присутствия в комнате контактёра. – *Прим. авт.*) У вас нет одинакового мнения – поэтому спасибо. Значит, каждый думает по-своему. Вы пытались определить, что такое неделимая частица бытия. Это душа, как сказали вы, и отчасти правы. Сама основа души неделима, в этом вы правы. Но есть, как бы сказать, наросты, которые могут образовываться на ней, и они отделяются со временем. Душа – это энергия программы. Она неделима.

Подобные подключения Их к нам ещё до прихода контактёра происходили очень часто. И это ли не говорило о том, что контактёр здесь был ни при чём, и информация шла не из его подсознания. Но многие посторонние люди, ни во что не верящие, смеялись над нами, говоря, что мы разговариваем только с самим контактёром, его внутренним «я», и ни с кем другим, принимая чужую фантазию за явь.

Конечно, люди, далёкие от контактов, не могли представить себе, что такое тонкий мир, и что его можно чувствовать также ясно, как прикосновение ветра к щекам, как прикосновение солнечных лучей к телу.

Подтверждением прихода «Союза» была энергия. Мы научились её чувствовать. Как только она спускалась на нас сверху, то есть начинал работать канал связи, ощущалось легкое давление на голову, словно кто-то невидимый надевал нам на темя шлем или тонкий обруч. Глаза тоже воспринимали непонятное давление. Эти ощущения трудно перевести на наши понятия и объяснить – как мы их чувствовали. Но когда энергия спускалась, мы точно знали – Они нас уже слушают. Иногда и контакта не было, а просто к нам на квартиру приходил какой-нибудь интересный человек, мы с Александром Ивановичем начинали вести беседу с ним, и я чувствовала, что Они вдруг заинтересовались этим человеком и включили канал связи.

Канал был настроен на нашу квартиру и квартиру Чичилиных. Поэтому когда Их что-то интересовало в нашей квартире, Они подключались к нам и без контактёра. Я заметила, что если приходил обычный серый обыватель, то подключения никогда не происходило. Если же человек был выше среднего уровня развития, Они тут же заинтересовывались им и прослушивали наш разговор, но не от начала до конца, а только ту часть его, которая была наиболее содержательной. Каким образом Они определяли, что этот человек интересен, а другой – нет, представляя собой обыденного мещанина, оставалось загадкой. Но если Они могут многое, то стоит ли удивляться такому пустяку.

Однако контакт – это был не только приход энергии, а, прежде всего, канал связи между двумя мирами, и поэтому он представлял собой сложные энергетические конструкции. Для работы группы требовались определённые технические установки тонкого плана. Ясновидящий Громов, например, видел в нашей комнате, где обычно собиралась группа, под потолком разные технические устройства тонкого плана. Такие же были и в квартире Чичилиных. Через подобные конструкции, видимо, и проходило прослушивание нас.

И энергия, посылаемая Ими, приходила в нужную точку Земли не как луч, а по особому передающему каналу, обеспечивающему не только её точное попадание в нужное место, но и точную дозировку, потому что Они иногда спрашивали – сколько человек будет присутствовать на следующем контакте, чтобы определить необходимую дозировку спускаемой энергии. На каждого члена группы выделялось определённое количество энергии.

Поверив в силы «Союза», некоторые из членов нашей группы втайне надеялись, что в знак величайшей милости, непонятно, конечно, за что, но Они начнут осыпать нас благами или хотя бы выполнять какие-то желания. Однажды кто-то из группы спросил:

— Можем ли мы обращаться к «Союзу» с просьбами? Они ответили:

— Вы поймите – просьбы тоже должны быть соизмеримы. Если вы попросите денег, никто их вам не даст. Раньше счастьем для человека верующего было понимание веры для духовных благ.

— О чём можно просить? – Всё-таки выискивал лазейку для удовлетворения своих желаний член группы.

— За вашу работу мы «платим» вашими способностями видеть, слышать, ощущать тоньше, чем другие. Это благо для вас.

Способности у нас действительно появлялись периодически самые разные. Например, Т.В. Чичилина стала видеть ауры людей, стоило ей прищурить глаза. Иногда она видела и существ из ноуменального мира. А я стала видеть прошлые воплощения людей. Стоило настроиться определённым образом, и лица их удивительно начинали трансформировать свой лик, словно кто-то менял портреты на одном изображении.

Например, одна женщина представлялась то величественной дамой, то мужчиной в старинном одеянии, то старухой (последнее означало, что данная жизнь была долгой), то молодым человеком (значит, жизнь его была короткой. Внутренне я знала, что портрет соответствует времени смерти, т.е. человека показывали в прошлых жизнях на момент смерти). Громова в его предпоследней жизни я увидела в одеянии римской знати, а холодную и язвительную девушку в последнем воплощении – в мундире офицера XIX века. При этом характер последнего (или предпоследнего) воплощения соответствовал настоящему характеру человека. В манерах Громова проглядывала величавая поступь и осанка знати, а в характере девушки проглядывал надменный поручик царской армии. Только теперь для смягчения характера его, видимо, принудили надеть юбку, воплотив в женский образ.

Открывались способности не только тонкого виденья, но и обычные человеческие таланты. Например, у дочери

Ларисы вдруг проснулось желание – научиться играть на синтезаторе. Мы купили его и, не зная музыкальной грамоты, чисто на слух, она научилась воспроизводить на нём любые мелодии. За полгода она освоила синтезатор так, что люди считали, что она окончила музыкальную школу. А через год она уже играла так, что родной дядя мужа, приехавший проведать нас из Москвы, услышав волнующие мелодии, переполнявшие душу трогательными звуками, стал смахивать с лица слёзы – до того игра нашей дочери его разволновала.

Музыка её производила особое впечатление на слушателей. Каким образом удалось ей за шесть месяцев преуспеть в том, в чём другие преуспевали только после семи лет обучения? Теперь я понимаю, что этому научил Ларису её Небесный Учитель. Способности в нас просыпались под Их чудодейственным влиянием. Кстати, и у Громова способность к ясновиденью открылась после того, как он пришёл к нам, то есть попал в мощный поток энергетики канала.

Но материально Высшие Учителя всё-таки тоже помогали нам. В частности, мы заметили – когда деньги у нас доходили до последнего рубля, они опять откуда-то всегда появлялись, или стоило поговорить о книге, которую хотелось бы иметь, и она обязательно попадала в наши руки.

А однажды у Чичилиных загорелся телевизор, хотя был выключен: стоял себе – и вдруг вспыхнул, хотя к нему никто не прикасался. Как потом объяснил «Союз», вспыхнул он в связи с неточной настройкой канала связи и какими-то их неполадками, но Они пообещали, что компенсируют ущерб, а виновных у себя накажут. Но Татьяна Васильевна попросила никого не наказывать.

Буквально через неделю на чей-то день рождения из семьи Чичилиных родственникам вдруг вздумалось подарить им новый цветной телевизор. Вот так просто «захотелось» – и подарили. Ущерб был возмещён. Так что подобные маленькие чудеса могли бы показаться обыденными и незаметными, если бы не были исключением из правил, и если бы не выполнялись по воле Свыше.

«Союз» постоянно требовал, чтобы мы работали все вместе, поэтому нас заинтересовало:

– Что даёт совместная работа?

– Истина может познаться только в коллективном творчестве или в индивидуальном, но без изоляции от коллектива. Подумаете над этими словами. Отдавайте Космосу больше энергии.

Легко сказать – «отдавайте», но каким образом – мы это как-то долго не могли себе уяснить. Тогда мы решили об этом спросить у них:

– Каким образом мы должны отдавать Космосу больше энергии?

– Вы должны максимально умственно работать.

Но, конечно, это был не единственный способ выработки энергии, тем более, что не все приходящие в группу люди любили думать, поэтому на других контактах пришлось уточнить:

– Каким образом ещё можно отдавать Космосу энергию, и как происходит процесс обмена энергиями между нами и Космосом?

Они пояснили:

– К вам из Космоса поступает энергия, которую вы должны переработать таким образом: вы будете читать молитвы, будете работать над собой, читать необходимую литературу и, конечно же, проводить личные контакты. Таким образом, та энергия, которая поступила из Космоса, будет очищаться, и в дальнейшем вы сможете опять употребить её на полезное дело. Это механизм вашей работы. С каждым разом количество этой энергии станет расти, то есть увеличится оборот энергии. С увеличением этого оборота будет возрастать и ваш энергетический запас, ваш потенциал, биополе начнёт увеличиваться, а, значит, и ваши возможности тоже.

Биополе у нас через год контактов и в самом деле выросло у большинства членов группы до двух–трёх метров. У одного человека биополе достигало всего пяти сантиметров, то есть соответствовало биополю умирающего, и неизвестно, что бы случилось с ним в ближайшее время, если бы не контакты. Присутствие на контактах увеличило его биополе через год до полутора метров.

«Союз» постоянно требовал, чтобы число членов группы равнялось двенадцати, поэтому мы поинтересовалась:

– Что означает число двенадцать для группы?

– Мы хотим, чтобы число членов вашей группы было постоянно двенадцать человек, не считая контактера. Двенадцать человек – это самое оптимальное число членов группы для того, чтобы общаться с Космосом. Вам может показаться, что это число – не такая уж важная вещь, но для Нас это имеет большое значение. Определённое число людей играет большую роль в получаемой вами энергетике. Часть энергии отправляется в ваш эгрегор, а часть усваивается вами. И если бы вас было семь человек – энергия была бы одного качества, девять человек – другого, а двенадцать человек – это оптимальное число, при котором можно получить наичистейшую энергию. Чем и объясняется, что у Иисуса Христа было двенадцать апостолов. При этом ещё создаётся очень мощная защита, и если вы будете продолжать встречаться именно в таком составе, то часть проблем сама по себе отпадёт у вас, то есть вам не нужно будет беспокоиться ни о своём здоровье, ни о своём душевном состоянии, ни о собственной защите. Для вас защита будет ставиться автоматически, если вы будите собираться в таком количестве.

Но в таком постоянном составе собираться на протяжении очень длительного времени было довольно трудно. Число членов группы постоянно менялось: нас было или больше, или меньше двенадцати. Современный человек очень избалован впечатлениями. Я это говорю потому, что люди от контактов всегда ждали нечто невероятного, а чаще всего благ, власти для себя, каких-то привилегий и поблажек в судьбе.

То, что разговорные контакты, это великое материализованное чудо, мог понять далеко не каждый. Чтобы это осознать, душа должна была пройти большой эволюционный путь развития, вобрав в себя множество духовных ценностей. Поэтому были ещё и такие не созревшие души, которые видели в контактах какую-то новую игру. Но так как эта игра требовала интеллектуального напряжения, на которые они были не способны, и, кроме знаний ничего не давала, то они разочаровывались и уходили, вновь с головой погружаясь в мирскую суету.

Но многие отходили с верой в Бога. Их не особенно интересовало устройство Вселенной и других миров, но в то, что есть Высшие Силы, Бог, они поверили, стали ходить в церковь, начали интересоваться религиозной литературой. И таким образом, с помощью «Союза» мы направляли людей на путь забытой духовности.

В одном из контактов Высшие Иерархи сказали о причине своего появления на Земле по следующей причине:

— У человечества есть отход от программы — это в некоторых малых величинах — нарушение природы. Вы, люди, должны это всё исправить, хотя вы далеко ушли.

— Каким образом ушли?

— Материальное стало превосходить духовное — НАС. Прогресс материальности очень вас увлёк. Так не должно быть.

И в связи с этим, чтобы восстановить духовность, направить человечество в нужное русло, Они решили вмешаться в программу развития, выправить крен корабля.

В связи с создавшейся ситуацией Саша Дмитриев мечтал стать миссионером, точнее, надеялся на свою великую миссию на Земле и на то, что, возможно, ему, как Христу, будет предназначено перевернуть идеологию людей и указать путь к новой вере. Он даже стал готовиться к крестному ходу в общемировых масштабах и спросил у «Союза» — не возражает ли Он против данного предприятия. Тот был не против подобной затеи, но мы не смогли оценить грандиозность Сашиных планов, никак не понимая — какую пользу может принести крестный ход миру или каким образом он сможет прибавить духовности людям, тем более, современным.

Мне казалось, что Дмитриев не учитывал времени. То, что имело успех две тысячи лет назад, могло иметь не большее значение, чем спортивный марафон в настоящий момент. Так же считал и мой муж. Другие тоже не хотели, забросив семьи и работу, отправиться с ним сквозь снег и ветер неизвестно куда и зачем, увлекая за собой других. Я пыталась убедить Дмитриева, что это слишком старый и несовершенный способ распространения духовности, но после одобрения его идеи Свыше Саша поверил в свою миссию и

стал даже каким-то фанатом. Очевидно, внутри каждого
человека живёт жажда подвига, во имя которого рушатся
старые представления об окружающем, и меняется шкала
ценностей. Ради великой цели спасения всего человечества
приносятся личные жертвы, и вся твоя жизнь. И Саша был
готов к такой жертве.

Великие цели изменяют психологию человека, делают
его сильным, открывающим в себе многие скрытые возможности и способности. И в Саше, в простом и скромном инже-
нере вдруг проснулась вера в то, что он способен пробудить
человеческие сердца к любви, добру, внушить вновь уважение и почитание к нашим Создателям, устремить души людей в Высшие Миры. И благодаря этой вере он начал открывать в себе способности и готовиться к ещё большему.

Но всегда хотелось знать, что Высшие Иерархи соприкоснулись с тобой не случайно, и тебе еще до твоего рождения была уготована особая судьба. И эта надежда таится в
глубине души почти каждого человека. Саша же решил не
надеяться, а знать точно – действительно ли это так и хотя
бы косвенно, попытаться узнать, что уготовано было ему со
дня рождения, поэтому как-то на очередном контакте он в
упор спросил:

– Наши вопросы к Вам и встреча с Вами – это элемент
нашей программы?

– Это есть отступление от программы, – ответили Они.

– Всё-таки отступление, – в голосе Саши послышалось
разочарование: он надеялся, что скажут, что по программе
ему уготована особая судьба, но Они сказали совершенно
другое, имея в виду все человечество, а не конкретно кого-
то одного. Непонимание было вызвано тем, что Саша спрашивал о себе, а Они имели в виду всё человечество, говоря
об отклонении в его программе: – Мы не до конца продумали, хотя была возможность, что ваша материальная оболочка со временем прогрессирует и может механически подтасовывать программу под себя. И ваши вопросы, ваша
деятельность – (здесь Они уже стали обращаться ко всей
нашей группе – *Прим. авт.*) – необходима для того, чтобы
вы с помощью Наших знаний и с помощью Нашей энергии
смогли бы всё исправить. Поверьте – это во благо людей.

Любое отступление приведет к другим, очень нежелательным для вас и для Нас последствиям.

— Наш контакт нежелателен?

— Контакт, наоборот, желателен. Вы исправите ошибку, которую допускают люди сейчас. Отступлением считается лишь то, что вы ушли от нужной программы, которая в вас вложена (говорится об отклонении всего человечества от основной программы его развития. На данный момент оно должно было достичь других результатов. Но в силу предоставленной людям свободы выбора произошло значительное отклонение от духовности в сторону материального благополучия – *Прим. авт.*).

Из Их ответа Саша Дмитриев уяснил, что программа его не включала миссионерскую деятельность и у него самого программа обычного заурядного инженера. Это несколько разочаровывало, но в то же время слова – «вы исправите ошибку, которую допускают люди», давали надежду, что что-то великое может произойти в его жизни, и он вновь воспрянул духом.

Я же, год спустя, перечитывая материалы контактов, сделала для себя неожиданно важный вывод, объясняющий странное поведение многих людей, присутствующих на сеансах связи, и в частности, самого Саши. Я опять забегу немного вперед и скажу, что наш фанат Саша Дмитриев, смело вступающий в диалоги с Высшими Иерархами в первых контактах, готовившийся к крестному ходу по всему земному шару и ради этого готовый пожертвовать всем личным, не получив никакой сверхъестественной силы в дар и не наделенный миссионерством, разочаровался в контактах и через год отошёл от нас. Он ударился в коммерцию и спустя два года при мимолётных встречах с нами махал пренебрежительно рукой и пытался убедить нас, что никаких контактов с Высшим Разумом не существует, и что просто в трансе человек ведёт связь со своим подсознанием и информацию черпает от самого себя, а не от тех, кто управляет Землёй, то есть начал говорить то же, что и многие другие. В коммерции он преуспел, купил машину и квартиру в Москве и забыл про всех нас. Я раскрываю его последующее поведение заранее, чтобы увидеть то непонятное, что скрывалось внутри него: сначала контактный фанатизм, затем полное отречение от всего. Возможно, он всё-таки надеялся на особую миссию и ради этого работал на Космос, но когда понял, что ждать ему от Высших нечего, как и другие, через разочарование пришёл к отрицанию.

Он стал упорно утверждать, что мы разговариваем со своим внутренним «я», черпая информацию из кладовых памяти прошлых жизней, забыв об явных ощущениях прихода энергии и обо всех прочих чудесах. «Забывчивость» эта стала понятна именно после Их ответа об отклонении от программы. Я поняла, что Дмитриев и некоторые другие вернулись на свою старую программу, поэтому они забыли о том, что было ранее. Программа человека даёт возможность ему помнить одно и забывать другое.

В отличие от Саши мы не думали ни о поощрениях, ни о каком миссионерстве. У нас такой мысли даже не могло возникнуть, так как вся наша семья была очень тихой и скромной, а вокруг были очень активные и деятельные. Нас влекло к Высшим не ожидание получения чего-то для себя, а влекли новые знания, таинственные миры. Для нас было великим счастьем общаться с Ними, слышать Их голос и чувствовать прикосновение Высших энергий. Мы были бескорыстны в служении Им, и наши мысли были чисты. От Них мы ничего не ждали и не требовали, а в Их контактах видели великое чудо, соприкоснувшееся с нами, и были счастливы от этого. В этом была разница восприятия контактов нами и другими, и, очевидно, бескорыстие и помогло нам продвинуться в итоге выше остальных.

Только свобода выбора и желание следовать духовному пути до конца своих дней позволяет человеку не затмевать материальными благами глаза и память. И поэтому такой человек пронесёт участие в контактах как соприкосновение со святым таинством. Память о них останется как о великом чуде, великом снисхождении Высших Иерархов. Это будет память о тех, кто не такой, как мы, и кто наблюдает за нами сверху. Но это всё я поняла много позднее, а пока работа продолжалась. И Саша Дмитриев ещё не успел задать прямого вопроса о своём миссионерстве и поэтому в глубине души надеялся на нечто очень большое и, веря в личные силы, был одержим новой идеей – открытием у себя «третьего глаза» с помощью определённой системы упражнений, данных Сахаровым.

Зачатки тонкого виденья у него появились от сильной энергии на контактах, и порой он начинал видеть в наших комнатах то, что не видели другие. Как-то он сообщил:

– Я сейчас у вас на полке в «стенке» видел кота. Он спрыгнул на пол и пошёл на лоджию.

То, что у нас в семье был кот еще до контактов, он не знал. Кот умер за полгода до начала сборов нашей группы, и так как он был очень домашним и на улице без нас не бывал, то, не зная другого мира, кроме нашей квартиры, он, точнее его дух, посещал нас. Порой мы и сами слышали по ночам, как кто-то спрыгивал со стола или чьи-то коготки стучали по линолеуму, как будто кто-то шёл по полу. Так что в то, что у Саши открывается «третий глаз», можно было поверить. Он был способным в эзотерическом плане человеком, и у него могли открыться любые способности. Кстати, вскоре он стал сам контактёром, таким же, как и Марина, и провел с группой несколько контактов. Но это всё было впереди. До разочарования оставалось много времени, а надежда заставляла его искать в себе способности и находить их.

ПРОГРАММА ЧЕЛОВЕКА

Контактёр Марина Молодцова
Стрельников А.И.:
– Человек развивается по программе?
– Да.
– Кто составляет программу человека?
– Высший Разум. Он везде, Он составляет всё.

Фадеев М.:
– Какая же схема Разума нужна Богу, чтобы создать каждому человеку индивидуальную программу жизненного пути с бесконечными ответвлениями свободы выбора! – восхитился Фадеев возможностям Высшего Разума и тут же стал развивать свою теорию: – Но, может быть, всё проще – эта схема сетки одна, а в силу индивидуальной свободы из-за бесконечности вариантов каждый человек стремится к цели своим путём. Но согласно схеме, которую можно расположить на глобусе конечного радиуса, или точнее – на тороиде, где полюса рождения и смерти совмещены, свобода выбора заключается в том, что не конкретные ситуации встают перед человеком, а различные энергетические заряды, реакция на которые у разных людей различная. То есть контрольные точки – это принятие или непринятие той или иной энергии. Это так?
– Да, до этого была дана по данному вопросу очень примитивная информация, но доступная вам. Вы правильно разобрались в ней.

Дмитриев А.:
– Сколько контрольных точек в программе человека?
– Их разное количество, у каждого человека – своё.

– Какое расстояние между точками?

– Разное.

– Контроль за точками в человеческой программе есть?

– Контроль существует в программе.

– Контроль осуществляет Система?

– Система занимается совершенствованием душ людей и получением чистой энергии. Вы можете делать что угодно, но за этим следуют последствия и хуже будет для вас. Вы экспериментаторы сами над собой и над окружающими. Вы делаете себе какие-то условия, создаёте трудности.

Стрельников А.И.:

– Сколько вариантов выбора предоставляется человеку в каждой контрольной точке программы?

– Каждая контрольная точка представляет собой несколько вариантов, которые даются Нами. Мы снимаем ваши данные и делаем вывод – какие дать цели в дальнейшем.

– От чего зависит количество контрольных точек в программе человека?

– Количество точек зависит от цели программы, то есть, от того, что должен достичь человек за данную жизнь.

– Одинаковы ли промежутки времени между контрольными точками?

– Нет.

– От чего зависят эти промежутки?

– От степени выполнения и цели.

– Как выглядит графически схема жизненного пути человека от первой контрольной точки до последней?

Дают Марине следующую общую схему:

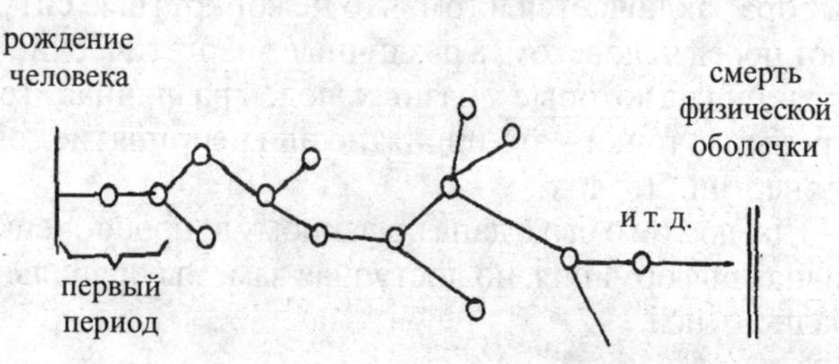

Рис. 6

— Вносятся ли коррективы в схему жизненного пути человека в зависимости от его выбора в точках?

— Да, в программе есть неизменные основные точки: это рождение на Земле, уход с Земли (смерть) и промежуточная точка. В остальные точки могут вноситься изменения, то есть включаться болезни и другие поправки в вашу жизнь.

— Что представляет собой промежуточная точка программы?

— Она представляет совокупность двух ваших субстанций: духовной и материальной – объединение их в единое целое, чтобы принести больше пользы. А также через неё проходит обработка внешней и внутренней информации и приведение их тоже к единому результату.

— По каким причинам может быть прекращена программа жизни человека?

— По причине ненадобности продолжения какого-то действия, которое не даст больше человеку ничего для совершенствования.

— А случаи самоубийства человека – это протест против своей программы?

— Ни один человек не способен восстать против своей программы.

— Если человеку предопределено программой погибнуть от несчастного случая, то планируются ли детали этого случая?

— Если планируется сам случай, то планируются и детали.

— В схеме жизненного пути человека бывают ли случаи, когда все варианты приводят в одну и ту же контрольную точку?

— Да, такое может быть. Это типично.

— Могут ли тёмные силы изменить программу отдельного человека?

— В том случае, если светлые силы потеряют свою активность, то есть нейтрализуются. Но это маловероятно, поскольку сами светлые силы способны сохранить ту программу, которая была задана.

Дмитриев А.:

– Допустим, мне была задана программа горького пьяницы. Могу ли я набрать максимальное количество очков по этой программе?

– Система не заинтересована рассматривать единичные случаи. – Отказались Они отвечать на его вопрос. Несколько секунд длилась пауза, потом они смилостивились и решили разъяснить ситуацию. – Тебе был дан выбор, ты выбрал ту программу, по которой должен перевоплотиться из горького пьяницы в человека.

– А если я не выбрал эту программу? Пошёл не по тому пути, что намечено в вашей программе?

– В конце жизни будет дан толчок в виде болезни или какого-нибудь страдания, направленных к самосовершенствованию души.

Стрельникова Л.Л.:

– В программу человека закладывается возможность выбора между добротой и жестокостью с целью совершенствования души. А что будет, если понятие жестокости исключить из программы, а выбор предоставить между различными степенями проявления доброты?

– Мы ранее уже говорили вам, что добро и зло у вас, людей, – понятия относительные. В Космосе не существует добра и зла, всё подчинено единому закону, который выполняется по программе. Добро и зло существуют только среди людей. Они дали этим энергиям (энергии добра и энергии зла – *Прим. авт.*) такие понятия. Вы сами знаете, что добро, сделанное окружающим без их согласия, тоже может оказаться злом для них.

– Если в Космосе нет добра и зла, за счёт чего совершенствуются Высшие цивилизации?

– Цивилизации совершенствуются за счёт получения и отдачи энергии лучшего качества, то есть высокой частоты.

– Вы говорили, что ни один человек не способен восстать против своей программы. Бывают ли случаи, когда существу, посылаемому в жизнь, заранее сообщается его программа, и может ли это существо, если ему программа не нравится, попросить о её корректировке?

– Да, существуют такие случаи.

— А были ли такие случаи, что какие-то существа восставали против своей программы?

— Восставать! Это слишком громко сказано – то есть были случаи, что отдельные индивиды выражали своё недовольство. Были такие люди. Но, как правило, они наказывались, потому что они не имеют права возмущаться тем, что дано Богом.

— Всем ли душам составляют программы, или когда душа достигает определённого уровня развития, она получает право на саморазвитие?

— Да, программы даются всем душам, но когда душа достигает наибольшего развития, с процессом повышения своей энергетики она получает право на волю в большей степени, чем обычная человеческая душа.

— Вы тоже развиваетесь по программе, составленной другими, или сами себе планируете развитие?

— Сами себе планировать Мы не можем. Наша программа составлена более Высокой Системой.

Стрельников А.И.:

— Какая у Вас программа?

— У данной Системы есть своя программа, направленная на совершенствование души и тела человека, их гармонию и взаимосвязь. Программа состоит из множества подпрограмм. Программу изменить невозможно, она составляется на всю жизнедеятельность Земли. Основные пункты её выполняются.

Дмитриев А.:

— Наши вопросы к Вам и встреча с Вами – это тоже элемент программы?

— Это есть отступление от программы.

— Всё-таки отступление от программы?

— Мы не до конца продумали, хотя была возможность, что ваша материальная оболочка со временем прогрессирует и может механически подтасовывать программу под себя. У людей появились действия, не связанные с программой. И ваши вопросы, ваша деятельность необходима для того, чтобы вы с помощью Наших знаний и с помощью Нашей энергии смогли бы исправить всё. Это во благо людей, поверьте.

– А вообще – контакт нежелателен?

– Контакт, наоборот, желателен. Вы исправите ошибку, которую допускают сейчас люди. Отступлением от программы считается лишь то, что вы ушли от нужной программы, которая в вас вложена.

– Загрязнение Земли входит в Программу развития человечества?

– Это последствия отклонений. Человечество имеет долю свободы. В зависимости от того, как оно выйдет из этого испытания, определится общий исход.

– Для чего на Земле пропорция «темных» и «светлых» душ?

– Это от программы не зависит. Программа общества и человека неразрывно связаны. Здесь взаимосвязь такая, как у клетки и всего организма.

Салкин Н.:

– Если работа перестаёт приносить удовольствие, желание совершенствоваться – что это значит?

– Вас могут сбивать с пути тёмные силы. Необходимо призвать свою волю и, если потребуется, действовать против своей воли, но совершенствоваться. Это пока единственно верный путь, который Мы вам можем посоветовать.

СУМАСШЕДШИЕ, ГЛУПЫЕ, ЛЫСЫЕ

Контактёр Марина Молодцова

Стрельникова Л.Л.:

– Есть два типа людей: одни лучше мыслят утром, другие – вечером. С чем это связано, для чего такое распределение?

– Это аналогия с вашей утренней и вечерней сменой. Вы знаете, что у Земли имеется своё биополе, свои биотоки. Так вот, люди, которые лучше думают и производят мысли утром, способствуют развитию природы Земли и всех её процессов утром. А люди, которые лучше думают вечером, способствуют процессам, протекающим на Земле в вечернее время.

Стрельников А.И.:

– Каков смысл рождения кретина или сумасшедшего? Происходит ли при этом совершенствование души?

— Да, происходит, рождение неполноценного человека – это программа.

— Но ведь вселение в несовершенную оболочку – это же наказание для души?

— Для души не существует наказания. Наказание проявляется только для физической оболочки на то время, пока человек живёт на Земле. С помощью центров чувств: зрения, слуха и других – человек может воспринимать это как горе, как неполноценность. Для души же это всего лишь новый этап, который в скором времени закончится и начнётся другой.

— А если человек при таком дефекте ведёт почти животный образ жизни, совершенствуется ли при этом душа?

— Почему вы так думаете? Она совершенствуется, но своим путём. И потом, умственно здоровые, как вы считаете, люди имеют всего лишь относительно здравый рассудок. Ведь те люди, которые лишены полного разума, по-вашему, сумасшедшие и другие – это совсем не то, что вы себе представляете. Сумасшедшие и им подобные имеют просто другой стиль мышления, который недоступен обыкновенному человеку. Они общаются также с Космосом, но иным путём, также духовно живут, также развиваются их оболочки, душа. Для того, чтобы их понять, нужно стать на их уровень, а вы относите их к неполноценным. Это несправедливо по отношению к ним.

Стрельникова Л.Л.:

— Сумасшедшие – это люди, которые мыслят по-особому. Что это за особое мышление?

— Сумасшедшие – это люди, находящиеся в особом состоянии, позволяющем им общаться с другим миром. Представьте себе два мира: один, в котором живёте вы, и ещё второй, который простому человеку недоступен, то есть во втором мире происходят такие явления, которые обычный человек психически воспринять не способен, хотя часть этого мира существует здесь, на Земле. В частности, это всевозможные проявления полтергейста, чертей и так далее. А сумасшедшим полностью доступен этот второй мир, и вся их беда в том, что они не могут из него выйти. Они постоянно с ним общаются, хотя их восприятия не подготовлены

к такому общению. Они живут двойственно: и здесь, и там.
Вы, обыкновенные люди, не в состоянии их понять, потому
что вам тот мир не доступен. Если бы вы видели всё, что
видят они в том мире, переживали бы всё то, что переживают они, вы бы их поняли. А так вы говорите с ними на разных языках.

— Но раз сумасшедшие запрограммированы на Земле,
зачем тогда психиатрические больницы и их лечение?

— Это от людской недалёкости. Те, кто считают себя
здоровыми, не имеют права так поступать с ними, потому
что люди не изучили еще природу того, что происходит с
теми, кого они называют сумасшедшими.

— Не означает ли это, что сумасшедшие дают Космосу
особую энергетику?

— Да, естественно, эта категория людей приносит особую
энергию, но это сложно. Или вы хотели бы узнать больше?

— Да, мы о них ничего не знаем. Их состояние дано для
совершенствования их души и, очевидно, для совершенствования окружающих?

— Да, конечно.

— Каждое состояние человека способно вырабатывать
какой-то определённый вид энергии, и это запрограммировано
Космосом. Так вот – чем энергия, выделяемая сумасшедшими, отличается от энергии, выделяемой здоровыми людьми?

— Дело в том, что здесь совершенно наоборот: у сумасшедших более здоровая энергетика, чем у нормальных людей, потому что у них – более тонкая психика, более воспри-
имчивая, чем у обычных людей.

Салкин Н.:

— Глупость – это болезнь или небольшое помешатель-
ство ума?

— Под глупостью Мы подразумеваем недостаток информации в сознании или подсознании. Это можно рассматривать не с той точки зрения, с которой привыкли рассматривать вы, то есть как патологию. Нет, это излечимо, потому
что в сознании, подсознании человека произошла закупорка
канала, через который идёт обменная информация. Это пробка состоит из тяжёлой грязной энергии. Её можно уничтожить, пробить чистой энергией. Всё зависит от вашего вооб-

ражения, то есть сама прочистка канала зависит от вас. Вы ещё не понимаете, какую роль играет ваше воображение. Надо представить себе образно эту пробку и чистую энергию, пробивающую её, как штопор. И канал прочистится. А у человека наладится поток информации, и он станет таким же полноценным, как и все. Глупость – это понятие относительное, и у каждого человека на протяжении всей жизни может случиться закупорка канала много раз. Пробка уничтожается в том случае, если человек либо осознал, что существует такая пробка, и он уничтожает её, либо это происходит под действием внешних сил. Здесь очень много факторов, влияющих на эту пробку. Но глупость может быть и от эволюционно низкого уровня развития.

– Значит, каждый человек должен сам уничтожить свою пробку?

– Он должен постоянно иметь это в виду и постоянно контролировать себя, свои поступки.

– К глупости относится и задержка в понимании информации и в восприятии знаний?

– Глупость – это приостановка обмена информации. Мы рассматриваем её так. Но если душа молодая и накопила мало жизненного опыта, то у неё тоже недостаточно информации в её личном арсенале для осмысления окружающего.

Фадеев М.:

– Зачем людей метят родимыми пятнами?

– Это своеобразные условные знаки, по которым отличают их. На Земле существуют определённые люди, работающие с группой других людей и выполняющих свою Карму, своё задание. А по этим знакам их находят среди окружающих.

– И родинки имеют такое же значение?

– Родинки – не все. У кого-то они имеют значение, у кого-то – нет, так как могут быть расположены по телу согласно биологическим процессам, а могут обозначать созвездия в соответствии с программой. Созвездия эти являются меткой, сигнальным знаком, если не для людей, то хотя бы для инопланетян. Эти люди могут быть связистами межкосмического пространства, а могут выполнять и многие другие задания.

– У нас существуют два типа людей: лысые и не лысые. Есть ли здесь какое-то различие и для чего оно?

– Люди не лысые находятся в подчинении одной Системы, люди лысые – в подчинении другой Системы.

– Объясните, пожалуйста: если я живу в России, то контролируюсь Вами. А если я полезен «Союзу», то контролируюсь ещё и «Союзом». Но если я ещё и лысый, то контролируюсь ещё какой-то Системой, то есть получается тройная опека, что ли?

– Вас угнетает то, что вами управляет слишком много Систем? – в свою очередь спрашивают Они Михаила.

– Не угнетает; но их так много. Или есть кто-то главный? – продолжает выяснять он суть многочисленного управления.

– Они не затрачивают столько усилий на одновременное контролирование вас. Существует определённая субстанция, которая вас контролирует. Она одна, но она принадлежит всем этим трем Системам.

Дмитриев А.:

– Для чего нужна йога?

– Йога помогает продвигаться в духовном плане. Ей может заниматься каждый, кто поймёт смысл занятий. Это станет способом совершенствования души. Пока ты – человек, ты не можешь отказаться от материальных потребностей. От желания мало что зависит, хотя, в общем-то, желание – большое дело. Надо понять свою миссию на Земле. Если заниматься как фанатик, без смысла, нужного результата не будет.

– В чём миссия йогов, занимающихся, к примеру, переносом своего тела в другое место?

– Миссия йогов – показать, что есть Мы, Высшие, которые даём такие возможности людям. Но миссия их тоже ограничена нашим действием. Во-первых, не каждый йог способен переносить своё тело в другую точку пространства, во-вторых, – не каждый владеющий телепортацией, может сделать это по своему желанию. Требуется ещё и наше желание, если можно так сказать, а точнее – Мы должны видеть целесообразность предпринимаемого.

Контактёр Володя Чичилин
Чичилина Т.В.:

– Какая нация на Земле более духовная?

– В каждой нации есть духовные и бездуховные.

– Почему наш народ терпит столько страданий?

– Главное – чтобы вы поняли, что страдания – во благо человека. Люди без страдания плохо понимают друг друга, становятся черствы. На вашем народе лежит определённая задача.

Дмитриев А.:

– Возможно ли царствие Божие на Земле?

– Никто не делает и не хотел делать такого царствия на Земле. Задача не ставилась такой. Ставилась задача о том, чтобы...

Дмитриев, не дослушав их, пытается навязать им свою точку зрения, так как считает её более правильной.

– ...Мы понимаем, что эта цель не достижима. Но она способна гармонизировать людей, сделать их лучше и придать их жизни осмысленность.

– Человек способен осмысливать всё только в рамках своей программы, – возражают Они.

Контактёр Марина Молодцова
Громов В.Н.:

– Верно ли, что дверь в новую шестую расу закроется через 23 года? (1993 г. – *Прим. авт.*)

Они не знают точного ответа и делают куда-то запрос:

– Эти данные нужно проверить... – говорят Они по поводу заданного вопроса. Несколько секунд длится молчание, после которого нам отвечают: – Нет, ваши данные не верны. Двери в шестую расу не могут никак закрыться, потому что если она закроется, человечеству вообще не будет дано шансов выжить, так как основополагающая роль в человечестве принадлежит именно шестой расе.

Лапин С.Г.:

– Возможно ли объединение всего человечества? Если – да, то на какой основе?

– Да. Это выход из материального бытия. Человечество может прийти к бытию духовному через объединение энергий.

Стрельников А.И.:

– Что ожидает нашу цивилизацию по окончании её программы развития?

– Конца нет. Это этап программы.

МЫШЛЕНИЕ, СОЗНАНИЕ, ПОДСОЗНАНИЕ, ПОЛЕ ВСЕЗНАНИЯ

Контактёр Анна Чичилина
Стрельников А.И.:

– Что такое мыследух? Мы читали о нём в одной книге.

– Вас интересует сам термин?

– Да.

– Мыследух, по-другому – это духовные мысли.

– Материальна ли мысль?

– Да.

Чичилина Т. В.:

– Для чего человеку дана мысль?

– Само слово «мысль» слишком объёмно. Бог дал вам мысль для того, чтобы вы хотя бы иногда задумывались – что же такое жизнь. Если бы вам не дали мысль, вы бы напоминали роботов и не мыслили, а выполняли бы определённую работу по энергообеспечению, точнее – функции по энергообеспечению. Но вам дали мысль, а вместе с ней – и индивидуальность, а отсюда пошли характер, социология, проблемы, жизнь. Мысль – это созидание, это всегда то, что ведёт вперёд, но и не забывайте в то же время оглядываться назад, так как там, сзади, – опыт, фундамент.

– Можно ли мыслью убить человека?

– Да, человек, который обладает большим энергетическим потенциалом, направленным во зло, способен убить практически мгновенно.

– Можно ли мыслью вылечить алкоголика?

– Да, если мысль будет сильнее его программы.

Контактёр Марина Молодцова
Стрельникова Л.Л.:

– Каким особым лучом энергии уничтожается низкая мысль?

– У Нас нет понятия «уничтожить».

– А нейтрализовать мысль можно?

– Мысль – это энергия. Она нейтрализуется другой энергией.

– Мысль свойственна только словесным формам общения?

– Да.

– А Вы как мыслите – словами, образами или импульсивно?

– У Нас мысль – это энергия. У вас мысли выражаются и образами, и словами.

– Человек знает словесное, телепатическое мышление, образное. А какие виды мышления существуют в Космосе помимо этих?

– У более тонких материй и энергий существует ещё одна форма мышления – световая.

– Мысль действительно имеет самую высокую скорость передвижения, или есть что-нибудь быстрее неё?

– Смотря какая мысль.

– А какая именно мысль имеет самую высокую скорость?

– Высокочастотная мысль.

Стрельников А.И.:

– Существует ли связь между частотой мысли и её качеством?

– Что вы подразумеваете под частотой и качеством?

– Частота – это колебания мысли, вибрации, а качество – это тёмные мысли или светлые. Злые мысли имеют низкие частоты?

– Да, как правило.

– А сила, мощность мысли от чего зависит?

– От того человека, кем она послана и с каким намерением.

– Какой вид энергии представляют мысли?

– Всё зависит от самой мысли. Если она сильная, её энергия чище и сильнее, поэтому она проникает далеко в Космос. Если мысль слабая, она не проходит даже через самый слабый энергетический слой (через нижние слои атмосфер – *Прим. авт.*).

Стрельникова Л.Л.:

– Созданная человеком мысль существует вечно или постепенно рассеивается?

– Всё зависит от силы мысли.

– Сильные мысли после их создания существуют постоянно?

– Они видоизменяются в тонких планах, но существуют.

– А слабые мысли существуют долго?

– Они быстро рассеиваются.

– Что такое облака мыслей над Землёй?

– В каждом облаке, то есть эгрегоре, находится определённая группа мыслей, которые влияют на человека. Хорошие мысли притягиваются к хорошим, а плохие (и последние увеличиваются в настоящий период – *Прим. авт.*) притягиваются к плохим.

– Какой силой одни мысли притягиваются к другим? Каковы физические силы их притяжения?

– Силы наподобие гравитации, но не они сами.

– Существуют ли самостоятельные мыслеобразы, которые начинают в тонком плане действовать сами как личности?

– Да, их великое множество. Их порождает человек.

– А как самостоятельное живое существо мыслеобразы могут существовать?

– Вы же знаете, что могут. Зачем спрашиваете?

– Уточняю для собственной уверенности... Мысли группируются в положительные и отрицательные поля-эгрегоры. Это так?

– Да.

– Каков дальнейший их путь развития?

– Они накапливаются в атмосфере, и по-разному влияют на людей. Дальнейший их путь таков: через некоторое время их энергетика изменяется. Они переходят на другой уровень, являясь как бы ещё одной атмосферной оболочкой над Землёй. Мысли никогда не покидают человечество. И если одна мысль сформировалась у человека, она будет жить очень долго и передаваться другим людям.

Панкратов В.:

– Правда ли, что для понимания той или иной концепции мыслителю требуется определённый уровень энергии?

– Да.

– Значит, интеллект зависит от сути энергии, его составляющей?

– Не совсем. Это проще. Чем больше вы слышите информации, тем больше понимаете со временем.

– Наш контакт предусматривает активную мыслительную деятельность?

– Когда вы думаете, вы вырабатываете и отдаёте энергию, которую Мы берём себе.

Стрельников А.И.:

– Чем отличается дискретное мышление человека от непрерывного?

– Между ними существует огромная дистанция.

– Как перейти к непрерывному мышлению?

– Вы не можете, сможете только тогда, когда человек перевоплотится в энергетический шар, в этом случае он будет мыслить беспрерывно.

Лапин С.Г.:

– Биорадиосвязь между людьми существует? Если существует, то как подключиться?

– Мысленно.

– Значит, биорадиосвязь – это мысли?

– Да.

– А как воспользоваться тогда этим видом связи?

– Для этого надо немного подсовершенствоваться: научиться улавливать мысли других и передавать свои. Это телепатия.

Стрельникова Л.Л.:

– В чём различие человеческого мозга и строения Вселенной?

– Вселенная – это гигантский мозг. Наша миссия (миссия Системы) в этом гигантском мозге – познавать. И тех, кто перестаёт познавать, трудиться над собой, поглощают другие Системы, т.е. подчиняют себе. Энергетический магнит этого Вселенского мозга – действие.

Дмитриев А.:

– По данным нашей науки человеческий мозг используется на десять процентов.

– Ещё меньше.

– Какое поколение сможет использовать мозг на сто процентов?

– Это во многом зависит не от вас, а от Нас: как Мы поведём дальше ваше развитие.

Лапин С.Г.:

– Жизнь – это борьба или реализация программы Космоса?

– И то, и другое. Пять–шесть процентов клеток мозга человека работают, остальные клетки выполняют другие функции. Они находятся в резерве. И **только тогда**, когда человек делает над собой усилие, пытается что-то узнать, пытается совершенствоваться, они подключаются к работе.

– Интеллект – врожденное качество или приобретённое?

– Интеллект – приобретённое, но у каждого человека есть свои способности. Всё в основном зависит от воли и состояния души.

– В мозгу увеличивается количество неиспользованных нейронов. А это значит – увеличивается количество незадействованных клеток головного мозга в процессе эволюции. Для чего это нужно?

– Это потенциал.

– Нам известно, что кора и подкорка головного мозга функционируют не синхронно. Как достичь их синхронности?

– Идеальной синхронизации быть не может. Она достигается лишь тогда, когда человек сознательно владеет своей душой. Но это процесс будущего.

– Что такое интуиция?

– Интуиция – качественное состояние души, которое активизируется в определённые промежутки времени в соответствии с состоянием человека, состоянием его души и окружающих его тел.

– Как развить в себе интуицию?

– У некоторых людей интуиция развита хорошо, так как их биополе распространено на достаточно большое расстояние. У кого интуиция не развита – её можно развить только с помощью работы вашей души. Если вы будете работать над собой, повышать ваше биополе, его качество и расстояние, то добьётесь вашей цели.

Стрельникова Л.Л.:
– Что такое сознание человека?
– Продукт развития.
– Что им управляет?
– Высшие.
– Может ли сознание прогрессировать в ином энергетическом состоянии?
– Да, может.

Фадеев М.:
– Как можно очистить сознание человека, тонкое тело которого насыщено низкими, эманациями?
– Очистить он может только сам себя. Если же он слаб, то ему может помочь другой человек с более сильной энергетикой. Но лучше всё-таки это сделать самому, так как в энергетической кладовой человека внутренних запасов много для того, чтобы при желании помочь самому себе. Усилием своей воли, своего желания человек может избавиться от ненужных ему процессов.

Лапин С.Г.:
– Зачем человеку дано подсознательное мышление?
– Вы не забывайте – для чего человек здесь, на Земле, для чего люди пришли на вашу планету и для чего существует сама Земля. Они выполняют определённую программу, а для выполнения этой программы человек снабжён всем необходимым, чтобы достичь результата и заданной цели. Поэтому подсознательное мышление человеку необходимо. У человека нет ничего лишнего и нет недостатка в чём-то. Всё имеется в его изначальном организме, в заданной системе, совершенной на данном плане. И только тогда, когда он научится управлять своим мышлением и подсознанием, он выйдет на другой, более совершенный уровень развития.

Фадеев М.:
– Во время жизни человеческое подсознание включено?
– Да, включено. Но человечество в течение многих веков существования упало в своём развитии. В древности

людям было доступно управлять личным подсознанием. Сейчас, в своём большинстве, человечество потеряло такую способность. Эта способность дана только тем, кто в течение своей жизни работает над подсознанием и старается приблизиться к более совершенным существам в Космосе. Им это удаётся в некоторой степени. Большинству же людей пока вход в своё подсознание недоступен.

— Почему «пока»?

— Всё даётся по мере осознания. Поэтому только, когда человек осознает своё значение в Космосе, цель своего существования на Земле, придёт информация о значении его подсознания, о работе с ним и цели.

Салкин Н.:

— Как открыть подсознание человека?

— Существует несколько способов. Первый – это определённая система упражнений. Второй – это волевая направленность человека. Если он желает этого, то добьётся.

— Назовите какой-нибудь определённый способ для открытия подсознания?

— Методики, как таковой, нет, потому что каждый человек индивидуален. Для каждого существует свой способ открытия подсознания, и это чрезвычайно сложный процесс.

— Но всё-таки что-то более конкретное можете пояснить. Нам насчёт подсознания вообще ничего не ясно.

— Чтобы открыть подсознание, необходима огромная работа. Для этого требуется постоянно давать вашему подсознанию и сознанию работу, поскольку ваш мозг выполняет её только на шесть процентов, остальной его потенциал не используется. Основной источник для этой цели – это книги. Должна вработаться определённая система, по которой вы ищете книги, содержащие информацию, которая способствовала бы развитию вашего интеллекта. В подсознании накоплена вся та информация, которая была открыта и использована человечеством за многие годы до вас, до рождения вашей физической оболочки. В подсознании также находится канал, с помощью которого осуществляется непосредственная связь с Космосом. Это как бы в вашем воображении – небольшая трубка, через которую поступает энергетика. В подсознании она перерабатывается, всплывают определённые образы, мысли, которые тоже проходят обработку там же, в подсознании, после чего поступают в сознание, но несколько в изменённом виде. В сознании происходит коррекция. Но, как правило, эта информация дает мало пользы для того, чтобы подсознание поддавалось вашей воле, необходимо изменить свой образ жизни и постоянно приводить в нужный баланс личную энергетику. А вследствие этого будет происходить контакт с Космосом непосредственно, и с помощью этого контакта будет работать подсознание. Оно начнёт поддаваться вашей воле, и с помощью собственных усилий вы сможете почерпнуть кое-какие знания, даже если вы не читали какую-то литературу, не знаете какую-то информацию. Так или иначе, эта информация заложена в вашем подсознании и, прибегая к указанным занятиям, к правильному образу жизни, вы будете черпать новую информацию не только из окружающей среды, но и из собственного подсознания. То есть подсознание является вашим внутренним архивом, вашей библиотекой, кладом мыслей, знаний, образов.

Мы понимаем, что вам нужно. Но это задача будущего – открыть подсознание. Тогда человеку будет дана возможность контактировать с высокими космическими планами и тогда он шагнёт на несколько шагов вперёд в своём развитии и эволюции.

Салкин Н.:

– Всё ли человек помнит из того, что читает, видит, или часть стирается в памяти навсегда?

– Память физического тела, заложенная в сознании, не способна запомнить всё увиденное и прочитанное так, как вы это себе представляете. Но информация, которая поступает через органы чувств человека, записывается и никуда не уходит. Она записывается в подсознании на протяжении всей жизни. Информация находится в подсознании, отсюда она никуда не девается и в то же время имеет связь с общим Космическим Разумом. Информация не может улетучиваться, она всего лишь видоизменяется, переходит на другие планы и откладывается либо в подсознании, либо в Космическом Разуме. Но та информация, которая необходима именно человеку для данной физической оболочки, откладывается в подсознании и в определённые моменты жизни, когда в ней есть необходимость, всплывает. Вся информация, которая поступает к человеку, без исключения, проходит отсев в человеческом мозгу, и в сознании откладывается лишь та, которая понадобится ему в этой жизни. Вся остальная информация находится либо в подсознании, либо в плане Космического Разума.

Лапин С.Г.:

— Можно ли из банка памяти взять информацию о давно умерших людях?

— Можно, если вы будете обладать нужной энергией.

— Можно ли узнать мысли людей, умерших тысячу лет назад?

— Да, но для этого нужна энергия и определённее способности. Обыкновенный человек на это не способен.

— А медиум обладает такими способностями?

— Да.

— Значит, наши мысли тоже сохраняются в банке памяти?

— Да, мысли – это энергия.

— Информация об умерших в какой форме находится в банке памяти?

— Информация об умерших – это та информация, которая частично накоплена за всю историю человечества в подсознании человека. Но имеются и специальные хранилища тонкого плана для этого.

— Что такое мир Вселенской информации?

— Это та область, в которой находится информация, накопленная за всю историю развития Вселенной. Поскольку у этого развития нет начала и конца, то соответствующая информация неограниченна и тоже не имеет начала и конца. Она имеет насыщенную форму шара.

— Кому нужна эта информация?

— Нужна Вселенной и её обитателям, потому что оттуда черпаются знания для всех существ Вселенной.

— Как мир Вселенской информации влияет на человека? И влияет ли человек на неё?

— Связь взаимная. Вселенская информация влияет на вас, поскольку вы не можете получать знания ниоткуда.

А человек тоже влияет на неё, так как несовершенен, и его физическая оболочка тленна. И вся информация, накопленная человеком за одну его жизнь, уходит в мир Вселенских знаний.

— А на глубине двести-триста метров под землёй есть связь с этой информацией?

— Да, очень сильная. В основном связь происходит по линии–стержню между центром Вселенских знаний и центром Земли. От этого стержня идут свои линии, свои связи, но уже непосредственно с каждым человеком, то есть идёт подпитка. Вам понятно?

— Да. Значит, защиты от Космоса никакой нет ни под землёй, ни под водой?

— Нет.

— Мировой банк памяти – это единство частностей или многообразие форм?

— У человека об этом несколько туманное представление. Есть и то, и другое. Да, существует многообразие форм.

— Как подключиться к полю Всезнания?

— Поле Всезнания соответствует ста процентам деятельности человеческого мозга, его работы. Сейчас это для человека невозможно.

Стрельникова Л.Л.:
— Что такое трансцендентальные знания, на которые ссылается учение Кришны?

— Это Всемирное, Всекосмическое знание. Обладая таким знанием, человек обладает каналом, который он может открыть в любое время для подпитки своего мозга информацией. То есть – это доступ к информации всего Космоса.

НОВЫЙ КОНТАКТЁР

(РАБОТА ГРУППЫ)

Перестройка была в полном разгаре. Заводы начали разваливаться, и потекли с них первые безработные. Начались сокращения.

Саша Дмитриев попал в число первых безработных. Но он не стал отчаиваться, а посчитал, что Высшим Силам угодно, чтобы он сменил род занятий. И не долго думая, устроился в местном музее ночным сторожем.

Музей располагался в здании бывшей церкви, которая в давние времена была разрушена и затем частично восстановлена и передана музею. Внутри висели картины, а правый угол занимали строительные леса. Однако когда зажигали центральную люстру, музей оживал изнутри, и становилось уютно. От люстры картины как бы светлели и одухотворялись.

После окончания рабочего дня, когда служащие уходили, Саша закрывал центральные ворота на засов, брал табуретку и садился в центре зала, где шел мощный поток энергии из Космоса, так как церкви всегда строились на энергетически благодатных местах. Сторож читал молитвы и таким образом подзаряжался энергией. Так он коротал ночь.

Иногда он включал маленькую дежурную люстру на боковой стене. В зале воцарялся приятный полумрак, а за стенами музея разливалась чёрная мгла. Молодой сторож наслаждался одиночеством и покоем. Ему казалось, что здесь он – в полном уединении. Но вскоре понял, что глубоко оши-

бается и вовсе не единственный претендент на общение с
музейными ценностями.

Космические энергии обладают способностью пробуж-
дать в людях необычные свойства. Некоторые люди от воздействия их в больших дозах сходят с ума, а у некоторых
открываются необычные таланты, такие как ясновиденье,
яснослышанье и другие. Так вот, у Саши от контактов хорошо заработал «третий глаз» и открылось слышанье эфирно-
го мира. При определённом настрое он начинал видеть и слышать существ из тонкого земного мира.

Пока Саша молился и был сконцентрирован на Боге, всё
шло нормально, но за полночь начинало клонить ко сну, поэтому, расслабившись на табуретке, он как-то смолк и в полной тишине вдруг услышал тихие шаркающие шаги. Сначала подумал, что это где-то за стеной. Но шаги медленно
приближались через центр зала к нему.

Неприятный холодок закрался в сердце. Он настроил
«третий глаз» и посмотрел. К нему двигался тёмный, слегка сгорбленный силуэт, напоминавший старуху и, как ему
даже показалось, с клюшкой в руке. Клюшка странно и мягко
постукивала по линолеуму, которым были устланы полы
в музее.

Старуха шла прямо на него. И Саша с табуреткой не-
вольно отодвинулся в сторону. Старуха прошаркала мимо,
как будто не замечая его. Возможно, у неё было закрыто
виденье физических тел людей, так как из тонкого мира люди
воспринимаются совсем по другим параметрам, чем у нас в
физическом мире. И поэтому видят нас, людей, из тонкого
мира только те, кто обладает тоже какими-то способностями, аналогичными ясновиденью в нашем мире.

После этой ночи старуха появлялась часто. Саша решил, что это чья-то душа, не нашедшая себе еще выхода
вверх, тянущаяся к привычному для неё месту, поэтому старуха и приходила сюда, в бывшую церковь, в энергетический канал.

Но с тех пор, как Саша подключил к своим пяти чувствам ещё и новые, спокойная жизнь ночного сторожа его
закончилась. Это с простой человеческой ограниченностью

было спокойно, а то, что открывалось новым чувствам – пугало и приводило в трепет.

Вслед за старухой в зале стали появляться и другие призраки и при этом явно недоброжелательные. Саша им почему-то не понравился, и они решили его выжить оттуда, скорей всего, по той причине, что считали себя хозяевами этого зала в ночное время. Они начали всячески запугивать ночного сторожа: то там, то здесь раздавалось таинственное поскрипывание открывающихся невидимых дверей, с шумом распахивалась невидимая печная створка, чьи-то ноги вокруг топали и скрипели несуществующими половицами. Сашу обдавали порывы свежего ветра, как будто кто-то постоянно пробегал мимо.

Поначалу он решил не сдаваться и, вспоминая сказку Гоголя «Вий», чертил круги вокруг себя и читал молитвы, по-новому осмысливая написанное писателем. Саша тоже воспользовался этими приёмами, после контактов осознавая, что круг – это магическая энергетическая защита. Если он начерчен с молитвой, то вокруг образуется заслон из чистой энергии, которую обычно избегают существа из низких миров, она неприятна им и губительна. Но такая защита действует всего лишь несколько часов, потом рассеивается, поэтому её надо ставить снова. Чем большей энергетикой обладает человек, тем более прочную защиту он способен поставить. У человека со слабой энергией она не действует.

Многие «летающие тарелки» тоже используют аналогичную невидимую энергетическую защиту, но столь мощную, что она оказывается непробиваема уже для человека.

Приходя к нам в группу, Саша стал жаловаться, что в музее его встретили неприветливо. Правда, он сам над собой посмеивался и шутил, но в глазах проглядывала тревога.

– Я думал, что отосплюсь там, – улыбался он, – но как бы не так. Шастают там всякие, полно народу. Только расслабишься – тут по тебе как по булыжной мостовой толпа протопает, ветерком обдаст. То ли это духи, то ли оболочки умерших людей – не поймёшь. Миша, пошли со мной – понаблюдаем, – пригласил он нашего материалиста.

Миша Фадеев откликнулся с готовностью:

– Пошли. Всю жизнь мечтаю увидеть живого призрака, хотя бы одного, самого захудалого. А тут представляется возможность увидеть целую толпу. – Он чуть помедлил и добавил: – Только я уверен, что нам, двоим, они не покажутся. Духи всегда любят пугать одиночек.

И действительно – ночь прошла прекрасно. В музее царил всё тот же таинственный полумрак, но когда их было двое, он делал своды музея по-особому уютными, располагающими к приятной беседе. И молодые люди профилософствовали до четырёх часов утра, пока Миша не увидел, что ночной сторож мирно посапывает на стуле, свесив голову на грудь.

Прошла спокойно и вторая, и третья ночь. Фадеев не мог, конечно, дежурить с ним каждую ночь, поэтому Саше вскоре пришлось остаться вновь одному.

Через несколько дней он вновь пожаловался нам.

– Ох, что сегодня было. Меня прямо атаковали. Выживают из музея и всё. Даже не знаю, что делать.

У нас от любопытства загорелись глаза.

– Расскажи, что было?

– Я как всегда взял табуретку и сел у правой колонны в зале, – начал он свой рассказ. – Описал три круга вокруг себя, читаю молитвы. Шум машин из города через толстые метровые стены не проходит. Чтобы было спокойней, я решил не включать «третий глаз». Когда никого не видишь, спокойней, как будто никого нет. Сижу. А звуки всё равно слышны и никуда от них не денешься. Так и лезут в уши. То что-то стучит, то, как обычно, дверь какая-то скрипит, как будто кто-то входит и выходит.

– Попугать-то тебя надо, – сыронизировал Фадеев.

– Да, тебя бы так попугали, – нерадостно отозвался Саша и продолжил: – К двенадцати часам ночи слышу – вокруг меня топают, шаркают, скрипят. Я стараюсь вида не подавать, что они мне неприятны, вслух читаю молитвы и вдруг чувствую – кто-то табуретку подо мной начал трясти. Я громче читаю. Они еще больше её давай раскачивать. Я прямо руками за неё схватился, чтобы удержаться. Они как давай тогда её трясти подо мной изо всех сил, я чуть было не свалился на пол. Они трясут, а я молитвы уже не обычным голосом читаю, а ору во всю глотку. Это чтобы им слышней было, а заодно, чтобы и себя приободрить. А они трясут всё сильней и сильней. Я не выдержал – выскочил на улицу. Там всё так спокойно, мирно, обычный ночной город. Я сразу успокоился, но в музей больше не пошёл, так до утра и ходил вокруг.

Здесь сложно что-то объяснять. Кто на себе не испытывал подобного, тому трудно поверить, что такое может быть, а кто испытывал – тому трудно доказать другим. Мы и верили, и не верили.

Внутри нас часто сидит страх, о котором мы сами порой не подозреваем, но когда представляется какая-либо ситуация – он прорывается наружу, и всего тебя, до этого самому себе казавшемуся бесстрашным, охватывает панический бессознательный ужас.

Как ни странно, но многие люди, оказывается, очень боятся невидимого мира. Выросшие на грубом материализме, при соприкосновении с тонким миром, они пугались и уходили. Был у нас один хирург, уважаемый врач, смело режущий и сшивающий человека, восстанавливающий кости, но как только он стал ощущать «приход энергий», их прикосновение и непонятное волнение внутри перед их приходом, он сбежал от нас. Да, многие уходили, пугаясь прикосновения тонкого мира.

Так, например, ходил в нашу группу и местный журналист С.Э. Умный, с изумительным слогом письма, он тоже пытался понять происходящее, но к нему прицепились какие-то существа из тонкого мира. То ли он имел какую-то слабинку, то ли это было ему испытание, но, когда человек встаёт на путь духовного восхождения, некоторые низкие сущности из ноуменального мира пытаются помешать ему. В связи с этим дома могут происходить необычные вещи или человек будет испытывать странные ощущения.

Спасение от подобных посягательств – собственное бесстрашие. Если сущности увидят, что человек их не боится, он становится им не интересен и они сами покидают его. Но стоит человеку показать свой страх, они тут же насядут на него основательно и могут довести даже до сумасшествия.

Так произошло и с журналистом С.Э. Он испугался, и, когда они появились в его комнате, а это обычно происходило ночью, он брал электробритву, включал её и, размахивая над своей головой, отпугивал их грубым жужжанием. Громких звуков бритвы они не выносили и убирались. Однако появлялись на следующую ночь. От нас журналист ушёл, так и не разобравшись в происходящем, решив, что мы виноваты в том, что к нему пристали какие-то сущности.

Или вот другой пример противоположного поведения. Мараховская Н., став контактёром, почувствовала тоже в своей квартире присутствие какого-то недоброжелательного существа.

Поздно вечером, когда она вела письменный контакт, из кухни в комнату кто-то громко постучал. Вместе с ней находилась и пятнадцатилетняя дочь, которая всё слышала, то есть померещиться им обоим звук не мог. Мать, зная, что в кухне никого нет, всё-таки, открыла дверь и проверила, кто мог постучать. А дочь насмешливо изрекла: – «Кто хотел войти к нам, тот уже вошёл», – подразумевая, что для такого гостя дверь открывать не требуется. О существах из тонкого мира ей хорошо было известно.

Обе они нисколько не испугались, а восприняли ситуацию с юмором, посидели, посмеялись по поводу того – зачем стучаться, если ты можешь проходить сквозь стены, и, шутя, пригласили невидимого гостя выпить чашечку чая. Гостю их реакция не понравилась. Спустя несколько дней, когда Мараховская снова вышла на письменный контакт, он вновь решил помешать ей.

Дочь и младший сын уже улеглись в другой комнате спать, но не успели уснуть. Девятилетний мальчик вдруг почувствовал, что кто-то раскачивает его массивную деревянную кровать. Он сказал об этом старшей сестре, и она предложила ему перейти на время к ней. Но как только брат перебрался к сестре, кровать под ними стало сильно трясти.

– Ой, мама! – закричали дети взволнованно – Нас кто-то раскачивает!

Пришла мать. Тряска тут же прекратилась.

– А-а, это наш старый знакомый, – спокойно произнесла она и, обратившись к детям, пошутила: – Чего испугались? Он вас покатать захотел. Это шутка невидимки.

И дети, склонные к юмору, тут же начали хохотать и шутить:

– Извини, мы не поняли, что ты нас убаюкиваешь, – обратились они к нему, уже шутя. – Покатай ещё. Было здорово. И вообще, приходи теперь почаще, будешь нашей нянькой, а то засыпается плохо.

В итоге, невидимка вызвал такое бурное веселье и фантазии детей, что ни о какой тени страха не осталось и следа.

Несколько контактов прошло спокойно. Думали, что, осмеянный, он больше не придет. Но невидимка пришел и в третий раз.

Мараховская сидела ночью за очередным контактом, писала, дети спали, комната была пуста. Вдруг кто-то слегка дернул ее за ухо. Она сразу поняла, кто это был, но виду не подала и продолжала писать. Вида, что на него не реагируют, невидимка дернул ее вторично за ухо, но уже с такой силой, которую от него трудно было ожидать. Ухо позднее даже покраснело. Но Мараховская невозмутимо произнесла:

– Что, скучаешь от безделья? Попей чайку на кухне, а мне больше не мешай. Ты меня не испугаешь. Я писала и буду писать. – Последнее она произнесла очень твердо. И после этого он больше не появлялся.

Эта история произошла уже спустя несколько лет после наших первых контактов, но я рассказываю ее именно здесь, чтобы показать разное отношение людей к невидимому миру и результат. Те, кто испытывает страх и не может перебороть его в себе, прекращают восхождение, а кто преодолевает его, поднимается в развитии выше.

Но в то время у нас еще не было такого опыта, мы не понимали, что каждый из нас проходит свои испытания. Однако, желая оградить Сашу Дмитриева от неприятностей тонкого мира, мы посоветовали ему оставить службу сторожа и подыскать другую работу, что он вскоре и сделал. Одновременно продолжалась его работа в группе.

Однажды в субботу наш основной контактёр – Марина – уехала в Москву. Чтобы не терять вечер зря, мы попытались провести контакт сами: вдруг у кого-нибудь ещё заработает канал. Мы пробовали несколько раз расслабляться, пытались ловить какую-либо информацию, но ни у кого ничего не получалось.

Тогда мы посадили в кресло контактёра Сашу Дмитриева, как наиболее подающего надежды, встали вокруг него и, взявшись за руки, попытались раскрутить вокруг него энергетическую воронку.

Дмитриев расслабился, сосредоточился и ... заговорил:
– Союз-2 , Уровень 32. – (Просто «Союз» стоял намного ниже «Союза-2» – *Прим. авт.*) – Слушаем вопросы. Подключение состоялось.

– Что вы скажете о нашей работе, – первым задал вопрос Александр Иванович.

– Уровень контакта повысился, вы поднялись ещё на несколько ступеней. Ваша работа удовлетворительна, но желательно её усилить, причём, не трём, четырём человекам, а всем вместе. – (Говорится о трёх–четырёх человеках, потому что только мы с мужем да Дмитриев изучали новые материалы, придумывали вопросы, остальные в группе только слушали. – *Прим. авт.*) – Советуем выбрать на неделе специальный день, собираться и обсуждать дополнительно полученную информацию, анализировать её и закладывать в свою память. Этап развития первою круга закончился. Марина – контактёр первого круга.

– А Володя?
– Тоже первого круга. (Возможно, именно эти Их слова объясняют быстрый отход от контактов и Володи, и Марины. Они начали, остальные продолжили. Всё шло по плану Высших, а люди чётко выполняли Их программу, не подозревая об этом. – *Прим. авт.*)

– А кто из нас будет контактером второго круга?
– Каждый, из вас.
– Вы нам говорили, что надо «каждую секунду работать над собой» – начал Салкин. – Но у нас есть семьи, и мы должны заботиться о них тоже, уделять им много внимания...

Они прервали его.

– Семья – это Мы, а то, что у вас – это жалкое отраже-
ние Высшей цели. Вы ещё несовершенны в проявлении своего бытия. Цель, средство даём Мы. Вы – исполнители.

Николай Салкин не понимал, чего от него требуют, да и
мы тоже. Он попытался уяснить непонятное:

– Но если мы нарушим обязанности перед семьёй, значит, сделаем зло.

– Мы не говорим о том, чтобы вы пренебрегли интересами семьи, надо совмещать. Зло же – в человеке. Только в
каждом из людей сидит злое начало. Искоренение этого начала в людях есть та работа, на которой Мы хотим сконцентрировать ваше взимание. Всё приведёт к добру.

Воспользовавшись тем, что контактёр сменился, а заодно, так сказать, и преподаватель (мы как бы перешли во
второй класс – *Прим. авт.*), Сергей Никитин решил всунуться с личным вопросом, именно всунуться, потому что некоторые из группы так и искали лазейку в диалоге, чтобы тут
же влезть в неё и задать вопрос на личную тему. Личное
просто преследовало многих, и от него трудно было отказаться, потому что человек не понимал цели и причины своего существования.

– Скажите – какова моя миссия на Земле? – спросил
Сергей.

– Если Мы вам скажем миссию, это будет слишком
лёгкий путь для вас. Вы сами должны определить её и осуществить. Извините, на такие вопросы Мы не отвечаем.

Прошу обратить внимание именно на этот Их ответ. Они
сказали, что слишком легко выполнять ту миссию, которая
тебе известна. А нас было двенадцать с космическими именами, точнее – двенадцать начинающих, да затем в группу
стали приходить и другие люди, очень активные и увлечён-
ные тонкими мирами, которые тоже вполне могли бы пре-
тендовать на какую-то отдельную миссию, но в то время
мы были на равных позиций. Никто из нас не знал – до чего
дойдёт каждый, до какой ступени поднимется. Всем были
предоставлены равные возможности для старта. Никто не
знал, кто из присутствующих дойдёт до вершины, а кто вновь
вернётся на позиции безверия. Каждый выбирает свой путь

сам, каждый строит его упорным трудом и правильным решением ситуаций.

Нас запустили в лабиринт жизни, и только сама душа должна была чувствовать и выбирать, что ей дороже в том или ином моменте существования. Вот чего добивались Высшие. Не разум, а душа должна была интуитивно чувствовать – к чему идти, что предпочесть в жизни. Это было соревнование душ, о котором мы не подозревали, но именно оно должно было кого-то из членов группы привести к погоне за деньгами, а кого-то – к принятию новых законов, о которых тогда мы не имели ни малейшего представления. Старт только начался.

Ещё хочется обратить внимание, что на начальном этапе было не просто двенадцать разрозненных членов группы, а нас ориентировали на работу семьями, потому что существовали такие мини-группы: Марина и Наталья Александровна – дочь и мать, наша семья и семья Чичилиных. То есть Высшие для данной работы подбирали души, которые должны были на земном плане объединиться семейными узами, что, очевидно, должно было дать лучший эффект в работе на Космос и послужить примером для укрепления семьи, как основы общества в последующем.

Но вернёмся снова к контакту, проводимому Дмитриевым. Так как попытка выяснить свою миссию у Никитина окончилась неудачей, то мы перешли к вопросам общего плана.

– Можно ли связаться с духовными учителями Русской Шамбалы? – спросила Наталья Александровна.

– Вы уже имеете учителей. – Они имели в виду себя.

– А для практических целей нужны учителя?

– Практика уже вся вам выдана.

– Какие ещё будут указания по работе? Может быть, восстановить храм в Кудрино-Новосёлове? – предложила Наталья Александровна.

– От состояния материальных объектов духовная субстанция не зависит, – ответили Они.

– Скажите, Вы нас видите, как мы с вами контактируем? – полюбопытствовал Салкин.

– Да, прекрасно.

К контакту мы не готовились, не ожидая, что Саша выйдет на связь, поэтому вопросов у нас не было, и мы спрашивали всё, что взбредёт в голову.

Александр Иванович попытался перевести разговор на серьёзную тему.

— Форма контакта, которую мы сейчас имеем, изменится в будущем?

— Да, безусловно.

— А как у нас будут проходить контакты?

— Индивидуально.

— А чувствительность какая будет? – спросил Салкин.

— Повышенная.

— Понятно. А какая будет форма контакта: мысленная, разговорная или же зрительная, текстовая?

— Форма контакта зависит от уровня развития человека.

Меня интересовала работа в клубе, поэтому я спросила:

— Коллективная работа должна продолжаться?

— Да. Вы должны доносить людям новую информацию.

Наступили короткая пауза, мы не знали, о чём их спрашивать дальше. Мысли как-то разбегались. Тогда Наталья Александровна спросила о своих знакомых:

— Сможем ли мы вылечить двух больных? Хотелось бы помочь людям.

— Да, – подтвердили Они.

— Кто с ними должен контактировать: все или кто-то один?

— Кто-то один. Берите на себя ответственность перед всеми. Каждый должен брать ответственность на себя, – сурово произнесли Они.

Группе Чичилиных открыли их космические имена, поэтому Салкин поинтересовался и своим.

— Вы можете назвать моё космическое имя?

— Космических имён в понятии человеческом не существует, поэтому люди в обычной жизни ими не пользуются. Они предназначены для тонкого мира. Есть идентификация, которая очень сложна и не воспринимается вашим умом. Она вся основана на цифровом коде. Цифровой код поможет вам разобраться в системе, заключенной в вашем мозгу.

– А как нам в системе разобраться? Вы можете дать нам цифровой код?

– Код записан у вас в голове.

– Когда мы сможем его прочитать? – не унимался Салкин.

– Каждый прочтёт его сам в своё время.

– А в группе Чичилиных дали космические имена в буквенном выражении, и они прекрасно их поняли, – по-детски наивно настаивал Николай Салкин, которому очень хотелось услышать своё имя. И это было естественное желание, но «Союз-2», с которым контактировал Дмитриев оказался более скрытным, чем просто «Союз», поэтому Они уклонились от ответа.

– На каждом Уровне существует своё космическое имя.

– На каждом Уровне – каждому человеку? – уточнил Салкин.

– Человеку – нет.

– А кому же? – удивился Салкин.

– Душе.

Дальше с нашей стороны последовал ряд незначительных вопросов, после чего Они закончили с нами связь.

Контакт у Дмитриева получился. Он добился своего. Но неудобство такого контакта состояло в том, что информацию Саша мог выдавать, а вот задавать вопросы, вести живую беседу не получалось – требовался помощник.

В качестве него он стал использовать свою жену – составлял ей вопросы, которые она должна была задать ему, то есть фактически писал вопросы сам для себя. Но опять же, он в трансовом состоянии выдавал ответы, которые требовали дополнительных вопросов, а жена не могла знать, что в данном ответе его заинтересовало, а что – нет. Своё мышление не передашь другому, поэтому он быстро понял, что для него такая форма контакта неудобна, и стал добиваться другой формы – мысленной.

Я не могу назвать этот контакт телепатическим, потому что, скорее всего – это подключение к своему Уровню (каждый человек подключён к тому информационному Уровню, который соответствует степени его развития – *Прим. авт.*), дающему информацию через осознание её человеком.

Что значит информация, проходящая через осознание? Чтобы получить желаемую информацию, человек должен обладать определённым уровнем знаний на данную тему. Если необходимого уровня нет, то никакой информации он не получит.

Второе условие работы этого канала – человек обязательно должен понимать те знания, которые получает, осмысливать их, видеть – где он получил недостаточную информацию, где надо что-то уточнить, дополнить, расширить или пояснить более простым языком. То есть «контакт через осознание» равносилен обычному творческому процессу. Аналогичный процесс, видимо, происходит у учёных, конструкторов, мыслителей и других творческих людей.

Дмитриев в итоге добился такого канала и получил письменно интересную информацию, которая в большей своей части осталась в резервах его личных записей. Правда, информация его тоже особо не заинтересовала. Попробовав получить несколько текстов, он остановился. Его душе нужно было что-то другое.

GLAVA

15

ЭНЕРГИЯ
В ОРГАНИЗМЕ ЧЕЛОВЕКА

Контактёр Марина Молодцова
Стрельникова Л.Л.:

– Вы говорили, что в организме человека есть процессы, аналогичные происходящим в Космосе. Какие это процессы?

– Аналогия в нервной системе, центральной, периферической, головном мозге, кровообращении. То есть, можно сказать, что Космос – это большой организм, где Мы и вы – это какие-то аналоги.

– Почему произошло разделение на материю и энергию?

– Это разделение произошло на Земле. Материя произошла от энергии. Материю вы ощущаете, энергию – нет. Разница, в том, что материей вы можете распоряжаться, а энергией – нет.

– Какая энергия служит для объединения всех сил земной Природы?

– Нельзя сказать – какая энергия главная, какая второстепенная, потому что все они отвечают за что-то и что-то связывают между собой. Всё взаимосвязано. Но если говорить на вашем языке – то это энергия Бога. Она всё и всех объединяет.

Лапин С.Г.:

– Существует ли связующее звено между материей и энергией, и что это такое?

– Это сама энергия, так как отдельно они существовать не могут.

– Как превратить энергию в вещество?

– Дело в том, что вещество, материя – это сконцентрированная энергия, более грубая, чем тонкая материя, которой питается всё живое на Земле и в Космосе, за счёт которой происходят все космические процессы. Материя – это грубая энергия, на вашем языке, и в Космосе она существует только в вашем понимании. Все остальные цивилизованные системы не нуждаются в материи как таковой, они нуждаются в более тонкой энергии, поэтому и более совершенней вас. Вся материя, ваши мысли, образы – это ваш способ существования. Когда не будет вас, не будет материи и противоречащей этому мысли – «материя будет всегда», так как материя – неотъемлемая часть энергии. И в Космосе не может существовать энергия какой-то одной определённой частоты, она существует в разных частотах и постоянно изменяется.

– А что такое частота?

– По-другому – качество энергии.

Стрельникова Л.Л.:

– Вы часто упоминаете такой термин как «космическая энергия». Это общее понятие или особый вид энергии? К примеру, чем она отличается от «некосмической» энергии?

– Некосмической энергии не существует. Космическая энергия – общий термин. Эта энергия не может быть постоянной, она обязательно изменяется, а следовательно, заключает в себе несчётное количество других подэнергий, более низких и высоких частот.

– Какова разница между подпиткой организма солнечной энергией и космической?

– Можно сказать, что это всё из одного котла. Космос включает в себя и Солнце, и всё остальное, хотя, конечно, солнечная энергия в большей степени влияет на ваше тело.

Стрельников А.И.:

– Как вы сказали, человечеству будет дана энергия «Союза» вместо традиционных источников энергии. Что явится преобразователем этой энергии в тот вид, который необходим для её использования: человек или техническое устройство?

– Вы будете получать её в чистом виде и через трансформации человека будете контактировать с Нами.

– А если человек начнёт использовать её во зло?

– Нет, не сможет. Не во власти человека использовать
её во зло.

– Какова общая схема получения энергии «Союза», её
передачи и использования?

– Не в будущем, а сейчас вы её уже получаете, пользуетесь ежедневно. А схема очень проста: сколько энергии
вы отдаёте в Космос, столько и получаете. Вы расходуете
её в зависимости от ваших нужд, от ваших потребностей,
конечно, не так, как Нам бы хотелось, но всё же... Вы старайтесь себя усовершенствовать, старайтесь, чтобы эта
энергетика шла на более высокие нужды, а не только на
удовлетворение личных потребностей, таких, как есть, пить,
сходить погулять. Вы пытайтесь использовать её на добро,
на то, чтобы помочь другим в их оздоровлении, или старайтесь направить их на истинный путь. Хотя сейчас эта работа ведётся очень слабо.

– Для технологических, промышленных нужд, комму-
нальных требуется тоже большая энергетика. Возможно ли
здесь использовать как-то космическую энергию?

– Это дело будущего. Сейчас же это невозможно, потому что только минимальная часть человечества пытается встать на другой путь, осознать свою цель на Земле, а
стало быть – осознать тот огромный потенциал космической
энергии, который заложен в самом человечестве, то есть
направить все свои силы на установление прямого контакта с Космосом, чтобы каждый человек осознал, что он не
существует сам по себе. Он непременно связан с Космосом, с его законами. А пока на Земле существуют скепти-
ки, невозможно использовать космическую энергию в технических и других нуждах.

Стрельникова Л.Л.:

– Существуют виды энергии: ядерная, тепловая, биоэнер-
гия, психическая. Какие виды энергии имеются ещё?

– Энергия мысли, энергия звука, света... Всё, что движется в Космосе, обладает энергией, которая имеет своё
название.

– Какая энергия из всех видов самая мощная и способна подчинить и управлять всеми другими видами энергий?

– Энергия Высшего Разума.

– В какой материи больше энергии: в твёрдой, жидкой, газообразной, в плазме?

– Энергия бывает разной. В каждом виде материи – своя энергия.

– Что такое шаровые молнии?

– Эта энергия отображает мысли Земли.

– Существует ли разделение на звучащую энергию и безмолвную?

– Всё, что прогрессирует, имеет мелодию.

– Существует ли для человека энергия гармонии?

– Конечно, есть и энергия гармонии.

– Эта энергия несёт общую гармонию для всех людей или она индивидуальна?

– У каждого человека энергия гармонии своя.

Громов В.Н.:

– Какое количество энергетики необходимо набрать человеку, чтобы не подвергаться смертоносному излучению Космоса через озоновые дыры?

– В количественном или качественном отношении – мы не скажем. Но надо постоянно работать над собой, систематически повышая ваш энергетический уровень известными вам упражнениями: йоговскими, медитацией.

Стрельников А.И.:

– Какой энергетический уровень приобретает средний человек за одну жизнь?

– Может и совсем не приобрести, в зависимости от образа жизни. А максимума нет.

– Какие составляющие определяют общий энергетический уровень человека, и какое соотношение между ними?

– Это комплекс состояний, которые может принять человек. Психическая энергия отвечает за разум, духовная – за воздействия.

Стрельникова Л.Л.:

– Что важнее для человека – развитие духовности или подъём своего энергетического уровня?

– Одно и то же.

– Каким образом происходит повышение уровня энергетики в человеке?

– Каждый человек в течение жизни переживает множество событий, но энергетику его повышают только те события, которые заставляют его принимать какие-то решения. Это те самые контрольные точки, которые существуют в его программе. Они повышают или понижают энергию. Вы знаете, что она может колебаться с очень большим интервалом. И это может зависеть и от упражнений, которые делает человек, и от его действий, происходящих на бессознательном уровне. Но при выборе решений или действий, в корне меняющих его жизнь или сильно на неё влияющих, происходит переход в другой диапазон частот. И тогда происходит скачок энергетики с одного уровня на другой, и человек испытывает как бы просветление разума.

– Какие упражнения способствуют повышению уровня энергии тела?

– Дыхательные упражнения.

Стрельников А.И.:

– Способствует ли расслабление тела человека усиленному впитыванию тонкой энергии?

– Да, конечно. Поэтому Мы и советуем вам чаще уделять внимание именно расслаблению тела, своего сознания и освобождению от всяких посторонних мыслей, то есть аутотренингу и медитации.

Лапин С.Г.:

– Как распорядиться избытком энергии в организме?

– Избытка энергии в организме не существует, потому что действует связь с Космосом. Избыток энергии из человека постоянно уходит, тратится лишь та энергия, которая необходима на работу органов, мышц, на умственную деятельность. Остальное, как ненужное, уходит в Космос. И поскольку человек ведёт неправильный образ жизни, то им забирается больше, чем отдаётся.

– А чтобы энергия не забиралась в Космос, что требуется?

– Защита.

– Существуют ли какие-нибудь физические приёмы перевода мышечной энергии в умственную или пищеварительную?

– Надо хорошо знать свой организм, все его недостатки, нарушения, дисбалансы – только тогда вы сможете контролировать изменения энергии и передачу её тем органам, которые в этой энергии нуждаются.

Стрельникова Л.Л.:

– У человека с высокой энергетикой появляется много астральных двойников, например, как у Кашпировского. Как они образуются: специально за счёт работы мысли или непроизвольно?

– Если человеку нужно специально, чтобы его двойники распространялись в Космосе, он тратит на это определённое количество энергии и посылает их в те места, куда ему необходимо. Человек задаёт им программу, по которой выполняются все его желания. Но так как все человеческие желания выполняться не могут, то претворяются только те, на создание которых в программе тратится наибольшее количество энергии определенного качества. Составляется программа, по которой независимо от состояния человека двойники распространяются в Космосе. То есть такой процесс может осуществляться и в полной зависимости от сознания человека и вне зависимости от него.

Контактёр Марина Молодцова
Стрельников А.И.:

– В человеческом организме присутствует и отрицательная энергия и положительная. Должны ли они находиться в равновесии?

– Не всегда. Главное для человека – выполнение его основной задачи.

– Но если у человека больше отрицательной, как он отдаёт эту энергию и как получает новую?

– Космос даёт ему ту энергию, в которой он нуждается для выполнения своей программы.

Стрельникова Л.Л.:

– Положительная и отрицательная энергия отличаются частотами. Имеются ли ещё какие-нибудь существенные отличия между ними?

– Нет, более существенных отличий нет.

– Можно ли что-нибудь создавать из отрицательной энергии, или она только разрушает?

– Отрицательная энергия разрушать не может. Она превращается в положительную, а положительная превращается в отрицательную. Энергия постоянно меняется. Отрицательного и положительного в Космосе очень много, все это относительно.

– Можем ли мы по своим ощущениям отличить воздействие отрицательной энергии от положительной?

– Вы не сможете это отличить – не та структурная организация.

– Какие наши вопросы несут больше энергии в себе: короткие, длинные или те, в которых более глубокий смысл?

– Третьи.

– Что такое психическая энергия?

– Психическая энергия пропорциональна духовной энергии, но складывается из фрагментов жизни человека, его судьбы и предназначения.

– Где у человека она сконцентрирована?

– В мозгу, в душе.

– Как ею овладеть?

– С помощью тренировки.

Молодцова Н.А.:

– Психическая энергия входит во все оболочки человека, или у неё какое-то особое место имеется?

– И – да, и – нет. Психическая энергия измеряется и в общем, и в частном, и имеет свой особый смысл.

– Она входит в общую энергетику человека?

– Конечно, входит.

Громов В.Н.:

– При получении энергии, то есть информации, у человека может нарушиться психическое равновесие и он может сойти с ума?

– Да, такое случается.

– Чтобы этого не происходило, необходимо ли производить динамическую медитацию?

– Да, можно. Хотя Мы бы не сказали, что вы получаете слишком много информации.

Контактёр Марина Молодцова
Стрельникова Л.Л.:

– Почему органы в теле человека расположены именно в тех местах, где они находятся сейчас? Это расположение с точки зрения энергетики?

– Да, энергетики. Каждый орган излучает свою специфическую энергетику точно так же, как на физическом плане вырабатывает те или иные гормоны. И распределяется энергетика в принципе так же, как и на физическом плане гормоны и все другие элементы и вещества. То есть органы расположены так, чтобы удобно было воспринимать энергию и освобождаться от неё, как от ненужного шлака.

– Органы, которые вырабатывают низкочастотную энергию, расположены внизу, а те, которые вырабатывают более высокую энергию, расположены выше?

– Да, по уровню.

– То есть, в этом есть какая-то иерархия?

– Да. Но есть исключение, как вы знаете – у вас голова расположена выше сердца. Но Мы считаем – это неправильно, потому что сердце должно находиться выше разума. В сердце находится душевная чистота, искренность. А разум толкает вас часто на очень опрометчивые поступки.

– Форма этих органов связана с чем-то или особого значения не имеет?

– Форма каждого органа рассчитана таким образом, чтобы работать правильно, без всяких срывов и не мешать другим органам.

– Вы часто нам советуете обращаться с вопросами к своему сердцу, прислушиваться к его советам. Откуда сердце набрало столько мудрости, чтобы давать нам советы?

– Само по себе сердце – орган материальный и ничего не означает. Но вокруг физического органа располагается духовное, энергетическое тело, которое даёт жизнь именно вашему материальному сердцу. И порой это духовное сердце оказывает большое влияние на ваше сознание. Энергетика духовного сердца чище, чем ваше сознание и подсознание, и она не несёт в себе желаний, а содержит только импульсы к действию, в то время как в сознании накапливается множество противоречивых мыслей, желаний, порой не нужных человеку. Сердце – это очень сложный орган, оно до конца не изучено вами. А под понятием – «слушаться своё сердце» подразумевается глубокое проникновение в себя самого.

Салкин Н.В.:

– С чем можно соизмерить количество энергий, которое выделяет один человек? Допустим, с энергией Солнца можно сравнить?

– Такое сравнение несопоставимо.

– А с чем его можно сравнить?

– Энергия человека может сопоставляться с теплом солнечных лучей, но никак не с самими лучами. Вы обязаны знать, что человек за сутки выделяет столько энергии, сколько необходимо для вскипания тридцати литров воды при нагревании до кипения. Это тепловая энергия.

– А сколько тонкой энергии выделяет человек?

– Про одного человека Мы не можем сказать. Тонкой энергии, например энергии мысли, если взять сто средних одинаковых человек, то за сутки они выделяют столько тонкой энергии, сколько потребовалось бы электричества для того, чтобы сдвинуть с места электровоз.

Стрельникова Л.Л.:

– Человек обычно лечит больного руками, а не глазами, хотя через глаза идёт более мощный поток энергии. Чем отличается энергия, идущая из рук, от энергии, идущей из глаз?

– Энергия рук более ощутима для другого человека. И это позволяет вам найти более тесный контакт с другими, то есть это действует психически и на вас, и на него, помогает лучше сконцентрировать энергию в руках. Глаза же мало используются в таких случаях, хотя большинство энергии в момент лечения идет через глаза – на руки, усиливая эффект. То есть здесь двухсторонний поток энергии.

– Но в основном энергия на руки идёт, наверно, от физического тела?

– И от физического, и от астрального тела.

– Есть ли разница между энергией, идущей через ноги и через руки?

– Есть, конечно. Через ноги идёт отрицательная энергия, через руки – положительная.

— Через ноги идёт отрицательная энергия, и поэтому ногами лечить нельзя?

— Нет. Исключение составляют противоположные полюса у людей.

— Можно ли как-то человеку использовать на благо ту энергию, которая идёт через ноги?

— Она в основном и используется так, истому что без отрицательной энергии не было бы и положительной, то есть через ноги уходит энергия, не нужная человеку.

— Очевидно, это грязная энергия?

— Да. Это как бы шлаки.

— А чем вызван обычай омывания ног? Какая энергетика смывается?

— Омывание, но – в этом заложен очень глубокий смысл, потому что вода сама по себе имеет свойство смывать с тела всё отрицательное, грязное и в физическом, и в энергетическом смысле. И если чаще прибегать к этому обычаю, вы почувствуете себя намного лучше.

— Имеются ли на теле человека ещё какие-нибудь точки или участки, которые излучают энергию, помимо рук, ног, глаз?

— Солнечное сплетение, крестец.

— Они излучают?

— Да.

— С чем связаны излучения энергии в солнечном сплетении?

— Космическая энергия в организм человека поступает именно через солнечнее сплетение. Но она поступает туда разноимённая, то есть и отрицательная, и положительная. Далее она растекается подобно венозной и артериальной крови. Положительная идёт наверх и используется в этой области, отрицательная идёт в ноги и в основном уходит в Землю, если на то есть причины... Как вам лучше пояснить: если вы делаете какие-то упражнения или если ваша душа настолько развита, что способна управлять энергией, то вы способны правильно распределить энергетику по своему телу сами. Например, при дыхательных упражнениях кислород поступает в кровь, тем самым заставляя возрастать положительную энергию, увеличиваться в объёме, подниматься вверх. А отрицательная энергия в этот момент уменьшается в объёме и опускается вниз, стекает к ногам. Таким образом, солнечное сплетение является как бы приёмником космической энергии, но в то же время оно частично и излучает энергию.

Громов В.Н.:

— Следовательно, если ходить по земле босиком, то это даёт выход отрицательной энергии?

— Да. Поэтому вам и говорят, что чем чаще ходить босиком, тем полезнее. Через подошвы вы общаетесь с энергетикой Земли, через ноги уходит вся ваша отрицательная энергия. К тому же, на ногах имеются точки, которые отвечают за многие органы в вашем организме, за их энергетику.

Стрельникова Л.Л.:

— Если у человека какой-то орган болен, то не лучше ли брать ему в помощь энергию из солнечного сплетения?

— Да, можно мысленно, кто на это уже способен. А можно и с помощью дыхательных упражнений.

— Какая энергия излучается из крестца, и для чего её можно использовать?

— Из крестца излучается та энергия, которая необходима для мыслей. Если вы будете медитировать на крестец и мысленно распределять энергию по голове, чтобы она текла в вашу черепную коробку, то можно избавиться от головной боли, усталости, можно добиться большого умственного подъёма.

— Значит, энергию при этом надо посылать из крестца снизу – вверх?

— Да, по спирали – вверх. Также это поможет и от гипертонии. Для лучшего тока энергий в случае, если вы чувствуете покалывание или ущемление в крестце, следует его растереть ладонями.

ЧАКРЫ

Контактёр Марина Молодцова
Стрельникова Л.Л.:

— Чакры – это связь физического тела с тонкими оболочками, которые окружают душу?

– Да.

– Все ли чакры на теле человека вращаются в одну сторону или в разные?

– В разные.

– Связано ли это с вращением Земли?

– Это связано со многим: и с вращением Земли, и с ритмом той планеты, под которой родился человек, и со многими астрологическими моментами.

– Какая сила заставляет чакру вращаться?

– Чакру вращает энергия жизни самого человека. Если бы чакра не вращалась, человек не смог бы жить. И в зависимости от того, как развиты чакры, с какой скоростью вращаются и в какую сторону – зависит духовное развитие человека.

– Каков механизм вращения чакр?

– Это естественный механизм, такой же, как при дыхании и движении человека.

– Увеличивается ли энергетика чакры, когда она раскрывается?

– Когда раскрывается, она увеличивается в диаметре и, естественно, увеличивается потребление или выделение энергии.

– Что даёт человеку раскрытие чакр?

– Человек развивается быстрее, у него развиваются такие качества, как ясновиденье, интуиция и прочие. Он больше усваивает знаний. Кроме того, развивая чакры, вы можете предохранить себя от заболеваний тех органов, которые находятся на уровне этой чадры. Вы увеличиваете свой потенциал энергии, свои качества, как бы создаёте дополнительно иммунную систему и улучшаете работу ваших органов.

Громов В.Н.:

– Владение чакрами идёт по мысленному приказу?

– Да, по мысленному.

– То есть, если мысленно приказать чакре вращаться, она начнёт вращаться: приказать набрать энергию – будет набирать?

– Да, так. Кроме того, вы должны знать значение каждой чакры и ту работу, которую она выполняет.

– Каким образом можно контролировать работу чакр, не обладая ясновиденьем?

– Когда чакра вращается по часовой стрелке, она забирает энергию, когда – против часовой – отдаёт.

– Как узнать – управляем мы чакрами или нет?

– Это вы сами почувствуете, а на словах объяснить трудно.

Стрельникова Л.Л.:

– Можете ли Вы нам рассказать что-нибудь о горловой чакре?

– Хотим вас спросить – у вас книги есть по данному вопросу?

– По горловой чакре у нас ничего нет.

– Она вас очень интересует?

– Да.

– Хорошо, сейчас одну минутку... – Несколько секунд длится молчание. Они, видимо, опять делают куда-то запрос, и после получения информации сообщают: – Эта чакра воздействует на всё физическое, что находится напротив неё: горло, голосовые связки, а на астральном плане она осуществляет связь с ментальной оболочкой, но при этом не только собственного тела, но и с ментальными оболочками других людей. То есть, развивая эту чакру, вы как бы подсоединяетесь к другим людям. Вы знаете, что есть такие присоски, но это не значит, что вы отсасываете или, наоборот, отдаёте энергию, вы просто считываете информацию, развивая что-либо в вашем организме, в частности горловую чакру. Вы должны точно знать – необходимо вам это или нет, пригодится ли для будущей работы или это из любопытства. И вы должны будете уметь предотвратить те последствия, которые могут наступить после её раскрытия.

– А на повышение интеллекта эта чакра влияет?

– В принципе, каждая чакра влияет на всё, но в то же время у каждой чакры есть специализация на чём-то одном. Есть и взаимозаменяемость. Проведём аналогию со спинномозговыми нервами. Там тридцать одна пара, и каждая отвечает за свои органы: одна – за одни, другая – за другие и так далее. Но если первая пара отключается, её частично заменяет другая пара. При этом у нее остаются и свои прежние функции. Точно также и в чакрах: если одна чакра закрывается, то её заменяет какая-то другая, сохраняя одновременно свои прежние функции.

Контактёр Анна Чичилина
Фадеев М.:

— Какая чакра заведует распределением генов в зарождающемся организме?

— Распределением генов занимается не чакра, а четвёртый отдел каждого Уровня (Системы), который создаёт материальное тело. Он считывает информацию с родителей, получая коэффициент их тела. При акте происходит оплодотворение, идёт формирование тела, которое наблюдается длительное время. В течение девяти месяцев рождается код тела, собирательный код. Бывают случаи, когда коды родителей не дают положительного результата. Но это не страшно.

Контактёр Марина Молодцова
Стрельникова Л.Л.:

— Каков механизм движения энергии по энергетическим каналам? К примеру, сердце движет кровь по сосудам, а что движет энергию по каналам внутри организма человека, или это чакры приводят её в движение?

— Чакры, конечно, задействованы в этом механизме, но движет другая сила. Она называется – Внутренняя Космическая Сила человека. Она напрямую связана с Космосом и от него зависит. У неё имеется специальное название, но пока Мы не можем сказать его вам. В энергетическом плане человек несколько другой, чем на физическом. То есть общие принципы одинаковы: есть механизм, есть сила, которая движет этот механизм, но пока в деталях мы рассказать вам не можем.

— Если через нижнюю чакру набирать энергию от Земли в физическую оболочку, не повлияет ли это отрицательно на самого человека?

— Что бы ни делал человек, он должен осознавать то, что он делает, и каковы будут последствия, чтобы не навредить себе. Большинство проблем человек создаёт для себя сам из-за незнания процессов. Поэтому Мы говорим вам: «Побольше читайте».

ГЛАЗА

Контактёр Марина Молодцова
Стрельникова Л.Л.:

— У нас говорят: «Глаза – зеркало души человека». От каких оболочек исходит энергия к ним, и какие виды энергии представляют эти излучения?

— Глаза имеют одинаковую связь со всеми оболочками. Излучения смешанные.

— Можно ли по глазам определить, с какой оболочкой душа больше связана? Если низменные желания, то связь больше с астральной оболочкой. Если человек мыслящий – то больше с ментальной. Так ли это?

— Это очень тонкая наука. Да, можно определить, с какой оболочкой больше связь, но это довольно сложно, потому что уровень этих оболочек постоянно меняется, и если в одну минуту глаза отражают деятельность ментальной оболочки, то в следующую – астральной, и т.д.

— Какими свойствами обладает энергия глаз?

— Магнетическим свойством.

— Может ли энергия глаз лечить?

— Да, может и лечить. По глазам можно определить судьбу человека. Глазами можно притягивать к себе и отталкивать, можно изгонять нежелательного для вас Духа. Глаза – это самый высокоразвитый орган чувств, но человек использует их не так, как должен был использовать по первоначальному замыслу. Если выполнять определённые упражнения, то можно достичь очень высокого уровня овладения глазами.

— Глаза – это связь с душой человека?

— Да, связь с душой. И запомните: если равномерно развивать все органы чувств, своё физическое тело и одновременно совершенствовать душу – и всё это в единстве, то можно достичь очень больших результатов, наличие которых никто из людей не подозревает.

— Что это за результаты?

— Результат единства с Богом, умение в нужную минуту собрать огромную энергию, умение дематериализоваться по своему желанию: исчезнуть и вновь появиться в каком-то месте. И всё это – лишь усилием воли. Но для этого надо очень много работать.

– Какую энергию поглощают глаза, и на что она расходуется?

– Глаза поглощают ограниченный спектр энергий. Люди, которые обладают третьим глазом, поглощают полный спектр энергии, весь тот комплект энергии, который находится в Космосе. Они имеют возможность как поглощать, так и излучать эти энергии. Вытекающие отсюда привилегии таких людей – они могут видеть как физические тела, так и энергетические, причём, на всех планах. Но люди, обладающие подобным зрением, должны иметь устойчивую, усовершенствованную психику, так как человек с обыкновенной психикой не сможет нормально отреагировать на всё то, что предстанет перед ним в тонких мирах.

– Для каких целей поглощается эта энергия: она частично передаётся другим оболочкам человека?

– Да, безусловно.

– Через глаза может один человек отсасывать энергию у другого?

– Такое происходит очень часто, причём, люди даже иногда не подозревают о том, что они отсасывают энергию.

– А по какой причине происходит этот отсос?

– Вследствие разных полей: у одного – отрицательное поле, у другого – положительное.

Стрельников А.И.:

– Обычно энергия течёт от минуса к плюсу?

– Нет, здесь – от плюса к минусу.

– А если у одного человека энергетика слабее, чем у другого, допустим, по причине болезни – влияет ли это на процесс?

– Конечно, если человек болеет, то сила пучка энергии, которая излучается из глаз, слабеет и, причём, меняются и частота его, и уровень энергии. Именно этим пользуются люди-вампиры, ищут тех, которые обладают высокой энергетикой, но не умеют защитить себя от чужого воздействия.

Громов В.Н.:

– Если люди нормально смотрят в глаза друг другу, значит, у них одинаковый потенциал, и поэтому отсоса нет?

– Да. Но здесь ещё действуют и другие факторы, на основе которых один человек притягивается к другому или отталкивается. В большинстве случаев – это как раз влияние противоположных полей, но во многом влияет и внутренний мир человека, чистота его души, его взгляды и мировоззрения, то есть это уже психологическая сторона.

– Для каких целей на радужную оболочку глаз выведены биоактивные точки от всех органов? Является ли это подпиткой органов энергией?

– Вы совершенно правы – идёт подпитка энергией, и недаром люди научились распознавать по этим точкам состояние здоровья того или иного органа. Идёт непосредственно прямая связь от органа к Космосу и от Космоса к органу. Идёт как бы обмен информацией, обмен энергией.

– Если орган больной, то автоматически через радужную оболочку глаза человек вбирает в себя больше энергии, чем остальные органы, остальные точки оболочки не реагируют – так ли это происходит?

– Да, это правильно, но только в идеальном случае. Организм вбирает в себя энергию через глаза и большую часть её выделяет больному органу. Но это в том случае, если само тело способно бороться с недугом. В остальных же случаях, так как восприятие и отдача энергии нарушаются из-за болезни органа или глаз, или в целом какой-то системы организма, то энергия поступает в малых количествах, и её хватает только на то, чтобы понемногу распределить на весь организм.

– Сам человек через глаза способен себя вылечить?

– Конечно, может, но это будет зависеть от его знаний. Если человек обладает такими знаниями, он будет знать, как правильно использовать Космические энергии, как правильно жить, чтобы энергетика была задействована лишь в тех процессах, которые необходимы для его нормальной жизнедеятельности. Он сам будет предохранять себя от всех заболеваний. Но во всём нужны большие и точные знания, а не поверхностные.

Стрельникова Л.Л.:

– Цвет глаз имеет какой-то особый смысл в поглощении и распределении энергии?

– Карие глаза воспринимают больший спектр излучений, голубые – меньший. Но что касается радиации – голубые глаза воспринимают радиацию больше, чем карие.

Стрельников А.И.:

– То есть, нужны как раз солнцезащитные очки для голубоглазых?

– Да, тёмные очки или своя собственная защита.

– А разрез глаз имеет какое-то смысловое значение?

– Всё имеет своё смысловое значение, но об этом не будем говорить.

Фадеев М.:

– Говорят, что глаза – это информационный код человека. Для кого этот код сделан – дли самого человека или для других Систем?

– Для всех сразу. Глаза, пожалуй, – это единственный орган человека, который может очень красноречиво объяснить внутреннее состояние человека, состояние его души.

– А Вы получаете по этому коду какую-то информацию или для Вас это не имеет значения?

– Такого прямого значения для Нас нет.

Громов В.Н.:

– Мы бы хотели, чтобы вы нам рассказали о «третьем глазе».

– Начнём с того, в каком случае, при каких обстоятельствах и кому нужен третий глаз. Самому открытию третьего глаза предшествует определённая подготовка, поскольку человек должен уметь управлять теми чувствами, появление которых вызовет открытие глаза. Ему откроются ясновиденье, яснослышанье, и он к этому должен будет подготовлен рядом испытаний, и проверена должна будет его психика, потому что человек непосвящённый может сойти с ума. Прежде чем открывать глаз, человек должен выяснить – какова его миссия на Земле, и понадобится ли этот дар ему в дальнейшей жизни. Это действительно Божий дар, и использовать его надо не для рекламы и забавы людей, а как рабочий инструмент. В частности, он хорошо используется для диагностики заболеваний, им определяют психологический настрой человека, его внутренние и внешние данные и т. д.

В закрытом виде третий глаз существует у каждого, но предрасположенность к открытию имеется не у всех. Если вы выяснили, что предрасположенность есть, перед тем, как его открывать, надо многое узнать и пройти множество испытаний, потому что, если душа прошла мало испытаний, значит, она мало познала жизнь и остановилась в развитии. И она не сможет правильно оценить и воспринять то, что откроется третьему глазу. Поэтому человек должен много знать о тонких мирах, о самом себе, Космосе и многом другом.

Так как даром ясновиденья может обладать не каждый, то и знанием, как открыть его, тоже должны обладать единицы. Мы можем вам ответить лишь одно, что для этого нужно развивать все чакры и упражняться в развитии памяти, чувствительности как обоняния, так и осязания, потому что вы перестанете видеть, как все люди, а переключитесь на большой диапазон своего виденья. И с этого момента вы будете видеть людей не такими, как обычно, какими они показывают себя перед другими, а увидите их внутреннюю сущность. И человек корыстный, малоразвитый, не испытанный жизнью, не в состоянии будет скрыть это от вас. Поэтому прежде, чем открыть этот дар, нужно выбрать путь, по которому вы пойдёте, выбрать свою цель.

– Как установить, имеется у человека предрасположенность или нет?

– У детей это может определить священник, но в связи с тем, что ваша церковь сейчас немного отошла от этого и, наоборот, преследует это, то поэтому надо надеяться только на себя. Попробуйте поначалу развивать свои чакры.

Стрельников А.И.:

– Верно, ли, что для открытия третьего глаза энергетика аджны* должна быть не менее восьмидесяти единиц?

– Всё очень относительно, у каждого человека свой энергетический старт.

Стрельникова Л.Л.:

– Если человек с закрытыми глазами видит картинки, является ли это предрасположенностью к открытию третьего глаза?

— Да, но не всегда. В зависимости от характера картинок. Их характер должен быть фантастическим, мифическим, и тон цветовой – ярко голубой, чистый. Ещё один фактор, свидетельствующий о возможности открытия третьего глаза, – ощущение лёгкого щекотания в области над бровями. И ещё раз хочется подчеркнуть должную психологическую подготовку человека.

— Что она включает в себя?

— Человек не должен быть вспыльчивым, слишком эмоциональным. Эмоции должны колебаться в очень ограниченном диапазоне. Надо уметь быстро прийти в равновесие, уметь сдерживать себя в любых ситуациях. Люди, которых можно легко вывести из себя, не смогут совладать с тем, что будут иметь. Вы должны быть спокойны и внешне, и внутренне.

Громов В.Н.:

— Не является ли открытие третьего глаза признаком непрерывности сознания?

— Да, является начальной стадией.

— Вы сказали, что для раскрытия глаза, необходимо раскрытие чакр. Что Вы имеете в виду?

— У каждого человека работает определённое количество чакр, но некоторые закрыты. Для третьего глаза потребуется работа всех чакр.

— То есть, они должны вращаться?

— Да. Кроме того, вы должны уметь владеть их работой и по своему желанию открывать их или закрывать.

ТЕСТЫ ДЛЯ НАС

(РАБОТА ГРУППЫ)

Жизнь человечества – это Великий эксперимент Космоса и эксперимент, который продолжается сейчас. И каждый из нас участвует в нем, участвует по-своему, так как у каждого индивидуальные цели, задачи. И неверно думают люди, что никто не вмешивается в их жизнь: Космос вмешивается в неё постоянно, вносит какие-то поправки, изменения, дополнения. Человек только в силу своего невежества ничего этого не видит и не желает раскрывать глаза даже на явное, чтобы не лишиться сладкой иллюзии, что он – царь природы и неповторимое совершенство Вселенной.

А реальность оказывается горькой – не цари, а биологические машины, созданные другими, более разумными; и не единственные, а в нескончаемой очереди живых разумных существ чуть ли не последние. И надо найти теперь в себе смелость признать: «Да, нами управляют», «Да, есть более разумные, и мы с Ними просто несопоставимы, настолько Они опередили нас в своем развитии».

Настоящие многочисленные контакты на Земле – это внесение коррекции в те процессы, которые заданы Ими давно. Мы не привыкли считать развитие психики человечества процессом, а это именно процесс, который даёт Космосу свои результаты, свои виды энергии, то есть продукцию определённого качества, необходимую другим.

Поэтому, контактируя с нами, Космическая Система, прежде всего, занялась исследованием психики современного человека – какого уровня развития она достигла, на что способна, и где у Них получились просчёты. Именно поэтому нашей группе и каждому в отдельности устраивали иногда психологические тесты, проверяя, как мы поведём себя в той или иной ситуации.

Самый первый тест был для нас неожиданным и странным. Изучая прошлые жизни контактеров, мы получили интересную для нас информацию об их предыдущих воплощениях.

Вот каким образом шёл контакт через Володю Чичилина.

– Можно узнать о прошлой жизни контактера? – обратился Дмитриев с вопросом к «Союзу».

– Да, – ответил «Союз», и тут же Володе начали показывать цветные картинки из его прошлой жизни. Это походило на прокручивание киноленты. Он смотрел и рассказывал нам, правда, рассказывал довольно скудно и, где было неясно, Дмитриев задавал дополнительные вопросы.

– Вижу пальму. Я нахожусь у портика храма. Дальше – я стою на лестнице в храме на уровне второго этажа. Помещение цилиндрическое. Я что-то рисую на стене.

– Это происходило на Земле? Какой год? – уточняет Саша.

– На Земле. 796-ой год. Африка. Сейчас в этом месте находится Заир.

– Какая у них религия?

– Непонятно, но не христианская. Вокруг много картин, лиц. Посередине храма стоит статуя из черного дерева, покрытая лаком. У нее очень длинные руки. В одной она держит четки, в другой – цилиндрический предмет типа трубки.

– Кто твои родители?

– Они погибли, утонули. Я живу с бабушкой. Мне 27 лет.

В связи с тем, что картинки менялись перед внутренним взором Володи, Дмитриев уточнил:

– Где ты сейчас находишься?

– Там же. Здесь очень жарко. На животе у меня узел. В одной руке держу палочку, в другой – дощечку с канавками. В них краски.

– Когда ты умер?

– Я умер в 837 году, был средним мужчиной. Семьи не было и родственников тоже.

— Как происходил процесс смерти?

— Я бегу среди растительности, укололся безымянным пальцем обо что-то острое. Начинает болеть рука. Плохо дышать, я упал, затрясся, онемел... Вижу себя сверху, над телом. Мне становится легко, боли больше не чувствую. Ухожу в трубу (послесмертный коридор – *Прим. авт.*). Там мать и отец. Труба не широкая, по бокам – люди, впереди свет, меня зовут туда.

— Что делают люди?

— Они плачут и радуются. Я им говорю: – «Здравствуй-те. Как вы здесь оказались?» Они отвечают: – «Мы – как ты». По пути какой-то мужчина на меня что-то одевает.

— Во что ты одет?

— Я одет в холщовую одежду и пострижен. Впереди яркий свет. Иду дальше. Вышел в светлое пространство. Здесь тоже люди, как и мы. Здесь очень светло и хорошо. Нас много. Ни растений, ни цветов нет. Люди ничем не занимаются. Снова отрываюсь от места, лечу вверх. Здесь пустота и светло. Я отключаюсь, ничего не помню... Вновь толчок. Всего сдавило. Я рождаюсь в этой жизни. Мне холодно...

Мы слушали с большим вниманием, пытаясь представить то, что видел контактёр или прочувствовать то, что давалось ему в ощущениях, и вдруг, перейдя к своему настоящему воплощению, он заявил:

— Я умру в 1999 году в феврале месяце. Будет болеть живот. – И словно видя, что мы внутренне протестуем против этого, сурово произнес: – Я должен буду умереть. Я лежу на кровати, рядом со мной стоит какая-то женщина.

Присутствующие были потрясены услышанным, и хотя и до сказанного все сидели молча, но я буквально почувствовала, что при упоминании о его смерти все оцепенели. Лица людей выражали изумление.

Володе было всего 19 лет. Предсказание означало, что он умрет в 28–29 лет, совершенно молодым. На нас словно вылили ушат с холодной водой. А в это время «Союз», очевидно, исследовал реакцию современного человека на самое страшное для него – смерть.

Первым из оцепенения вышел Александр Иванович и спросил, обращаясь к контактёру:

— Это произошло у тебя дома?

— Нет, это другая квартира.

— А женщина кто, твоя жена? – попытался выяснить он у Володи.

— Не знаю, – отвечал тот и продолжал пересказывать кадры, которые ему показывали, раскрывая сцену смерти: – Вот идёт мой отец, говорит что-то мне. Я не слушаю его. У меня начинает болеть голова. Вижу, что все ушли из комнаты. Меня стало раскачивать. Дальше – я нахожусь над своим телом, – он рассказывает о протекании будущей смерти. – Опять прохожу какой-то канал или тоннель. Вижу свою бабушку, друга, здесь есть ещё знакомые люди, но я не знаю, как их звать. Иду на свет. Я должен до него дойти, но очень тяжело, как будто сзади к спине привязана резинка. Иду против ветра вперёд. Вернуться не хочется.

— Почему не хочется? – тихо спрашивает Александр Иванович.

— Там плохо, – (он имеет в виду наш мир – *Прим. авт.*). – Очень болит живот... Меня здесь встречает тот, который встречал еще при предыдущей смерти и надевал на меня холщовую рубашку. Он говорит: «Ещё не поздно вернуться». Но я иду вперёд с ним. Вышли на очень светлую площадку, где много людей. Они приветствуют меня... Опять отправляюсь вверх. Снова забываю всё.

— Ты ещё родишься на Земле снова? – спрашивает Александр Иванович.

— Не знаю. Мне ничего не говорят.

— Можно ли предотвратить 1999 год? Кто дал такую программу?

— Так нужно, – коротко отвечает контактёр.

— Можно ли это как-нибудь избежать?

— Нельзя. Это запланировано Свыше.

Опомнившись, мы начинаем шептать Александру Ивановичу:

— Пусть помогут спасти Володю.

— Проси, чтобы отодвинули год смерти.

Александр Иванович пытается найти лазейку для спасения:

— А если мы за него очень попросим? Быть может, это возможно компенсировать чем-то другим? (Прошу обратить внимание на последнее предложение о компенсации. В эпилоге я сделаю пояснение. – *Прим. авт.*)

— Все программы увязаны во времени и действиях, – сурово отвечали Они. – Вы не понимаете, что просите.

Больше мы не решились настаивать. Контакт закончился. Все сидели удручённые, подавленные.

Сам контактёр, выйдя из транса, вел себя как обычно, и мы надеялись, что эта ужасная информация прошла мимо его сознания, так как контактёры не всегда помнили о том, что рассказывали присутствующим. На самом же деле Володя просто хорошо держался. Данное событие не могло не зафиксироваться в его мозгу, но тревогу он оставил внутри себя и последующие контакты тоже вёл себя спокойно, ничего ни у кого не прося, хотя вполне мог бы через нас обратиться к «Союзу» с просьбой продлить ему жизнь хотя бы до пятидесяти лет. Он не просил, считал это неудобным и даже ни разу об этом не обмолвился.

Но мы не могли оставаться равнодушными к услышанному. В эту же ночь после контакта мы с мужем долго не спали, обсуждая варианты возможного спасения Володи. Остальные повели себя так же.

Это был тест для каждого из нас, и «Союз», следя за ходом нашего мышления, делал свои выводы о каждом члене группы.

Лучший способ узнать человека – это поставить его в затруднительное положение – создать ситуации – и анализировать, как они решаются. Так нам и сделали.

Перед следующим контактом, который вела Марина, члены группы долго спорили – как помочь контактёру. Одни предлагали выйти на контакт со Спиралевидной Системой и обратиться к ней с просьбой – продлить ему программу, другие считали, что надо получить от «Союза» какое-нибудь уникальное лечебное средство, которое поможет в нужный момент вылечить не только его, но и многих других. Третьи уверяли, что Володю для спасения достаточно только настроить чисто психологически на возвращение к жизни – и он будет спасён, так как шанс вернуться назад в «жизнь» ему будет дан тем же мужчиной, который встретил его после смерти и сказал – «ещё не поздно вернуться». И Володе надо будет только «захотеть», чтобы вернуться, а дальше жизнь пойдёт обычным ходом.

В итоге было решено обратиться к Спиралевидной Системе через Марину.

– Правильно ли Володя Чичилин назвал дату своей смерти? – Александр Иванович начал контакт с вопроса, наиболее нас волновавшего.

– Нет. Он может изменить дату, – ответили Они. – Ему нужно обследоваться в институте или кооперативном лечебном заведении. Возможно, сейчас у него начались какие-нибудь злокачественные изменения, предупредить которые можно заблаговременно. Обследоваться надо будет ежегодно.

На нашу медицину мы не особенно надеялись, но совет передали Володе. Естественно, что первое обследование ничего не показало.

Шло время. Тревога за нашего контактера продолжала холодить наши души, но мы ничего не могли сделать для него и для самоуспокоения остановились на спасительной идее, что все-таки это был тест и не более. Контакты продолжались.

Однако, когда угасают старые идеи, вспыхивают новые, и одна такая у нас появилась – выйти на самого главного Иерарха Земли и у него попросить продления программы жизни молодого человека. Как выйти на Него, мы не знали. Возможность представилась нам после того, как Дмитриев устроился работать в музей сторожем. Именно ему принадлежала идея провести контакт в музее, т.е. в бывшем здании церкви, а они строились обычно на восходящих потоках энергии Земли, которые пробивали канал связи к религиозному эгрегору. И хотя церковь много десятилетий не работала, но восходящие потоки сохранялись, а это значило, что наш сигнал, посланный снизу, мог подняться очень высоко и, как мы надеялись, достичь Уровня самого Бога.

– Только на энергетических потоках Земли мы можем подняться до Его мира! – многозначительно произнес Саша Дмитриев.

– И попросить, чтобы Он продлил Володе жизнь, – напомнила я.

В музей решено было пойти после семи часов вечера, когда Саша заступал на службу сторожем.

В этом контакте отважились участвовать шестеро: Саша Дмитриев, Николай Салкин, Сергей Голубин, Наталья Александровна Молодцова, я и мой муж Александр Иванович. Ещё по дороге я обратила внимание, что из присутствующих трое – кандидаты в депутаты, кандидатуры модные для 1990-х годов. Правда, после наших контактов впоследствии они забросили политическую деятельность местного масштаба и увлеклись космическими делами.

С собой мы захватили аппаратуру в виде двух магнитофонов, микрофона, удлинители. Техника всегда ломалась в самый неподходящий момент, поэтому один магнитофон должен был дублировать другой.

Когда пришли в музей, в пустом зале только картины встретили нас загадочным молчанием, тая истории своего создания. В зале недавно повесили новые шторы, и они придали ему домашний уют.

В центре горела большая люстра. Со стен на нас взирали лики старинных дам и кавалеров. Казалось, они внимательно наблюдают за нами. Было тихо и торжественно. Поблёскивали золочёные рамы картин. Полукруглые своды уходили вверх, причудливо растворяясь в полумраке.

Мы хотели выйти на контакт сами – у кого что получится, и поэтому стали пробовать подключиться к Высшим, используя природный канал связи.

– Сначала расслабьтесь, уберите все мысли из головы и слушайте, – напомнил Саша Дмитриев.

Вдоль торцовой стены зала стояли узкие деревянные скамьи, на которых могли отдыхать посетители. Мы попробовали сесть на них и расслабиться.

Просидели около получаса, но многие так и не смогли снять с себя напряжение. Современному человеку, задавленному проблемами, расслабиться оказалось очень трудно. Как выяснилось, многие вообще не умели расслабляться.

Когда после первой попытки выйти на контакт стали делиться своими успехами, оказалось, что их не было ни у кого.

Мне, правда, опять же виделись небесные церковные росписи, Голубину – звездное небо, остальным не удалось увидеть и этого. А Наталья Александровна пошутила:

– На этих лавках разве расслабишься, с них только па-
дать можно. Они такие узкие – я всё боялась: как начну расслабляться, так свалюсь, загремлю костями и вас всех пе-
репугаю, сорву весь эксперимент.

Николай Салкин посетовал тоже:

– Эти лавки специально сделаны узкими, чтобы посетители не засиживались долго. Пробежался по залам – и
домой, нечего полы пачкать. А мне ещё туфли жмут. Нет,
надо пробовать как-то по-другому.

– Хорошо, – согласился Дмитриев, – давайте по-другому. У меня в сторожке – два кресла и стул. Принесём их, и
кто плохо расслабляется, устроится поудобнее. Попробуем
заново.

Мужчины сходили в подсобное помещение и вскоре ат-
рибуты церемониала стояли в центральном зале.

Николай Салкин взял себе кресло, установил в центре
зала под куполом, где, считал, был наиболее мощный поток
энергии. Наталья Александровна заняла стул, мне уступили
второе кресло, остальные, как каменные изваяния, застыли
на скамьях.

Да, кто бы посмотрел на нас со стороны, наверно, это
выглядело смешно. И, быть может, многие бы над нами с
удовольствием посмеялись, вспомнив басню Крылова: – «А
вы, друзья, как ни садитесь...», но мы все-таки на контакт
вышли. Вышли не на этот раз, а на третий, но таинство свер-
шилось.

– Мы забываем самое главное, вспомнил Саша, – Бог
отзывается на молитву. Я буду читать, вы повторяйте мысленно за мной.

Около получаса он читал вслух молитвы, мы вторили.
Потом после короткой паузы и настройки Дмитриев, затаив
дыхание, проговорил:

– Чувствую приход энергии.

Мы тоже почувствовали, как тонкая и невидимая энергия опускается на наши плечи, слегка сдавило голову, громко
заколотилось сердце, чувствуя внимание Высших.

– Контакт пойдёт через меня, – торжественно объявил Саша.

Он пересел в кресло. Мы установили микрофоны и встали вокруг него. И встали не случайно, потому что перед тем, Кто заговорил с нами, надо было только стоять.

– **Дети мои, вы звали Меня, и Я вас услышал,** – заговорил контактёр патетически. Но мы узнали Его – говорил Бог. Только Он мог говорить таким величественным слогом. – **Торжественность этого момента не осознана вами. Вы не чувствуете разницы между тем, что было, и тем, что неотвратимо приблизилось.**

Вам всем придётся много потрудиться прежде, чем вы войдете во врата Жизни Вечной. Вы пройдёте испытания Огнем прежде, чем стать Служителями и проникнуть в Тайну Мирозданья. Но день пришел, и час настал, и Вечный Круг замедлил ход. Вас ждёт другое Бытие. Нельзя человеку все Время жить в колыбели, которой для вас является Земля. Детство кончилось, наступает юность, по которой поведёт вас Великий Учитель. Соберите все мужество и отвагу, чтобы стать на Тропу Света и Мудрости. – Ах, как Он говорил! Какое величие, монументальность и непостижимая значимость звучали в Его голосе. Каждое слово было величественно и мудро, за каждым таилась бесконечная глубина и то, что невозможно ещё было постичь человеку и выразить словесно. А Бог продолжал:

– После Преображенья вы станете подобны Нам, но этот трудный экзамен нужно пройти с достоинством, спокойно принимая все стадии трансформации, каковыми бы они вам ни показались. Знайте, что всё это вам на Благо. Не выдержавшие испытаний останутся в долгом Круге Космической переработки, отстав от идущих впереди на многие миллионы лет. **Им достанется всё тот же несовершенный мир рабства и страданий**, и они всё также будут сетовать на несовершенство мира, не углядев в его несовершенстве несовершенство самих себя, своей человеческой натуры.

Сумевшие выдержать все испытания станут работниками Вселенной и поднимутся на совершенно другой уровень Сознания и Эволюции. Не бойтесь и не ропщите! Знайте, что у вас есть Старшие Братья, которые помогут вам пройти остаток нелёгкого жизненного пути в той форме сознания, в которой вы находитесь теперь. Верьте – и воздастся вам. Совершенствуйтесь – и станете Совершенными!

Невежество и черствость – мира не изменят,
Его изменят Состраданье и Любовь.
Откройте души ваши в радостном восторге,
Всё сбылось, как гласят писания древности седой,
И принесёте вечности вы в жертву – покаянье,
Обитель ваша станет – Мир иной,
Где нет страданий, злобы и несчастья,
Но есть Великий Творческий Восторг,
Где Всё – Едино, не делясь на части,
И жизни прежней подведен итог.

Вас ждет Великий Труд во имя Жизни во Вселенной, вам предстоит работа Планетарного и Космического масштаба, непрерывное напряжение Воли и Ума, взаимодействие со всеми разумными Сущностями Космического Уровня, по сравнению с чем все земные дела, даже самые величайшие, выглядят, как пустое времяпрепровождение. Вы станете Сынами Космоса в подлинном смысле этого слова.

Примите же мои пожелания – благополучно пройти все испытания, которые будут своеобразной дверью для перехода в Наш мир.

И потом Голос сделал паузу и спросил:

– Я знаю, что у каждого из вас имеются свои нужды. С чем пришли – поведайте, откройте свои сердца.

Дальше пошел разговор, касающийся лично каждого, но так как у меня личных вопросов не было, то я спросила о Володе, коротко сообщив, что ему уготована короткая жизнь и у нас просьба – продлить ему годы до старости.

– Вся ваша жизнь в космических масштабах – это мгновенье. Не имеет значения – сколько живёте, а имеет значение – как живете. Не ищите продления ваших мук на Земле, и пусть каждый проживет столько, сколько ему отмерено, и с достоинством выполнит ту миссию, которая на него возложена.

Ответ несколько нас разочаровал, но пришлось смириться. Что-то мы ещё не допонимали и требовались годы, чтобы научиться смиряться с неизбежным.

Следующим задавал вопрос Салкин. Он решил уточнить, кто вышел на контакт с нами, поэтому деликатно спросил:

– Извините, а с кем мы имеем честь беседовать? – он попытался придать голосу солидность, но у него это не очень получилось, так как вопрос окрашивался в интонацию недоверчивости.

– Я – твой Бог, Космический Разум! Множество имён есть у Меня, и Я прихожу к каждому со своим. Для одних Я – имя заботливой и любящей матери, для других – имя строгого и сурового отца. Каждый воспринимает меня по-своему, сообразно своей национальной принадлежности, культуре, образованию, религии. Я – в каждом из вас от рождения.

Дети мои! Приближаются сроки – и всех вас соберу Я под крылом своим. – Голос звучал призывно и торжественно, как набат, отдаваясь в каждой частичке нашего сердца, в каждой ячейке души. – **Идите ко Мне! И пусть вас не остановит в пути никакая сила, никакая мысль, никакое действо. Не утруждайте себя занятиями по самоанализу, ибо как можете знать дела Мои! Кто вступил на Путь, не имеет права присваивать Мои поступки себе. Вам даны искушения, по которым Отец Ваш оценивает вас. Идите с миром! Отныне Я – око ваше, Я – ухо ваше, Я – рука ваша, Я – стопа ваша! Вы – дети Мои, выполняющие смиренно волю Отца своего. Примите Меня всем сердцем своим. Я, вдохнувший в вас дух жизни, смотрящий на все дела ваши, посылаю благословение свое принявшим в сердце Имя Мое и Служение Мое.**

Потерпите немного – и избавлю вас от страданий и несчастий, от гнева и вражды, от страха и ненависти. Примирю и соберу детей моих у себя в доме Моём! Выполню всё предначертанное Мною, обрежу́ ваши сердца, глаза и уши от личин чёрных, утолю страждущих и алчущих, изменю ваш мир и спасу его от тлена! Объединяйтесь и трудитесь во благо Отца Своего Небесного! Несите Слово Правды Моей братьям вашим заблудшим, открывайте их глаза, омывайте водой благословения Моего! Мир вам!

На этом контакт закончился. После подобного возвышенного монолога задавать какие-то никчемные наши вопросы было не мыслимо.

Какое-то время мы еще стояли молча и неподвижно под впечатлением услышанного, потрясенные и онемевшие. Голос продолжал звучать в наших душах, в сердцах, в каждой нашей клеточке. Он наполнял нас Божественным светом.

Когда мы вышли на улицу, было далеко за полночь. Звёзды, бросая чистый свет на землю, улыбались нам, приветствуя и поздравляя с удивительным контактом.

НАЧАЛЬНЫЕ ПОНЯТИЯ
О ДУШЕ

Контактёр Володя Чичилин
Дмитриев А.:
– Что такое душа?
– Энергия. Душа несёт энергетический заряд.
– Душа* человека божественна?
– Она принадлежит Высшей силе. Это Абсолют. Он существует всегда.

Лапин С.Г.:
– Где душа находится: в сердце, в голове?
– Душа находится во всём теле. Это энергетическое начало.

Дмитриев А.:
– Для чего создана наша материальная оболочка?
– Материальная оболочка – это эксперимент, проверка на возможность созидания.
– Какое соотношение существует между материальным и духовным в человеке?
– В вашей материи заложена часть духа, в каждой частице вашего тела находится дух.
– Человеческое тело прогрессирует вместе с душой?
– Нам не интересны материальные тела, а интересна чистота вашей души. Материальные тела – это всего лишь проба. На такой стадии душа развивается медленней, но надёжней.
– Из каких энергий производят души?

– Группирование и производство души составляется из ряда компонентов энергий, которые выделяете вы – люди.

– Энергия, выделяемая телом, поступает к материальным Системам, а энергия души – к духовным. Так ли это?

– Тело и душа, как вы знаете, взаимосвязаны. Энергия души и энергия тела не могут так подразделяться. Они работают во взаимосвязи. Другое дело – их качество. Одно дополняет другое.

– Когда определяется судьба человека: до или после рождения? И можно ли изменить её в течение жизни?

– Изменять судьбу может только Система, создавшая человека. Судьба закладывается до рождения. Душа Великих вселяется «Союзом», остальные души распределяются Системой.

Стрельникова Л.Л.:
– Какова конечная цель развития души?

– Душа перейдёт к нам.

– А потом?

– А зачем вы заводите себе детей? Зачем они нужны вам?

– Для продолжения человеческого рода.

– А Нам они нужны для продолжения существования «Союза».

– Процесс производства новых душ бесконечен?

– Бесконечен.

– А не будет ли перенаселения?

– Мир тоже бесконечен.

– Вы говорили, что при развитии души в материальном теле она развивается медленней, но надёжней. Какие отрицательные стороны Вы наблюдали при развитии души вне тела?

– Вне тела она была как бы без красок.

– А каких именно красок?

– Мы говорим образно. Не было чувствительности. Но нам сама чувствительность не нужна, а нужны оттенки души.

– Вы эти недостатки сумели устранить?

– Мы создали вас.

– Человек – это высшее развитие материи, не считая планет и звёзд, или из материи создано что-то и более сложное?

— Материя может принимать любые обличья и формы, даже вашу. Но надо знать, как это делается.

В следующих вопросах о прохождении души при её развитии через такие формы, как растения, животные, контактёры Марина и Володя дали разную информацию. Володя, и в его лице Духовная Система, утверждали, что душа человека не воплощается в других формах, а только – в человеческой.

— Душа человека создана только для человека, а душа животного – только для животного, – утверждали Они.

Марина же, и её Материальная система, говорили, что возможны пути развития, при которых душа проходит через растения, птиц, животных. Нас это долго ставило в тупик, и мы задавали много повторных вопросов, пока каждый не пришёл к своему мнению, отличному от других. Я же сделала следующий вывод – оба контактёра правы и каждый по-своему, потому что каждый говорит о частях единого целого.

Любая душа проходит свой индивидуальный путь развития. Поэтому одни души проходят через стадии растений, птиц, животных и перевоплощаются в человеческой форме множество раз. А другие души воплощаются только в форме человека и имеют свои особенности развития.

Третий тип душ развивается другими путями, минуя человеческую форму и Землю. Так что вариантов развития души множество, и не стоит зацикливаться на каком-то одном факте, диктующем, что это может быть только так и не иначе.

Контактёр Володя Чичилин
Стрельникова Л.Л.:
— Может ли душа человека вселиться в животное?
— В некоторых случаях.
— В каких?
— Если душа человека сделала много зла окружающим.

Контактёр Марина Молодцова
Стрельникова Л.Л.:
— Душа проходит путь развития через растения, насекомых, животных и потом уже вселяется в человека?
— Не все проходят этот путь. Это зависит от интенсивности совершенствования. Она может перескочить несколько этапов в своём развитии и сразу выйти на более высокий уровень.

– Может ли душа воплощаться в тело, стоящее на эво-
люционном развитии ниже человека?

– В насекомых и птиц душа не может вселиться, а также не допускается и в животных, потому что душа человека должна совершенствоваться. В животных её вселяют
только в случае наказания. А сами животные даны людям
для совершенствования человеческой души, чтобы помогать ей вырабатывать в себе такие качества как доброта,
искренность.

– Когда создают новую душу, то первоначально её от-
правляют к дикарям?

– К каким дикарям вы имеете в виду?

– В низшие ступени цивилизации.

– Нам не ясно, как вы понимаете понятие «новая душа»?

– Вновь созданная душа.

– Для Нас душа существует вечно. Она всего лишь видоизменяется.

– Но ведь когда-то кто-то её создал?

– «Новые души» – это неправильное выражение.

– Каковы стадии развития души: первоначальные, последующие и завершающие?

– Душа проходит очень много циклов развития до тех
пор, пока не повысит свою энергетику до того уровня, когда
можно будет перейти в совершенно иной мир.

– Если душа переходит из животного – в человека, то
какие качества закладываются в душу первыми?

– Здесь слишком всё схематично. Вам это будет не
интересно только потому, что в этом случае играют роль лишь
цифры. Происходит наслаивание уровня энергетики.

– После пребывания в человеческом теле, в какой форме продолжает развиваться душа?

– В энергетической. Она имеет несколько своих стадий.
А вообще форм развития души бесчисленное множество.
Душа могла перескочить как от растения до человека, так и
от человека, минуя несколько воплощений, в энергетическую
форму, в зависимости от интенсивности совершенствования.

Контактёр Володя Чичилин

Стрельникова Л.Л.:

– Всё ли живое имеет душу, к примеру – камни?

– Да. Но нельзя сказать, что камни или что-то другое имеют такую же душу, как у вас. Всё, что растёт – прогрессирует.

– А чем душа камня отличается от души растения?

– У каждого своя направленность.

– Почему вы решили одну материю наделить душами, а другую – нет?

– Любая живая материя наделена душой, но, повторяем, разной.

– Растения, деревья, кусты, трава имеют душу?

– Они имеют душу, но не такую, как у человека.

– Чём отличается по степени развития в духовном отношении трава от дерева?

– Нельзя сравнивать такие вещи.

– То есть, дерево гораздо умнее?

– Нельзя разделить или сравнивать две разные вещи.

– А в чём они разные?

– Они разные в своих потребностях и приспособленности.

– За счёт чего совершенствуется душа растения?

– Кто сказал, что трава совершенствуется?

– Но всё, что развивается должно совершенствоваться?

– Не сравнивайте себя с растениями.

– То есть у растения – постоянная душа, не изменяющаяся с течением времени?

– Происходят изменения, но на вашем плане они не важны. Это разные вещи.

– За счёт чего совершенствуется душа дикого зверя?

– Душа животного совершенствуется на другом плане, потому что сами животные находятся на другом плане существования.

– А какой именно этот план?

– Животные всегда находятся в разных условиях обитания.

– Значит, душа растения предназначена только для растения, а душа животного – дли животного?

– Да.

– Что собой представляют эти души в геометрическом плане?

– Энергию их души нельзя измерить. Но она имеет определённое построение.

– Она имеет и определённое качество?

– Да, это особая энергия.

– Но человеческая душа – тоже энергия. Это разные виды энергии?

– У них разный композиционный состав.

– Души животных, рыб, птиц управляются разными Системами?

– Да, так же, как и человеческие.

Фадеев М.:

– У растений и животных есть сознание?

– У растений и животных нет сознания.

– Каким способом тогда они совершенствуются?

– Они совершенствуются подобно человеку, но в их развитии участвуют другие элементы и задействованы несколько другие принципы. Растения обладают более простыми структурами, чем человек, не включающими в себя сознание и подсознание. То есть структуры, за счёт которых идёт развитие растений, качественно отличаются от тех, за счёт которых развивается человек. Животные больше походят на человека, но у них отсутствует подсознание, то есть это звено выключено из общей цепи развития.

– Душа обладает сознанием. А есть ли у неё подсознание?

– Да, есть.

Контактёр Володя Чичилин
Стрельникова Л.Л.:

– Имеет ли Земля душу?

– Земля выше человека. Вы это должны знать, у неё есть такое место, которое в вашем понимании можно назвать душой. Нельзя её ранить. А вы, люди, делаете это.

– Души планет переселяются из планеты в планету?

– А что было бы, если бы ваша душа переселилась в другого человека?

– Был бы другой человек.

– Были бы и другие планеты. В течение этапа развития никаких переселений нет так же, как и у вас.

– Какая планета Солнечной системы обладает самой развитой душой?

– Каждая планета развита в определённом направлении, каждая реагирует определённым образом на человека, его энергетику и человек – на эту планету.

– Астрология в этом смысле несёт в себе зерно истины?

– Не только астрология. Здесь ещё важен и природный характер воздействия планет на Землю и человека – на планету.

– Что происходит с планетарной душой, когда она достигает совершенства?

– Она оказывает большие воздействия на окружающее пространство. Перед ней ставятся новые цели, и она производит огромную работу.

– Откуда берется планетарная душа для первоначального вселения в планету?

– Мы её создаём, – отвечает Духовная Система.

– За счёт чего она совершенствуется?

– За счёт работы, которую производит.

– За счёт какой работы она совершенствуется?

– За счёт выращивания вас и всего живого на ней, а также и своей работы.

– Земля по уму выше человека, но она не умеет творить. Так в чём же тогда её ум выше человеческого?

– Земля может творить всё. Вы об этом просто не знаете.

– А что именно она может творить?

– А что вам надо?

– К примеру, человек строит дом, рисует картины, сочиняет музыку. А что создаёт Земля?

– Она может создавать погоду, которая в свою очередь воздействует на душу человека. Она мыслит и творит своими категориями, но человеку это понять сложно.

– Как добиться максимальной очистки человеческой души?

– Выполнять Наши правила.

– Что означает понятие – «чистая душа»?

– Душа, не засорённая грязными мыслями и чувствами. Чувства Нам не нужны.

Контактёр Марина Молодцова
Стрельникова Л.Л.:

– Давайте поговорим о развитии души. С чего начинает своё развитие человеческая душа?

– Она должна изучить свою миссию во всех последующих жизнях.

(Эта информация заложена в подсознании человека как главная его цель, поэтому сейчас мы можем воспользоваться ею только на интуитивном уровне и, прислушиваясь к себе, можем более или менее правильно охарактеризовать свои поступки и устремления. – *Прим. авт.*)

– Почему миссия каждого человека на Земле скрыта от него?

– Она не скрыта. Человек выбирает её сам. Часто он может работать и не понимать, что ему требуется. Но бывают в жизни моменты, когда его душа подсказывает ему, что надо делать. И от него зависит – придаст он значение Зову Души или оставит без внимания.

Дмитриев А.:

– От каких условий зависит развитие?

– Нужно соотносить себя с другими людьми, больше читать, делать выводы, то есть развиваться. И тогда от вас будет зависеть – что вы выберете, а что отбросите.

Салкин Н.:

– Все ли души после совершенствования на Земле обладают одинаковыми знаниями?

– Естественно, не все.

– Вы нам как-то говорили, что душа перед тем, как вселиться в человеческое тело, знает все те знания, которые имеются у Вас в Космосе, а потом их забывает.

– Да, действительно, когда душа присоединяется к физическому телу, у неё есть весь набор знаний Космоса, точнее не сами знания, а ключ, код к общему информационному полю Космоса, куда она имеет доступ. А когда душа вселяется в тело, этот ключ как бы отбирается.

– То есть все души обладают одинаковыми ключами?

– Да, но вне тела. На некоторых этапах развития эти ключи отбираются.

– А когда душа полностью совершенствуется на Земле, ей возвращают этот ключ?

– Да. Ключ – это небольшой открытый канал, через который при желании они могут получить всю интересующую их информацию.

Фадеев М.:

— До своего соединения с телом душа пребывала у Вас, зная все Ваши знания. Как только душа вселяется в тело, она попадает под гипноз планеты и забывает всё, что связано с Вами, то есть земное бытиё способствует забвению знаний. И не являются ли знания, полученные человеком в процессе жизни, всего лишь припоминанием тех, которыми обладала душа до вселения?

— Частично – да. Но за новую жизнь душа приобретает всё новые и новые знания, иначе не было бы смысла в её развитии.

Стрельникова Л.Л.:

— Почему человек не помнит свои предыдущие жизни?

— Он не смог бы жить.

— Если душа вечная, она должна вспомнить всё прошлое. На каком этапе своего развития душа вспомнит весь путь, по которому прошла?

— Когда высвободится из материального тела.

Салкин Н.:

— Вы говорили, что душа набирает определённый энергетический потенциал, после которого не возвращается уже на Землю. Так сколько же, по-нашему, «очков» надо для этого?

— То количество энергии, которое необходимо набрать человеку на Земле, совершенно разное. Оно индивидуально для каждого и зависит от той миссии, с которой его посылают. На одну душу выпадает иногда такая большая и сложная миссия, что её невозможно выполнить в течение одной жизни. На другую душу, менее развитую, возлагается другая миссия, которая может заключаться буквально в нескольких действиях. Но вся суть в том, узнает ли об этой миссии сам человек и будет ли стремиться выполнить её или же продолжит жить в своё удовольствие.

Лапин С.Г.:

— Развитость души даётся с рождения или нет?

— Душа начинает своё развитие с рождения.

Контактёр Володя Чичилин

Дмитриев А.:

— Как влияет технический прогресс на развитие души?

– Он имеет значение только лишь как процесс для получения информационной энергии, которая нужна Нам. Но в конечном итоге продукт технического процесса может привести к убийству и недоработке других видов энергий.

Стрельникова Л.Л.:

– Душа может перескочить с одного уровня развития на более высокий, минуя сразу несколько промежуточных уровней?

– Да, может.

– Для растений и животных этот путь не приемлем?

– У каждого своя задача.

– Возможно ли на каких-то планах бытия поглощение сильными душами слабых?

– Что вы! Не надо так говорить, – Их интонация говорит о том, что я задала кощунствующий вопрос.

– На каких Уровнях в Космосе поддерживается мужское и женское начало?

– На материальных.

Контактёр Марина Молодцова
Стрельникова Л.Л.:

– Отличается ли процесс совершенствования души через музыку от процесса совершенствования души через другие виды искусства?

– Да, отличается. Как музыка отличается от поэзии, так же отличается и их энергия. Энергия зависит от того, какая музыка. Если музыка вливается в душу человека – энергия качественная, если музыка плохая, то энергии нет или она очень низкая. Так же и картина, созданная при контакте с Системами, излучает много качественной энергии, чем та, которую создают для денег.

– Душа вечная, совершенствуется постоянно. Но как объяснить, что одни души опередили по уровню развития других на много миллионов лет?

– Этот процесс шёл многие тысячелетия, и действительно, многие души опередили по своему духовному совершенствованию другие на многие годы. Это связано прежде всего с образом жизни тех оболочек, в которых побывала та или иная душа.

— Есть формы, в которых души развиваются быстрее, есть в которых – медленней. Назовите эти формы.

— Быстрее душа развивается в вашей форме.

— Но Вы существуете в другой форме, и у Вас развитие идёт быстрее...

— Вот видите, вы сами ответили на этот вопрос.

— А когда человеческая форма одинакова, от чего зависят способности души? Одни за одну и ту же единицу времени набирают больше знаний, другие – меньше.

— Здесь очень сложная связь. Это зависит не столько от души, хотя и от неё тоже, но и от мозга, оболочки, поскольку сама оболочка представляет собой очень сложный механизм.

— Одному могут дать оболочку развитую, а другому – неразвитую. Это делается преднамеренно? (Например, материальное тело нормального человека и тело урода или тело дебила. – *Прим. авт.*)

— Да, всё направлено на совершенствование души, и все эти испытания даны не зря.

Лапин С.Г.:

— Совершенствование души идёт через страдание или удовольствия?

— Сам процесс совершенствования души – это великий труд. Он обычно идёт через страдания, но итоги этого труда доставляют человеку удовольствие.

Стрельникова Л.Л.:

— Существует ли в других мирах совершенствование души, основанное только на радостях, счастье и положительных эмоциях?

— В основном для других Систем под радостью, счастьем подразумевается совсем другое. Эти понятия объясняются совсем иначе. Для некоторых такие чувства остались уже позади, цивилизованные миры уже не знают – что это такое радость, счастье. Они перешли к более совершенным и высоким понятиям. У них всё основывается на энергетике.

— Что происходит в душе, когда она испытывает страдания?

— Выброс энергии.

– Куда идёт энергия духовных страданий человека?

– Духовные страдания – это очищение души, очищение энергии, которую человек посылает в Космос. Она направляется на те энергетические субстанции, где она требуется.

– Если тело испытывает физическую боль, то душа тоже испытывает страдания, или она при этом может не страдать?

– Если страдает физическая оболочка, то обязательно страдает и душа, поскольку она – более тонкая энергетическая субстанция. Душа испытывает намного больший спектр воздействия страдания, чем тело. Душевная боль порою более ощутима, чем физическая, и вы чаще согласны претерпеть любую физическую боль, чем страдать душевно.

– Почему душу человека вселяют иногда в больное тело: парализованное, уродливое?

– Для большего прогресса души.

– Страдает ли душа человека после смерти, если тело его не погребено?

– Нет, не страдает.

Панкратов В.:

– Какое влияние оказывают души друг на друга?

– Души на Земле разные. Есть души, которые затягивают другие души в низкие сферы. Но относиться к этому надо спокойно. А есть души, которые поднимают других вверх.

– Что надо, чтобы тебя не затянули низкие души?

– Надо уметь ориентироваться в обществе и знать – что хорошо, а что плохо.

– Какое сейчас существует на Земле соотношение совершенных душ и несовершенных? Кого больше?

– Человечество с каждым столетием уделяет больше и больше внимания своей душе. Людям посылаются импульсы, ими овладевает поток чувств, идей, которые они распространяют на других, эпидемии подражания охватывают всё большую часть человечества. Люди не осознают, что делают. Они перестают анализировать происходящее. Это касается несовершенных душ. Совершенные знают, что им делать и куда идти, невзирая на эпидемии подражания. Уже отсюда можно сделать вывод, что совершенных душ меньше, чем несовершенных.

СМЕРТЬ И ПУТЬ ДУШИ ПОСЛЕ СМЕРТИ

По вопросам смерти одиннадцатилетний контактёр Аркадий Чичилин дал следующую образную информацию.

Вопросы Стрельниковой Л.Л.:

– Душу человека после смерти встречают его родственники?

– Это воображение. Вы (т.е. душа умершего – *Прим. авт.*) сразу идёте смотреть на ваше тело и проводите его до самой могилы. И как только материальную оболочку закопают, душа уходит в «Союз».

– А в течение трёх дней, пока человека не закопали, душа присутствует при всём ритуале прощания?

– Да. И душа тоже страдает, родственники и близкие плачут, она их видит, но они её не видят, и душа находится в недоумении.

– А где она в это время находится?

– Она может сидеть на диване и тоже слушать вас и плакать.

– А потом она улетает со скоростью мысли?

– Вначале она думает: «Куда это я попала?» А потом, через несколько дней, она понимает, где находится, начинает ценить это и больше о своём теле не вспоминает.

– Каким образом душа после смерти может воздействовать на материальные предметы, передвигая их?

– С помощью энергии.

– Если тело не погребено, что происходит с душой?

– Душа всё равно улетает.

А контактёру Марине Молодцовой процесс смерти показали на её собственном прошлом опыте умирания.

Контактёр Марина Молодцова
Вопросы Дмитриева А.

– Опишите состояние человеческого организма после смерти?

– Наступает смерть. Органы ещё не все умерли. Я нахожусь в полузабытьи. Затем сознание отключается, и я ощущаю, как тело делится на мелкие частички. Ощущение не передаваемое, вызывает жгучее отвращение от сознания, что это твоё тело разлагается. Я выхожу из тела через дыру

Брамы в затылке. Можно выходить и через другие отверстия, если не удаётся выйти через отверстие Брамы.

Если во время жизни не было стрессов, то душа оформляется в энергетический комок, весом около двух грамм, у самого тела остаётся способность «улавливать» слова и передавать их душе в первые секунды. У сознания (относится к виденью материального тела – *Прим. авт.*) остаётся способность видеть окружающее в течение четырёх–пяти минут. Затем душа формируется в виде как бы облака, её уже не интересует окружающее. Перед её взором открывается труба-тоннель, которая засасывает её. В тоннеле находится много отверстий, которые соблазняют душу, т.е. манят, чтобы она залетела к ним. Это сепаратор для отбора душ по определённым параметрам. Отверстия светятся разными цветами: зелёным, красным, жёлтым, фиолетовым и т.д. Это цвета надежды человека: красный – гнев, зелёный – любовь, жёлтый – радость, непринуждение, фиолетовый – грусть.

Душа должна пролетать мимо этих отверстий, так как это соблазны, и лететь на белый свет. Тоннель – это поток яркого света, золотистого, как солнечный и в конце – ярко-белый. Он как бы зовёт к себе. Уровень встречающего света – 78. Дальше контактёр не имеет права лететь.

Марину возвращают к настоящему.

Дмитриев продолжает задавать вопросы:

– Через какие ещё отверстия, кроме дыры Брамы, может выходить душа после смерти?

– Живот в области пупка. Других отверстий нет.

– Каков инкубационный период хранения души в теле после смерти? Ведь она может не сразу вылететь из тела?

– Первый период – от нескольких часов до ста часов. Второй – до года.

– Что происходит с душой при выходе из того или иного отверстия? В чём заключается разница?

– В отличие от дыры Брамы, другие точки характеризуются тем, что в случае прохождения через них душа испытывает стеснения, как бы расслаиваясь на более мелкие частицы, но в итоге, когда летит через тоннель, она уже целостная. Частицы, из которых состоит душа, напоминают ионы, нейтроны и другие. В субстанцию отделяющейся души входит также и некоторое количество воды – три процента от веса души.

– Кроме жёлтого, зелёного, красного и фиолетового цветов существуют ли в тоннеле ещё другие цвета?

– Черный и белый.

– Что обозначают эти цвета?

– Чёрный – это всё то зло, которое человек причинял другим людям. Чёрный цвет притягивает злых и жестоких людей. Чёрным цветом занимается субстанция, которая находится между Землёй и Луной. Она как бы очищает зло и старается дать хотя бы малую надежду на просветление. Субстанция эта – энергетическое образование в Космосе, недоступное человеческому глазу. Её задача – очистка падших душ.

Лапин С.Г.:

– Можно ли узнать, в кого перевоплотились души ближних родственников – матери, брата?

– Прежде, чем они перевоплотятся, их душам предстоит пройти очень большой путь: для кого – один век, для кого – три века. Для каждого индивидуально. Только когда они отбудут там положенное время, мы сможем сказать, в кого они перевоплотятся. А пока процесс идёт.

Стрельникова Л.Л.:

– Правда ли, что после смерти человека его душу встречают души умерших родственников? – этот вопрос решили для проверки повторить.

– Всё зависит от восприятия человека, его воображения. Если, к примеру, на листе нарисовать точку, одни скажут – это шар, другие – круг, третьи – точка.

– То есть, явление существует, но каждый его воспринимает по-разному?

– Да, именно так. Есть излучение, которое по-разному принимают разные души.

– Хорошие люди умирают раньше, плохие живут дольше. Хороших убирают быстрее, чтобы их души не успели набрать в себя грязи пороков, или это делается по другим причинам?

– Да, вы правы. И это не единственная причина.

– Сейчас очень много людей умирает в раннем возрасте. С какой целью это делается?

– Чтобы спасти человечество.

Дмитриев А.:

– Сохраняется ли таким образом баланс чистых душ?

– До некоторой степени. Другие Системы поддерживают энергетический уровень Земли в целом. Их души переходят из одного вида энергий в другой. Некоторые из них переселяются на другие планеты, а некоторые возвращаются на Землю. Им присущи возвышенные чувства и мысли. Эти люди в дальнейшем спасут планету.

– Для чего нужны жертвы?

– Для самоочищения человечества.

– Правда ли, что со смертью человека выделяется большое количество энергии, и поэтому во время войн Земля специально отдаёт большое количество энергии в пространство не такой чистоты, какой хотелось бы?

– Да, отдаёт не той чистоты. В войне души убитых проходят множество слоёв очищения. Они проходят большой путь.

– Как именно потребляют эту энергию разные Системы, чтобы сконцентрировать её в себе?

– Да, её потребляют разные системы, перерабатывают и направляют обратно на Землю энергию требуемой частоты?

Стрельникова Л.Л.:

– Во время сна, в момент засыпания, сознание человека отключается, и он не осознаёт себя. А после смерти все ли люди осознают себя, или у некоторых сознание отключается сразу?

– Непосредственно, когда остановится сердце, человек некоторое время живёт в сознании, именно в таком, в каком находится в физическом теле. Затем сознание отключается, и подобие сознания и подсознания включаются у души, которая отлетает от тела. И дальше контроль окружающей среды ведётся непосредственно душой.

Стрельников А.И.:

– Какие стадии проходит душа после смерти человека на девятый, сороковой дни и через год?

– Нам важно, чтобы за этот срок память вашей души немного стёрлась, чтобы она не мешала дальнейшей её работе. Девятый, сороковой дни – это контрольные точки.

– Память полностью стирается?

– Нет.

– А когда она полностью стирается?

– Она стирается со временем. Но основные данные нам удаётся снять.

– Верно ли, что после смерти человека его эфирная оболочка, если она отягощена грехами, погружается в миры с более плотной материей и совершает там очищение через страдание?

– Что в вашем понятии – более плотная материя?

– Материя с более плотной массой или плотностью энергии в единице объёма.

– Материя более плотная, чем эта? – ещё раз уточняют Они.

– Да, – подтверждает Александр Иванович.

– Это не совсем так. Душа после смерти проходит несколько энергетических слоёв, где она очищается и достигает того места, где ей надлежит находиться. Она оставляет в этих энергетических слоях всё ненужное.

– Душа при этом страдает?

– Слово «страдает» – это ваше человеческое понятие. Душа не страдает, она очищается. В её памяти прокручивается вся информация за всю предыдущую жизнь.

– Она анализирует эту информацию?

– Анализируют другие Системы.

– Слои, через которые проходит душа, где находятся?

– Местонахождение их в Космосе, но Земля тоже принадлежит Космосу. Эти слои могут находиться везде, независимо от времени и пространства.

– Понятие Ада придумано для устрашения и воспитания человека?

– Нет.

– После смерти душа попадает к Вам и никаких наказаний за грехи не несёт. Так ли это?

– Наказание есть, но ваше понятие о нём не совсем правильное. Душа, находясь в Космосе, прокручивает, как вы знаете, всю свою предыдущую жизнь в своём подсознании, поскольку это ядро души. Начиная с самого последнего момента жизни и до младенчества. И когда эта лента жизни останавливается на тех промежутках, где были совершены те или иные грехи и проступки, поступает импульс, и от души отделяется та или иная её часть энергии. Чем больше от неё отделится энергии, тем больше она пробудет в Космосе и не вернётся на Землю. В этом плане наказание.

Фадеев М.:

— Человек проживает жизнь, а потом все недостатки его анализируются?

— Эти недостатки записываются в самой душе, которая на определённом этапе, когда она улетает, оставляя физическое тело, направляется первоначально на тот план, на котором прокручивают прошлую жизнь и закладывают всё, что нужно, ей в память. То есть это программа, которая записывается в самой душе.

— Значит, после смерти душа, прокручивая свою жизнь назад, «разряжается» на ту энергию, которая пропорциональна числу плохих поступков за прошедшую жизнь. Является ли оставшаяся у души энергия энергетикой новорожденного человека?

— Основа является, но к ней присоединяется ещё дополнительная энергия, при отсутствии которой душа не в состоянии вселиться в человека.

— А когда она уже вселилась, в ней остаётся только то, что было?

— Да.

Стрельникова Л.Л.:

— После смерти души считаются все одинаковые, после очистки грехов?

— Души все разные, так как находятся на разных ступенях развития. И после очистки они как бы группируются по блокам, подобное притягивается к подобному. Есть души убийц, души сластолюбцев или, как у вас говорят, души любителей прекрасного пола, есть души спасителей, души подвижников и т.д. И все они получают свою школу развития.

— После смерти душа сбрасывает астральную, ментальную и другие оболочки. Куда они деваются или на что-то перерабатываются?

– Они накапливаются в своих слоях, там, где им положено находиться.

– И существуют вечно или постепенно рассасываются?

– В вашем понятии – они постепенно рассасываются.

– А если в Вашем, то что с ними происходит?

– Эти оболочки, как и все остальные, состоят из зарядов энергии, и эти заряды идут на определённые нужды Космоса.

– Душа после смерти попадает в ваше «хранилище». За время пребывания в хранилище энергия души постоянна или она периодически подпитывается?

– Она постоянно меняется.

– А с какой целью меняется?

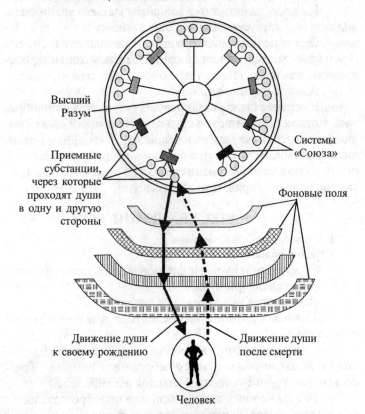

Рис. 7. Схема движения души
к моменту рождения и после смерти человека

— Поскольку в Космосе нет постоянства, нет частиц, которые бы стояли на месте. В Космосе всё движется, всё подлежит изменению.

— Это отражается как-то на душу положительно или отрицательно?

— Это обыкновенное состояние души.

— Совершенствуется ли душа с момента после смерти и до нового рождения?

— С неё снимают оболочку, которую она принесла из последней жизни, и вкладывают новую программу.

— Кто снимает оболочки?

— Тот, кому она принадлежит.

— Когда душа находится в ячейках Вашего хранилища, она совершенствуется или впадает в спячку?

— Она и не совершенствуется, и не впадает в спячку. В ней происходят изменения, которые нельзя охарактеризовать так, как вы это назвали. Это совсем другое явление.

— А какое именно явление?

— Как ранее было сказано, душа очищается и приобретает. Когда её достигает импульс, посылающий её на Землю, чтобы вселиться вновь в человека, то ей даётся потенциал энергии. С этим потенциалом человек рождается и постепенно в течение жизни его растрачивает, то, приобретая энергию, то теряя. Вам это известно.

КАЧЕСТВА ДУШИ

Контактёр Марина Молодцова
Стрельникова Л.Л.:

— Со временем душа видоизменяется. Как она изменяется и какие виды принимает?

— Изменяется не форма, а ее качества.

— Таланты передаются в последующую жизнь или программируются?

— Они не передаются в последующую жизнь. Передаются только импульсы от них в небольшие Системы... Трудно дать вам точное понятие. Это сложный процесс.

— То есть человек за счёт талантов приобретает какие-то качества, которые передаются, а таланты – нет?

— Да, можно сказать так.

Контактёр Володя Чичилин

– Знания, которые человек получает в одной жизни, передаются в будущую жизнь как приобретённые способности, или даётся новая программа, но более расширенная?

– Даётся программа.

– Может ли человек в прошлой жизни быть талантливым, а в последующей – бездарным?

– Вполне возможно.

– Почему одному таланту соответствует чаще всего сразу несколько способностей: он рисует, пишет стихи, сочиняет музыку? Мы считаем, что это оттого, что человек в одной из прошлых жизней был художником, в другой поэтом и т. д., эти навыки остались у него. Так ли это?

– Может быть и так. Здесь очень много вариантов, обо всех не расскажешь.

– Если много способностей, то человеку дан выбор, что в себе лучше развивать?

– Да.

Контактёр Марина Молодцова
Стрельникова Л.Л.:

– Глаза человека позволяют ему видеть в одном направлении. А душа видит объёмно?

– Да, это специфическое свойство души, которое не свойственно человеку.

– В какой орган души закладывается программа?

– Программа существует во всех оболочках.

– За счёт каких энергий душа ощущает себя возвышенной? Какой это вид энергии?

– Это особый вид энергии, но энергия не имеет постоянства. Изменяются ежеминутно чувства человека, его биополе, его энергия в зависимости от мыслей, настроения. Поле постоянно находится в изменении, и заряд энергии всех его чувств тоже меняется, поэтому сложно сказать – какую именно энергию имеет возвышенное чувство. К тому же, у каждого человека оно будет своё.

– А когда душа угнетена – это на неё действует энергия низких частот?

– Да, как правило.

– Для чего в человеческой душе заложено такое качество, как стыд?

– Это осознание своих действий, своего положения.

– Откуда в душах берётся такое качество, как жестокость? Закладывается программой, или это свойство человек выбирает сам в какой-то критической точке программы?

– Да, это свойство человек выбирает в определённой точке программы, и оно закодировано, т.е. запланировано, запланирован сам выбор в сторону зла или добра. Но человек делает выбор сам.

– В душе ощущение своего собственного «я» сохраняется на протяжении всего конечного развития, или в одной жизни душа чувствует себя одним человеком, а в следующей – другим?

– Другим.

– Отправляя душу на Землю, Вы закладываете программу и определяете мужские или женские параметры. Вы делаете человека мужчиной или женщиной. Чем качественно отличаются женские параметры от мужских?

– Женщина не должна быть похожа по характеру на мужчину. Но бывают ошибки. Но эти ошибки включает программа, т.е. наделяет некоторые женские души некоторыми мужскими чертами, или наоборот – мужские души – женскими чертами.

– Почему вы решили разделить души на мужские и женские?

– Для большего прогресса. Мы вам вселяем качества, которые должны существовать у материальных оболочек для их прогрессии.

– Может ли душа, прошедшая программу доброго человека, в последующей жизни получить программу порочного человека?

– Смотря, какова цель программы. Это случается крайне редко.

– То есть, если человек добрый, то в течение нескольких реинкарнаций он в основном совершенствуется только в положительных качествах?

– Личность может изменить качества души с хороших на плохие и наоборот, и в одной своей жизни.

– А может быть так, что сегодня человек добрый, а завтра – злой?

– Всё может быть, вариантов бесчисленное множество.

– Душа по своим размерам постоянна или может меняться? В теле человека, допустим, она одного размера, а после смерти, когда вылетает – другая?

– Да, конечно, меняется.

– С развитием душа увеличивается в размерах в течение нескольких миллионов лет, или меняются только её качества?

– Душа может увеличиваться в размерах, может уменьшаться. Дело в том, что когда душа увеличивается в объёме, меняется её концентрация, т.е. энергетическое насыщение, и она становится более разряжённой. Увеличение её объёма необходимо для внедрения в определённые космические единицы. Она может также уменьшить свои размеры, может вырасти в длину, высоту, уменьшиться до горошины, до атома, как ей необходимо для вселения в конкретное тело, но концентрация при этом увеличивается, т.е. энергетическое насыщение повышается. Все эти изменения необходимы душе для того, чтобы адаптироваться в той или иной среде, на том или ином Уровне.

– Вы говорили, что увеличение и уменьшение души по объёму необходимо для внедрения её в определённые космические единицы. Можете назвать эти единицы?

– У них нет конкретных названий. Они имеют форму.

– Что это за форма?

– Вам это сложно будет понять, так как форма тоже постоянно меняется, и вы найдёте в этом много противоречий, не понимая сути явлений. Отложим пока этот вопрос.

– Одни души обладают большей энергетической накачкой, другие – меньшей. Как влияет на качества души её энергетическая разряжённость? Изменяются ли при этом её свойства?

– Свойства души постоянно меняются, остаётся неизменным лишь код.

– Душу с большей концентрацией внедряют в среду с более высокой энергетикой. В какую среду?

– Ядро Земли, наши Системы и другие Системы.

– А человеческую душу тоже могут внедрить в ядро Земли?

– Да, могут.

– Внедряют за грехи или для других целей?

– Для других целей.

– А на Солнце могут внедрить человеческую душу?

– Нет.

Контактёр Володя Чичилин
Чичилина Т. В.:

– Что означает цифровой набор души, который необходим для входа к вам?

– Это вопрос или что?

– Вопрос. Вы говорили – чтобы войти в «Союз», необходим определённый цифровой набор.

– Это для вас цифровой набор. Есть специальные вещи, которые нельзя пока сказать вам.

– Этот цифровой набор одинаков для всех душ, или каждая душа имеет свой, индивидуальный?

– Все души будут у нас, – Они уклоняются от точного ответа.

Фадеев М.:

– Что означают цвета для души?

– Каждому цвету соответствует определённое состояние души. Зная информацию об этом, вы расшифруете, что представляют собой те или иные души.

– Назовите цветовой код моей души?

– Зелёный, фиолетовый, жёлтый, красный. Через некоторое время прибавится ещё один цвет. Пока не знаем, какой.

– Почему прибавится?

– В вашей жизни намечаются серьёзные изменения. Этот момент определит добавку ещё одного цвета в зависимости от того, как вы на него отреагируете. – Они говорят о приближающейся в жизни Михаила ситуации, переживая которую он должен был наработать в своей душе новое качество, а следовательно, его душа должна была пополниться новой энергией, что выразилось бы на физическом плане добавлением нового цвета в его оболочке.

– Мне расстраиваться или нет?

– Вам расстраиваться не надо. Это вам пойдёт на пользу. И убедительно просим больше в течение контакта личных вопросов не задавать. – Они говорят обобщённо, поэтому Михаил уточняет:

– Значит, мне больше на личную тему нельзя разговаривать?

– Желательно нет. Только в том случае, если это жизненно важно.

– Существует ли код души и код тела: звуковой, цифровой, цветовой? – переключается он с себя на вопросы общего плана. – Что они означают?

– Код вам нужен, чтобы определить душу или найти подход к ней?

– Найти подход к душе и...

– Хорошо, – прерывают Они, видя наше общее непонимание по данному вопросу, и стараются выразиться более доходчиво: – Чтобы для вас было ясно, поясним: код существует, но не цифровой, а энергетический. Если открыть человеку другое зрение – виденье тонкого мира, то его можно будет определить по цветовой гамме той оболочки, которая окружает человека.

– Может ли кто изменить коды тела и души человека при его жизни?

– Да, может.

– Кто?

– Высший Разум, если на то Его воля. Но зато зашифровка кода меняется в течение одной жизни пять-шесть раз в зависимости от жизненных ситуаций. Это необходимо для безопасности души.

Салкин Н.:

– Существуют ли у людей двойники?

– Двойники существуют у каждого человека, но только на физическом плане. Это очень похожие внешне люди. Двойников душ не может быть, так как каждая душа отличается не только составом и качеством энергии, но и своей сущностью.

Стрельникова Л.Л.:

– У каждого человека, как Вы сказали, имеется свой код. Является ли этот код выражением того уровня энергии, который человек производит для Космоса?

– Код человека – это тот шифр, по которому его узнают на Земле, в Космосе, это как бы его лицо, потому что в Космосе не существует имени, фамилии. И вас в Космосе будут искать не по паспорту и не по лицу, а именно по собственному коду. Почему выходят на того или иного человека? Существует банк данных, где в каталоге разыскиваются нужные коды, то есть люди, которые наиболее подходят, к примеру, для контактов.

– Этот код могут прочитать другие существа, прочитать именно с тела человека?

– Могут, но для этого нужен определённый настрой. На Земле таких людей, способных прочитать код, существуют буквально единицы.

– Душа заключена в несколько оболочек. После смерти человека душа поднимается к Вам, а оболочки наружные спадают. Могут ли эти оболочки действовать самостоятельно?

– Вообще, Нам нужна только душа.

– Но у нас на Земле наблюдаются явления появления привидений. Люди объясняют это тем, что это оболочки от умерших людей.

– Если говорить о привидениях, то сама мысленная энергия способна воплощаться в разных формах, то есть создавать разные мыслеформы, которые могут приниматься за привидения. Чем больше энергии вы выделяете через мысль, тем яснее покажется форма.

– Что происходит в итоге с отпавшими от души оболочками? Они рассасываются?

– Нас не интересуют эти оболочки, – Они опять по каким-то причинам уклоняются от ответа.

Бывает, мы не готовы к восприятию информации, бывает, Они не понимают, о чём мы спрашиваем, а бывает, у Них в данный момент отсутствует информация по интересующей нас теме, так как у тех, кто отвечал, существовала своя специализация по областям знаний. То есть это как у нас – математики, биологи, химики. И если биологу задать вопрос из области химии, то он или уклонится от ответа или должен будет сам сделать предварительно запрос соответствующему специалисту. Но, конечно, это всего лишь наши предположения по поводу того, почему Они уклоняются от некоторых ответов. Причины же могут оказаться совсем нам неизвестные.

Дмитриев А.:

– Можно ли узнать качественный состав души, то есть наименование тех энергетических составляющих, которые её образуют: добро, красота, любовь?

– Основа души – это определённая энергия. Но чтобы получить качества, мы вкладываем другие виды энергий: энергию добра, энергию зла и других характерных отношений.

– А каких?

– Которое присущи вам.

– То есть это...

– Это та «обертка» души, на которой накапливается энергия, и Мы её снимаем.

– То есть накопители определённых видов энергий?

– Да.

– Какие из этих накоплений на «обёртке» отвечают за расширенное сознание?

– Это энергия подсознания. Есть люди, которые не хотят познавать, а есть наоборот такие, которые стремятся к познанию постоянно.

– Каким образом накапливать эту энергию наиболее рационально?

– Если вы познаёте, думаете – вырабатывается энергия, и вы получаете то, что хотите.

– Расширение сознания ведёт к повышению общей энергетики?

– Да, мы говорили.

Громов В.Н.:

– Грех – это когда человек набирает отрицательную энергетику в душе, как мы выяснили. В какой оболочке – каузальной или духовной – она откладывается?

– Там, где желания (имеют в виду астральную оболочку – *Прим. авт.*).

– А может ли жить человек с нулевой энергетикой астрального тела?

– Нет.

– Идёт ли через эфирную оболочку космическая энергия для подпитки физического тела или наоборот – физическое тело получает энергию из Космоса и питает эфирное?

– Всё взаимодействует, невозможно провести разграничение.

Стрельникова Л.Л.:

– Человек умирает с какими-то приобретёнными в течение жизни качествами. Пока он находится в небытие, то есть на «том свете», приобретает ли его душа новые качества, или с какими качествами он умер, с теми же и родился?

– Нет, он не может родиться с такими же качествами, с которыми умер, иначе бы люди были похожи друг на друга, а в определённые периоды эволюции одни и те же люди просто меняли бы свою оболочку, а характеры бы их повторялись. Так быть не может. Мы вам говорили уже, что когда человек умирает, душа отделяется от тела и теряет определённые качества при своём движении на энергетическое место в Космосе. Она теряет определённое количество энергии и определенные качества. Но ядро, как правило, остаётся, а в ядре остаются именно те качества, которые запрограммированы Кармой, то есть качества, которые душе даны Свыше и которые душа должна пронести на протяжении многих жизней во всех оболочках. Это основные качества, хотя они могут быть и второстепенными, но они одни из тех качеств, которые остаются.

Фадеев М.:

– Вы говорили о способности души меняться в размерах. А само ядро тоже изменяет размеры?

– Нет. Ядро души не изменяется.

Стрельникова Л.Л.:

– На каждую оболочку человеческого тела: астральную, ментальную и т. д. – составляются отдельные программы?

– Программа существует у ядра души. Оболочки постоянно меняются.

– Физическое тело имеет определённые органы. Какие органы существуют в душе, кроме зрительных, слуховых, блока памяти и сознания?

– В душе имеются все элементы, которые есть у физической оболочки человека. Дополнительно к ним прибавляется орган космического восприятия. Он называется АМИДА. Это орган ориентации в Космосе, в нём – программа места нахождения души и прохождения ею своего пути в Космосе. По нему определяется место нахождения её в Космосе теми Системами, которым принадлежит душа. То есть в душу закладывается программа продвижения её после смерти: куда она отправляется после сбрасывания физической оболочки, и каким путём.

– Какое значение для души имеют астральная, ментальная оболочки?

– За счёт этих оболочек обостряется чувствительность души и человека в целом.

– Эфирная оболочка обладает какими-то особыми свойствами?

– Нет, она работает как насос.

– Насос чего?

– Насос энергетики. Иногда он может быть перекрыт вследствие каких-то причин, а иногда открыт. Всё зависит от вас.

– От чего зависит накопление энергетики каузальной оболочкой?

– От умственной деятельности. Это интеллект.

– А дыхательные упражнения тоже влияют?

– Да, влияют. Вы можете сами развернуть логическую цепочку – от чего повышается интеллект. Найдёте множество факторов, влияющих на него.

Салкин Н.:

– А закрепляется она умственными упражнениями?

– Закрепляться она не может. Она постоянно меняется, как и всё вокруг. Если она остановится, вы перестанете существовать.

– Астральные оболочки, ментальные, витальные и другие постоянно меняются. Кем, зачем и как?

– Меняются вами и Космосом. Они зависят от вашего душевного состояния. Если бы оболочки не менялись, ваша жизнь была бы похожа на существование биоробота. Но поскольку вы – люди, вам присущи изменения. Вы меняетесь внутренне, и вместе с этим изменяются ваши оболочки.

– А как меняются?

– Изменяется их цвет, форма, энергетическая концентрация.

Стрельникова Л.Л.:

– Тело человека удерживается воедино химическими, электромагнитными и другими связями. А элементы, из которых состоит астральная и ментальная оболочки, за счёт каких сил или связей образуют свою целостность?

– Всеобщая космическая сила.

– Какой вид материи представляет собой астральная оболочка, и какой – ментальная? Разные ли это материи?

– Материи разные, но от одного исходного. Если можно их назвать материей, хотя больше они походят для вас на энергии.

– То есть частицы у этих оболочек одинаковы, а качества разные?

– Да.

– Чем материя астральной оболочки отличается от материи ментальной оболочки?

– Отличаются качественно, энергетически. В астральной оболочке – более грубая материя, в ментальной – более тонкая.

Молодцова Н.А.:

– Астральные и ментальные частицы по размеру разные?

– Размер здесь ни при чём. Главное их различие – качество.

– Они могут существовать в одной точке пространства?

– Могут, так как точка – это понятие очень растяжимое.

Стрельникова Л.Л.:

– Тело человека движется за счёт того, что органическое питание превращается в механическую работу мышц. Земная техника движется за счёт сгорания топлива. А за счёт каких преобразований перемещается душа в Космосе?

– Душа в Космосе передвигается за счёт более тонкой энергии, чем та, из которой состоит сама.

– А эта тонкая* энергия на основе чего вырабатывается?

– Она не существует в самой душе, она находится в Космосе.

Стрельников А.И.:

— При потреблении мяса животных людьми происходит взаимодействие астральных оболочек убитого животного и человека?

— Взаимодействие происходит крайне отрицательно. Оболочки взаимодействуют, и наблюдается кризис. Человеку он не заметен, но, переключаясь на другой уровень энергетики, можно заметить этот процесс, то есть происходит столкновение полей. Между ними разыгрывается как бы микровойна.

— Какие оболочки разрушаются от этого?

— В основном разрушается астральная оболочка человека, у животного она разрушается незначительно. В основном это отрицательно действует на душу, поэтому и советуют не употреблять в пищу мясного.

— А детям, наоборот, рекомендуют есть мясо из-за потребности в белках.

— Белок в мясе можно заменить другими продуктами, например, растительными с таким же успехом. А советуют обычно те люди, которые не посвящены в тонкости этого вопроса.

ПРОГРАММА

Контактёр Володя Чичилин

Дмитриев А.:

— Все люди на Земле имеют программу и образуют сеть связей между собой этими программами. И программы многих людей между собой пересекаются. Это так?

— Да.

— В чём состоит эволюция наших душ?

— Души оставались неизменными. Мы заменяли лишь программу.

— В чём заключается совершенствование души, для чего оно нужно, если душа неизменна?

— Совершенствование душ нужно для того, чтобы вы отдавали больше энергии, а Мы затрачивали на это меньше энергии.

— В чём смысл Вашей деятельности, если Вы тратите меньше энергии?

– Наша деятельность – координационная. Мы указываем – как действовать, что делать и занимаемся составлением программ.

– Цель этих программ должна быть конечной?

– Цель бесконечна. Постоянно получаемая Нами энергия идёт для работы Системы и производства новых душ.

– Как производятся новые души?

– Мы согласны ответить на этот вопрос, но с одним условием – это останется между нами.

– Хорошо, – милостиво соглашается Дмитриев, но Они неожиданно заявили с металлической жёсткостью в голосе:

– Это не останется среди нас.

– Почему? – удивился теперь уже Дмитриев и все мы.

Рука контактёра медленно, как у робота, повернулась в сторону стола, и указательный палец остановился на магнитофоне, записывающем контакт на магнитную ленту.

– Мы поняли. Магнитофон был выключен.

Они сообщают нам некоторые сведения о душе с условием – не разглашать сказанного, после чего вновь переключают нас на разговор со своей Системой, то есть просто с «Союзом».

Контактёр Марина Молодцова
Стрельников А.И.:

– Вы нам говорили, что может произойти рождение души на Земле. По какой причине это происходит?

– На Земле совершается много действий, не запланированных программой. Это случается по многим причинам. К незапланированным действиям относятся: насильственное убийство и самоубийство. Точнее – некоторые убийства, не по программе. Самоубийства же не запрограммированы, хотя у каждого человека имеется своя программа со своим концом. В силу незапланированных поступков людей происходят другие нарушения программы, в частности и случайные рождения душ. Но случайная душа не задерживается на Земле и в скором времени покидает тело, поскольку длительное её пребывание мешает функционировать другим душам.

– На Земле человек получает знания через книги, речь, телевидение и т.д. У него есть учитель. А каким образом совершенствуется душа в тонком мире, как идёт там передача знаний?

– У каждой энергетической субстанции есть порог восприятия. Порог восприятия может измениться только в случае, когда субъект способен обменяться информацией с другим субъектом. Причём, порог восприятия изменится у обоих сразу после обмена информацией. Учитель всегда обладает большей полнотой информации и отдаёт ее другим, формируя в более низких Иерархиях определённый уровень знаний, чтобы они были готовы к восприятию более полной информации. Учитель выдаёт её в полном объёме, но сам объект не готов в полном объёме её усвоить, поэтому учителя и формируют сначала новые понятия для более широкого последующего восприятия, а потом дают знания.

Стрельникова Л.Л.:

– Мы знаем, что Вы и мы шли в развитии разными путями. В связи с этим – чем ваши души отличаются от наших?

– Наши состоят из более тонкой материи и выполняют более важные задачи, чем ваши. Наши более совершенны.

– Ваши души тоже находятся в каких-то защитных оболочках?

– Да. И защита эта стоит постоянно. С каждым выполненным нами заданием, программой эта защита увеличивается. Этим самым Мы совершенствуемся. Если цивилизованный человек по настоящему не может ставить на себя защиту, и в некоторых случаях даже не знает, что это такое, то для нас это правило номер один.

– У ваших душ очень высокая концентрация энергии?

– Да, на несколько порядков выше самой высокой вашей.

– Вы знаете абсолютно всё, или есть что-то, чего Вы тоже не знаете?

– Абсолютно всё Мы знать не можем, так как Мы не Абсолют.

Салкин Н.:

– Вы знакомы с международным центром единства людей на Земле?

– Все люди, все их души знакомы Нам.

Дмитриев А.:

– Мы когда-нибудь станем Вами?

– Когда полностью наберёте тот цифровой набор, который нужен для входа к Нам. Но сначала вы должны войти в «Союз» ниже нас (из разговора с «Высшим Союзом» – *Прим. авт.*).

Контактёр Марина Молодцова
Лапин С.Г.:
– Что значит сознательно владеть душой?
– То есть без особого труда выходить из тела, входить в него и вселяться в другие материальные тела, причём всё делать осознанно.
– Значит, это сможет человек будущего?
– Да.

Стрельникова Л.Л.:
– Известны случаи, когда враждебные человеку силы из тёмных миров воруют у него тонкие составляющие оболочек души и из них строят у себя элементы сущностей зла: боевые и дезинформирующие конструкции, которые опять же направляют против человека. Как противостоять этим силам?
– Делать как можно больше добра людям.

Салкин Н.:
– А как восстановить сами оболочки?
– Сами вы их восстановить не сможете. Оболочки может восстановить человек, который энергетически на сто пятьдесят единиц выше вас.

Стрельникова Л.Л.:
– Как выявить человека, у которого украдены тонкие составляющие души, по каким признакам?
– Это могут определить люди с особой энергетической чувствительностью, в частности, экстрасенсы и те, у кого работает третий глаз.
– У поражённых людей имеются какие-то провалы в оболочке?
– Да, провалы и, как это называется, по-вашему – «занозы».
– Что чувствует человек, у которого вырваны тонкие составляющие? Или он не замечает, что над ним произведено действие?

– Вначале он чувствует угнетение, но связывает это с какими-то внешними признаками, не подозревая сути происшедшего. На самом деле – это последствия того процесса, в результате которого из его оболочек вынули определённые составные части. После этого человек качественно меняется. Он начинает ссориться с людьми, начинает менять свой образ жизни в худшую сторону и постепенно деградирует.

– Что сделать, чтобы этого не случилось с любым из нас?

– Создать систему защиты для себя. Выработать в себе привычку ставить защиту каждый день, причём, сильнейшим образом: окружать себя энергетическим белым или зеркальным шаром.

Стрельников А.И.:

– Некоторые колдуны и шаманы возвращают душу в мёртвое тело. Это действительно возможно?

– Зачем душе возвращаться в мёртвое тело? – в Их интонации удивление.

– Но такие факты есть. Или шаманы пробуждают не умершего, а спящего человека, а создают видимость, что умершего?

– В каждой клетке вашего тела находится информация. Если разбудить эту информацию, то можно получить ответ.

ПОВЕДЕНИЕ ЛЮДЕЙ
(РАБОТА ГРУППЫ)

Во время контактов было интересно наблюдать за характерами людей. Для этого, как учил нас «Союз», надо было чуть отдалиться от данной ситуации и посмотреть на неё как бы сверху, со стороны. Многое открывалось взору и самое главное – начинали резать глаз мелкие человеческие недостатки, мелкие – а может быть как раз и основные, главные. Я не хочу писать, что у нас всегда всё было прекрасно, слаженно, дружно, что люди работали на чистом энтузиазме. На чистом работало всего человека четыре, остальные что-то ждали от контактов для себя или в материальной сфере, или в духовной, к примеру, открытия сверхспособностей. А приобретение последних означало выделение тебя из массы и повышенное внимание к тебе окружающих.

Многие люди считали, что, стоит связаться с Высшими Иерархами – и жизнь превратится в сплошной рай. Они будут твоими покровителями и, как старик Хоттабыч, начнут исполнять все твои желания или хотя бы уберегут от тех трудностей, в которые был ввергнут в последнее время наш народ.

Но в Космосе существует закон невмешательства – это, во-первых; во-вторых, душа каждого человека должна совершенствоваться через трудности, во благах она костенеет, черствеет, развитие останавливается, и в третьих – у каждого индивида есть своя программа, и он обязан её выполнять сам, а не с помощью кого-то Свыше. Вмешиваться в программу имеют право только те, кто её составляет.

Люди этого не знали, они привыкли «хапать» отовсюду понемножку и помногу, привыкли считать по-земному, что любая связь с начальством что-то даёт тебе лично, поэтому того же ждали и от связи с Высшими Иерархами. Пробовали просить у них многое: кто – здоровье, кто – помощи на выборах в депутаты, кто просил своему ребёнку повышения интеллектуальных способностей или беспрепятственного поступления в институт. Просили много, но «Союз» отклонял подобные просьбы и пытался объяснить, что этого всего человек должен добиваться сам. Для того он и послан на Землю, чтобы совершенствоваться и преодолевать трудности. Но люди не понимали этого и, ничего не получая, разочаровывались и уходили.

«Союз» не раз говорил нам: «Зло – в самом человеке, в его сущности». Вначале нам это было слышать, честно говоря, оскорбительно за всё человечество. Мы считали себя и большинство других хорошими, добрыми, бескорыстными. Но, изменив свою точку зрения, обнаружили противоположное. Мы увидели, как низко и постыдно ведут себя люди даже здесь, можно сказать, перед глазами самого Бога, не говоря о прочих местах. Корысть и жажда получить Свыше хоть что-то буквально сочилась из некоторых. Многие, правда, пытались изобразить из себя добродетель и непорочность и даже поначалу как бы перерождались: переставали пить спиртное, курить, есть мясо, начинали молиться, рьяно поклоняться Богу, ходили в церковь, становились чуть ли не фанатами религии. Потом проходил год, другой – они ничего не получали Свыше, жизнь их не изменялась в лучшую сторону, и им как бы надоедала эта игра в добродетель. Они вновь начинали пить, ругаться, переставали ходить в церковь и становились опять такими же, как и были. А свои жизненные неудачи они теперь списывали на контакты, благо было кого винить. Поэтому, когда у кого-то умирала бабушка, то случалось это не потому, что ей было 87 лет, а потому, что внук дважды побывал на контактах. Или муж одной женщины ушел к другой не потому, что он сам по себе был распутным, а потому, что эта женщина тоже соприкоснулась с контактами. Человек не желает видеть объективных причин, у него мания – обвинять в личных неудачах кого-то другого, только не себя, не желая осознавать своё несовершенство и свои недостатки.

Некоторые люди, как только у них что-то случалось, видели в этом происки тёмных и входили в противоречие с собой, то есть, желая быть близкими к Богу, они уходили от Него дальше и дальше. Ввиду духовной слепоты они истины Бога принимали за ложь, а искушения тёмных – за успокоительные капли. Люди боялись попасть к тёмным через общение в контактах и уходили от Света Бога и Его испытаний в мир, где как раз и были на каждом шагу расставлены сладкие соблазны Дьявола. Получалось, что, боясь предать Бога, в действительности они Его предавали, отказываясь от святого дара, каким являлся контакт.

Но более всего меня поражали и буквально ранили в самое сердце людские предательства. Люди приходили в группу, улыбались, делились с нами своим сокровенным, и мы их принимали за своих братьев. Потом вдруг, слыша кривотолки, бросали нас и начинали тоже клеймить группу такими понятиями, как «да они сами темные», «они связаны с дьяволом», «все они плохо кончат» и прочее в таком же стиле, обвиняли потому, что в силу личного невежества не понимали сути происходящего.

В местной газете появилось несколько разоблачающих статей в наш адрес. Причем, писал человек, который ни разу не присутствовал ни в группе, ни в клубе, писал понаслышке, довольствуясь кривотолками людей невежественных и малограмотных в вопросах контактов.

Но удары мы получали не только от тех, кого не знали, но и от тех, с которыми сроднились духовно в процессе работы. И причина отступничества от нас была одна – страх за свою душу, за свою жизнь. И как только появлялся какой-то признак опасности, и даже не появлялся, а только мерещился им, они предавали нас.

Так случилось и с одним из членов нашей группы. Он не имел космического имени и в группу пришёл спустя год после её основания и проработал с нами около полугода. Он предал нас и заклеймил «тёмными» прямо на клубе «Контакт». Причём, это было сделано совершенно неожиданно для всех. Этот человек, я не буду называть его фамилии, был прекрасным членом нашей группы: вопросов у него возникало мало, но он хорошо пел, играл на гитаре, сочинял музыку нам для мантр; он пил, ел с нами, делился своим сокровенным и до самого последнего момента вёл себя безупречно. А потом вдруг на клубе, когда я предоставила ему слово, чтобы он поделился новой информацией, вместо того, чтобы сделать доклад, встал и начал лить на нас грязь. Приблизительно речь его сводилась к следующему:

— Я долго ходил в группу контактёров и пришёл к выводу, что они связаны с тёмными силами. — Нужно было видеть лица членов нашей группы, даже непробиваемый Громов имел ошарашенный вид. Я чувствовала, что моё лицо расплывается в непроизвольном удивлении, и я ничего не могу с ним поделать. А он продолжал: — Они заманивают людские души красивой сказкой, и я долго ничего не подозревал, пока мне не стало плохо в церкви. Я чуть не потерял сознание, хорошо, что вышел на свежий воздух. И второй факт, свидетельствующий о том, что они связаны с тёмными — это то, что я стал чувствовать, как от меня отсасывают энергию, вот прямо из горловой чакры идёт отсос. Так что будьте осторожны с контактами.

Он высказался и с достоинством удалился, считая, что исполнил свой долг обличения.

После его выступления встала я. Тогда уже ведение клуба полностью легло на мои плечи ввиду того, что Шишкин заболел и оставил нас, а Куницына, его секретарь, переехала в Москву. А так как люди жаждали общения и постоянно интересовались, когда же состоятся новые заседания, то мне пришлось взять ведение клуба на себя. Я не хочу говорить, что Я возглавила клуб, потому что не по моему характеру было что-то возглавлять, становиться лидером. Это претило моей душе. Но в связи с тем, что клуб оказался как бы брошенным, а люди просили продолжения, я повела работу сама.

Попав в затруднительное положение после выступления отступника, я попыталась спокойно объяснить окружающим, что у каждого есть свои личные ощущения, и их нельзя выдавать за общие. Как ни странно, но кто-то сунул мне в руки газету, в которой оказалась статья о тёмных и светлых силах, и я зачитала её, сделав упор на то, что главное, чем отличаются одни силы от других – это поступки: «Судите по плодам творения любые». Зло проявляется в отрицательных деяниях людей, добро – в положительных, и надо только научиться понимать, что для человека добро, а что зло.

После меня встал Громов и тоже очень спокойно объяснил, почему люди могут чувствовать отсос энергии.

Люди в клубе встретили откровение отступника дипломатичным молчанием. Лица оставались бесстрастными и, возможно, потому, что на наших заседаниях привыкли к самым невероятным выступлениям. Поэтому дальше работа клуба продолжалась спокойно, и на последующих заседаниях о возмутителе спокойствия никто никогда не вспоминал, клуб продолжал работать и контактеры тоже.

Но позднее я, да и многие члены нашей группы, долго мучились от такого обвинения. Я пыталась анализировать – почему стало ему плохо в церкви, почему он чувствовал сильный отсос энергии.

Сам по себе этот человек был очень высокий и худой. Последнее время он стал держать пост, похудел ещё больше, я ему не раз говорила, что ему вредно голодать, потому что он и без того худой, но он не слушался. Во время поста, будучи уже изрядно истощённым, он пошёл в церковь и, естественно, не выдержал там мощный поток энергии, идущий от купола. Голодать и держать пост тоже надо уметь, иначе невежественный фанатизм приводит к не оздоровлению организма, а к его подрыву.

А то, что он чувствовал, что от него отсасывали энергию, здесь может быть множество объяснений. Как мы выяснили на одном из контактов, он был подключен к созвездию Рака, которые сами считались, кстати, темными, но мы на это не обращали внимания и старались переключить его на свою Систему «Союз». Отсос мог производиться в это созвездие. И к тому же, нам не зря напоминали постоянно, что мы должны ставить на себя защиту. Естественно, кто пренебрегал этим, к тому мог подключиться кто угодно и отсосать от него энергию.

Вскоре после него отошёл от группы и Саша Дмитриев. Он разочаровался в контактах, так как, кроме информации, они ничего ему не давали. А он мечтал творить чудеса с материальным миром. Христос умел исцелять и ходить по воде, Николай Чудотворец мог прирастить лошади отрубленную голову – и лошадь воскресала. Некоторые святые в минуты моления возносились до потолка и понимали язык животных. И он тоже желал иметь зримый дар, чтобы показывать его людям и доказывать с помощью него существование тонкого мира и одновременно утверждаться самому среди людей. А кто примет тебя без вещественных доказательств? Все прочие же дары: третий глаз, умение контактировать – были неосязаемы для других, не воспринимаемы большинством, и поэтому не могли явиться для них доказательством существования Высших и доказательством твоего особого предназначения.

Но перед окончательным уходом он попытался устроить для себя ещё одну проверку. Желая очиститься и с помощью энергий развить в себе большие способности, Саша Дмитриев уединился от нас. Он уехал к родителям в Астрахань и четыре месяца провел на Волге, рыбача и медитируя. Он соблюдал пост и не забывал молитвы. Саша надеялся, что после подобного отшельничества ему откроется многое и снизойдет озарение, а заодно и чудодейственный дар.

И кое-что новое открылось ему: он услышал голос реки и стал понимать, о чём рассказывает вода; он получил новую интересную информацию. Но всё это было не то, что он хотел, опять же это было бездоказательно для других. Позднее он сказал, что это всё было фантазией его воображения. И поэтому, разочаровавшись в который раз, похудевший и загоревший, он вернулся в Александров к своей семье. Контакты и медитирование его перестали интересовать. Ему вдруг показалось всё нереальным и надоевшим. Стало скучно слушать других. Другое дело, когда слушали его, но ему стало нечего говорить людям. К тому же, жена, дети требовали от него материальной поддержки, средств к существованию. И Саша, забросив все свои прежние увлечения, окунулся в обычную жизнь.

Через два года он стал совершенно другим человеком, ударился в коммерцию, купил себе автомобиль, квартиру в Москве, к нему потекли большие деньги. И в этом, можно предположить, уже были происки Дьявола, которые он принимал за награды судьбы за то, что отказался от контактов. Это пример как раз того, как Божественное принимают за Дьявольское, а Дьявольское – за Божественное. Он изменился даже внешне: из приятного худенького молодого человека превратился в толстого респектабельного коммерсанта с апатичным лицом. К нам он больше не приходил, материальная жизнь полностью его засосала. Так произошло его возвращение на старую программу.

Как ни странно, но всё, что происходило с ним, было отвергнуто и забыто. Но он, видимо, так и не понял – почему вдруг всё показалось нереальным, как сон. Контакты были временным отходом от обычной жизни, то есть представляли вариант в его программе: ему была дана возможность выбирать, проявить упорство в достижении желаемой цели, но он хотел получить всё слишком быстро, а проверку временем не выдержал. Кстати, как я заметила, более всего человек не выдерживал проверку временем, он уставал ждать желаемого и сходил быстро с дистанции.

Также отошли от нашей группы и Чичилины. Проработав с нами совместно около года, они обособились своей семьей, не желая зависеть от других людей. Татьяна Васильевна всегда в любой работе стремилась к независимости и самостоятельности. Группа ее сковывала и в действиях, и в исследуемых вопросах. Она как раз стремилась всегда быть лидером. К этому стремился и Саша Дмитриев, поэтому между ними часто происходили споры. А Татьяна Васильевна любила беспрекословное подчинение себе, и поэтому Чичилины откололись от группы. Татьяна Васильевна сама возглавила мини-группу из трех своих детей-контактеров. Возможно, она полностью изолировалась бы от нас, но «Союз» требовал, чтобы она доносила информацию до оставленной группы и чтобы их семья участвовала в общих контактах. Не выполнить Их приказа Татьяна Васильевна не могла, так как знала, что ослушание грозит закрытием канала связи, поэтому в указанные Свыше дни они проводили контакты в нашей группе.

А мы, оставшись одни, вынуждены были создать другую группу, основным контактером которой стала Марина

Молодцова. Практически две группы существовали параллельно и периодически проводили совместные контакты. В нашей группе постепенно сформировалось основное ядро из пятерых человек (наше семейное трио, Михаил Фадеев и Наталья Александровна Молодцова – *Прим. авт.*), т.е. мы были постоянными членами, а все остальные менялись. Так получалось, что только нас ничего не могло остановить и нам не могло наскучить познание нового. Чем больше нам открывалось, тем больше становилась наша жажда познать. Так огонь становится ярче и жарче, чем больше в него бросают поленьев.

В этот начальный период нашего развития от нас не только уходили, но к нам и приходило много новых людей. Они текли как ручей через трубу. Каждому хотелось соприкоснуться с чем-то необычным, но не обладая духовной зрелостью, а следовательно, не обладая духовным зрением, они ничего особенного не видели: тут не было ни инопланетян, ни привидений, ни явления ангелов – и, разочаровываясь, они быстро покидали нас. Хотя те, кто назывались ангелами, у нас были, и неоднократно, и нам удалось на снимках зафиксировать их присутствие, но об этом чуть ниже, а сейчас мы говорим о людях.

Для некоторых из них было важно только общение, они тоже ничего от контактов не ждали, но, находясь в кругу людей, просто чувствовали себя уверенней в жизни, потому что в трудные минуты мы всегда помогали другим по мере своих возможностей. И в этот период, когда рухнули производственные коллективы и многие работники предприятий оказались выброшенными на улицу, люди искали поддержку в самых разных новых социальных группах и группировках. Так что люди были самые разные и приводили их к нам тоже разные причины.

Одна женщина к нам приехала за две тысячи километров специально на контакт, так как это для неё было чудо. Она хотела своими глазами увидеть то, о чём ей рассказывали другие. И хотя с деньгами у неё было трудно, она залезла в долги и потом в течение полугода отрабатывала их, но на контакте побывала. Это был будущий контактёр Мараховская Нона. И так как она оказалась способной к контактам, то получила свой канал связи. На родину она вернулась контактёром и в одиночестве повела работу в своём городе. Ей пришлось работать одной потому, что в тех местах о деятельности подобного рода люди вообще не имели представления, и в их глазах она выглядела бы или колдуньей, или сумасшедшей, поэтому Нона предпочла работать на Космос одна.

Но и деятельность даже одного контактёра может принести городу неоценимую пользу. В городе, в котором жила она, часто бушевали сильные ветра, а так как в последнее десятилетие они особенно стали разрушительны, то Нона, как только слышала прогноз по радио о надвигающемся урагане, стала просить своего Небесного Учителя, чтобы ожидаемый ветер или обошёл их город, или чтобы не был столь разрушительным. И как ни странно, её просьбу удовлетворяли. Она заметила, что именно после её просьб ураган или проносился стороной, то есть ему изменяли маршрут, или он вообще не доходил до города. А когда однажды ожидалось сильное землетрясение, то она попросила, чтобы их город оно не затронуло. Неизвестно, было ли так задумано или опять же посчитались с её просьбой, но землетрясение произошло на другой стороне Чёрного моря, в Турции, где были тысячи жертв, а в их городе всё осталось спокойно, хотя только море разделяло их.

И при этом ни один человек в городе не знал, что эта маленькая женщина печётся о судьбе всего города и обо всех его жителях. Но никогда ни разу она не просила ничего для себя или своих детей, хотя жила довольно трудно. Свои проблемы она предпочитала решать сама. И в этом тоже – разный подход к контактам разных людей.

Так что мы не только вели контакты, но тоже, как и наши Учителя, наблюдали за поведением человека в его отношении к Божьим дарам. Одни пытались их полностью приспособить для личных интересов, другие заботились об окружающих, и третьи старались принести максимум пользы непосредственно для Космоса.

А теперь вернёмся снова к ангелам. Для того, чтобы видеть чудо, как мы поняли, человек должен себя развить определённым образом, т.е. должен построить себя в тонком плане. За одну жизнь не возможно стать ясновидящим. И какие бы упражнения человек не использовал для этого, он не сможет увидеть тонкий мир, пока его тонкие конструкции не достигнут определённого построения. Когда человек подготовил себя в прошлых жизнях соответствующим образом, то достаточно мощного энергетического импульса, чтобы ясновиденье у него открылось. Это относится и к яснослышанью, и к экстросенсорике, и всем прочим необыкновенным способностям человека. Их надо развивать во многих жизнях, но они откроются только тогда, когда человек достигнет требуемого энергетического уровня и соответствующего строения. Так слепому, не имеющему нормальных органов зрения, не возможно увидеть краски природы, а глухому услышать чарующие звуки музыки. Всё связано с их построением. И человек сам строит себя.

Поэтому приходящие к нам люди не видели тех многочисленных таинств, которые были вокруг нас по причине недостаточного уровня совершенствования. Они не доросли до них в самом прямом смысле. Так маленький ребёнок в фокусе иллюзиониста увидит чудо, а зрелый человек, обладающий более высоким уровнем развития, способен объяснить уже все его манипуляции.

Однако нам попались два человека, которые видели своим внутренним зрением в нашей комнате какие-то светящиеся области. Иногда обнаруживалось одно присутствие, иногда их было несколько. Это натолкнуло нас на мысль сфотографировать отдельные контакты. Так как нам это делать не разрешалось, то мы решили пойти другим путём. Не разрешалось обычно тогда, когда мы спрашивали разрешения. Прежде, чем что-то предпринимать, мы должны были согласовать решение с Высшими. И данный факт мы постарались обойти, решили действовать не спрашивая. Мы имели право на некоторые самостоятельные действия, и этим правом воспользовались. Поэтому периодически стали фотографировать контакты.

На многих фотографиях ничего не было, но на нескольких нам удалось зафиксировать присутствие светящихся существ. Они напоминали круглые или овальные туманные облачка. Конечно, я уверена, что если бы техника была более совершенной, то мы бы увидели не светящиеся шарики или овалы, а нечто более конкретное. Они всегда висели под потолком, часто зависали над нашими головами. Однако, я поняла, что это и есть То, что люди называют ангелами.

Святые, которые обладали даром ясновиденья, видели этих светящихся существ у себя в кельях, воображение дорисовывало им крылья и детали человеческого облика. Хотя это может и внушаться человеку прилетевшим существом, так как, обладая большим энергопотенциалом, оно, как всякий гипнотизёр, способно делать внушения. И более низкое существо, каковым является человек, увидит то, что оно пожелает. Но с полной уверенностью могу заявить, что крыльев у них нет. Они перемешаются по другому принципу, который нам пока не известен. Крылья нужны для перемещения в материальной среде, чтобы отталкиваться от воздуха. И они внушали человеку наличие их у себя, чтобы уложиться в человеческие понятия на тот уровень развития. Человек сто пятьдесят или двести лет назад никак бы не смог понять, как это можно летать без крыльев. Поэтому ангелы выходили на их уровень понятий.

Что они делали у нас в комнате? Я догадываюсь об этом, но пояснять не стану. Будем считать, что они наблюдали за контактами. Скажу, только, что это очень высокоразвитые Сути, во много раз превосходящие по степени развития человека. И они спускаются в наш мир с определёнными целями, установленными Вышестоящими Личностями, ведущими наблюдения за Землёй. Таких существ в нашем мире бывает очень много, потому что они ведут с человеком работу, о которой он не подозревает.

Так что проникновение в тайны непознанного продолжалось. Контактёры и члены групп шли вперёд через разочарования, сплетни, кривотолки, через косые взгляды и наскоки невежд, а в награду получали крохи истины – крохи, которые меняли их мировоззрение.

РЕЛИГИЯ

Контактёр Марина Молодцова
Панкратов В.:
— Что такое религия?
— Религия – это способ верования. Можно верить в Бога и без религии. В подсознании человека существует вера в Бога, и в соответствии с ней он живёт и поступает. Но большинство людей устроены таким образом, что без религии не способны стать на истинный путь, начинают нарушать общечеловеческие нормы, не знают, где хорошо, где плохо. Таким людям нужна религия.

Стрельников А.И.:
— Почему на Земле существуют разные религии?
— Это Наша Система внедряет их. Нет разделения религий. Это эксперимент, проверка той или иной веры.

Фадеев М.:
— Религии у людей разные, но Бог для всех один?
— Да.

Контактёр Володя Чичилин
Панкратов В.:
— Почему религия проповедует страх к Богу?
— Страх – это неправильно. Здесь подразумевается не страх к Богу, а уважение.

Дмитриев А.:
— Главное направление религии – это личное спасение?
— Главная задача каждой религии – это научить человека слушать Великих людей – Будду, Христа, Магомета и других. Выполнение их Задач.

– Какая религия для нас является абсолютом?

– Абсолюта у религии нет. Существует направленность, для вас – это христианство.

Панкратов В.:

– Почему русские выбрали православие?

– Это не они выбрали. Им было дано. Некоторым людям был дан Свыше импульс, который имел большой энергетический уровень, и они в соответствии с этим импульсом выполняли те указания, которые давались Свыше.

Контактёр Марина Молодцова
Лапин С.Г.:

– Оправданы ли жертвы при распространении религии на Земле, в частности – христианства, когда были крестоносцы?

– Нет, не оправданы, так как **в основе каждой религии лежит человеколюбие, милосердие, благородство души**. Всё остальное – вне религии. То, что человек вносит в неё от себя – это ваше бедствие, это ваш грех.

Стрельникова Л.Л.:

– Некоторые люди, атеисты, отвергают религию, но обладают высокой энергетикой. Чем объяснить их высокий энергетический уровень?

– Не надо обвинять людей, отвергающих религию, поскольку та религия, которая сейчас существует на Земле, имеет несколько направлений, несколько течений. Она разная. А такого быть не должно, потому что Вера у людей должна быть одна. И она должна быть истинной. А у неверующих, но порядочных людей Вера существует внутри, и такая, какая нужна им самим для поддержания их праведного бытия. И эту Веру они утверждают своими поступками и делами, принципами, поэтому у них такая высокая энергетика. А многие люди, которые, кажется, искренне верят в Бога и внешне выглядят хорошими, на самом деле оказываются не такими, потому что, когда выпадает ситуация, испытывающая их, они очень часто продают себя, продают Дьяволу, т.е. поддаются на всякие соблазны, входят в сделку с совестью. Для них в момент испытаний, а это всегда сложные ситуации, дороже не их вера и принципы, а материальное благополучие. А истинная Вера, внутренняя, подтверждается делами, а не внешним показным проявлением. **Вера в Бога подтверждается поступками.**

— Значит, высокая мораль и нравственность обеспечивают человеку высокую энергетику?

— Можно не ходить в церковь, но иметь настоящую Веру и быть порядочным человеком.

Дмитриев А.:

— Чем вызвано в настоящее время распространение кришнаитства?

— У вас в стране не наблюдается распространение.

— Сознание Кришны является ли порождением восточных рас?

— Кришнаитство является религией восточных рас. Но у всех религий – единое направление.

БОГ

Контактёр Володя Чичилин
Дмитриев А.:

— Можно ли вернуть человеку Веру в Бога?

— Возвращать не надо. Без Веры можно жить правильно, но Вера придёт к человеку сама.

Фадеев М.:

— Что такое Вера на вашем, Высшем уровне?

— Если Вера подкреплена действием во благо людей, во благо мира, то это истинная Вера, и она называется Высшей. Высшая Вера доступна только тем, которые знают, во что они верят и, безусловно, это есть вера в Бога, а не просто вера сама по себе.

Дмитриев А.:

— Объясните нам понятие «Бог» и, если можно, как происходит явление Бога на Землю?

— Бог – это та Высшая Сила, в которую вы верите, которая управляет сознанием. Бог не материален. Это ваша Вера. Без Веры человек не может существовать.

— Почему явление Бога на Землю происходит с интервалом в две тысячи лет?

— Время не играет роли. Только когда Земля посылает сигнал о такой необходимости, тогда посылается Свыше Бог.

– Каким образом происходит явление божеств на Землю?

– Это явление Высшего Разума. С Земли сначала, из её ядра, начинают поступать сигналы в Космос о том, что человечеству необходимо явление Бога. Обычно на Земле в этот период начинаются беспорядки, хаос, моральное падение. И эти сигналы сначала поступают в ядро Земли, где обрабатываются, а потом отправляется сигнал в Космос.

– А в других мирах как это происходит?

– Явление Бога является крайне необходимым на Земле, без него человечество дальше развиваться не может. На других планетах это осуществляется в несколько других планах. На Земле Божественная энергия была вложена в обычного человека – Христа, с помощью которой он творил чудеса. Энергия была заложена с самого рождения.

– Выбор тела человека был специальный?

– Душа была отобрана специально и выбрана была Свыше с того плана, где прошла последние самые сложные испытания.

– А остальные души чем занимаются на том плане?

– Ждут своего часа.

– А на других планетах?

– На других планетах Бог приходит в виде жителей этих планет.

Лапин С.Г.:

– Бог – это любовь или страдание?

– И то, и другое.

Контактёр Аркадий Чичилин

Стрельникова Л.Л:

– Что даёт любовь к Богу самому человеку?

– Любовь к Богу – это очень хорошее и прекрасное чувство. Любовь к Богу даёт энергетику и переход к Нам. И иногда она даёт материальные блага, но это бывает редко.

– А что дает человеческая любовь самому Богу?

– Она даёт Богу вашу энергетику и понимание. Он бывает очень рад, когда его понимают и хотят Ему верить.

Контактёр Марина Молодцова

Фадеев М.:

– Что такое – деятельная любовь к Боту?

– Это любовь к Богу, проявляющаяся через конкретные действия, поступки, дела, творчество.

– Что означает белый и золотой цвет в ауре?

– Светящийся или золотой – это цвета чистого Духа Святого. Кроме того, белый цвет – это стремление к Высшему, но ещё не достигнутому.

– Где в спектре располагается белый цвет?

– Рядом с жёлтым.

Дмитриев А.:

– В чём различие Бога и Высшего Разума?

– Ни в чём. Мы верим в Высший Разум. Для вас – Бог, для Нас – Высший Разум. Это те Вершины, к которым стремится каждый из нас.

Стрельников А.И.:

– Верующие постоянно воздают славу Богу. Для кого это нужно: для людей или для Бога?

– В каждом человеке есть Бог. Они взаимосвязаны. Верует человек или нет, он так или иначе связан с Богом. И дело каждого человека – веровать в Бога, пока не пришёл день Страшного суда.

– Можно ли сказать, что весь окружающий мир – это материализованные мыслеобразы Бога?

– Это именно так и есть. Мы и вы – это задумки Божественного начала, задумка Высшего Разума, это материальное проявление Его мыслей.

Дмитриев А.:

– Задача человека – сразу прийти к Богу?

– Сразу человек не сможет. Задача его – в совершенствовании души.

ХРИСТОС

Контактёр Марина Молодцова

Панкратов В.:

– Когда родился Христос, в созвездии Орион появилась новая звезда. Это был взрыв Сверхновой звезды?

– Да, существовала такая звезда. Она была задумана программой заранее и образовалась в результате взрыва.

– Она летела?

— Она летела в результате взрыва и своим светом вела ќ месту рождения Христа.

Контактёр Анна Чичилина
Стрельникова Л.Л.:

— У человека существуют центры высшего сознания, которые раскрываются после тридцати лет. Говорят, что и у Христа они раскрылись после тридцати лет. Что это за центры?

— Человек рождён с запрограммированной целью. Если он рождён, как говорите вы, с сознанием, то уже запрограммировано, к какому приблизительно возрасту это сознание включится, и запрограммирована дорога, определяющая, с какого возраста и по какой он будет входить в это сознание. Например, с десяти лет он может мыслить не очень ординарно по сравнению с другими детьми и поступать не так, как все. Если вы приводите пример Христа, то Он не к тридцати годам обрёл своё сознание, а уже с двенадцати лет начал говорить не как все, чем и поражал многих своих современников. В тридцать лет Он начал истинно творить, Он начал полное подключение. Для Него не существовало мирской жизни. Он выполнял свою цель, свою программу, Мы имеем право теперь это сказать. Он знал, зачем здесь, на Земле, Он понимал цель своего прихода и многогранность этой цели.

Христос знал, каким сферам служит и что принесёт своей деятельностью, и кому принесёт, а не только людям. Он прекрасно чувствовал Землю своим сознанием, которое открылось у него не к тридцати годам, а раньше. И если вы говорите, что у человека имеются центры сознания, то можно сказать, что у каждого оно включаются по-разному, смотря как человек сконструирован. У одного они могут вообще не включиться, у другого включатся к пяти годам, у третьего – к десяти, у четвёртого – к тридцати четырём. Но и при подключении всё равно степень осознания идёт у всех разная и зависит от уровня его подключения, от кода его тела, от кода его мысли, от стыкующихся с ним программ, о которых вы всё время забываете. Вы помните – когда вы живёте вместе, каждый влияет друг на друга.

– От души Христа идёт ослепительное белое сияние чистой энергии. Эта чистая энергия набирается только праведной жизнью или точным выполнением заданной программы?

– Здесь действует своя система, но больше отдается программе.

Фадеев М.:

– Вы говорите, что душа Христа находилась одновременно и в Аду, то есть на низших планах, и в небесах, и около тела. Не свидетельствует ли это о вездесущности любой души? А сгустки её, или наибольшая концентрация, находится в живом теле и в Космосе для руководства ею?

– Вы правильно думаете.

Контактёр Володя Чичилин

Панкратов В.:

– Когда умер Христос, небо было тёмным. Это было затмение или что-то другое?

– Это не затмение и это не было плодом воображения. На Землю спустилась очень чистая энергия. Она осветила Землю. На людях это явление отразилось как затмение сознания в духовном плане. Когда Христа распяли, он родился вновь, но на другом плане.

Контактёр Марина Молодцова

Громов В.Н.:

– Когда Христос находился в пустыне и сорок дней голодал, ел ли он вообще что-нибудь?

– Нет. Когда Иисус голодал сорок дней в пустыне, Он жил за счёт той энергетики, которая посылалась Ему с небес. Человек, потребляя пищу, тоже получает через неё энергию, но такую, которая иногда вредит ему, потому что еда сейчас стала непригодной по качеству.

– Он голодал на горе из-за того, что там поступает чище энергия, чем внизу?

– Каждая деталь имеет огромное значение. Сама возвышенность, даже по логике, ближе к небу, к Космосу, энергия, действительно, там чище.

– Имеет ли какое-нибудь значение запах? Пещера, в которой Иисус находился, была наполнена благовониями.

– Да, запах имеет большое значение. В древности люди по запаху определяли очень многое. По запаху человека, например, тоже можно рассказать многое о нём самом.

– Запах несёт какую-нибудь энергетику?

– Разные запахи несут разную энергетику.

Стрельникова Л.Л.:

– Бывал ли Христос на всех планетах Солнечной системы?

– Он был везде, то есть Его Сущность присутствовала везде.

– А в самом материальном теле он бывал на других планетах?

– Воплощался он только на Земле с определённой миссией.

Панкратов В.:

– Почему сам Иисус не оформил свои учения в виде рукописи?

– У каждого имеется своя задача. Не вам решать её.

Дмитриев А.:

– Как лечил Христос?

– Лечить можно мыслью.

– Кришна – это кто: тоже чья-то душа или это душа того же Христа?

– Это разные души.

– Христос говорил: «Я из Высших, вы – из низших». По какому принципу Он делил людей?

– Низшие могут стать Высшими, но при этом Высшие станут ещё выше. Их трудно догнать по развитию. Христос же имел в виду уровень развития.

Громов В.Н.:

– Скажите, в каком городе объявится Христос, как скоро и в течение какого десятилетия? С чем он к нам придёт?

– Извините, но на первую часть вопроса мы не имеем права пока отвечать. Сроки определяются не Нами и не Нами сообщаются. Но хотим сказать, что Второе Пришествие Иисуса будет очень неожиданным для человечества и не таким знаменательным, каким было первое Его пришествие, потому что сознание людей изменилось во многом, и те события, которые будут происходить во время второго пребывания Христа на Земле, на кого-то подействуют больше, на кого-то меньше, а кто-то вообще не придаст этому никакого значения. Восприятие будет зависеть от сознания каждого.

— Христос принесёт миру новую информацию. Какого рода она будет?

— В период первого пришествия Христа сознание было другим, чем в данный момент. И поэтому информация, которая будет идти во втором Пришествии, тоже будет отличаться от первоначальной. Сходство же информации будет в том, что она начнёт воздействовать на сознание людей, подсказывая – как жить на данный момент, как воспитывать душу и как сделать так, чтобы человечество процветало, а не гнило. А ещё информация будет о том, как стать ближе к Космосу, осознать, что каждый человек является частичкой Космоса.

Фадеев М.:

— Вместе с вторым приходом Христа на Земле появится и новая религия. В чём будет заключаться суть этой религии: в воссоединении всех или это будет нечто другое?

— До этого вера была, но не было единоверия. Новая религия будет проповедовать единоверие. Все люди воссоединятся и уничтожат всё то зло, которое было причинено Земле. Это идеальный исход... но его может и не быть, поскольку Земля вышла из основной программы.

— Значит, гибель Земли более реальна, чем воссоединение религий?

— Реально и то, и другое. Всё будет зависеть от того, насколько уклонится ещё человечество от той программы, которая была задана, то есть человечеству свойственен выбор в какой-то степени. Только из-за того, что ему дан выбор, совершаются ошибки. Но по-другому быть не может. В этом суть программы.

Громов В.Н.:

— Что нужно делать, чтобы встретить достойно Христа?

— Ваша задача – не причинить никому зла. Самое главное – встретить Господа вашего с чистой душой, с чистой совестью. Это не означает, что вы должны каждый день очищать себя какими-то методами, а это значит, что вы не должны загрязнять душу плохими поступками. Надо поддерживать духовную чистоту, поддерживать в своём сердце любовь ко всем людям. Делайте как можно больше добрых, милосердных дел. Никому не навредите. Думайте прежде всего о других, а потом уже о себе. А поле ваших действий очень обширное. Вы можете помогать как своим родственникам, так и совершенно незнакомым людям, которые нуждаются в помощи. Да поможет вам Бог.

СВЯТОЙ ДУХ И ДУХОВНОСТЬ

Контактёр Марина Молодцова
Стрельников А.И.:
— Существует ли какая-то разница между Отцом, Сыном и Святым Духом?
— Имеются – качественные, энергетические различия. Сверху – Отец, снизу – Сын, посредине – Святой Дух. Это крест.

Стрельникова Л.Л.:
— Что такое Святой Дух?
— Святой Дух – это тоже энергия.
— Он выше Вас?
— Это тоже МЫ.

Дмитриев А.:
— Энергия и Святой Дух – это одно и то же?
— Разница в Уровне энергии.

Стрельникова Л.Л.:
— Мы читали, что Дух не может развиваться без материи. Так ли это?
— Дух сам по себе бессмертен, а материя смертна, поскольку она рождается и умирает. А Дух вечен.
— Но Дух не ощутит себя без материи?
— Высокоразвитый Дух всегда ощущает себя.
— Почему Дух называется Святым? Что стоит за этим понятием?
— Под понятием «Святой Дух» подразумевается Божий Дух, то, с чем Мы связываем веру, чистоту, любовь к людям

и ко всему окружающему. Дух вселяется в человека в том случае, если он этого заслужил, в зависимости от его поступков, от той пользы, которую он принёс в мир. И когда он вселяется в человека, тот становится подобен образу Божьему настолько, насколько позволяет ему сам Бог, Божественное начало, то есть этому человеку становится подвластно творить чудеса. Дух Святой существует реально как на духовном плане, так и на материальном. Он существует везде. Небольшое его количество присутствует в каждом человеке, но только немногие из посвящённых людей удостаиваются чести проникнуть во все его таинства, во всё его величие.

— А в противовес ему есть Дух тёмных сил?

— Нет.

— Что такое духовность?

— Духовность в мировоззрении человека – это поступки определённого качества, совершаемые другими личностями. Сама духовность – это высокое качество энергий, свойственное душе человека.

— Что такое духовное слияние и что оно даёт? Допустим, духовное слияние одного челочка с другими, слияние человека с Богом?

— Вдумайтесь в это слово. Что у вас ассоциируется с ним? Из каких-то малых частиц путём слияния слагается что-то большое и целое. При этом человек испытывает большую любовь, радость, благодать, ощущает мир в целом, в своём единстве. Словами это невозможно передать, это то, к чему должен стремиться каждый. При этом чувстве могут появляться слезы, а все эмоции станут возвышенными и прекрасными.

— Является ли религия обязательной ступенью повышения духовного уровня?

— Нет, религия – это один из способов повышения духовности.

— Человек в результате развития приобретает духовность. Включает ли в себя духовность зло, жестокость, или духовность вырастает только на любви и добре?

— Духовность не вырастает только на любви и добре. Само слово «духовность» обозначает борьбу двух начал – добра и зла, и она растёт на победе добра над злом, то есть она зарождается и накапливается в борьбе. Человеку на протяжении жизни даётся много испытаний, и в зависимости от того, как он выйдет из них, будет зависеть – поднялся он духовно или опустился.

– Хорошо ли жалеть другого человека?

– Жалость как сочувствие должна быть, прежде всего, у богатого духовно человека. Она руководит им.

Фадеев М.:

– Существует ли принцип духовной ценности?

– Да, существует. Он находится внутри каждого из вас, и у каждого они разные.

– А общий принцип духовности для всех какой?

– Этим принципом сейчас никто не пользуется, поскольку каждый ушёл в себя, у каждого свои ценности. Но общий принцип существует – это святой Дух, Бог, это высокая мораль. Для каждого из вас ценность – это Бог. Быть приближенным к Богу – величайшее счастье и ценность.

– И чем ближе к Богу, тем ценней?

– Да.

ПОСТ, МОЛИТВА

Контактёр Марина Молодцова
Дмитриев А.:

– Для чего нужен пост?

– В это время из человека выделяется более чистая энергия. Пост необходимо соблюдать всем. Лучше это делать в церковные праздники.

– Что происходит в пост с точки зрения Космоса?

– В определённые моменты Земля находится в таком положении, когда получает из Космоса энергию. Планеты при этом ставятся в определённом порядке и получают энергию Космоса. Пост – это очищение энергии.

– Что означает сорокадневный пост?

– Это оптимальный срок для лучшего энергообмена.

– Зачем человеку молиться?

– При молитве вы получаете и отдаете энергию. Идёт энергообмен в организме человека.

– Значит, молитва является «ключом»?

– Молитва является способом забора и принятия энергии. Нам нужна чистая энергия.

– Молитва является трансформатором энергии?

– Молясь, вы отдаёте Богу свою энергию.

Стрельникова Л.Л.:

– А если молитвы читать мысленно?

– Лучше молиться вслух. Для Нас важна интонация.

Дмитриев А.:

– А если читать молитвы, не понимая их содержания?

– Если вникать в смысл молитвы – идёт больший поток энергии. Это кратчайший путь к очищению, восстановлению энергии, путь к контакту.

– От голоса что-нибудь зависит?

– Не зависит от того, как читать молитву. Главное – вникать в смысл каждого слова.

– Какое значение имеет молитва?

– Молитва – это часть выхода в канал в зависимости от напряжения. (Имеется в виду канал связи с Космосом. – *Прим. авт.*)

– До каких планов доходит сигнал от молитвы?

– Смотря кому она направлена.

Стрельников А.И.:

– Чтение молитв и пение псалмов – в чём их разница по энергетике?

– Разница небольшая. Дело в том, что люди с разной психикой воспринимают по-разному и молитвы, и псалмы. Всё это является ритуалом приближения к Богу.

Стрельникова Л.Л.:

– Какую духовную ценность приносят молитвы, кроме энергетической подзарядки?

– Каждая молитва несёт в себе огромный смысл, определённый смысловой и буквенный код. Если человек читает её, не понимая, то половина пользы от неё теряется, то есть каждая молитва должна быть прочитана с глубоким осмыслением, только тогда вы получите наибольший эффект. Кроме энергии, которую даёт молитва, она ещё очищает душу. Если вы обращаетесь с молитвой, вы обращаетесь с покаянием. Само желание прочесть молитву –

это желание очиститься, воспрянуть духом, желание сделать людям добро.

Фадеев М.:

— Чем отличается по качеству и по энергетике текст молитвы от технического текста?

— Тексты несут информацию, но энергетический заряд у них разный. Каждая молитва несёт в себе определённый заряд. Сочетание определённых слов – это как бы код той энергетики, которую они несут в себе, код смысловой, код энергетический – всё это складывается воедино. А технический текст составляется без энергетической увязки, это как бы разомкнутая электрическая цепь.

Стрельникова Л.Л.:

— Что больше заряжено: тексты в Евангелие или молитвы?

— Тексты в Евангелие заряжены неравномерно, какой-то текст больше, какой-то меньше. Но молитвы заряжены, как правило, больше. Все святые писания тоже заряжены, поскольку они идут от святых.

— Когда человек истинно верит в Бога и молится, и не истинно – есть ли тут разница?

— Когда люди верят по-настоящему, на Землю поступает и уходит с неё обратно в Космос совершенно другая энергия, более высокого качества. Поскольку такой веры нет у людей, хоть обмен энергий между Землёй и Космосом сохраняется, но энергия получается совершенно другого качества. К тому же, возросло количество горя, страданий. А всё должно находиться в балансе, горе и страдания должны быть в балансе с энергией радости и удовольствия. Сейчас такого равновесия нет, как нет и веры.

— Что значит покаяние для души?

— Покаяние души означает приближение к Богу. В минуты покаяния человек обращается к Богу, к Вселенскому Духу и обычно в такие минуты чувствует себя очень ничтожным. Это позволяет ему ощутить всё могущество Божественного Духа.

— А энергетически как при этом меняется человек?

— В любом состоянии, все энергетические планы человека меняются. Энергетическая оболочка человека принимает специфический цвет, состояние, форму, то есть меняется положительно всё.

— Часто говорят: «Прощаем тебе грехи ради имени Христа». Что означает это прощение, и какие грехи снимает?

— Когда прощают грехи именем Иисуса Христа, это означает, что, несмотря на то, что Его нет в физическом мире, Он принимает грехи на себя, как это делал, когда был здесь на Земле. Грехи он берёт на себя исключительно все, очищая сердце, душу, делая их чище, вселяя любовь к окружающим, вселяя веру, надежду в будущее, давая силу воспрянуть духом.

— А священник может таким образом перекладывать чужие грехи на имя Христа?

— Не все.

— А когда каются перед священником – это тоже имеет ту же силу?

— Лучшее покаяние – перед Богом. Священники – тоже люди и порой грешат так же, как все. И только некоторые из них достойны прощать людям так, как это делал Иисус.

— Сейчас много книг пишут о святых. Эти тексты тоже заряжены?

— Смотря каким автором они написаны.

— Если их написал церковный автор?

— Не все церковные люди живут по святым писаниям. Они тоже бывают грешны, как и все люди, поэтому, если вы хотите сделать подпитку своего биополя, лучше воспользоваться той литературой, которая даёт вам большую гарантию, то есть – Библией, Евангелием, молитвами.

СВЯТЫЕ. АНГЕЛЫ

Контактёр Володя Чичилин
Дмитриев А.:
— Что такое царственное озарение?

— Это особая информация, полученная человеком.

— 70 – это уровень энергетики апостолов?

— Да. Можно так представить: был человек, в него вселили душу с определённой программой. Он «заразил» духовностью других и получил канал связи.

Контактёр Марина Молодцова
Стрельникова Л.Л.:

— А чем душа святого отличается от души обычного человека, хотя бы зрительно для Вас?

— Качеством энергии. Чистотой энергии. Это грубо для Нас. А для вас это довольно сложно объяснять.

— Вы можете сказать, в каком мире существуют ангелы? Некоторые люди утверждают, что видели их.

— Ангелы существуют везде, а также и среди людей. Поскольку ангелы бывают злые и добрые, следовательно, и те люди, в которых поселились души ангелов, бывают также добры и злы.

— А как распознать добрых ангелов?

— Конечно, по их делам, по их наставлениям. Добрые ангелы могут являться людям и из тонкого* мира в каких-то видениях. Людям кажется, что это галлюцинация или что-то в виде этого. Ангелы являются в снах и предвещают последующие события. Они также наставляют – как лучше поступить в той или иной ситуации. Они вмешиваются в события только в крайних случаях и посылаются Высшими Силами, когда нарушается программа из-за какого-то человека или же необходимо немного что-то подправить.

Эта информация мне была непонятна и показалась недостоверной, я даже не хотела включать её в книгу. Но тут же в газете появилась статья, рассказывающая о мальчике, в тело которого была вселена душа доброго Ангела. Соответственно, он совершал добрые поступки и, кроме того, подправлял в тонких планах то, что не видно для обычного людского глаза.

А спустя какое-то время у нас состоялась встреча с одним московским ясновидцем, и он рассказал, что недавно у него умер дед, профессор по теоретической механике, и ему, внуку, показали день Суда над дедом, где выяснилось, что в деда была вселена душа одного из падших ангелов, злых ангелов.

То есть на этих двух примерах Учителя Свыше мне тут же дали разъяснения по данному вопросу, каким образом могут быть вселены души ангелов в человека, как себя они ведут, и что за свои деяния на Земле тоже несут ответственность перед Богом.

— Все ли святые равны между собой?

— Среди святых есть своего рода Иерархия. Например, ту группу, в которую входят Радонежский, Саровский, Василий Великий, возглавляет Илья Пророк.

Фадеев М.:

— Если взять нашего святого, например Сергия Радонежского. Его святость была достигнута высокой духовностью на христианском поприще. А если бы он был в такой же степени учёным, то был бы он святым, отрицая религию?

— Если человек внутренне глубоко верит в Бога, он считается приближенным к Богу. Если человек не восхваляется своей верою в Бога, если он подтверждает свою веру в Бога конкретными поступками, добрыми делами, добрым отношением к людям, он близок к Богу, и Бог контролирует его, помогает ему.

Стрельникова Л.Л.:

— Тело Серафима Саровского накопило в себя энергию. Он умер, но мощи его более четырёхсот лет сохраняют эту энергию. За счёт чего она так долго держится в нём? В обычных телах вся энергия улетучивается быстро.

— Серафим Саровский не относится к числу простых смертных. Как вы знаете из его биографии, он ушёл от людей в трущобы и жил один для того, чтобы совершенствовать свою душу тем только, чтобы люди не совращали его. И он совершенствовал её, чем только мог: лишал себя пищи, воды, молился, делал всё, чтобы как можно больше отдать энергии Космосу, причём делал всё это осознанно. Человек, который познаёт истину при своей физической жизни, вступает уже в иной мир в настоящем существовании. Он осознанно делал благо для людей и для Космоса, не щадил себя, отдавал всю свою энергию и забирал для себя минимум, который требовался для поддержания жизни. Поэтому Космические Силы отблагодарили его, наделив сильной энергией. Для Космоса он являлся святым, приближенным к Богу.

– Что было толчком для того, чтобы он переменил свой образ жизни и пошёл на такие лишения?

– Толчком было пришествие ангела во сне ещё в детстве Серафима. Он познал истину, познал свою миссию, цель своего пребывания на Земле и решил не откладывать, когда знания дойдут до его сознания, а начал действовать сразу, то есть выполнять предназначенную миссию, чтобы потом душа его пребывала в вечном блаженстве.

– Душа у Саровского тоже сохраняет эту особую энергию или она после смерти сбросила её вместе с физическим телом и сама осталась обычной душой?

– Нет, она не сбросила, потому что это особая энергия – энергия жертвенника.

Фадеев М.:

– Современные святые не приветствуют контакты?

– Да, Мы знаем, они не воспринимают тех людей, которые занимаются подобной работой.

– Но у них своя собственная энергетика высока, и за счёт неё они сами могут контактировать.

– Энергетика бывает разного рода, и не все современные святые, как выражаетесь вы, являются таковыми. Все люди грешны. И современные святые добились своей высокой энергетики постоянным обращением к Богу. Они находятся, если можно так выразиться, под крылом Бога. Они замаливают свои грехи, поют псалмы, занимаются ритуалами – это то, что их спасает. Если бы эти люди находились в миру, так же, как и вы, их бы ничто не могло спасти. Конечно, это относится не ко всем. Вам не стоит пугаться того, что священники чуждаются людей, которые контактируют. Эти люди не всё знают. Они не абсолюты, поэтому им свойственно отчуждение.

ГРЕХ. СТРАШНЫЙ СУД

Контактёр Марина Молодцова
Дмитриев А.:

– Что такое грех?

– Это толчок в психике, который по-разному воспринимается человеком. Ему никто не может приказать. У человека есть доля воли.

– Какова ответственность за грех?

– Грех надо рассматривать с двух сторон. Человеку от содеянного хорошо, а обществу – не подходит. То есть грех относителен как добро и зло. Существует группа действий, которые отрицательно сказываются на человечестве и Космосе. К ним относятся: страх, сомнения, отсутствие веры и некоторые другие.

Контактёр Володя Чичилин
Стрельников А.И.:

– Мы много слышали о дне Страшного суда. Будет ли он на самом деле?

– Да, будет. Суда не удастся избежать ни одному человеку.

– А что он будет собой представлять?

– Это как раз тот самый день, когда снизойдет на Землю Христос. Для людей это будет большим потрясением.

Громов В.Н.:

– Идет ли сейчас (март 1992 г. – *Прим. авт.*) Апокалипсис, который предсказал Иоанн Богослов?

– Нет. История изменилась. Изменили её люди. Но то, что грядёт, не менее страшно, чем описано в Апокалипсисе.

– А по времени то, что было предсказано, будет выдержано?

– По времени это продлилось. То есть человечеству ещё предстоит, по-вашему, мучиться, а, по-нашему – жить ещё тысячелетие.

ЦЕРКВИ. ИКОНЫ

Контактёр Марина Молодцова
Стрельников А.И.:

– Христианский храм – это место, где происходит концентрация энергий и энергообмен человека с Космосом. Кто дал человеку основные принципы, по которым должны строиться храмы?

– Основа, схема строения храма была дана Высшим Разумом тем людям, которые по своей программе должны были заниматься этим. Во времена основного строительства христианских храмов Высшим Разумом была создана лига или, как о ней можно оказать, особая человеческая категория людей, которые жили в разных местах Земли, контактировали с Высшим Разумом, получали информацию о своих будущих действиях и должны были эти действия выполнить. По-современному, вы·их называете архитекторами. Они знали, что с ними будет в будущем, они непосредственно подчинялись Космосу и оттуда получали всю информацию, которая касалась строения храмов и закладки в них первичной космической энергия, которой пользовались вначале при посещении храма.

— Куда именно закладывалась первичная космическая энергия?

— Энергия закладывалась под куполами и оттуда как бы свисала на прихожан.

— И эта схема организации энергетического пространства остаётся и сейчас такая же благодаря куполам?

— Да, купола играют немалую роль.

— А крест на куполе – это своего рода рассеиватель энергии?

— Середина креста – это та точка, непосредственно через которую идёт фильтрация энергии.

Стрельникова Л.Л.:

— Символизирует ли икона, висящая в углу, явление Бога к людям в месте пересечения различных миров?

— Да. И, кроме того, икона служит преломлением получаемой ею и отдаваемой энергии.

— Каждая икона несёт в себе определённый энергетический заряд и обладает определённой частотой энергетики. А так как люди по энергетике тоже разные, то иконы подбираются по совпадению частоты энергии. Правда, имеются иконы, которые могут подходить и одному, и другому, и третьему человеку, но это случается редко. На протяжении жизни эти иконы могут меняться в зависимости от совершенствования человека и только в том случае, если в человеческой жизни происходит какой-то коренной перелом. Но чаще всего одна и та же икона сопутствует человеку до конца жизни и, посылая ей молитвы, он нарабатывает себе защиту и определённую энергетику, то есть вступает в связь с этой иконой, как бы очищая свою душу.

— Почему некоторые отрицательные сущности, например, черти, боятся ладана? Сам ладан – это какое-то особое вещество? В нём сосредоточена какая-то божественная сила?

— Не совсем божественная, но чистая сила – чистая энергия, которой они не выдерживают.

— Действительно ли ни один представитель тёмных сил не может войти в церковь?

— Он может войти, но пребывает там до тех пор, пока не почувствует ухудшение своего состояния. По этому факту сразу можно отличить в церкви хорошего человека от плохого. Точнее, он не обязательно может быть плохим, а накопившим в себе очень много грубой или отрицательной энергии. Если душа человека наполняется возвышенными чувствами, мыслями, значит, в душе у него нет ничего тёмного. Если же наоборот, то такому человеку надо помочь. Обвинять же его в чём-либо не стоит, так как многие люди грешны.

— Почему светлые силы малоактивны, а тёмные более энергичны?

— У светлых сил больше препятствий. Они могущественны только за счёт выполняемой ими работы. Если же работа прекращается, то тёмные силы овладевают светлыми и нейтрализуют их.

Дмитриев А.:

— Как защитить себя от злых сил?

— Уверенность в себе. Ставить на себя энергетическую защиту, то есть частью своей энергии обволакивать себя.

Лапин С.Г.:

— Есть исследования, утверждающие, что Библия зашифрована. Правда ли это?

— Вы сами можете убедиться в этом, поскольку текст Библии непонятен мирскому человеку. Этот текст может понять только тот, кто приближен к Богу, кто идёт по пути совершенствования души.

— Значит, она не зашифрована?

— Она зашифрована в какой-то мере. Её текст может понять только тот, кто приближен к Богу. Не будем повторяться.

Стрельникова Л.Л.:

– Вводя обычаи о жертве, Господь советует Моисею приносить в жертву различный скот, кроме свиней, считая, что это нечистое животное. На основе чего свинья считается нечистой?

– Считается, что именно в свиней обычно вселяется бес, нечистый, не в физическом плане, а в духовном.

– А на какой основе птица может быть нечистой?

– То же самое.

– В жертву Господу приносили по Библии животных и плоды Земли. Что означают эти жертвы?

– Для вас та же жертва – это посты, это жертва своими желаниями. И вы время от времени должны приносить эту жертву.

– Почему нельзя приносить в жертву хромое, слепое животное и животных с прочими пороками?

– Принося в жертву здоровое животное, вы, тем самым, показываете, что отдаёте самое дорогое, самое ценное, что имеете. Принося в жертву хромого или слепого, вы как бы освобождаетесь от того, что не нужно, и поэтому вам всё равно, что вы теряете.

ИНДИВИДУАЛЬНЫЕ КАНАЛЫ

(РАБОТА ГРУППЫ)

Остановимся подробнее на получении нами индивидуальных каналов.

Конечно, работая с Мариной и Володей, нам и самим очень хотелось получить свой индивидуальный канал связи. Были у нас люди предрасположенные к контактам, такие как Балашова, Панкратов, Громов и другие, которые в общем потоке энергии сразу пробили свой канал и могли выйти на связь. Но у них не было ещё достаточной духовной подготовки, поэтому они подключались к низким уровням, которые или давали дезинформацию, или всячески провоцировали их, запугивали. Но природная предрасположенность к разговорным контактам у определённой части лиц всё-таки существовала. Другие же, хотя таких способностей не имели, но тоже мечтали стать контактёрами и получать информацию.

Самой первой попросила сделать из неё контактёра Аня Чичилина. Она третья получила трансовый контакт, то есть контакт при отключенном сознании, когда контактёр полностью или частично роботизирован. При этом её биологическая структура, видимо, не имела данных для контактирования, потому что Им пришлось коренным образом её перестроить.

Когда Аня пожелала стать трансовым контактёром, Они сурово спросили:

– Вы представляете, о чём просите?

Аня, конечно, не представляла, но смело ответила:

– Да.

Они предупредили её, что это очень серьёзная работа, но она продолжала настаивать, и тогда Они согласились.

С этого времени Аня стала ощущать по ночам, как будто в её мозгах кто-то копался, шевелил серое вещество мозга. Это непередаваемое чувство, когда в тебе, живом, перебирают твои внутренние части безо всякой боли, отодвигая что-то в сторону и вновь ставя на место.

Другой бы на её месте начал сходить с ума или размахивать жужжащей электробритвой, отпугивая звуком нежелательных существ, а она воспринимала всё, как само собой разумеющееся, и терпела, понимая, что Они перестраивают её тонкую или какую-то другую материю, ожидая, когда сможет выдавать информацию так же, как Марина и Володя. И однажды Они сообщили, что аппарат её готов.

Начала она с автоматического письма, то есть шла письменная запись информации без участия её собственного мышления, информация воспринималась как бы телепатически, хотя механизм действия этого процесса не ясен.

С этого момента Аня могла писать на работе, дома и даже на улице. Потом у неё пошёл и разговорный контакт, теперь она смогла отвечать на любые устные вопросы точно так же, как и её брат Володя.

В семье Чичилиных был еще одиннадцатилетний Аркадий. Заодно Высший «Союз» подработал и его приемный аппарат, тоже сделав словесным трансовым контактёром, предназначив ему в будущем определённую миссию. Так что все трое детей в семье Чичилиных: Анна (23 года), Володя (19 лет), Аркадий (11 лет) – стали контактёрами.* А мать, Татьяна Васильевна, через этих трёх контактёров повела диалог с «Союзом».

После того, как семья Чичилиных отошла от нашей группы, мы остались с Мариной. Какое-то время работали с ней одной, потом у нас появились другие контактёры, к тому же, мы пробовали развивать свои личные каналы связи. Нам их

---

* В книге использована только часть их информации, которую мы получили на совместных контактах. Остальная осталась у них, это их личный труд. Точно так же я не привожу здесь и письменную информацию других контактёров, считая, что это их право – распоряжаться ею по своему усмотрению.

дали, но над ними надо было упорно ежедневно работать, развивать, поэтому у кого-то каналы заработали более-менее продуктивно, у кого-то – нет. Люди пробовали получать информацию легко, а этого не получалось, и они останавливались на той мысли, что у них ничего не выйдет.

Интересно отметить некоторый потребительский характер к каналам связи отдельных членов группы. На них смотрели, как на материальные вещи. Стоило отдельным лицам получить личный канал, как работа в группе их переставала интересовать, они объявляли, что очень заняты и больше не могут ходить в группу, или что хотят идти своим путём – и уходили.

Для нас это всегда был очень грустный факт: так дружно работали вместе – и вдруг, как только человек получал то, что хотел, остальные становились ему не нужны. Создавалось впечатление, что некоторые приходили только для того, чтобы «хапнуть» Божий дар и сразу юркнуть с ним в свою нору, не поделившись с другими, чтобы потом из него черпать новые блага для себя. Но ни один, кто отошёл от группы, не смог работать сам. Каналы у них вскоре закрылись. Да и с какой целью им нужны были эти каналы? Чтобы постоянно вопрошать о своих ничтожных личных интересах? Мало кого из них интересовала наука или Космос. Поэтому и они переставали интересовать Космос тоже. Каналы, используемые в корыстных целях, закрывались. Высшие ценили жизнь во имя других, мысли и интересы во имя других.

К тому же, канал имел хитрое устройство: в зависимости от уровня развития человека, от его личностных качеств, обладатель канала мог подсоединиться только к тому уровню информационного поля, который соответствовал его личным качествам, поэтому человек низкий мог подсоединиться только к низким уровням, а высокий – к высоким. И не возможно эгоизму подняться выше первого Уровня Иерархии. Отсюда и получается различие в степени сложности выдаваемой информации. Более того, люди эгоистичные, души которых за прожитые годы накопили какую-то грязь, пороки, получив канал и попробовав его использовать в уединении в корыстных целях для себя, через какое-то время прибегали к нам в жутком страхе.

– Бросайте это дело. Вы связаны с тёмными. Попробовали свой канал, а оттуда – сплошное сквернословие льётся.

Да, льётся. Но это исходило от них самих, от их неразвитой души, от низости духовности, от их корыстных целей, а у некоторых, возможно, просто от засорения канала, от неопытности, от неумения его чистить перед контактом. Причин может быть множество. И одной из них могут быть провокации со стороны низких уровней.

Но, однако, в Космосе существует закон – «подобное притягивает подобное». И всё в нём основано на этом принципе, поэтому каждый человек чаще всего пробивает свой личный канал к тому Уровню, который соответствует его развитию и качествам души.

Пробуя свои каналы и, получая, так сказать, удар в лоб, люди начали обвинять нас – мы «тёмные», и поэтому они по своим личным каналам получают такую чепуху. Но вспомните сказку о трудолюбивой падчерице, которая в награду за трудолюбие получила сундук с золотом, а ленивая дочь – привезла домой сундук, который тут же превратился в груду черепков. Каждому воздаётся по труду. И если ты сам заработал черепки, то не надо утверждать, что и другие получат то же.

Бескорыстие, доброта, честность и прочие высокие качества ценятся в Космосе так же высоко, как и на Земле, и даже выше.

Пример Ани Чичилиной вдохновил нас, и поэтому группой было решено попросить у «Союза» каналы для каждого, даже самого неспособного. Поэтому на очередном Маринином контакте мы спросили:

– Кто из присутствующих может контактировать с Вами таким же образом, как Марина?

– Контактировать могут все с разными Системами, кто к какой подключён. Но для этого нужна либо большая способность и желание, либо огромная работа и желание, – ответили Они.

– Какими способами можно выходить на контакт? – уточнили мы.

– Выходить можно любыми способами. Конечно, вас интересует контакт непосредственный, такой, какой вы сейчас наблюдаете. Но мы говорим о контактах повседневных. Каждый из вас, хочет он этого или нет, контактирует с Нами каждую минуту. Вам даётся информация, и всё зависит от того, проанализируете вы её или нет, пропустите через своё подсознание или нет.

— Если у каждого из нас имеется канал, – сомневались мы, – каждая наша мысль, достигнув вас, принимается, и Вы воздействуете на нас. Как нам проверить свои возможности? Мы не знаем точно, доходит ли мысль до Вас или не доходит. И второе – получая какую-то идею, тоже не можем понять – она наша или от Вас?

— Извините. Мы не до конца узнали структуру человеческой психики. Пока ваша возможность не раскрывается, но это временно. Вам нужно подтверждение в ощущениях? Вы получите их. Начните работать – вы получите.

Мы взялись за работу: изо всех сил напрягались, тужились, пыхтели, пытаясь осознать, как работает канал, и никак не могли понять принцип его действия, потому что исходили от старого – от чувств. Мы пытались изо всех сил что-то почувствовать, ощутить физически. Энергию мы все-таки научились ощущать. Но как теперь научиться понимать или чувствовать Их голос, Их импульсы? Как отвечать на них? Мы стали анализировать свои первые проблески осознания связи.

— Я вчера ночью рвалась с вами поговорить. Вы меня слышали? – поинтересовалась Аня ещё до начала своего нормального контактирования. В данном случае она посылала Им свои мысли, но ответа не слышала.

— Информация, которая исходит от вас, это Наша информация, переработанная и осознанная вами, – ответили Они. – При работе вы выделяете часть потенциальной энергии, которая направляется к Нам. Требуется активная работа от вас. Не надо просто брать. Надо работать, переосмысливать, переделывать.

Многие требовали подтверждения существования тонкого мира через что-то материальное. Также и мы пытались понять, услышать их через материальные ощущения.

— У всех членов группы, кто в «Союзе», создаётся впечатление, что обратной связи нет. Или она есть, но выражена не ярко? – в который раз уточняли мы, сомневаясь.

– Мы дали вам каналы. Вы получаете информацию. Она перерабатывается вашим подсознанием, активным мышлением. Вы хотите других проявлений? Зачем вам нужна лишняя растрата энергии Нашей и вашей? Вы должны работать. Сначала работайте, просите потом.

Постепенно пришло осознание, что телепатические каналы действуют по аналогии с улавливанием чужих мыслей. Но тогда возник вопрос: как понять – где твои мысли, а где чужие? Но постепенно мы научились отличать и это.

В канал связи могли проникать и представители низких миров, подбрасывая какую-нибудь гаденькую мысль или дезинформацию. Работают и темные, и светлые, и их надо тоже отличать от своих, то есть здесь, прежде всего, необходимо было изучить себя: что свойственно тебе самому и что не свойственно.

Тогда станет понятно, что, если в канале появляется какая-нибудь гаденькая мысль, совершенно не свойственная твоему характеру и стилю мышления, то это от тёмных, если идея направлена на благо людей, значит – от светлых.

Но, анализируя работу своих каналов, приходилось постоянно задавать дополнительные вопросы, поэтому мы спрашивали, уточняли.

– Для проведения каждого контакта Вами выделяется определённое количество энергии. В чём принципиальное отличие нашего контакта-диалога и постоянного контакта человека с Космосом? – спрашивал Александр Иванович у «Союза».

Они отвечали:

– Такой контакт, который проводится сейчас, и те контакты, которые проводились ранее, концентрируют ваше внимание и позволяют вашему разуму работать в определённом направлении, то есть ваш мозг в течение времени между контактами напряжённо работает, насколько Мы знаем. Вы пытаетесь что-то узнать от Нас, Мы пытаемся почерпнуть что-то от вас. Такая работа более плодотворна для Нас и для вас. Если же говорить о контактах вообще, то все люди контактируют с Космосом на протяжении всей жизни, не подозревая об этом. Но у отдельных людей бывают выраженные контакты. Выраженные контакты – это когда человек в течение жизни получает информацию совершенно неожиданную для него и окружающих. В таких случаях этими людьми также ведётся работа, но она разбросана, то есть имеет стихийный характер и не может контролироваться самим человеком, а Нами контролируется очень сложно и труднодоступно для вашего понимания.

— В чём отличие обычных энергетических каналов людей, соединённых с Системами, от каналов «Союза»? – интересовалась Чичилина Т.В.

— Когда человек соединён каналом с «Союзом», он может говорить с Ним, и «Союз» будет отвечать ему, связь – двухсторонняя. Когда человек имеет канал с Системой – связь идёт только в одну сторону – от Системы к человеку.

Кое-что постепенно прояснялось. Мы начинали получать информацию, но ещё не верили себе и поэтому искали подтверждения в правильности своих контактов через каналы связи Марины.

— В течение этой недели ко мне поступала информация, которую я записывал во время индивидуального контакта. Был ли это контакт с какой-то Системой Высшего Разума? – сомневался Александр Иванович.

— Да, был.

— И была ли в ней дезинформация?

— Да, пока вы даёте искажения.

— Как повысить процент достоверности информации? – продолжал выяснять он.

— Увеличением умственной работы, то есть нужно как можно больше работать над собой и над той информацией, которую вы получаете.

— От чего зависит интенсивность работы канала связи?

— Работа каналов будет проявляться вашими мыслями и подталкиваться сомнениями. Вам захочется осуществить нечто невероятное. Это возможно. С каждым днём, с каждым приливом положительной энергии контакт будет усиливаться. Если вы приложите усилия, энергия будет приливать. Тем, кому энергии достаточно, можно оказывать другим людям моральную поддержку, лечить их. Кому энергии недостаточно, необходимо заниматься самосовершенствованием.

– А что нужно делать, чтобы повысить чистоту канала, чтобы меньше было дезинформации? – продолжал докапываться до тонкостей работы канала связи Александр Иванович.

– Читать молитвы перед контактом, делать дыхательные упражнения, вообще-то у каждого – свой способ должен быть.

– На какие контакты Вами расходуется больше энергии: на коллективные или индивидуальные?

– На коллективные.

– Ограничено ли время индивидуальных контактов по условиям затрат энергии?

– Нет, не ограничено, потому что Система знает, с кем контактирует. Она получает от контактёра нужную ей энергию и отдаёт ему столько, сколько необходимо, то есть идёт прямое взаимодействие: сколько уходит, столько и приходит.

Таким образом, шаг за шагом, постепенно мы продвигались к цели. Они тоже следили за нами, вносили постоянные коррективы в свою работу и позднее, чтобы каналы мы чувствовали более осязаемыми, решили провести контакт по специальной передаче связи непосредственно, как говорится, из рук в руки. Но это состоялось чуть позднее.

Марина и Володя вели контакты обычно с закрытыми глазами, полностью отключаясь от внешнего мира и превращаясь в аппарат, передающий и принимающий информацию. Их воля переставала участвовать в процессе, и мы с удивлением впервые в жизни наблюдали, как человек превращался в настоящего робота. После контакта сами контактёры совершенно ничего не помнили о происходящем, и их приходилось знакомить заново с полученной информацией.

Насколько человек при отключенном сознании превращается в робота, «Союз» продемонстрировал на Володе. Во время одного сеанса они приказали ему встать, сделать несколько шагов и указать рукой на картину на стене.

Движения его были чисто механическими. Он шёл с закрытыми глазами, как большой робот, на неестественно прямых, несгибающихся ногах, и рука, поднимаясь вверх, потеряла пластичность и одухотворённость, а двигалась так, как будто стала металлической, – рывками и тоже не сгибаясь.

Марине такая роботизация не нравилась, она хотела быть естественной, сидеть с открытыми глазами во время контакта и всё видеть.

«Союз» пошёл ей навстречу и, откорректировав свою систему связи, однажды в начале контакта объявил:

– Мы сегодня пробуем канал с открытыми глазами у контактера. В связи с этим проведём апробацию для допустимого канала. Вы должны иметь разум (то есть во время контакта осмысливать получаемую информацию – *Прим. авт.*). Мы посылаем на вас информационную программу, которая отразится в данный момент на органах осязания. В зависимости от вашего сознания вы почувствуете жар в ногах и руках. Сейчас идёт апробация. Вы получите канал информации, который будете принимать за свои мысли. В ближайшее время к вам будут обращаться другие Уровни. В подсознании вы будете слышать непонятные слова, потом начнёте их понимать, потом – общаться.

Одновременно Они попробовали открыть каналы связи и у других членов группы, но в этот раз не получилось. Марина, правда, стала вести контакт так, как хотела – с открытыми глазами, а мы остались на прежнем уровне и казались себе непробиваемыми – ничего не видели и не слышали.

Но Вверху активно работали над улучшением связи с нами, чтобы открыть каналы и у тех, кто желает поработать с Ними и испытать себя. Они тоже пытались понять нашу биологическую структуру: почему у одних она работала, у других – нет. И спустя какое-то время вновь попробовали открыть нам каналы. Теперь передача энергетического импульса настройки осуществлялась через саму Марину.

На очередном сеансе нам сообщили:

– Уровень контакта повысился. Ваша работа удовлетворительна. Контактировать будет каждый из вас, но небольшое дополнение. Каждому дан канал, но каналы все разной чистоты, что уже зависит лично от вас. Вам нужно будет работать над собой. В зависимости от чистоты канала кто-то с более чистым каналом будет продвигаться вперёд, кто-то будет отставать, а чтобы выровняться, надо помогать друг другу, то есть, если у кого-то будут возникать вопросы, проблемы, не стесняйтесь – обсуждайте, решайте их вместе. Таким образом, вы будете продвигаться вперед все вместе. Сейчас каждый из вас будет наблюдать начало нового этапа в своей жизни, после которого все ваши мысли, действия будут выполняться и осуществляться с помощью той Системы, с которой вы будете контактировать. Итак, начинаем работу. Сейчас каждый из вас будет подсаживаться к контактеру. Садитесь.

Первым сел Николай Салкин. Они продолжили:

– Возьмите контактёра за руку. Происходит передача канала. Вы должны сосредоточиться и поверить в себя. Отвечайте то, что придёт вам в голову, слушайте себя. Пусть кто-нибудь из группы начнёт задавать вам вопросы.

Первой задала вопрос Наталья Александровна:

– Некоторые члены нашей группы ведут мысленный диалог как бы сами с собой. Это и есть индивидуальный контакт?

Салкин пытается поймать первое слово, которое всплывает в его мозгу, и отвечает:

– Нет.

– А что это? – спрашивает дальше Наталья Александровна.

Салкин напрягается и с трудом улавливает:

– Мысли.

Наталья Александровна уточняет:

– Собственные мысли человека?

Николай Салкин:

– Не слышу.

Наталья Александровна:

– Прочтут ли нам сегодня лекцию о дельфинах?

– Ничего не слышу, у меня ничего не получается, – волнуется Салкин, не улавливая никаких мыслей.

Вмешивается «Союз», поправляя новоиспечённого контактёра:

– Вы поставили себе препятствие – недоверие себе. Уберите его.

– Как убрать? – не понимает Салкин. Речь идёт о тонкой материи, о преградах, создаваемых нашим сознанием.

– Мыслью. И расслабьтесь, – советует «Союз». – Нужно терпение и уверенность в себе.

– Я вам верю, – убедительно говорит Салкин.

– Не Нам верить надо, а себе, – поправляют Они.

– Но я, как ни напрягаюсь, ничего не слышу, – вновь пожаловался Салкин.

– Хорошо, вопросы будем задавать Мы. Какие силы присутствуют здесь, в комнате?

– Разные, – очень неопределённо отвечает сидящий.

– Какие именно? – уточняют Они.

– Опять ничего не слышу, – пожимает плечами Салкин.

– Если вы не слышите, это не значит, что вы не контактируете. Когда нет информации на какой-то вопрос, значит, ваш уровень ещё не высок, и вы не сможете по этой причине ответить на него. В этом ничего страшного нет, у вас всё ещё впереди. Следующий вопрос: кто вы?

– Человек.

– Зачем вы на Земле?

– Чтобы получить знания.

– Сколько раз на Земле вы жили?

– Три. (Кажется, у него стало получаться. – *Прим. авт.*)

– Кем вы были в первой жизни?

– Не слышу.

– Сколько лет вы прожили?

– Пятьдесят.

– А сколько во второй?

– Семьдесят восемь.

– В третьей?

– Семнадцать.

– Кем вы были в третьей жизни?

– Юношей.

– Что вы делали?

– Учился.

– Кто были ваши родители?

– Ученые.

– В какой стране вы жили?

– В России.

– Хорошо. Следующий, – предложил «Союз», требуя смены человека.

Следующим садится Михаил Фадеев.

– Закройте глаза, – приказали Они ему. – Освободитесь от помех. С вами пришло энергетическое существо, которое в течение нескольких дней интенсивно сосёт от вас энергию. – (Кстати, возможно, то же самое было и у нашего отступника, выступившего против нас на клубе. Энергетическое существо могло прицепиться к нему и отсасывать энергию из горловой чакры – *Прим. авт.*) – Освободитесь от него, – командует «Союз», предлагая оторвать невидимое существо от себя. – Ваша мысль способна сделать это. Освободитесь и прогоните его.

Фадеев понял. Он мысленно оторвал это существо от себя и, (как он нам потом рассказал), не особо с ним церемонясь, поддал пониже спины ногой и потом веником выгнал его из комнаты.

– Хорошо, – похвалили Они. – К вам вопрос. Вы – человек?

Последний вопрос Они задали в связи с тем, что среди нашей группы были посредники, то есть люди, которые воплощены в тела первый раз для того, чтобы выполнить какую-то определённую задачу, поставленную Свыше. Какова вообще роль посредника на Земле между человечеством и Космосом – более подробно нам выяснить не удалось. Но на вопрос – «Вы человек?», у них возникало в голове слово «посредник» даже неожиданно для них самих, потому что они ждали появления слова «да» или «человек». Слово посредник в космическом понимании мы тогда ещё не знали.

И Фадеев ответил на него также утвердительно:

– Да.

– На протяжении какого времени вы ощущаете себя человеком?

– Недели две.

– А до этого кем были?

– Не знаю.

– Мы надеемся, что вы Нас правильно понимаете? Сколько раз вы живёте на Земле?

– Не слышу.

– У вас есть связь с ядром Земли?

– Возможно.

— Да или нет? Прислушаетесь к себе.

— Нет.

— Выходили вы в астрал?

— Хотел бы.

— Запомните – вы должны отвечать не то, что вы думаете, а то, что вам дают. С Нами сейчас говорите не вы, с Нами говорит через вас ваша Система. Это проверка не вас, а вашей Системы – готовы ли вы контактировать. Поэтому говорите не от себя, а то, что вам говорит ваша Система. Следующий вопрос – что с вами будет в ближайшее время?

— Появится новый знак в моём коде, новый цвет.

— Следовательно... – ждут они продолжения.

— Переменю образ жизни.

— Значит... – Они вновь предлагают ему продолжить предложение.

— ...надо работать. – завершает он его.

— Хорошо. Следующий.

К Марине подсаживается её мать – Наталья Александровна – и берёт дочь за руку.

— Что вы чувствуете? – спрашивает «Союз». – Учитесь прислушиваться к себе.

— Какое-то волнение, – неуверенно отвечает Молодцова.

— Не то. Перестаньте волноваться. Ничего страшного не происходит. Происходит то, что вы хотели, вас никто не заставлял. Слушайте свои мысли, что появляется в них. Вы готовы отвечать?

— Да.

— Кто вас посетит сегодня ночью в астральном плане?

— Мама моя, которая умерла давно.

— Куда вы должны поехать в ближайшее время?

— В Москву.

— Как вы можете повлиять в ближайшее время на тех, с кем будете встречаться?

— Я принесу добро Системы.

Здесь приведено несколько примерив работы с нами. Членам группы задавали простенькие и в основном личные вопросы, на которые сам «Союз» отвечать не любил, потому что личное – это эгоизм, это энергии низкого уровня, и члены группы обязаны были изживать их в себе. Но изживать было трудно, особенно, если дело касалось не только тебя, но и твоей семьи.

Иногда мне казалось, что они подсмеиваются над нашей наивностью в личных вопросах и нашим непониманием сути происходящего.

Так, однажды, когда Они нам предсказали одну из приближающихся на Земле катастроф, то один из членов нашей группы, решив, очевидно, что мы все попали в число избранных, спросил:

— Но перед катастрофой Вы нас предупредите об её начале, чтобы мы могли собрать чемоданы и подготовить членов своих семей?

— Зачем чемоданы? – удивился «Союз».

Инженер серьёзно пояснил:

— Ну, как же? Мы же должны с чем-то жить первое время.

— Чемоданы вам не понадобятся, – ответил «Союз» с иронией.

— А вы нас на «летающих тарелках» будете вывозить? – допытывался неугомонный инженер.

— Посмотрим, – уклончиво ответили Они. Наша наивность была беспредельна.

«Да, – подумала я, – чемоданы, это уж точно, нам не понадобятся», – но разочаровывать его не стала. Пусть человек живёт надеждой, что будет спасён.

Отучая людей от личного и ориентируя на работу единой группой на благо всех, Они добивались, чтобы каждого интересовало только то, что касается всего человечества или какого-либо коллектива. Группу воспитывали. Мы должны были забыть местоимение «я». Но человеческий эгоизм оставался неукротим и то и дело всё-таки прорывался наружу в форме личных вопросов. И тогда мы догадались, что в этом случае тему вопроса надо обобщать, распространять на группу людей. И механизм срабатывал: на то, что касается многих, Они давали обобщающую информацию, и в то же время она вполне удовлетворяла личным запросам.

Отвечая на некоторые вопросы, Они иногда сами неожиданно для присутствующих открывали тайны отдельных членов группы. Так, однажды между прочей информации «Союз» сообщил нам, что наш контактёр Марина Молодцова воплощалась на Земле впервые, а до этого её душа пребывала на другой планете. В ее миссию на Земле входило – выступить в роли связующего звена между невидимым тонким миром и материальным.

Упоминаемое здесь слово «миссия», пришедшее к нам из Космоса и звучащее слишком напыщенно, имеет простую суть – задача, цель. Миссия – это задача, которая ставится абсолютно перед каждым человеком, приходящим в нашу земную жизнь, и она бывает самая разная: миссия стать алкоголиком, чтобы показать остальным пагубность злоупотребления вином, и миссия стать борцом за справедливость – каждому свое.

Поэтому надо сказать, что все те, кто пришли в нашу группу по зову собственной души и работали в ней какое-то время, имели свою миссию. Их задачей стало на данной стадии развития через познание нового пробудить в других лучшие светлые мысли и чувства, посеять семя добра, любви, новых исканий, вывести людей из тупика, перевести на духовную основу тех, кто способен к эволюции, кто жаждет идти вперёд.

Хочется отметить особую миссию Татьяны Васильевны Чичилиной. Можно предположить, что русский пророк Василий Немчин в своей книге пророчеств еще за шестьсот лет предсказал именно ее появление как некоторой «третьей дамы» России. Он пишет: – «Третья дама» будет маленькая, но всеведущая. «Книжницей и ключницей» называет он ее, имея в виду, что она будет владеть ключами от знаний (из журнала «Оракул» Павла Глобы – *Прим. авт.*).

Вряд ли можно найти женщину меньше Татьяны Васильевны: её рост меньше полутора метров, а за время контактирования она накопила такое количество новейшей информации о мире, о вселенной, что расшифровывать её человечеству хватит на тысячу лет вперед.

В мире не бывает случайностей, как не бывает и случайных людей в любом деле. Поэтому каждый миссионер скромно выполняет те задачи, которые на него возложены Свыше.

Наша задача в данный момент состояла в том, чтобы учиться и учить других новому осмыслению мира. Много испытаний выпало на долю каждого члена группы, много трудностей пришлось преодолеть, но вера в «Союз» осталась непоколебима, вера своему долгу – делать добро, устремлять людские души к духовному свету, к Вере, к Богу, к знаниям.

Что же касается наших личных каналов, то они заработали только у нескольких человек, понявших суть их работы.

Способы контактирования были самые разные: и трансовый контакт, и автоматическое письмо, и телепатический контакт через осознание. Наши же небесные Учителя терпеливо учили нас, поэтому в наших сердцах просыпалась благодарность к тем, кто смог снизойти со своих высот до человеческого невежества, тратя на нас энергию, время, поэтому после получения информации мы всегда благодарили Их.

НАУКА

ЧИСЛА

Контактёр Володя Чичилин
Чичилина Т.В.:
– Что означают цифры?
– Цифры – это бесконечность, заключённая в формуле. Для вас математика не важна, важен процесс созидания разума, преобразования, получаемые из импульса энергии. Следующий вопрос.

Чичилина Татьяна Васильевна не успела подготовить вопросы и, перебирая листы, ответила: – Минуточку, – как бы прося Их подождать, а Они решили, что она спрашивает, что такое минута и тут же выдали ответ:

– Минуточка – сто семьдесят три четвёртых (173/4). Это Наша минута.

Дмитриев А.:
– Как работает на нашем земном плане число?
– У вас чисел девять. Каждым числом можно воспользоваться для получения информации. Важно написание, изучение, действие. Каждое число Большой Космос может заменить на Малый Космос. Надо только уметь им пользоваться.
– Как им пользоваться?
– Чтобы пользоваться числом, надо знать, что вы хотите.
– Допустим, я хочу знать – как вытащить гвоздь из стенки с помощью цифр?
– Для этого, надо знать – из каких чисел состоит эта стена.

– А как это узнать?

– Для чего вам такая информация?

– Например, для лечения болезни. Тогда мы сможем распрограммировать болезнь человека и направить его развитие в другую сторону.

– Это не ваша задача. Если вы узнаете значение всех чисел, то зачем Мы будем нужны вам, а вы Нам? Для вас понимание чисел даст вам Власть над всем. Вы сможете убить, растворить, переделать, перестроить. Пока этого вам не требуется. Нам не позволят сказать вам, что означают цифры. Извините.

– Пифагор владел этими знаниями?

– Пифагор был подключён к Системе, но он достиг знаний через свой труд. Мы только немножко его подтолкнули в познании. Он располагал бóльшим объёмом информации, чем дал людям, потому что понимал, что многие знания в руках людей опасны. Люди корыстны и жестоки. Им нельзя раскрывать тайну цифр.

– Но можно хотя бы в общих чертах сказать, что такое число и что оно выражает?

– В каждое число включено великое множество чисел. Из каждого числа можно сделать много разных вещей. Каждая вещь состоит из чисел. Задавайте вопросы общего порядка.

Чичилина Т.В.:

– Почему число девять часто встречается в религиозной литературе?

– Шесть цифр «девять» дадут ключ к пониманию многих субстанций, которые находятся вдалеке от вас.

Громов В.Н.:

– Во многих древних писаниях существует формула – «Трое рождают все вещи». В чём её смысл?

– На Земле существует очень много чисел, которые несут в себе определённый смысл, будь то 7, 12 и т.д. Например, семь дней в неделе, 7 нот, 12 апостолов, 12 месяцев. Также и число «три» несёт в себе определённый шифр: Отец, Сын и Святой Дух. Они рождают всё. В них кроется особая энергетика, особый потенциал.

Контактёр Анна Чичилина
Фадеев М.:
– Что означает число 666?

– 666 – по вашим литературным справочникам – это обозначение Дьявола. Однако оно не несёт в себе каких-то страшных качеств, если человек осознаёт, что такое Дьявол и Антихрист. Дьявол просто знает ключ к этим трём шестёркам. Если же этим числом злоупотреблять, то оно может плохо повлиять на человека, не обладающего осмыслением. Это число несёт в себе определённое магическое направление. Эти три цифры могут повлиять на психику человека, могут вызвать всевозможные осложнения его видения. Его подсознание начнёт посылать на сознание образы, от которых может нарушиться сон, и человек может сойти с ума, смотря, конечно, с какой силой мысли направить эти три шестёрки на человека. Но если у него имеется скафандр осознания, они на него никогда не повлияют.

– Можно сказать, что этих шестёрок нет, это воображение человека?

– Мы же сказали, что эти шестёрки взяты из ваших литературных справочников и что они могут повлиять только на человека низкого уровня сознания. Вы такого человека называете «серым» или средним, то есть не обладающим каким-то образованием, достаточным для осознания этого числа. Этим человеком может руководить страх, и он все свои неудачи будет списывать на эти шестёрки.

ВРЕМЯ

Контактёр Володя Чичилин
Дмитриев А.:
– Что такое время в земном физическом плане?
– Мера бытия человека.
– Существует ли общекосмическое время?
– Да.
– Кто создал его?
– «Союз».
– Как управлять временем?
– Вам нельзя.

Стрельникова Л.Л.:

– Имеются ли у Вас промежутки времени больше, чем 173/4?

– Да. Это начальная единица.

– А следующая по длительности какая единица?

– Ваша система времени практически на таком же уровне, как и у Нас. Разница – в единице измерения.

– Сколько маленьких начальных единиц содержатся в более крупных?

– У Нас шестьдесят. Мы придумали ваше время похожим на Наше, чтобы не очень путаться. Ведь Нам постоянно при переходе в ваш мир приходится стыковать своё время с вашим. И не думайте, что это просто.

Контактёр Анна Чичилина
Стрельникова Л.Л.:

– Существуют ли кванты времени?

– На Земле – да.

– А что они собой представляют, и что является носителем их?

– Мельчайшие частички. Носителем их является энергия, но для вас это слово немножко потеряло смысл. Как вы можете двигать чашку, так Мы можем двигать ваше время и ваши кванты.

– А в человеческое тело, когда оно создаётся, закладывается определённое количество частиц этого времени?

– Да, вашего времени определённое количество.

– Этим количеством определяется и срок жизни человека?

– Да. И поэтому Нам не нужно самоубийство, иначе Нам приходится проводить большие коррекции, хотя у Нас за каждой жизнью строго следят целые отделы. Поэтому не наблюдается всевозможных метаморфоз в вашей природе и в структуре вашей Земли. Вы знаете, что параллельно с вами живут несколько миров и все связаны друг с другом и с вами в том числе. Поэтому всё предельно и всё рассчитано. Всё построено на цифрах.

– Существует ли какая-то связь между числами и временем?

– Да.

– Что такое время с физической точки зрения?

– Сейчас вам это трудно понять, потому что у людей нет ещё истинного осмысления данного процесса. Время присуще вашей биологической оболочке. Как только вы с ней прощаетесь, вами овладевает другая система времени, другие измерения в зависимости от того, на какую планету попадёте. Время на каждой планете разное, так как частота разная. Каждой материи соответствует своё течение времени.

Контактёр Марина Молодцова
Стрельников А.И.:
– Какая связь существует между числом и временем?
– Каждое число выражает определённый промежуток времени, и время выражает определённое число. Вот так всё связано.
– Каков механизм перемещения человека в другое время? Перемещается ли туда его тело или только сознание?
– Чтобы перемещаться во времени, надо обладать особой силой, которая заключается в телепортации человека. Стоит только человеку, обладающему такими способностям, захотеть куда-то переместиться – и он попадает, куда ему требуется. Но чтобы иметь власть над временем, нужно обладать особой духовностью, силой разума и особой энергетической силой.
– У частиц времени есть ли аналогия с фотонами – частицами света?
– Да. Это пучки времени, микропучки.
– Фотоны – это частицы разных вибраций, разной частоты, а кванты времени – одной вибрации?
– Разных, поскольку измерение времени везде разное.
– Значит, они тоже образуют какой-то спектр?
– Да.
– Чем определяется скорость движения частиц времени?
– Частицы времени сами по себе – это скорость, которой подчиняется всё.
– То есть они создают поток времени?
– Да.
– А существует ли понятие плотности времени?
– Да, существует.
– От чего она зависит?
– Плотность времени зависит от количества времени, а также – от пространства.

– Какая связь между субъективным временем человека и объективным?

– Объективное время складывается из суммы субъективных времён.

– Мы все живём в едином поле времени Земли. Но каждый из нас имеет своё восприятие, свою психику, своё личное время. Есть ли аналогия между временем Земли и человека?

– Аналогия имеется, но для человека она неуловима. Аналогия в том, что Земле и человеку даны почти одинаковые возможности для совершенствования. Правда, они измеряются несколько в других единицах и часто используются не так, как положено.

Контактёр Володя Чичилин
Стрельников А.И.:

– Как взаимодействуют пространство и время?

– Это сложный процесс, который вы можете не понять. Скажем лишь, что в каждом пространстве время измеряется по-разному. К примеру, если вы стоите в центре круга, для вас в данной точке время течёт по-своему. Для того, кто находится на краю – по-другому. Но тот, кто будет стоять в центре, поймёт, что для одного время течёт быстрей, для другого – медленней.

– Используется ли изменение масштабов времени для перемещения материальных объектов в Космосе?

– При перемещении время сводится к другому положению, в котором оно прогрессирует, но не для того, кого перемещают.

Контактёр Марина Молодцова
Стрельникова Л.Л.:

– В разных местах Космоса время течёт по-разному. По какому закону изменяется время, какие факторы на него влияют?

– Время мало изменяется. В разных Галактиках оно существует по-разному, но не изменяется. А если такое происходит, то в исключительных случаях из-за катастроф или других каких-то особых причин. То есть время течёт на Земле, и в этом оно изменяется, но для Земли каким оно задано, таким и остаётся постоянно – на данный момент её существования, и по отношению к вашей Галактике оно не изменяется.

Причина же самого расхождения во времени зависит от концентрации тонкой Космической энергии в Космосе.

Контактёр Володя Чичилин
Стрельников А.И.:
— На каком плане бытия время течёт обратно?
— Душа человека может вернуться в предыдущие жизни, но воздействовать на события не способна. – Они уклонились от прямого ответа, поэтому пришлось повторить вопрос.

Стрельникова Л.Л.:
— Где и когда время течёт в обратную сторону?
— Это случалось на Земле с отдельными людьми, но на короткое время.

В данном случае Они имеют в виду те документальные факты, когда некоторые люди, идя по современной улице или аллее, неожиданно вдруг попадали в прошлое: старинный город, старинные дома. Прохожие вокруг – в старинных одеяниях – и всё живое, и всё движется. Потом так же внезапно по непонятным причинам возвращались в своё время, оказываясь на прежнем месте. Но данные явления Они тоже не стали объяснять.

— Какое существует соотношение между течением времени в физическом и астральном мире?
— В астрале время другое. А соотношение вам пока осознать трудно.

ЭЛЕМЕНТАРНЫЕ ЧАСТИЦЫ.
СКОРОСТЬ СВЕТА

Контактёр Володя Чичилин
Вопрос Чичилиной Т.В.:
— Разъясните, пожалуйста, Ваше выражение: «Ум, не загрязнённый знаниями»?
— Знания могут сделать человека выше уровнем. Но не сами знания, а работа над ними. Не надо забивать свой мыслительный аппарат чужими ложными идеями. Развивайтесь, но и меру знайте. Когда человек забивает свой разум чужими общепризнанными теориями, то в его голове они превращаются в незыблемые догмы. И такому человеку понять то новое, что не вяжется с усвоенными им старыми понятиями, бывает иногда невозможно. На Земле же очень много знаний

ложных, даже общепризнанных, потому что человек не знает, что такое истина. Поэтому и получается, что, прочно заучивая ложные теории, человек засоряет свой разум, а он должен развивать его, т.е. **научиться самостоятельно мыслить**.

Контактёр Марина Молодцова
Стрельникова Л.Л.:
— Что такое вакуум и существует ли он вообще или это лабораторные измышления наших учёных?

— Чистого вакуума, как правило, не существует и он в чистом виде создан именно людьми, поскольку он не существует в природе, как и чистая молекула воды, а всегда есть какие-то примеси.

— В ядре атома электрон и позитрон сливаются в единый сгусток энергии. Что заставляет их делиться обратно на отдельные электрон и позитрон: какой-то импульс или толчок?

— Все, что заставляет материю двигаться – это сила энергии, вложенной в программу.

— Я имею в виду: отправная точка деления – это программа?

— Естественно, это программа, как и всё остальное.

Фадеев М.:
— Существует ли в атоме разумная жизнь?

— В атоме существует и жизнь, и разум.

— Верна ли схема строения атома в нашей физике?

— Настоящая схема сложна. В физике у вас она принята условно.

— Строение атома сходно с солнечной системой?

— Во всём на Земле есть аналогия в Космосе, в организме человека тоже имеются процессы, аналогичные происходящим в Космосе.

— Можно ли связаться с разумной жизнью в атоме?

— Да, можно, достигнув другого уровня мышления. Сам образ вашего мышления должен измениться.

Стрельникова Л.Л.:
— Существуют ли элементарные частицы, из которых всё создано?

— Да, есть. Но это не частицы, а энергия. А в ней много подэнергий, которые отвечают за каждую часть мира.

– Элементарные частицы получают из Космоса энергию определёнными порциями или по основному принципу: сколько отдали, столько и получили?

– По второму принципу.

– Элементарные частицы одного названия, например электроны, одинаковые или имеют индивидуальные черты?

– Одинаковых быть не может, так же как не может быть и одинаковых людей на Земле. Все вы – люди, но все – разные. Так и у частиц есть общие черты, как, например, у людей имеются руки, ноги, голова, но в то же время и множество различий. Частицы же отличаются зарядом энергии, то есть приблизительно он один и тот же, но на какие-то микродоли отличается. Для человека это незаметно, и он объединяет их по группам, хотя, по сути, каждый из фотонов, электронов, нейтронов индивидуален, и его можно было бы назвать своим именем. Но для человека это нереально и неудобно.

Лапин С.Г.:

– Электричество и магнетизм – это разные явления?

– Да, разные по своей природе.

Стрельникова Л.Л.:

– Сила, противоположная гравитации, существует?

– Нет, она переходит из одного состояния в другое, можно сказать – это пульсация.

– Механизм притяжения одинаков для любого вещества независимо от того, какая материя?

– Закон притяжения присущ только самой материя. Вне неё он переходит в другой закон.

– Сила тяготения для материального и для тонкого мира одинакова или разная?

– Разная так же, как и для качественно, разных материй: для пара, воды, земли, воздуха.

Контактёр Володя Чичилин

Чичилина Т.В.:

– Верны ли сведения, содержащиеся в книгах по астрологии?

– Это не наука. Её создали люди, которые знают закономерности. Но у вас нет единой теории, есть только общая истина. Чтобы астрология стала наукой, над ней надо очень много работать.

Контактёр Марина Молодцова
Стрельников А.И.:

– Постоянна ли скорость света в вакууме?

– Не постоянна. Она меняется со временем, но время не то, которое вы подразумеваете. Скорость меняется в зависимости от энергообмена Земли и других систем. Через некоторое время эта скорость опять изменится.

– Является ли она пределом скорости перемещения материальных объектов в Космосе?

– Нет. Это ваши догмы. Существуют скорости, намного большие скорости света. Эту скорость достигают существа неземных цивилизаций. Когда человек начнёт изменять образ жизни, многое откроется ему из того, что раньше он не знал.

– Какова предельная скорость перемещения материальных объектов в Космосе по отношению к скорости света?

– Скорость материальных тел равна скорости света в вакууме. В других космических частотах она изменена. Предела в Космосе не существует.

ФИЛОСОФИЯ. БУКВЫ.
ХАОС. ГАРМОНИЯ

Контактёр Володя Чичилин
Чичилина Т.В.:

– Что такое философия?

– Философия – это программа для тренировки вашего сознания. Это не наука, это упражнения для тренировки ума. С философией нельзя ни соглашаться, ни отрицать. Но если будете думать, вы создадите другую философию, которую другие люди тоже могут принимать или не принимать. Здесь идёт так: яблоко падает с яблони и рождает новые яблони, и так без конца.

– У нас существует много направлений в философии. Какое из них правильней, лучше?

– Какое больше подходит к вашему разуму, какое больше поймёте.

– Философия стоит ближе к религии? Это тип духовности?

– Типа духовности здесь нет. Хотя подход философский к религии есть. Религия – это тоже философия, но на другом уровне, ближе к Нашему по энергетике. Религия вся заряжена энергией.

Стрельникова Л.Л.:

– Для чего существует гармония и хаос?

– Для осознания этих понятий. То, что вы называете хаосом, не имеет отношения к настоящему хаосу, где всё бессмысленно. У Нас все имеет свой смысл.

– Какой смысл несёт гармония?

– Гармония несёт красоту, путь высшего совершенствования.

– Каков смысл хаоса?

– Хаос существует для того, чтобы понять гармонию, чтобы понять, что из хаоса невозможно создать гармонию без перестановки их числовых значений.

Панкратов В.:

– Какой смысл содержит слово?

– Слово – это интонация. Интонация – это энергия. Интонацией можно обрадовать, можно обидеть. Для Нас ваша интонация много значит.

Контактёр Марина Молодцова
Стрельникова Л.Л.:

– Буквы, слова заключают в себе определённую энергию. Но почему обычные тексты не оказывают на человека такого влияния, как заклинания колдунов?

– Вся загадка – в вашей психике. Заклинания имеют огромную силу, огромную энергию, но не поэтому оказывают на вас влияние. Человек такое существо, которое интересуется информацией, прежде всего, о себе и для себя. Его интересует всё, что касается его самого. Другие тексты, слова, буквы, которые относятся не к нему, а ко всем людям, его мало интересуют. Так устроена психика человека. Она избирательна в этом направлении. В восприятии же заклинаний имеет значение мнительность и внушаемость. Человек воспринимает всё, что относится к нему. У колдунов же обычно психическая энергия больше, поэтому они способны внушать другим заклинания. Но если у человека сильная воля, а значит и психика, то эти заклинания на него действовать тоже не будут.

– Что означает ритмика стихотворения?

– Стихосложению может научиться каждый человек, но смысл стихов получается разный, даже если пишут об

одном и том же. Некоторые могут сочинять стихи лишь
для детей, другие – серьёзные поэмы. Люди, которые серьёзно увлечены поэзией, имеют большую энергию, следовательно, они имеют связь с Космосом. Ритмика стихотворения, как и музыки, создаёт определённые качества энергий
на уровне словесных форм. И эти энергии могут быть разного цвета и разной силы влияния. Владея ритмикой, человек совершенствуется, поэтому сочинять стихи полезно
каждому человеку.

МУЗЫКА

Контактёр Марина Молодцова
Стрельникова Л.Л.:

– Верно ли утверждение, что музыка несёт в себе скры-
тую закодированную информацию, которая может быть вос-
принята человеком только на уровне подсознания?

– Да, верно.

– Как влияет звук и, в частности, музыка на здоровье
человека?

– Смотря, какая музыка, смотря какой звук.

– Например, классическая музыка?

– Классическая музыка обогащает душу человека, делает её чище и настраивает на правильные поступки.

– А современная эстрадная музыка, рок?

– Современная эстрадная музыка бывает разной. Её
можно разделить на разные Уровни. А рок несёт деграда-
цию для высокого человека, но, в то же время, это путь развития для низкого индивида.

Секлитова Лариса:

– Чем органная музыка отличается от обычной? По
каким причинам её предпочитают в церквях?

– Органная музыка неразрывно связана с сущностью
человека, его душой. Эти звуки восполняют человеку утра-
ченное, дают возможность приблизиться к Богу. Она строится на духовных энергиях.

– А такой инструмент как пианино?

– Это то же, но уже приближено к человеческому быту
и поэтому по сравнению с органом оно более искажено, звуки искажены.

— Как действуют на человека отдельные органные ноты – «до, ре, ми»?

— Органные ноты не могут действовать по отдельности, они действуют вместе, сливаясь в созвучия. Именно созвучия оказывают благотворное влияние на душу. И успокаивая человека, они выравнивают его биополе.

— Есть ли различие в воздействии органных нот и пианинных?

— Различие есть. Это то же самое, что более чистая энергия и загрязнённая.

— Воздействуют ли отдельные ноты особенно сильно на какие-то отдельные органы?

— Музыка действует на всё.

— Но из газет мы знаем, что более грубые ноты действуют разрушающе на почки, печень.

— Влияют не отдельные ноты, а сама музыка. Какова музыка – таково и её влияние. Конкретное влияние происходит непосредственно на душу человека, а из души уже идут импульсы на физический план, на тело.

— Как можно лечить человека с помощью звуков?

— Есть своя особая наука, но у вас очень мало сделано для её развития. Сейчас начали камни выводить из почек звуком, но это только начало.

— Что несут в себе семь нот?

— Семь основных начал.

— А что это за начала?

— Извините, пока ответить не можем. Вам рано это ещё знать.

СНЫ

Контактёр Марина Молодцова
Стрельникова Л.Л.:

— Что такое сны и какое значение имеют для здоровья?

— Это энергетическая подзарядка человека из Космоса.

— Что даёт сон человека Космосу, если самому человеку он даёт подпитку энергией?

— Во время сна Космические силы на некоторое время соединяются с подсознанием человека. Они как бы общаются друг с другом – Космос и подсознание.

— Всем ли во время сна даётся одинаковая по качеству энергия?

— Нет, конечно.

— От чего зависит различие в качестве энергетики, подаваемой людям?

— От состояния человека, от состояния во всём спектре.

— Что происходит во время сна с оболочками человека?

— Так же, как и во время бодрствования, они изменяются, к тому же оболочки находятся в состоянии контакта с Космосом, общения с ним.

— И что при этом происходит?

— Постоянно снимается информация с человека и одновременно даётся ему другая информация, и от этого он иногда может видеть тоже сны, а может и не видеть, точнее не помнить их.

— Как идёт подпитка человека космической энергией в дневное время? И чем дневная подзарядка отличается от ночной?

— Во время сна человек находится в более тесном общении с космическими силами, так как днем его мозг не отдыхает и постоянно занят какими-то своими проблемами. Ему не до Космического Разума. А во сне сознание переключается на другой режим работы, настраивается на волну Космоса и ничто его не отвлекает.

— Какая разница между подзарядкой человека днём и ночью?

— Наиболее повышенная контактность – контагиозность. Разница в том, что днём человек работает в одном режиме, а ночью – в другом.

— А днём через что идёт подзарядка? Всё-таки она идёт?

— Да, идёт, но как бы через ваш собственный фильтр, который состоит из ваших мыслей, желаний. И поэтому человек часто не пользуется тем, что ему дают.

— Сны складываются из картин прошлого, настоящего и событий фантастических, которых с человеком не происходило. Каким образом он всё это видит?

— При получении энергетической информации происходит прокрутка её через мозг, поэтому человек видите какие-то действия, события.

– Вы можете пояснить – каким образом перерабатывается энергия, получаемая человеком во время сна? Какими органами или может всем организмом в целом?

– Энергия перерабатывается всем организмом, но в разной степени. Контакт идет в основном через биологически активные точки. Они находятся на лбу, на кистях рук, на стопах, на солнечном сплетении. Создаётся цепь импульсов, которые действуют на тело, мозг, сознание. Всё тело, каждый его орган и каждая клетка усваивают новую энергию.

– Как различить сны, которые несут в себе информацию о прошлом, от снов, которые показывают будущее?

– Интуиция подскажет.

– Как связаны: содержание сновидения человека с его духовностью, с его моральным обликом?

– Чем больше энергетика из Космоса и энергия вашего тела, тем вы разумней, тем спокойней и благородней сны.

Стрельников А.И.:

– Астрологи утверждают, что в определённые дни лунного цикла человеку снятся вещие сны. С чем это связано?

– С выполнением программы.

– Как отличать сны, содержащие полезную информацию, от пустых снов?

– Пустых снов не бывает.

Голубин С.:

– Что несут сны?

– Положительный заряд.

– Могут ли люди видеть сны по своему желанию и управлять их ходом?

– Могут видеть по желанию очень редко. А управлять снами они не в состоянии, потому что это всё даётся Свыше. Человек не может подняться выше своего Уровня.

Стрельникова Л.Л.:

– При получении информации во сне, почему человеку часто снятся страшные и плохие сны?

– Кому снятся страшные сны, тот способен отдавать Космосу чистую энергию, и наоборот.

– Когда человек может воспользоваться информацией, полученной во сне?

– Он не может ей воспользоваться, так как забывает её или не способен осмыслить.

– Верно ли, что во время сна душа человека общается с другими душами, бывает в других мирах?

– Да, так. Но это случается не у всех.

– Насколько верна информация о снах в наших сонниках?

– Сны всегда индивидуальны.

Панкратов В.:

– Какая существует связь между содержанием сна и болезнью человека?

– В некоторых случаях – прямая, зависящая от болезни.

Салкин Н.:

– Почему некоторым людям не снятся сны?

– Сны – это очень сложное и определённое состояние забытья человека. В снах он больше, чем днём, находится в связи с Космосом, и от состояния его энергетики зависит – увидит ли он какой-нибудь сон или не увидит. Многие люди часто замечали за собой, что сон приснится, а при просыпании они полностью забывают его и позднее, на определённых этапах жизни им вдруг покажется, что это они уже где-то видели, когда-то этот момент уже прожили. Но это всего лишь – фрагмент сна. Такое случается часто.

– А если человек не видит сны год или два?

– Такого не бывает. Он их видит, но вспомнить не может. Нарушена связь с процессом воспоминания.

– Как начать вмешиваться в свои сновидения?

– Так или иначе вы вмешиваетесь в сновиденья, так как для каждого человека сновидения – это особый осознанный мир, в котором человек в некоторой мере живёт своей сущностью, своим внутренним «я», то есть сновидения непосредственно влияют на развитие души, ее состояния. Но для того, чтобы осознанно внедряться в сны, тем более, чтобы влиять на ситуации в них, нужно освоить специальные дыхательные упражнения, хотя есть и другие способы. Мы ставили этот вопрос и обсуждали – и пришли к выводу, что человеку пока это не надо. Дело в том, что сейчас существует много источников, с помощью которых вы можете влиять на свою душу и с более лучшим качеством, и с лучшими последствиями.

– А какие источники?

– Сейчас в мире организовалось очень много групп, которые занимаются изучением психики, внутреннего состояния человека. Что входит в работу таких групп? Под руководством определённых людей, руководителей групп, вводят ассистентов в особое состояние, и они посещают либо параллельные миры, либо свои прошлые жизни, либо выходят в астрал. То есть работать над душой можно разными способами. В таких состояниях они получают огромную информацию, работают над своей душой, отбрасывают всё ненужное и получают положительную информацию, что в дальнейшем влияет на их общее развитие. Возможностей у вас много.

Голубин С.:

– В каких случаях человек может наблюдать себя со стороны?

– Он может видеть себя со стороны по двум причинам: либо его душа выходит из тела и наблюдает за телом снаружи, либо воображение человека при работе при определённых условиях переходит в качественно другое состояние и позволяет человеку взглянуть на себя со стороны. То есть это чисто психическое явление. Оно происходит при трансовом состоянии и при бессознательном состоянии человека.

НЕБЕСНЫЙ ОТЕЦ

(РАБОТА ГРУППЫ)

Почти невероятная, фантастическая история произошла с одним из школьных товарищей нашей дочери – Виктором Толокнеевым.

Он служил в армии под Москвой и изредка приезжал к нам в гости, побывал на двух контактах. Сидел, обычно, молча и слушал.

Мы не были уверены, что он правильно понимает происходящее, и однажды попросили «Союз» что-нибудь сказать ему для утверждения его веры.

– Вы можете сказать что-нибудь Виктору? – спросили мы у «Союза».

– А сам он хочет послушать?

– Конечно, – ответил молодой человек скромно.

Контактёр – Анна Чичилина – подобно механическому роботу слегка развернулась в его сторону и направила ладонь руки на солдата. Ладонь в данном случае служила «Союзу» «локатором», через неё им поступала информация о Викторе.

– Кто твой отец? – неожиданно строгим тоном задали Они ему вопрос.

Дело в том, что у Виктора отца не было. Так уж получилось, что он не знал его с рождения. Воспитывался бабушкой и матерью, поэтому подобный вопрос поставил его в тупик.

– Не знаю... Не помню, – пожал он неуверенно плечами.

Но «Союз» всё тем же суровым тоном уточнил:

– Неземной отец?

Виктор молчал. Вопрос явно поставил его в тупик: о каком отце Они спрашивают?

Мы все решили, что Они намекают на Бога, который является Отцом каждому человеку, как учит нас религия, и поэтому стали усиленно подсказывать.

– Ты веришь в Бога? – пыталась шёпотом намекнуть ему я.

– В Христа веришь? – с другой стороны подсказывала Наталья Александровна.

Миша Фадеев многозначительно указал пальцем вверх, символизируя тех, кто стоял по Уровню развития выше человечества. Конечно, Они слышали и понимали все наши подсказки, но ждали, когда разговор будет осмыслен солдатом.

Виктор, наконец, понял, чего от него добиваются, и неуверенно проговорил:

– Верю.

«Союзу» не понравился неуверенный тон ответа, и Они переспросили:

– Верю, – повторив его вялый тон, – или ВЕРЮ! – на последнем слове Они делают сильное ударение, произнося его твердо и уверенно.

– Верю, – повторяет уже твёрже и Виктор.

На этот раз мы не особенно поняли, почему «Союз» спросил его о неземном отце. Но вскоре всё прояснилось.

После этого контакта, где Виктору были даны наставления личного плана, благодаря воздействию на него сильных энергий, он приобрёл способность вылетать из своего тела и контактировать так же, как и Аня. Я интуитивно чувствовала, что у него должны открыться необычные способности, и что его можно бы тоже попробовать использовать как контактёра. Но до конца службы в армии ему оставалось несколько месяцев, и я решила не тревожить его, опасаясь того, что, если показать ему, на что он сейчас способен, то он не удержится, расскажет об этом своим солдатам. А в армии мало ли что с ним могут сделать несведущие люди, потому что, когда человек пребывает в трансовом контакте, он становится беспомощным, как младенец, а если ещё в этот момент вылетит из тела, то душа может просто не вернуться назад.

Но пока мы занимали по отношению к нему выжидательную позицию, им решили воспользоваться другие. Непонятно – откуда, но о пробудившемся даре Виктора узнали посторонние люди, и однажды к нему в воинскую часть пришёл некий Павел Сергеевич, представившийся командованию его родным дядей и попросивший повидаться с племянником. Командование милостиво разрешило им встретиться в помещении «красного уголка».

Конечно, Виктор видел этого человека впервые и он не был его даже далёким родственником, не то что близким. Остаётся до сих пор загадкой – откуда он узнал об открывшихся способностях. Хотя можно предположить, что эти сведения к нему поступили из ноуменального мира. Оттуда, сверху, как говорится, видней.

Когда они остались вдвоём, «дядя» сообщил «племяннику», что приехал в Москву в командировку. Он связан с некоторой Космической Системой, которая сообщает ему знания о Космосе, но так как сейчас он вдали от своего контактёра, то не может выйти на связь, поэтому просит помощи у него. Надо связаться с девушкой по имени Любаша, которая принадлежит этой Системе.

Виктор стал уверять, что никогда не выступал в роли связного и понятия не имеет, как связываться с другим миром. Но Павел Сергеевич убедил солдата, что тому надо довериться ему, и всё будет в порядке.

Солдат, легко поддаваясь чужому влиянию, не мог отказать «дяде», и тот ввёл его в транс и вызвал на связь Любашу.

Девушка пришла из тонкого мира. Оставаясь зримой только для контактёра, она стала отвечать на вопросы Павла Сергеевича, сообщая ему какие-то сведения, непонятные контактёру. Контакт длился четыре часа без перерыва.

Павел Сергеевич получил, видимо, интересные сведения и, довольный, удалился, а Виктор, весь разбитый и измученный, вернулся в казарму.

Приехав на выходные домой, Виктор забежал к нам и рассказал о случившемся. Я была несколько шокирована:

пока мы бережем себе контактёра для будущего, им уже кто-то безжалостно пользуется. Мы с контактёрами больше часа никогда не работали, понимая, что это тяжёлая нагрузка для организма. А здесь, первый раз пробовать человека в качестве связного и использовать его четыре часа подряд – это выглядело эгоистично и иначе, как эксплуатацией, нельзя было назвать.

Виктор, боясь, что мы ему не поверим, протянул мне лист бумаги:

– Один листик я потихоньку свистнул у «дяди». Мне это не понятно, но вы посмотрите.

На листе вокруг тёмной точки наспех было начерчено шесть окружностей и написано об уровнях развития человека. Я запомнила только, что человек в своём развитии здесь на Земле достигает третьего круга. Чтобы достичь четвёртого, нужны некоторые способности, для пятого – сверхспособности, и шестого не может достичь ни один земной человек. Не знаю, нова ли эта информация для других, но Виктору и нам в то время она была незнакома.

Я попросила молодого человека описать внешность Любаши.

– Красивая девушка в темном комбинезоне, – коротко охарактеризовал он.

– А волосы какого цвета? – спросила я.

– Чёрные, прямые. Распущены по плечам.

«Походит, что она из тёмного мира, хотя я и сама такая же, – мысленно сомневалась я. – Но тёмная внешность ещё не означает, что человек принадлежит к силам зла», – рассуждала я, но вслух на всякий случай предупредила Виктора: – Ты больше с ней не общайся. И если кто-нибудь будет приглашать на контакт – не выходи.

Виктор уехал.

Вновь он посетил нас через две недели и сообщил, что Любаша стала преследовать его, приходит по ночам, зовёт куда-то полететь с ней, но он пока отказывается. Два дня назад она тоже была, и когда он в очередной раз отказался, она, рассердившись, махнула рукой и слегка поцарапала его ногтями.

В этот раз при его рассказе у нас присутствовал Дмитриев. Он с интересом слушал о приключениях молодого солдата. Мне самой и верилось, и не верилось, как это всегда бывает при соприкосновении с тонким миром.

Виктор, чувствуя, что мы не особенно ему доверяем, отогнул ворот гимнастёрки и показал три четкие царапины на ключице у самой шеи.

Дмитриев внимательно всмотрелся в них и заключил резюме:

– Это знак тёмных. Они всегда, когда приходят, оставляют какие-то свои знаки, отметины. Три царапины входят в их символику.

За Виктора взялись темные, желая перетянуть на свою сторону. Мы тянули его к себе, они – к себе.

Образ жизни молодого человека вполне располагал к тому, чтобы им заинтересовались в равной степени, как тёмные, так и светлые силы. Он любил выпивать, много курил, любил шумные разгульные компании. Но было в нём и хорошее: он писал прекрасные стихи, пытался понять мир, только путался в хорошем и плохом. Он даже не знал, чем добро отличается от зла, и на подобный вопрос только пожал плечами. Поэтому и развернулась борьба между нами и ними за солдата.

Раз уж Виктора использовали уже как контактёра, Дмитриев тоже предложил попробовать подключить его к «Союзу», чтобы тот взял его под свою опеку. Но подключение с первого раза не удалось.

Вместо того, чтобы подключиться к «Союзу», Виктор вылетел из своего тела и попал в какой-то непонятный мир. Дмитриев повёл его по нему, как опытный гид, давая советы и указывая направление. И вот здесь произошло неожиданное.

Блуждая в сером пространстве, Виктор пришёл к странным энергетическим воротам, напоминающим изогнутую цветную радугу. Ворота распахнулись. За ними стояло странное существо, которое с трогательной грустью произнесло:

– Проходи, сын мой. Я давно тебя ждал.

Но прежде, чем переступить порог, Виктор спросил разрешения у гида. Тот позволил войти и поговорить с встречающим. Разговор оказался интересным.

– Наконец, ты пришел ко мне, – продолжило с трогательной грустью существо. – Я так долго тебя ждал здесь.

– Откуда вы меня знаете? – удивился Виктор.

– Я твой настоящий отец, – призналось существо.

Здесь вот как раз и надо вспомнить о вопросе «Союза», спросившего солдата на контакте – знает ли он, кто его отец, и уточнившего потом, что вопрос касается не земного отца. Это существо и оказалось его настоящим небесным отцом. Вот какую удивительную историю рассказало Оно.

– Мы с тобой пролетали недалеко от Земли, когда мой корабль потерпел крушение. Со мной ничего особого не произошло, но мой сын, которым был ты, сильно повредился от энергий взрыва. Ты умирал. И тогда, чтобы спасти тебя, я нашёл в одной из земных больниц умирающего шестилетнего мальчика. И хотя людская оболочка более грубая, чем наша и впоследствии могла дать какие-то сбои в развитии, но я рискнул – и в момент, когда душа мальчика вылетела, всунул в его тело твою душу. Мальчик продолжил жить, но уже с твоей душой. А врачи решили, что спасли того, прежнего. Так ты остался на Земле, а я стал ждать, когда ты вырастешь и вернёшься ко мне. И вот ты пришёл. Как долго я ждал этого часа! Как томительно было моё ожидание! Ты должен остаться со мной. У людей тебе больше делать нечего.

Но Виктору подобные притязания на него не понравились. К тому же, он уже вкусил радости земной жизни, и ему совершенно не хотелось в расцвете лет и желаний покидать нашу планету и оставаться в этом скучном, каком-то сером мире, где, кстати, он не видел больше ни одного живого существа и вообще ничего, кроме тумана.

– Почему я должен возвращаться? – возразил он. – У людей интересно, мне нравится.

– Нет, ты должен остаться со мной, – настаивал отец.

Тут уже решили вмешаться мы. Я опасалась, что «небесный отец» заберёт его душу назад, а здесь останется тело солдата. И что тогда? Поэтому шепнула Дмитриеву:

— Скажи, что он не один. У него есть друзья, и они не разрешают ему оставаться в том мире.

— Извините за вмешательство, но Виктор не может пока вернуться к вам, — вежливо сообщил Саша.

— Как, нас слушают?! — недовольно воскликнуло существо.

— Да, — признался Виктор. — Это мои друзья.

— Мне нет до них дела, — рассердился небесный отец. — Ты — мой сын, и должен следовать за мной. Я столько лет провёл в тоскливом ожидании.

— Вы рано его забираете, — ответил Дмитриев. — Раз он получил новое тело, то получил и программу этого тела. Поэтому должен её выполнить прежде, чем вернётся к вам. Мы его не можем отпустить. У нас свои земные законы. И раз вы доверили своего сына землянам, то должны считаться с их требованиями. А мы требуем, чтобы он пока остался с нами.

После небольшого спора Дмитриев убедил «небесного отца» повременить с возвращением сына, и тот вынужден был сдаться.

— Хорошо, иди, — отпустил он Виктора с большой неохотой. — Я подожду. Но помни: я тебя буду ждать.

Виктор вернулся в своё тело необыкновенно счастливый и радостно перевёл дух:

— Ух! Думал — всё, останусь там. Вот папаша выискался. А я-то думал, что без роду и без племени.

— А какой он из себя? — с любопытством спросили мы.

— Трудно описать. Какой-то бесформенный. Ну, в общем — пыльный мешок, — нашёл он подходящее сравнение.

— Тише ты, — прошептала я. — Он же, наверно, всё слышит. Обидится.

— А что здесь такого? — пожал плечами непутёвый сынок. — Он и в самом деле похож на пыльный мешок — бесформенный и бесцветный. Унылый такой.

— Это от тоски по тебе он стал таким, — пошутила я и про себя подумала о солдате: «Так вот почему он не понимает разницу между добром и злом: душа его из другого мира, если только это действительно так. Но душа эта довольно эгоистичная, хотя и одарённая».

Кстати, отец сказал ему, что в 32 года у него отроются необычные способности. Однако до этого оставалось ещё более десяти лет.

В следующий приезд Виктора к нам Дмитриев Саша решил провести с помощью солдата исследование того астрального мира, в который он попадал при вылете. Во время исследования, помимо меня, моего мужа – Александра Ивановича, дочери Ларисы, присутствовали Михаил Фадеев, Сергей Голубин. Всего шесть человек, включая Сашу Дмитриева. Сам Виктор был седьмым.

Как и обычно, Дмитриев усадил его в кресло, ввёл в транс, после чего начал отдавать команды по вылету души из тела. Вылет получился быстрый и спокойный, но Виктор попал в какой-то тёмный мир, напоминавший дно океана, где плавали расплывчатые массы наподобие медуз и осьминогов.

— Иди к свету, – приказал ведущий.

— Я его не вижу, – сообщил Виктор.

— Посмотри вверх. Там есть что-нибудь светящееся? – спросил Саша.

— Да. Одна маленькая звездочка, – ответил Виктор.

— Иди к ней.

Виктор попытался приблизиться к ней, но в новом мире он двигался неумело, поэтому то шёл к звезде, то вдруг его отбрасывало назад или в сторону, и он вновь начинал восхождение к звезде. А когда свет был уже близок, неожиданно дорогу ему преградила Любаша.

— Появилась Люба. Она не пускает меня к свету, – сообщил Виктор.

— А ты иди и не обращай на нее внимания, – посоветовал Саша. Виктор попытался её обойти, но это никак не удавалось. Девушка двигалась в привычном для неё мире превосходно, а молодой человек делал в нём первые шаги, поэтому силы были неравны.

— Крести её, – посоветовал Дмитриев.

— Как это? – Мы обнаружили, что Виктор представления не имеет, как креститься: слева – направо или снизу вверх. И к тому же, как позднее выяснилось, он оказался не крещёным.

Началась борьба. Виктор пытался прорваться к свету, Любаша его не пускала. Дмитриев командовал, как её крестить, но она уворачивалась от креста. Кроме того, на помощь ей пришёл ещё и какой-то мужчина. Вместе они начали активно атаковать солдата. Тогда Саша приказал ему возвращаться. Но Любаша и мужчина преградили ему дорогу и назад, не давая вернуться в своё тело.

— Молитвы ты, конечно, ни одной не знаешь? – спросил Саша.

— Нет.

— Тогда повторяй за мной, – и Саша начал читать «Отче наш». Виктор повторял за ним, но повторял уже в другом мире. Передача шла как по портативному радиопередатчику: Саша отдавал приказы в одном мире, Виктор выполнял их в другом.

Путь назад был долог и труден. С большим напряжением Виктору удалось приблизиться к своему телу. Но чем ближе оно становилось, тем яростнее были нападки Любаши и мужчины. Они оттесняли его, напускали на него каких-то каракатиц, которые хватали его за руки, ноги, прилипали к подошвам.

Когда солдат был уже почти рядом со своей оболочкой, Любаша и мужчина преградили ему дорогу какой-то стеной. Однако ее с помощью молитвы удалось разрушить.

Тело было рядом, но войти в него не удавалось. Видя, что объект ускользает от них, Любаша и мужчина схватили Виктора за руки и стали тянуть его в разные стороны.

— Они хотят меня разорвать, мне больно, – застонал солдат.

Мы испугались.

— Будем бить их усиленной энергетикой молитв. Я начну читать, вы все мысленно повторяйте, – приказал Саша и принялся читать одну молитву за другой, направляя их энергию на тех, кто держал Виктора за руки.

Они корчились, но упорно тянули солдата в разные стороны. Виктор продолжал стонать от боли.

Случившееся нас напугало. Мы опасались за жизнь нашего путешественника и ради благополучного возвращения его в своё тело были готовы на любые личные пожертвования. Виктор между тем надрывно хрипел, дыхание его стало тяжёлым, как будто лёгкие забила грязь, и они не работали.

Саша продолжал читать молитвы, мы все мысленно сосредоточенно повторяли их вслед за ним. Но молитвы быстро кончились. Он и знал-то наизусть не больше десятка. Повторил их трижды, но и это не помогло.

— Встанем в круг, отдадим ему свою энергию, — предложил Саша последнее эффективное средство.

Вшестером мы образовали замкнутый круг вокруг тела Виктора, взялись за руки, чтобы замкнуть единую цепь.

Часы уже показывали второй час ночи, а путешественника всё никак не удавалось вернуть в нормальное состояние.

Слыша тяжёлое дыхание и жалобы молодого человека, мы находились в страшном напряжении. Лица присутствующих были суровы, глаза источали затаенную тревогу. Впервые наша группа вела битву с невидимым врагом, вела не особенно умело и без особого опыта, но сердца всех излучали такое желание помочь, выражали такой самопожертвующий порыв, что злу невозможно было устоять против него.

От волнения наши ладони взмокли. Мы выжимали из себя всё, что только могли, направляя энергию на тело Виктора. Дмитриев продолжал читать молитвы.

Усиленная нашим замкнутым кругом, энергия молитв прошла через физическое тело солдата и попала на астральное. Она резанула державших его за руки, и они отлетели в разные стороны. Виктор вздохнул с облегчением и сообщил:

— Они отпустили меня.

— Скорей входи в наш круг и опускайся в своё тело, — приказал Саша. — В кругу ты будешь под нашей защитой.

Виктор вошёл в круг, наполовину влез в своё тело и ... застрял.

— У меня не получается. Я не могу войти назад — пожаловался он.

— Почему? Что мешает? — в который раз с внутренним беспокойством спросил Саша.

— Не знаю. У меня всё болит (очевидно, в борьбе с существами он потерял много своей энергии, поэтому не хватало сил войти в плотную среду — *Прим. авт.*).

– Ничего, передохни и потихоньку опускайся в тело, как будто одеваешь комбинезон.

– Не получается.

Мы снова сконцентрировали энергию в круге и передали её Виктору.

Только после нескольких попыток и неимоверных наших усилий ему удалось полностью войти в собственную оболочку.

Злосчастный путешественник, наконец, вздохнул полной грудью, закашлялся и открыл глаза.

Мы облегчённо вздохнули и все, взмыленные от нервного напряжения, уселись, кто на диван, кто в кресла.

Мне казалось – я за эту ночь поседею. Каждый стон Виктора отдавался в моём сердце болью. Но переживала не одна я. Каждый волновался за него по-своему. В глазах дочери исчезла тревога и разгладилась напряжённая складка на переносице. Она чувствовала за него особую ответственность, так как считала себя виновницей, что втянула его в непонятный для него мир.

Фадеев машинально закурил, не чувствуя вкуса сигареты. Глаза его ещё продолжали выражать тревожное ожидание. Серёжа Голубин провёл ладонью по своим чёрным волосам и неопределённо произнёс:

– Да-а, ночка сегодня выдалась. Я думал, она никогда не кончится.

– Ох, и напугал ты нас! – покачал головой Саша.

– Я и сам испугался, – улыбнулся Виктор и сразу же переключился на другое: – А вы знаете, каким красивым мне показалось моё тело? Сам себя со стороны увидел – и таким красавцем показался. Меня, как магнитом, потянуло к самому себе.

– Это понятно. Желание жить – притягивает, – пояснил Александр Иванович. – Но ты, парень, брось курить, у тебя уже все лёгкие прокурены. Из-за этого, наверное, и в тело долго не мог попасть. Слабые лёгкие оттягивают много энергии.

В этот день рабочая группа разошлась в три часа ночи, обсуждали отдельные моменты происшедшего.

* * *

Мы запретили Виктору вылетать из своего тела по двум причинам: во-первых, за ним гонялись «тёмные», во-вторых, у него не совсем в порядке было здоровье.

Солдатская жизнь между тем текла своим ходом. К тому же, за последнюю неделю с ним в армии случилась неприятная история, и в очередной приезд он стал жаловаться на плохое самочувствие и опасался, что не дослужит до конца.

Наш ясновидящий Громов В.Н., посмотрев его «третьим глазом», обнаружил, что через его тело в позвоночнике проходит какой-то темный стержень. Видимо, он и создавал неприятные ощущения, вызывая подавленное состояние. Тогда на контакте мы обратились за помощью к «Союзу». Контактёром была Анна Чичилина.

— Что за стержень находится внутри Виктора? — спросила я у «Союза» и сделала предположение: — Может, его сглазили?

— Подойди сюда, наклонись к руке лбом, — подозвал «Союз» солдата к руке Анны, и, когда тот выполнил Их приказ, Они заключили: — Ты боишься... Ты должен обрести бесстрашие, — и затем обратился к нам: — Пусть это будет, как вы говорите, «стержень». Ваш человек, — Они имели в виду Громова, — своим зрением увидел то, что можно назвать гибким спрессованным психологическим шоком.

История в армии была настолько ужасна, что вызвала у молодого человека шок. Его жизни угрожали, и он не знал, как выпутаться из случившегося.

«Союз» же продолжал говорить относительно стержня в позвоночнике:

— Он проходит через его функциональные отделы мозга и захватывает спинной мозг, поэтому ваш человек смог видеть его в форме стержня. Этому человеку, — Они уже имеют в виду Виктора, — нужен духовный руководитель, тот, который его понимает, тот, к которому он может прийти с открытым сердцем. Пусть ответит на такой вопрос: в этом круге людей он может говорить правду со всеми и открыть сердце своё?

— Могу, — как-то уныло ответил Виктор.

– Итак, ты можешь разговаривать в этом доме открыто и нести свою беду сюда. Тебя поймут и примут, – стали наставлять Они. – И ты избавишься от этого шока, который произошел с тобой. Каждое своё сомнение и перипетии ты должен и сможешь рассказать им. Спросишь совета здесь. Без советов, исходящих из уст этих членов, ты не должен больше ни с кем встречаться и не выходить ни на какие сомнительные встречи. То была проверка. Ты многое уже сделал сам правильно, ты многое решил верно, и Мы тебе за это, можно сказать, благодарны. Будь умным дальше. – И далее «Союз» обратился к нам: – Есть неудовлетворение ответом? Говорите.

– Нет, мы довольны вашим ответом – спасибо, – заверила я.

– Если вам на данный момент сказанное непонятно, пройдёт некоторый промежуток времени и многое откроется вашим взорам, и вы сможете оценить правильно эту ситуацию. На данный момент самое главное – это обрести его твердость и бесстрашие. Он – мужского пола и он пойдет прямо. Единственное – по своей молодости и некомплектности его мозговых способностей – ему потребуется дополнительная помощь. Помощь в ваших руках. Он это будет чувствовать. Ни сглаза, ни какого-либо наложенного вето на нем нет. Глас «Союза» над ним лишь, и нет смысла что-то выдумывать. Если у него в жизни будут слишком сложные ситуации, пусть идет к вам. Но он найдёт решение проблем в вашем доме, среди ваших членов.

– А если будет ситуация, опасная для его жизни, он может обращаться за помощью к «Союзу»? – спросила я.

– Должен обращаться к Нам, имеет право, – ответили строго Они.

Армейскую ситуацию мы помогли ему разрешить своей семьёй, хотя она оказалась очень сложной. В его спасении активное участие приняла Лариса, так как это был её товарищ. Проблему в течение месяца удалось решить, но это отдельный разговор. Однако ситуации постоянно складывались для нас так, что кого-то надо было спасать или физически, или духовно. И мы втроём работали как спасатели, жертвуя многим.

У Виктора вопрос висел между жизнью и смертью. Мы помогли ему исправить ситуацию в сторону жизни. Как только вопрос был решён, он сразу ожил, повеселел, и прежняя уверенность вернулась к нему, а с ней и жажда самостоятельных действий в тонком мире. Он вспомнил о своих способностях. Умение летать, перемещаться в астрале влекло.

Как-то на субботу у нас была назначена с ним встреча, но он не пришёл в этот вечер, а явился на следующий день, весь взъерошенный, как воробей. Мы сразу поняли, что произошло что-то необычное.

– Я вчера вылетел, – признался он. – Сам решил попробовать. И не успел решить, куда направиться, как рядом оказалась Любаша. Непонятно, откуда она узнала о моих намерениях. Она сказала, что они больше не будут меня пугать и что собираются заключить со мной мирное пари. Мне показалось любопытным узнать, что они предложат, поэтому я пошёл с ней. Она привела меня в странный город. Здесь всё переливалось, как люминесцирующие лампы, но никого не было видно. Откуда-то появился тот мужчина, что был тогда с ней. Он в этом городе оказался главным. Мужчина указал мне на переливающийся купол и сказал:

– Это наш банк энергий, здесь мы собираем ее из разных источников и храним. Нам нужны работники, добровольные работники. Если ты согласишься служить нам, то вернёшься сейчас назад, на Землю, и будешь иметь всё, что захочешь. Но когда тебе исполнится тридцать лет, мы тебя заберём. У тебя есть некоторые способности, которые пригодятся нам. Ты о них сейчас ничего не знаешь. Соглашайся. Ты здесь не один из людей. У нас работает много ваших. Но если ты перейдешь к Ним, – он указал на светлое зарево за тёмной чертой города, – то мы тебя не пощадим, у тебя будет много неприятностей. Да к тому же, тебе там делать нечего.

Он подвёл меня к границе и бросил за черту в белое зарево какой-то предмет. Он тут же вспыхнул и сгорел без остатка. За белым заревом находились, видимо, Светлые.

– Ты не выдержишь их энергий, – мужчина повернулся ко мне: – Хочешь сгореть, так иди сейчас, – и он слегка подтолкнул меня к границе. Я, конечно, испугался и говорю:

– Нет. Что вы меня так торопите. Я должен подумать.

– Хорошо. Мы никого силой не тащим к себе. В прошлый раз мы тебя только попугать хотели, хотя могли и забрать. Но заберёшь насильно – потом хлопот с тобой не оберёшься. А придёшь добровольно – станешь послушным учеником. А сейчас можешь возвращаться к себе, но запомни: если не с нами, то и не с ними, – он кивнул в сторону светлого зарева и затем обратился к своей напарнице. – Проводи его.

– Вернулся я к себе домой среди ночи, – закончил он свой рассказ.

– Сколько времени ты отсутствовал? – спросили мы его.

– В шесть вечера я лёг на диван и вылетел, а вернулся в третьем часу ночи. Мать говорила, что будила меня, чтобы я на свою кровать перешёл, но я не просыпался, и она оставила меня на диване. Значит, я отсутствовал где-то восемь часов.

– И к какому решению ты пришёл? – поинтересовались мы. Вместо ответа, задумчиво глядя куда-то вдаль, словно видя тот призрачный город, Виктор восхищенно проговорил:

– Какая мощь у них, какая силища! Наши города – это серость по сравнению с их. – Потом опустил голову и тихо сказал: – Я к ним не пойду. Но и с вами остаться не могу. Они запретили. Я, наверно, больше не приду сюда. Буду жить, как раньше жил – сам по себе.

И он ушёл.

БРАК. РЕБЁНОК. МЕДИЦИНА

БРАК

Контактёр Марина Молодцова
Молодцова Н.А.:

– Как человек определяет своего партнёра?

– Это даётся Свыше.

– Можно ли верить гороскопу при определении своей второй половины?

– В гороскопах есть доля правды, так как они составляются по звёздам, а звёзды – это составная часть Космоса, но основательно верить им нельзя, потому что люди, составляющие их, допускают неточности из-за того, что у каждой планеты есть своя космическая частота. И составляя гороскоп, люди допускают некоторые ошибки. В этом ваша беда.

Половину же свою можно найти, хотя для вас, людей, это очень трудно. У Нас в этом проблемы нет, так как в Нас заключается и тот, и другой пол в одном существе, энергетическом существе. Мы, можно сказать, однополы. Вы, люди, относитесь к другой цивилизации, стоящей на низком уровне. Вам тяжелей. У вас вопрос – что делать? Свою половину легко будет отыскать тем людям, у которых достаточная энергетика. Это уровень 52–79. Для этого им нужно составить свою схему энергетического поиска. Люди с высокой энергетикой прекрасно чувствуют друг друга. А ещё можно выйти на контакт с Нами, мы поможем поиску. Тогда будет ещё проще. Мы понимаем, что для полного удовлетворения вашей сущности необходимо супружеское счастье. Только в этом состоянии вы испытываете полное удовлетворение. Для нас это хорошо, так как Мы получаем от вас энергию. Извините за наше личное побуждение и выгоду. Но при вашем взаимном счастье Мы получаем чище энергии от вас.

Анна Чичилина:

– Нужно ли для брака искать свою настоящую половину?

– Если соединение двух половинок несёт возвышение души – это приветствуется, но если люди, соединяясь, разрушают семью ссорами и спорами – это приносит вред Космосу.

Лапин С.Г.:

– Умереть от любви – это счастье или благо?

– Лучше, чтобы этого не было.

Стрельникова Л.Л.:

– Браки заключаются на небесах в том смысле, что в программе человека заранее определяется избранник. А если человек выбирает не того, кого наметили программой, может ли в лучшую сторону измениться его личная жизнь?

– Есть на Земле пары, которые предназначены друг для друга и идеально подходят. Союз таких пар несёт огромную духовность, огромный энергетический потенциал, огромную любовь и веру. Но такое случается не часто и не случайно. Вы ведь знаете закон Божий, знаете – почему так произошло. Человек по природе своей обречён на страдания, на суетную жизнь и нередко даже в Карме запрограммировано, что он находит не истинного своего напарника, а того, кого подсказывает выбрать его обыкновенное желание, страсть, но никак не любовь. В этом виноват сам человек.

Фадеев М.:

– А не значит ли это, что сущность проявляется на Земле в двух началах – в женском и мужском? Женщина и мужчина есть две половинки одной сущности?

– Так и происходит. Бог посылает на Землю именно сущность в двух проявлениях – мужчину и женщину. Это не значит, что он посылает их и сразу нарекает мужем и женой. Две половинки эти могут находиться в разных странах и могут быть разной национальности, но они должны найти друг друга среди множества подобных. И если вы хотите обрести свою истинную половинку, обратитесь к Богу, к Святой Марии. Богоматерь подскажет вам.

– А окончательно слияние двух сущностей когда происходит и в каких сферах?

– Это происходит не всегда. Часто закладку этому даёт именно Карма. Если он заслужил вознаграждение, то получает его. Но всё это очень сложно, и охарактеризовать одной фразой невозможно, потому что у каждого всё очень индивидуально.

Молодцова Н.А.:

– А если по программе человеку дают эгоиста и алкоголика, то путь развития одного из партнёров замедляется. Но если человек отвергнет этого алкоголика и пойдёт другим путём?

– Значит, так надо для развития обоих.

– Это тоже будет вариант программы?

– Некоторые люди созданы не для брака, а для исправления других людей.

Громов В.Н.:

– На каком плане бытия прекращается наше земное существование в половых видах?

– На ментальном плане.

Стрельникова Л.Л.:

– Для каких целей человека всю жизнь искушают в любви: чтобы выработать в нём устойчивую верность или это тёмные пытаются опустить человека на ступень ниже в его развитии?

– Второе.

Салкин Н.:

– Что означает символ обручального кольца для семейной пары?

– Кольцо – это символическая внешняя связь между мужем и женой, символ – на Земле, выражающий бесконечность их взаимоотношений, бесконечность любви и её ценность. Кольцо – это и обет верности. Существует и внутренняя связь душ. Наблюдались случаи, когда жена заболевала, и муж чувствовал все её болевые ощущения. В данном случае между ними существовала внутренняя связь. И такой паре уже никакая символика не требуется. Они связаны прочными внутренними узами.

— Семейным парам обязательно носить кольца или нет?

— Желательно носить. Это всегда внутренне организует правильно человека. И напоминая о семейных узах, предостерегает его от соблазнов.

— А если не носить – это нарушит гармонию пары?

— Незначительно, но нарушит. Это то же самое, если окреститься и не носить крестик. Всё чревато последствиями. Конечно, многое ещё зависит и от духовности самого человека.

Дмитриев А.:

— Что вы скажете о многожёнстве?

— Многожёнство осуждается. Это отклонение от программы.

Молодцова Н.А.:

— Что делать женщине, если муж её умер?

— Существует такое положение, что на Земле есть только две половинки от единого целого. Нужно искать ту половинку, которую не нашёл. Половинки могут быть разного возраста: от шестнадцати лет до восьмидесяти трёх. Возраст в Космосе не учитывается, только духовность. При соединении настоящих половинок в Космос выделяется максимальное количество энергии. Если половинка найдена правильно и умерла, дорабатывайте свою программу и не ищите других, Последнее уже может расцениваться как соблазн. Если же выбор был сделан не верным, ищите настоящую половину.

Лапин С.Г.:

— Сексуальные переживания означают связь с Космосом или это чистая физиология?

— Здесь есть связь и с Космосом, и с физиологией человека. Это ваши проблемы, – в их интонации слышится явное недовольство: отвечать на сексуальный вопрос Им не приятно. Вопросы такой тематики очень низки для Них и в дальнейшем Они просили их не задавать.

РЕБЁНОК

Контактёр Марина Молодцова
Стрельникова Л.Л.:

— Вопрос о рождении ребёнка. Астральная, ментальная и другие оболочки формируются у человека до рождения или после?

— До рождения?

— Но когда именно: когда душа вселяется в тело до рождения или после?

— Нет, они появляются, когда формируется физическое тело.

— Как происходит формирование энергетического каркаса ребёнка, когда он находится в утробе матери?

— Это происходит так. Сначала появляется тонкий слой элементарных частиц, совсем тонкий. Кстати, в этот момент его очень легко разорвать, чем пользуются некоторые тёмные силы. В таком случае ребёнок рождается неполноценным. Так вот, сначала образуется тонкая оболочка из энергетики, затем в течение развития в утробе матери эта оболочка нарастает, то есть к ней в течение развития прирастают ещё энергетические частички, которые возникают у матери при её поступках, при её поведении, её всевозможных настроениях. Поэтому и говорят – «Если мать бережёт себя во время беременности, если она заботится о себе, она заботится о своём будущем ребёнке». Люди много занимались изучением этого вопроса, но так до конца и не изучили физиологические и энергетические процессы, происходящие внутри.

— А как дальше происходит формирование оболочек?

— Образуется энергетический шар нормального слоя, внутри которого находится сам ребёнок. Затем верхние частички этого шара уходят внутрь и занимают места, положенные им. Всё это происходит строго по закону. Таким образом формируется физическая оболочка. Энергетический шар влияет на её формирование и остаётся до рождения ребёнка, а затем он резко уменьшается в размерах, но находится внутри, а излучения от него выходят наверх.

— Оболочки образуются последовательно: сначала астральная, за ней ментальная и так далее?

– Они образуются независимо друг от друга.
– И все одновременно?
– Нет, постепенно. Есть связь во времени.
– А когда в теле ребёнка формируются чакры?
– Тогда же, когда и оболочки.
– У младенца сразу все чакры включаются в работу или сначала верхние, а потом в течение жизни остальные?
– У младенца чакры работают более интенсивно, чем у взрослого, и основано это на иммунной системе. То есть это происходит так же бессознательно, как и у взрослого человека, только взрослый может это осознать, а у младенца это всегда происходит бессознательно.
– Но у него сразу все чакры работают?
– Да, сразу все.
– При рождении ребёнок получает дополнительную энергию на предстоящую жизнь. Откуда он берёт эту энергию?
– Из Космоса.
– То есть там имеются специальные резервы?
– Да.
– А муки матери, которая тоже выделяет в этот момент энергию – они ничего не значат, или она отрабатывает свою Карму?
– Она отрабатывает первородный грех, можно сказать так.
– А через муки матери какая-то энергия передаётся ребёнку?
– Передаётся, конечно. Энергия страха и другие энергии.
– А для чего ребёнку страх?
– Но это только в том случае, если он есть. Он же бывает не у каждой женщины. Передаются её чувства, её внутренний настрой.
– Впитывает ли ребёнок с молоком матери ее психическую энергию, и как это отражается на его развитии?
– Да, с молоком матери ребёнок питается и её энергетикой, поэтому все нюансы психики и нарушения со стороны её организма отражаются на ребёнке. Он очень глубоко чувствует состояние матери и порой его капризы не столько от плохого состояния, сколько от плохого настроения матери,

даже если она просто понервничала. Поэтому матери надо особенно следить за собой.

Дмитриев А.:

— Как вы смотрите на искусственное создание ребёнка?

— Это не приветствуется. Такие дети внешне мало чем отличаются от нормальных людей, но в их психологии наблюдаются отклонения. Они хуже себя чувствуют без родителей. Такие дети – вне общества и переживают процессы, которые связаны с энергией: они выделяют больше отрицательной энергии, чем положительной. Человечеству дан выбор. Что оно предпочтёт. Это испытание человечеству.

— Когда вселяется душа в такого ребёнка?

— Душа вселяется в определённый момент. Это зависит от развития зародыша, примерно, как и в обычного ребёнка – через 8–9 месяцев. Душа вселяется при первом вздохе. Она не присутствует при развитии плода. В такие тела вселяется душа обыкновенных людей, но им присуще больше страдать в будущем. При вселении душа знает, в кого она вселяется, но выбор тела от нее не зависит.

ВОСПИТАНИЕ ДЕТЕЙ

Контактёр Марина Молодцова
Савенкова А.:

— Можно задать вопрос о воспитании детей?

— Да.

— Как выявить способности у детей?

— Человек рождается со многими дарованиями, но очень многие из них со временем заглушаются. В возрасте от одного года до семи-восьми лет вы должны дать ребёнку попробовать заниматься в самых различных направлениях, и то, что будет проявляться наиболее ярко – развивать. Вы должны помочь ему в этом. Сам он сделать этого не сможет. У вас на Земле существует множество методик по выявлению способностей детей. Их вам вполне достаточно.

— А способности к медитированию тоже развивать?

— Сейчас больше детей с врожденной способностью медитировать, чем раньше. Большинство девочек общаются с Космосом и летают. И вы должны развивать в них

подобные способности, а не заглушать. Больше общайтесь
с детьми, правильно направляйте их в этом плане. Вы привыкли подстраивать детей под себя, а это неправильно. Этим
вы наносите ребёнку большой вред. Наоборот – постарай-
тесь сами подстроиться под ребёнка, его логику, воображение. Это поможет вам увидеть другой мир. Чем человек
становится старше, тем больше забывает про воображение.
Но взрослым надо прислушиваться к детскому миру. В их
логике – огромный смысл, много истины. Не стоит пускать
на самотёк воспитание. Для вас это обернётся большим ра-
зочарованием. Ваша задача – понять ребёнка.

– А как же программа жизни?

– Вы не бессильны. Программа строится на отправных
точках. Да, её изменить невозможно, но помочь ребёнку не
наделать ошибок в жизни – ваш долг, помочь пройти через
искушения, испытания программы с достоинством – это вы
можете. Вы должны заниматься с ребёнком постоянно.
Прислушайтесь к детям. Используйте всё, что послужит для
духовного развития. Дети – одно из чудес. Это чудо является наградой человечеству. Программа могла быть построена таким образом, чтобы человек сразу появлялся на свет
умным, воспитанным. Сам рост детей заключает много
смысла. Во время физического развития ребёнка растёт и
душа. К этому добавляется развитие взрослых людей, так
как, воспитывая ребёнка, человек развивается сам. Вы должны осмыслить гармонию возрастов.

Салкин Н.:

– Воспитание детей – это коррекция их программы, когда они отклоняются от неё?

– Воспитание – это понятие растяжимое. Мы подразумеваем под воспитанием – воспитание внутреннее, то есть
когда человека воспитывает не кто-то, а он сам себя, своей
Силой Волей. Это положительно, и это приветствуется Нами.
Но когда воспитывают со стороны, Мы это не одобряем, так
как такое воспитание влияет часто отрицательно на душу,
тем более, детскую. Для каждого ребёнка должна быть вы-
работана своя система воспитания. Конечно, должна существовать общая система воспитания детей, но должны быть

продуманы самые мельчайшие пункты этой программы в отношении индивидуальности.

И каждый родитель, каждый воспитатель и педагог должны учитывать индивидуальные качества и наклонности любого ребёнка, любого человека. Такая общая программа необходима и должна быть разработана. Учёные затратили немало сил в своих разработках в этой области, но пока нужных результатов не получили. На решение этого вопроса уйдёт ещё минимум полвека, пока будут достигнуты результаты. И тогда каждому специалисту необходима будет такая программа. Она должна быть заложена в его мозгу в ячейках памяти, чтобы потом умело претворять её в жизнь. Но опять же не надо забывать об индивидуальности.

Сейчас процесс воспитания улучшается, поскольку люди стали гуманнее в том плане, что даётся больше воли для развития положительных сторон и талантов детей. В России очень много сделано, чтобы дети развивали свои способности. Это хорошо, но процесс идёт очень медленно. Человек должен уяснить для себя, что насилия в воспитании никакого быть не должно, иначе из этого ребёнка не получится настоящего человека. И он будет стремиться всегда подчинять других своей воле.

– Мне всё-таки непонятно – как выявлять наклонности у детей?

– Склонности к чему-либо выявляются очень просто – надо наблюдать за ребёнком, наблюдать с момента рождения, когда у него появятся первые осмысленные движения, первые слова – с этого момента вы сможете выявить то, что вам покажется наиболее интересным, у ребёнка фантазия намного разнообразнее, чем у взрослого. И когда в возрасте трёх или даже двух лет, ребёнок берёт карандаш и пытается что-то изобразить на листе, нужно помочь изображать то, что желает он, но нельзя навязывать при этом ему свои идеи. Старайтесь дать больше воли ему самому в его первых творческих шагах. И ни в коем случае нельзя заставлять его делать то, что хочется вам, а не ему. Это не говорит, однако, о том, что вы должны ему потакать и делать из него короля в семье. Не заставлять, а умело направлять, подсказывать, а ребёнок уж выберет сам, что ему по душе.

У детей несколько другая психика, чем у взрослых, другое воображение, фантазия и вообще – другой взгляд на мир. В связи с этим их можно даже сравнить с инопланетянами. Ребёнок не понимает того, что делает взрослый, он пытается всё сделать по-своему, и взрослому просто необходимо понять, что хочет ребёнок выразить своими жестами, мимикой, рисунками, действиями. Задача родителей и педагогов, как наиболее совершенных по разуму существ – обратить внимание на особенности ребёнка и развивать все начальные стадии его талантов. И вообще, ребёнком надо заниматься как можно больше. Воспитание состоит не в том, чтобы поправлять, попрекать, одёргивать, а именно – чтобы развивать наклонности, то есть помогать ему понимать окружающий мир не так, как понимаете его вы, а так, как понимает его он. Вы не должны подстраивать его психику под свою, то есть не делать из него свою копию, а делать из него индивидуальность в соответствии с теми навыками и способностями, которые заложены в нём.

– Когда ребёнка можно привлекать к серьёзным знаниям, рассказывать ему об устройстве мироздания?

– Как только у ребёнка появится осмысленный взгляд, можно рассказывать ему о серьёзном, но не научными терминами, а как будто вы рассказываете ему сказку. Пусть он многого не поймет, но вы будете больше общаться с ним, и это много даст ему. Чем больше будете общаться с ребёнком, тем больше он будет готов к будущей жизни, тем больше осмыслит окружающий мир, тем будет общительней и умней.

– Когда ребёнка можно привлекать к контакту с Вами?

– Дети контактируют с самого рождения, только этот аспект не изучен и вообще считается невероятным, потому что человек так устроен, что, если его касается какой-то неизвестный факт, то он скорее отмахнётся от него и скажет, что этого не может быть, чем заинтересуется им. И только тогда, когда большинство людей начнёт интересоваться этой проблемой, человек более-менее поверит и сам начнёт интересоваться. Такова психика человека...

Ребёнок начинает контактировать с Космосом с самого рождения, поскольку душа вселяется в тело не откуда-нибудь, а именно из Космоса. Уже с самого рождения начинается влияние на ребёнка тёмных и светлых сил, и поскольку ребёнок менее защищён от внешних влияний, то задача Космоса состоит в том, чтобы создать, организовать энергетический иммунитет ребёнка на время, пока его сознание не станет более совершенным. Но это не означает, что когда создаётся иммунитет, прекращается полностью контакт. Он идёт на протяжении всей жизни, только его «кривая» изменяется.

Явных контактов быть не может, так как, если ребёнок, например, с пяти лет начнёт контактировать с Космосом, то взрослые отреагируют на это отрицательно. Были у вас такие случаи и многие из таких детей, увы, попали в психоневрологические больницы. То есть взрослые были сами не подготовлены к таким контактам своих детей. Но сейчас в связи с тем, что человек стал интересоваться всем этим, происходит осознание всего того, что творится вокруг: это и чувствование энергетики, и вылет астральных тел, и многое другое. Но взрослому человеку всё-таки лучше предотвратить ранние открытые контакты детей с Космосом, пока они не повзрослеют.

Контакты детей с Космосом раньше проявлялись в необыкновенных дарованиях, например, ребёнок не по годам умно рассуждает или не по возрасту очень хорошо рисует фантастические картины, причём, всё делает на профессиональном уровне. У вас был такой случай – ребенок-дирижёр с семи лет. Он объездил многие страны и дирижировал крупными оркестрами. Здесь контакты происходят во время озарения, когда поступает чёткая, чистая информация, и она проявляется во многих аспектах: ребёнок рисует, поёт, высказывает умные мысли на уровне взрослых и т.д. То есть контакты у многих людей идут на протяжении всей жизни, только человек не отдаёт себе в этом отчёта.

Голубин С.:

– Если ребёнок с детства подключён к Космосу, то в чём тогда особенность нашего подключения?

– Все вы были подключены с детства. Это программа и ваша Карма. Но не все могут реализовать эту возможность. У кого-то Карма срабатывает так, что он может раскрыть свои способности, то есть выйти на контакт, и это входит в его программу, а кому-то это не дано и не нужно Космосу.

Салкин Н.:

– Существует ли возрастной предел для активной учёбы? В любое ли время можно учиться?

– В любое, насколько позволяют ваши силы и желание.

Лапин С.Г.:

– Как объяснить такое ощущение, что последнее время потерялось чувство времени, год пролетает, как один день?

– Это мирская суета. Вам нужно заняться настоящим делом. Понятно, что в детстве ощущения времени совсем другие. Вам день казался целой вечностью, и вы никак не могли дождаться вечера. Когда человек взрослеет, жизнь его наполняется большими проблемами, и чем дальше, тем они становятся всё серьёзнее и серьёзнее. На каждом шагу его поджидают неожиданности, новые испытания. Когда человек углубляется в них и переживает происходящее, для него дни становятся короче. Это физиологический процесс. Мы этими проблемами не занимаемся. Но если вас они интересуют, надо обратиться к психологам.

ТЕЛЕВИДЕНИЕ

Контактёр Марина Молодцова
Салкин Н.:

– Каково ваше отношение к газетам и журналам?

– Это вопрос не нашего плана.

– Используется ли телевизор для внушения на уровне подсознания?

– Да, и очень сильно. Это очень опасный источник. Советуем избегать его.

– Использует ли кто-нибудь у нас подпольно для внушения телевизионные передачи?

– Да. Сейчас это даже активизировалось. Этот приём взял верх. Советуем вам как можно меньше проводить время у телевизоров. Берите в руки книгу, какую подскажет интуиция, и читайте. Это принесёт намного больше пользы, чем просиживание у экранов.

– Какие передачи наиболее вредны и их следует избегать?

– Все передачи вредны, за исключением программ классической музыки и информации о здоровье, советуем избегать политических передач, споров, дискуссий, лечебных сеансов, громких развлекательных программ. Детям можно смотреть мультфильмы. Вы поняли, о чём Мы говорим?

– Да. А Кашпировский, Чумак – воздействуют на нас?

– Очень сильно – у них большая энергетика. Они способны не только раздваиваться, но и приобретать множество астральных тел и с помощью этого воздействовать на людей. Защита предотвратит воздействие на вас, но старайтесь избегать их сеансов.

– Можно ли типовой телевизор использовать в обратном порядке – подслушивании, подглядывании? Используется ли такой способ у нас на планете?

– Вы имеете в виду – используется ли оно другими Системами Космоса или другими людьми?

– Я имею в виду – людьми. Я знаю, что с помощью телефона можно прослушать разговор в комнате, даже если не снята трубка с аппарата. А с помощью радиоприёмника можно прослушать разговоры, даже когда он выключен.

– Да, можно. Вы знаете – по телевизору не раз показывали сеансы экстрасенсов, которые воздействуют через телевизор на публику, сидящую дома. Таким же образом происходит подслушивание, подглядывание, так как энергетика людей, занимающихся экстрасенсорикой, способна на многое, даже если они этого сами и не подозревают. Бывает и так.

– Значит, если человек сидит в комнате перед пустым экраном, то экран могут использовать не как приёмник, а как передатчик в какой-то центр. Вы это имеете в виду?

– Нет. Когда телевизор включён, человек фиксирует свое внимание на той или иной передаче, от него поступает энергия и через определённые каналы считывается. Информация считывается буквально над вашей головой, то есть запрашивается тот или иной образ и затем считывается.

– Кто считывает: экстрасенс или какая-то аппаратура?

– Экстрасенс, люди, которые обладают очень большой энергией. Они способны на очень многое: читать мысли, считывать образы, воздействовать на психику, на здоровье людей, причём, разнообразными способами.

– Почему «Союз» не использует телевиденье для передачи своей информации?

– Мы считаем, что это несовершенный и несерьёзный источник информации.

– Передачу «НЛО – необъявленный визит» вы контролируете или она создана другими Системами?

– Эту передачу контролируем Мы. Но в неё внедрились некие другие силы, которые влияют на программу и в данный момент это даже опасно для нас.

ВОЗЗВАНИЕ ИЕРАРХОВ ВЫСШЕГО РАЗУМА

Контактёр Марина Молодцова

Братья наши! Свет истины, свет добра вы должны взять за основу своей жизни. Вы должны помогать людям и помогать не из побуждения, чтобы стать выше всех, а чтобы помочь людям возрасти в их собственных глазах.

Вы должны обрести душевное равновесие.

Все испытания, которые постигают вас, даются вам для очищения души, для очищения вашего сознания, для понятия истины вашей жизни.

Вы уже приблизились к тому пониманию, что вся жизнь – это суета сует, что все трудности – это лишь испытания и не более того, но вы их должны выдержать с достоинством и не запачкать свою душу в грязи греховности.

Вы не приближены к церкви, но это не мешает вам поступать так, как поступал Бог. Вы можете не ходить в церковь и не молиться, но Вера в Бога, Вера в себя и в то, что любое препятствие на своём пути вы преодолеете с достоинством и честью, таится внутри вас.

Успокойтесь и загляните внутрь себя – и вы поймёте, насколько ничтожна и неискренна была прошлая жизнь. Но вы боролись с грязью, как могли, потому что всё человеческое – грешно, всё материальное – не чисто. Загляните к себе в душу и увидите, сколько в вас Веры, сколько ещё неиспользованной силы, силы, которая должна предостеречь вас от опасностей, силы, которая должна убедить вас, что все эмоции, хотя бы только отрицательные – это грех, это недостойно вас.

Успокойтесь и загляните в себя. Пока Веры в вас немного, но она растёт с каждым днём, каждым часом. Вы читаете много литературы, вы задумываетесь над тем, зачем вы живёте и как живёте. Вы задумайтесь и над тем, сколько людей пострадало от вас, и какие последствия будет иметь тот или иной поступок. Задумаетесь над тем, сколько добра вы сделали другим и поймите, что очень немного. Каждый из вас – кто в большей степени, кто в меньшей – делал добро. Это свойственно человеческой натуре, но достаточно ли сделано?

Мы не вправе вас судить, но вправе учить, как жить настоящей, праведной жизнью. Главное, чтобы вы поняли – надо преодолеть свои эмоции, надо начать жить по-новому с сегодняшнего вечера, с завтрашнего утра. Если кто-то и жил так ранее – благодарим его за это. Но это всего лишь крохи, крохи от большого, которое должно присутствовать с вами каждый день. А присутствовать должно Великодушие ко всем людям, доброжелательность, и не только к людям, а ко всему окружающему – каждой мошке, муравью, собаке, ко всем живым и не живым.

Полюбите всех, полюбите Всё, и эта любовь воздастся вам с новой силой. Полюбите Всеобъемлющей любовью, а не той, которая присуща вам, людям. Эта любовь не искренняя, эта любовь к самому себе.

Любовь, которая существует у вас на Земле, направлена только к вам лично и поэтому эгоистична. Даже если вы любите родственников, то часто с целью, чтобы любили, почитали вас. Эта любовь не искренна, не Божья, не чиста.

Чистая любовь – это Всеобъемлющая любовь, это огромная сила, которая поможет вам в дальнейшей жизни, которая очистит вас, направит на путь истинный.

Мы повторяем ещё раз – успокойтесь, загляните в себя ещё раз. Что вы видите там? Есть и сладкое, и горькое, и грязное, и чистое. Всё это свойственно человеческой душе. Но выберите то, что ближе вашему сердцу и не преступайте этого, а каждый раз, когда захочется согрешить – одёрните себя. В этом – ваша цель, в этом – ваша работа.

Человек настолько загубил себя неверием, злом, болью, что в конечном итоге потерял веру в свои силы, возможности, в себя самого. Но Мы видим в ваших душах благие намерения, благие цели. Однако они не осуществятся, если малейшее испытание, малейшая проблема смогут завладеть вашими эмоциями, жизненными силами и будут управлять вами, как захотят.

Будьте осторожны. Главная защита – это доброта души, это всеобъемлющая любовь к людям, ко всему живому и, прежде всего – к Богу. Ваша Вера спасёт вас и тех, кто рядом: ваших близких и родных.

Никогда не отчаивайтесь. Из каждого трудного положения всегда найдется выход, и не один, и не два, а несколько. А из них вы должны выбрать самый Светлый, самый Незапятнанный, который не повредит окружающим людям, а потом уже вам.

ГЛАВНАЯ ВАША ЗАДАЧА – НИКОМУ НЕ ПРИЧИНИТЬ ЗЛА: НИ ПРЯМО, НИ КОСВЕННО. ЭТИМ ВЫ СПАСЁТЕ СЕБЯ.

В вашей душе много сомнений. Отбросьте их, они вам мешают. Не сомневайтесь в себе, иначе сомнения навсегда закроют дверь в кладовую ваших сил. Верьте в себя. Это поможет вам.

Всё материальное, что вас окружает, запомните – это иллюзия. Всё это создано Богом для того, чтобы испытать вашу душу. Это лишь условия для жизни вашего материального тела и все они вместе с телом однажды обратятся в прах. Вечна лишь ваша Душа, а она останется с тем запасом, который вы накопили за свою жизнь.

Так не падите же в грязь, не уроните себя в лице своём перед вашей совестью, вашей душой, вашим сердцем. И прежде чем судить других, разберитесь в себе. И вы поймёте, что вам предстоит огромная работа, чтобы добиться совершенствования души. Душа ваша заключает в себе множество противоречий, множество достоинств и массу недостатков, поэтому, прежде чем осуждать кого-то и винить, вините прежде всего себя.

Всё, что ни творится на Земле, всё видимо БОГОМ, всё сотворено ИМ. И только ОН может обсуждать свои творения. А вы живите так, чтобы потом никогда не раскаяться в содеянном.

ПОМНИТЕ – БОГ С ВАМИ, И ОН СПАСЁТ ВАС.

Благодарим вас.

Аминь

ОПАСНОСТИ И РАДОСТИ КОНТАКТОВ

(РАБОТА ГРУППЫ)

Не все Маринины контакты проходили гладко. В связи с тем, что мы шли по неведанному пути, приходилось постоянно опасаться за здоровье и даже жизнь контактёра.

Очень много вопросов задавалось по поводу того или иного сомнительного состояния контактёра. Так, к примеру, был период, когда Марина после окончания контакта сидела в кресле какое-то время молча и неподвижно, пугая нас своим безмолвием. Иногда же хваталась за голову и наклонялась вперёд, словно задумавшись.

Мы тоже сидели, не шелохнувшись, и молча ждали, когда она придёт в нормальное состояние, опасаясь громким звуком потревожить девушку. Щеки её, обычно слегка румяные, после контакта пылали ярким багрянцем. Такое неестественное состояние нас тревожило, и я спросила:

— Почему после окончания сеанса контактёр не сразу возвращается в нормальное состояние?

Они пояснили:

— Такое было всего лишь несколько раз. Это связано с тем, что неоднократно повышался на несколько десятков единиц Уровень энергетики, то есть Уровень контакта. Контактёр такой же человек, как и вы, у него такая же психика и он не может нормально реагировать на Нашу энергию, пока не привыкнет к ней. В дальнейшем это проявляться не будет.

– Это не опасно?

– Нет, не опасно. Мы следим за состоянием контактёра.

Нам не раз приходилось слышать о такой опасности для человека, как одержание, то есть вселении в него какой-нибудь низкой сущности, которая пытается диктовать ему свою волю, в результате чего человек начинает вести себя неадекватно, вплоть до того, что может лаять, хрюкать, вытворять невероятные вещи. Поэтому мы внимательно следили за Мариной, опасаясь, как бы с ней не случилось подобного.

Однажды она нам рассказала, что, когда после контакта вышла на лестничную площадку, намереваясь отправиться на дискотеку, то почувствовала, что кто-то управляет её ногами, и они сами собой начинают плясать. Она пыталась воспротивиться и не могла, так и дошла до лифта, приплясывая.

При обсуждении группа пришла к выводу, что к Марине за пределами нашей квартиры подцепилась какая-то низкая сущность и, найдя где-то в ней слабинку, начала воздействовать на девушку. Для защиты от подобных случаев «Союз» рекомендовал укрепление психики человека, его воли и, если они ещё не устойчивы – применение молитвы.

Подобный же случай произошёл и с Балашовой Т., сорокалетней женщиной, посетившей несколько наших контактов. Она была предрасположена к контактам и провела два пробных. Но контакты ей не нравились, ничего интересного она в них не находила. Будучи человеком материальным и работая бухгалтером на крупном заводе, она предпочитала не духовное, а материальное, поэтому быстро покинула нас. Но ещё до своего ухода она успела рассказать нам о себе любопытный случай, который произошёл с ней задолго до наших контактов.

Она вместе с подругой ездила на юг в санаторий, и на одном из увеселительных вечеров отдыхающим было предложено на приз станцевать танго. Балашова совершенно не умела его танцевать, но ради шутки вызвалась его исполнить. Ей дали партнёра, знающего танец. В зале было несколько пар.

Заиграла музыка, и Балашова вдруг почувствовала, что кто-то Невидимый управляет её телом. Она выделывала такие па, так мастерски вела свою партию, что все прочие пары, не имея возможности соперничать с ней, были вынуждены остановиться и смотреть на единственную пару.

Первое место было присуждено ей под громкие «бис» и «браво». Придя к себе в номер, она попыталась вспомнить хотя бы один элемент из танго и уже не смогла воспроизвести ничего. Конечно, с подругой они долго смеялись и благодарили вслух доброго невидимку, помогшего выиграть им приз. Больше подобного с ней не повторялось.

Как объяснить подобное явление – трудно сказать. Но, конечно, это не было одержанием и вселением в неё кого-то, это была красивая и добрая шутка какого-то невидимого существа из тонкого мира.

Очевидно, и в случае с Мариной тоже кто-то из невидимого мира сумел подшутить над ней. Но подобные шутки «невидимки» способны устраивать не над каждым, а только над теми, у кого в психической структуре имеется какая-то пока неизвестная нам предрасположенность к гипнозу, к трансу. У кого психика и воля сильные, над теми они не властны.

Марина рассказывала нам о своих впечатлениях после каждого сеанса, если чувствовала что-то необычное в себе. Однажды она рассказала, что ей показалось, что после окончания контакта из её глаз кто-то смотрит на нас. Боясь, что это – одержание, я спросила «Союз»:

– В предыдущий контакт у контактёра было такое впечатление, что в неё кто-то вселился и через неё смотрел на окружающих. Это были Вы или кто-то другой?

– Это были Мы. И проводилось это с целью всеобщего оздоровления контактёра. Её здоровье – не совсем нормально. Мы стараемся, чтобы все жизненно-важные процессы в её организме были налажены и функционировали нормально при контактах. Мы просим вас извинить за беспокойство.

Мы были крайне любопытны, и поэтому я поинтересовалась:

– Что внедряется в тело контактёра: аппарат из тонкой материи или живое существо?

– В каком случае «внедряется»? – не поняли Они.

– Когда ей казалось, что кто-то из неё смотрит, – пояснила я.

– Это наша энергия. Мы посылаем программу, которая направлена на оздоровление.

Марина не раз начинала контакт, будучи не очень здоровой: то у неё болело горло, то слегка поднималась температура – она часто простуживалась, и всякий раз «Союз» её подлечивал. Поэтому она вскоре стала полностью доверять им своё здоровье и, заболевая, никогда не отсиживалась дома, а приходила на контакт. Мы, конечно, сочувствуя ей, спрашивали:

– Может, не будешь сегодня выходить на связь?

– Мне, наоборот, после контактов становится лучше, – отвечала она. – Сразу наступает облегчение. Я контактами лечусь, – и она практически выздоравливала на следующий же день.

Один раз летом Марина искупалась в маленьком озере и подцепила опоясывающий лишай. «Союз» снял его за два сеанса.

Также «Союз» следил и за нашим состоянием. Когда мы приходили на контакт очень усталыми и разбитыми, Они предлагали нам сделать дыхательные упражнения для восстановления наших оболочек. Жизнь была сложна, перестроечный период давил грузом всевозможных проблем, и от мирской суеты, включающей семейные заботы и производственные задачи, люди отрывались порой больными в буквальном смысле. У кого-то болела голова, у кого-то ломило спину, третий испытывал боли в желудке после «сытного» обеда в общественной столовой. Но, несмотря на это, никто не желал пропускать сеанс связи, и ровно в шесть вечера группа была в полном составе.

К концу контакта все неприятные ощущения проходили незаметно для нас, и мы неожиданно обнаруживали, что чувствуем себя прекрасно. Сначала мы объясняли это своей увлечённостью, потом поняли, что энергия, идущая сверху, благотворна и оздоравливает нас.

Но вернёмся к помехам на контактах.

Иногда в разгар контакта «Союз» объявлял:

– В связи с тем, что идут помехи, контакт прекращается.
Естественно, нас интересовало, какие же помехи могут
быть вообще. Один раз Они ответили:

– Контакту может мешать многое. Одной из помех является пересечение пространств. Если бы вы умели изме-
рять координаты вашего положения в Космосе, вы бы заметили отклонения.

В другой раз, когда контакт был внезапно прерван, мы
спросили:

– Что помешало нашему контакту вчера?

– Шла корректировка. Ваша программа, которая вложена в вас, завязана на множество других программ и всех
людей в целом. Мы не должны делать так, чтобы, воспользовавшись нашими знаниями, вы уходили далеко от программ.
Мы и так в нарушение этого проводим данную работу.

Не всегда контакты прекращали с целью корректировки
чего-то. Существовали и явные противники нашей связи с
Космосом.

У Марины, например, однажды после проведения двух
сеансов связи в душе появилось непонятное тревожное чувство. Она возвращалась из транса и жаловалась:

– Что-то у меня на душе так нехорошо. Не пойму, почему.
Поэтому пришлось спросить:

– Чем вызвана тревога контактёра после окончания контакта?

– Неосознанная тревога вызвана подключением посторонних сил. Цель подключения – подслушивание. Темные
силы не любят, когда людям дают достоверную информацию. Чтобы помешать, они подключаются к каналу и дают
свою дезинформацию, а также посылают помехи и прочие
препятствия, искажающие получаемую информацию.

– Есть ли опасность овладения контактёром тёмными
силами, не опасны ли слишком частые контакты? – допыты-
валась я.

– Опасность состоит в том, что контактёр, как человек,
должен быть независим от Космоса, то есть он должен уметь
сам контролировать своё психическое состояние. В против-
ном случае со временем он перестанет владеть своей психикой, и им будут руководить другие. В этом опасность.

Случалось, что о возможных помехах «Союз» предупреждал нас перед началом связи:

– Мы просим немного времени для вступительной речи, – сообщали Они. – Предупреждение. Сегодня активизированы чёрные силы. Время контакта ограничено – двадцать пять минут. Именно сегодня вы должны очень внимательно отнестись к своему физическому телу и душе. Возможно, сегодня ночью кто-то из вас не будет спать: будет мешать беспокойство. Мы постараемся обеспечить вашу безопасность и всё, что в наших силах. Но убедительно просим и вас – будьте осторожны. Просим вас задействовать всю свою энергию для того, чтобы обезопасить себя. Ставьте защиту. Поймите – это очень важно. Желательно, если сегодня перед сном вы прочтёте молитвы. Это создаст определённую энергозащиту в вашем доме. Дополнительная защита будет послана с нашей стороны.

В эту ночь всё так и было. И, несмотря на чтение молитв, ночь прошла беспокойно. Мы с мужем просыпались чуть ли не через каждые полчаса, крутились, вертелись на постели, испытывая внутреннее беспокойство и тревогу, непонятно по какому поводу. Читали вновь мысленно молитвы, чтобы отогнать тех, кто мешает.

Я замечала, что моя мысль, когда читаю про себя «Отче наш», всё время куда-то уходит. Я раз пятнадцать пыталась дочитать молитву до конца и не могла, каждый раз ловила себя на том, что сбивалась. Останавливалась – не помню на какой фразе, и надо было начинать заново. Я снова возвращалась к началу молитвы и вновь где-то на середине текста или чуть дальше теряла мысль, словно её кто-то обрывал. Я понимала, что кто-то невидимый упорно сбивает меня и не даёт дочитать молитву до конца. Но назло невидимке я упорно возвращалась к её началу. И так много раз. Невидимка стремился, чтобы я бросила это занятие, а я решила, что пока трижды без единой запинки не прочту ее текст, не усну. И после пятнадцатого, а может и двадцатого раза, сосредоточив всю свою волю, я, наконец, прочла «Отче Наш» полностью один раз, потом – второй, потом – третий. И после этого уже уснула спокойно.

Так что к предупреждениям «Союза» мы всегда прислушивались и по мере своих сил старались исполнять Их требования. Одно время мы даже пытались обезопасить контакты коллективным чтением молитв перед началом связи. Однако делали это нерегулярно, поэтому как-то Марина нас очень напугала. Случилось это следующим образом.

Желая расширить возможности девушки, то есть, чтобы она не только могла контактировать, но и, к примеру, летать в астрал, после очередного сеанса один из «диспетчеров» «Союза» предложил ей вылететь из тела и полетать в тонкой оболочке. Марина не верила, что способна на что-то большее, на что-то необычное, и ей хотели доказать, что возможности человека, и в частности её собственные, неограниченны. Предлагал Он, естественно, телепатически, не слышно для нас, поэтому нам о Его планах было ничего не известно. А возможно, Они проводили какой-то свой психологический эксперимент, наблюдая за нашей реакцией на непредвиденную ситуацию. Но как бы то ни было, а в конце контакта Марина неожиданно проговорила:

— А теперь прощайте. Прощайте… Я улетаю, улетаю… — голос её звучал мягко, завораживающе и с такой замогильной интонацией, что мы сами смертельно перепугались за неё.

Контактёр смолкла. Она сидела, откинув голову на спинку кресла, закрыв глаза, и молчала.

Наступила минутная пауза, мы не знали, что делать.

Здесь же в комнате присутствовала и мать Марины. Другая, возможно, сразу бы запаниковала, подняла шум, но она тоже сидела спокойно, и только глаза слегка выдавали некоторое беспокойство и непонимание происходящего.

Я чувствовала, что надо что-то предпринимать, дальше сидеть молча стало невозможно. Обычно в таких ситуациях всегда хорошо ориентировался Дмитриев, но его давно не было с нами, решение надо было принимать мне самой, так как я вела контакт. Поэтому шёпотом я предложила остальным членам группы:

— Давайте встанем в круг, возьмёмся за руки и отдадим Марине свою энергию. — Я вспомнила Сашины действия, и сейчас в его отсутствие, приходилось опять брать ответственность на себя. Хотя я не была практиком, но некоторые методики, как показала жизнь, надо было хорошо знать.

Все последовали моему совету – расположились по кругу вокруг девушки и взялись за руки. Таким образом мы образовали энергетическое кольцо, которое сконцентрировало поле контактёра. Приходилось учиться друг у друга.

– Представим, – произнесла я, – что отдаём свою энергию Марине. – И когда все сосредоточились на передаче, я обратилась к «Союзу»:

– Просим вернуть нашего контактёра. – И затем обратилась к девушке:

– Марина, возвращайся. Нам не нравится такой эксперимент. – И повторила это несколько раз тихо и спокойно, чтобы не напугать громким голосом контактёра и не вызвать недовольства Высших.

Наступила пауза. Молча мы раскручивали энергию по кругу и золотистым потоком направляли на контактёра. Прошла минута. Все напряжённо ждали.

Вскоре веки Марины вздрогнули, она начала возвращаться в тело. Все мы вздохнули с облегчением. Она открыла глаза, посидела ещё какое-то время, словно в оцепенении, мы молчаливо ждали, что скажет девушка после короткого, но столь пугающего нас молчания.

– Фу-у – выдохнула она тяжело. – Я сейчас была где-то в Космосе. Летала в чёрном пространстве среди звёзд, Мне хотели что-то показать, но вы меня вернули.

– Что ты испытывала в пространстве? – поинтересовалась я.

– Мне было страшно лететь, но чей-то голос убеждал, что бояться не надо и что я обладаю способностью летать и могу делать это в любое время по своему желанию.

Мы восприняли полёт Марины, как вылет души из тела при сохранении связи между ними с помощью нити жизни. Но в голове у меня в ту минуту промелькнуло: – «А вдруг она не вернётся? Что говорить в таком случае людям? В комнате – труп молодой девушки. Правда, мать её тоже здесь, но наши эксперименты для других будут непонятны. Начнут словословить: "Вот, какая-то секта пожертвовала жизнью молодой и красивой девушки"».

В отличие от Саши Дмитриева, который никогда не боялся за жизнь тех, с кем экспериментировал, я всегда очень переживала за них. Но Саша обычно доверял Высшим Иерархам, у меня же были сомнения по другим причинам. Надо сказать, что в начале контактов сомнения присутствовали всегда, и самые разные. Но самым основным было опасение вмешательства тёмных. Если «Союз» сам же предупредил, что существуют враждебные силы, которые настроены против наших контактов, то приходилось опасаться их вмешательства постоянно. По отношению к ним мы были слепцами, так как не могли их видеть, и требовалось по каким-то отдельным проявлениям улавливать их вмешательство в контакт.

На следующем сеансе связи как можно вежливей я обратилась к «Союзу»:

— На прошлом контакте кто-то из Ваших обещал Марине на время забрать её к себе. Мы просим этого не делать, так как психологически она к этому не готова пока, – я уже не стала говорить, что и мы тоже.

В интонации Их послышалось большое недовольство:

— Просим вас не диктовать Нам свои условия.

Я постаралась оправдаться:

— Нет, я не диктую, я это сказала потому, что мы боимся за неё.

— Все меры принимаются так, как должно быть. Контактёр учится. Если существует какая-либо опасность, вас о ней предупреждают, – холодно ответили Они.

Чтобы застраховаться от неудачного возвращения контактёра в своё тело при вылете, через несколько контактов я спросила:

— Что нужно делать окружающим, если контактёр вылетел из своего тела и не может самостоятельно вернуться?

— Обеспечить тишину, спокойствие. Ее может вернуть человек, у которого энергетический уровень выше, чем у контактёра; или группа людей, вставших в круг и отдавших ему свою энергию, – то есть Они подтвердили правильность наших действий.

— А у кого из нас потенциал выше, чем у Марины? – поинтересовалась я.

– Такой человек есть среди вас, но об этом пока говорить рано, – ответили Они загадочно. (Они умолчали о потенциале нашей дочери. Только много лет спустя мы узнали, что он был самым большим не только в группе, но и среди людей. Однако всё познаётся со временем. – *Прим. авт.*)

Так шла наша работа на начальном, подготовительном этапе. Но, несмотря на многие трудности и сложности, неприятности и разочарования, мы шли вперёд, по крупицам познавая неизвестное для нас. А Высшие Иерархи иногда вознаграждали нас. Кто, к примеру, может похвалиться Космическими поздравлениями? А у нас они были.

Первое такое поздравление мы получили накануне Нового года, то есть тридцатого декабря 1991 года.

Как люди поздравляют друг друга с Новым годом, всем хорошо известно. А вот какие поздравления шлют Высшие Иерархи людям, вряд ли кому на Земле приходилось слышать.

Общий контакт проводила Анна Чичилина у нас дома.

В углу комнаты стояла пышная, до потолка, ёлка, наряженная игрушками и светящаяся, как драгоценными камнями, яркими огнями. Разноцветные гирлянды украшали потолок и усиливались сверкающей в их лучах мишурой. В комнате было красиво и уютно.

Аня, как и все наши контактёры, сидела в мягком кресле посередине этой праздничной красоты, мы – по краям. Рядом с контактёром – записывающий контакт магнитофон. Девушка настроилась.

Мы все ждали, что сеанс начнётся как обычно со слов: – «Здравствуйте. Контакт начался». Но неожиданно торжественно и возвышенно прозвучало:

С вами говорит «Союз Великого Назначения Мысли». Мы встретились с вами, чтобы поздравить вас с наступающим Новым годом. Вы, все собравшиеся, и те, кто сегодня отсутствует, получают эти поздравления. Но это поздравления неземные. Это то, что начинает вас стабилизировать как членов и работников Великого Союза! Вы должны, вступая в этот 92-ой цикл, обладать великим скафандром

Веры – тем, что является для вас защитой, является вашей целью, которая ведёт к вашему совершенствованию. То, что вы живете здесь, на Земле, – это крохотная частица вашей жизни. Ваши абсолютные сферы, те, которые не затронуты материальной оболочкой, живут и переливаются совершенно полноценной энергетикой. Вы посланы на Землю осуществлять план восстановления Мысли, того, что вы немного потеряли, а именно – Духовности, вы должны направить в нужное русло человеческие мысли, а сознание вернуть в стадию Веры в совершенствование Души. Если здесь очень много слов с большой буквы, – не пугайтесь. Быть может, это трёхмерные слова, которые выражают энергетику, которую ваше сознание узнаёт впервые, и в которой вы нуждаетесь. Год грядущий будет, возможно, тяжелее для вас материально, но ваши души познают энергетический потенциал вольного духовного дыхания. Вы, люди в оболочках, но с душой открытой. И дорожите этой открытостью, и не смущайтесь материальными трудностями, не закрывайте свои двери для всех идущих к вам.

Будьте радостны, и пусть ваши глаза излучают свет. И ваши уста изливают чистоту на всех. И знайте, что Мы знаем и любим вас, и держим вас как своих детей, мягко прикрывая своими крылами. И мы желаем вам полноценной работы.

Поздравление прозвучало в таком возвышенном тоне, что присутствующие буквально были потрясены. Каждое слово было весомо, значимо и необыкновенно в своём интонационном выражении. Это было потрясающе. Наши сердца переполнились чувством благодарности к Ним, Великим. И я, желая впредь отвечать Им тем же, спросила:

— Скажите, пожалуйста, имеет ли Великий «Союз» свои знаменательные даты, и какие, чтобы мы могли Вас также поздравлять, как Вы это сделали сегодня?

— Вы можете Нас также поздравить с вашим Новым годом, у нас это будет называться «Цикл–92». Вы можете

Нас поздравлять с вашими днями рождения. Но такие даты, как у вас, у Нас происходят через очень большой промежуток времени, и вы просто не успеете Нас поздравить. Вам понятно это?

— Да, — ответила я, а в голове мелькнуло: «Что уж тут непонятного, ясное дело, что до Их знаменательной даты мы просто не успеем дожить, до того наша жизнь скоротечна».

— Можете Нас поздравлять с Рождеством Христовым и праздниками престольными, — продолжали Они. — Мы это хорошо понимаем, так как у Нас в это время идет спуск энергетики как бы в сосудные каналы, и Мы знаем, что вам легче дышится. Ваши поздравления будут соответствовать тому, как бы вы почувствовали энергетику, но это для обыкновенных людей. Вы же, можно сказать, пьёте из чистого колодца каждую неделю, а можно сказать — тот, кто выходит на индивидуальный канал, полностью подключён и является «светочем» в своей собственной сфере.

— Спасибо. Мы Вас поздравляем с наступающим Новым годом. И тоже желаем плодотворной работы... — поздравила и я Их в свою очередь, честно говоря, не зная, что же Им можно пожелать, кроме работы.

— Наше удовлетворение зависит от вашего осмысления. Мы очень хотим, чтобы вы старались как можно больше помещать себя в нейтральное состояние мысли, где присутствует логика и чёткий расчёт, но расчёт не материальный. Поймите правильно это слово.

Или вот другое Их поздравление с Пасхой 26 апреля 1992 года. Поздравляет просто «Союз» через контактёра Марину Молодцову.

— Поздравляем вас с праздником Великой Пасхи, рады вновь встретиться с вами. Радует Нас общение Наше с вами. Давно Мы не встречались. Хотим пожелать вам Добра, Милосердия, Всеобъемлющей любви друг к другу и ко всему живому на Земле.

И вот этими посланиями для всех людей я и закончу описание работы нашей группы энтузиастов на период с 1990 по апрель 1992 года. Но этим не закончились наши контакты вообще. «Союз» пообещал нам интересную встречу. И она состоялась. Это была встреча с эфирными существами тонкого мира. И они рассказали нам очень много нового о себе. Но это уже будет описано в другой книге.

Встречи были похожие на сказку, на фантастику, настолько они необычны и в то же время реальны в подробностях и мелочах.

КОСМИЧЕСКИЕ ЗНАКИ

 – Переход положительной энергии в Космос через болезни.

 – Знак эгоизма. Замыкание положительной энергии на самом себе, выхода в Космос нет.

 – Ограничение отрицательной энергии в себе, подавление её и преобразование положительной энергии в добрые дела.

 – Преобразование положительной энергии через жертву, то есть выброс положительной энергии в Космос через собственную жертву. Получение энергии из Космоса, но преобразование этой энергии идёт в отрицательную сторону, то есть во зло.

 – Преломление поступающей информации, т.е. информация к нам из Космоса поступает не по прямой, а искажается, в результате получается векторная величина, искаженная. Но т.к. во многих людях внутри немного от Дьявола, то эта информация используется во зло. Вершина треугольника направлена вниз – развитие к Дьяволу, вверх – к Богу.

– Знак четырёхмерного пространства.

 – Знак пустых людей

 – Получение энергии из Космоса, но преобразование этой энергии идет в отрицательную сторону, то есть во зло.

 – Черный квадрат – знак дьявольского пространства.

КОСМИЧЕСКИЕ ЗНАКИ ДАНЫ ОДНОЙ ИЗ КОСМИЧЕСКИХ СИСТЕМ.

ЗАБОЛЕВАНИЯ ЧЕЛОВЕКА

Контактёр Марина Молодцова
Дмитриев А.:

– В древней Греции существовала высокая культура тела и души. Почему она разрушилась?

– Греки знали, что если заниматься физическими упражнениями, то здоровье человека будет крепче. Но в дальнейшем человечеству было дано лечение тела двумя методами: народными способами и хирургическим вмешательством. Человечество выбрало второй способ – вмешательство в организм с помощью операций. Из-за этого произошли отклонения. Люди поверили второму способу и перестали властвовать над своим телом. Была подорвана вера в себя.

Молодцова Н.А.:

– Что надо делать человеку, чтобы не болеть?

– Надо выполнять три основные положения: правильно питаться, регулярно делать физические упражнения и быть духовно чистым. И очень важны разгрузочные дни. Вы устраиваете себе выходные – субботу, воскресенье – такой же отдых требуется давать и своим органам.

Каждый контакт представлял собой поток энергетики, который Свыше обрушивался на рабочую группу и пропитывал нас буквально, как вода – кусочек ткани. Поэтому в результате контактов мы повысили своё биополе настолько, что могли сравниться с экстрасенсами. В связи с этим Дмитриев, который стремился проявить себя как-то с необычной стороны, поинтересовался:

– Мы можем лечить людей энергетически?

– Лечить можно, но не забывайте – КТО их лечит через вас.

Дмитриев отмахнулся:

— Какая разница — кто лечит, был бы результат!

— Не забывайте — КТО ВЫ и КОМУ обязаны, — поправили Они очень выразительно.

Последней фразой Они подчеркнули, что все экстрасенсы лечат не сами за счёт каких-то своих исключительных способностей, а за счёт Их — Высших Иерархов, управляющих Землёй и спустившихся вниз, к людям, чтобы облагоразумить их и поставить на своё место, дав новый шанс на спасение человечества.

Да, чудеса временно разрешены. И поэтому так много экстрасенсов, которым стоит помахать руками — и больной выздоравливает, и прилетают «тарелки», и появляются контактёры, говорящие голосами наших покровителей, и в небесах рисуются знамения, и многое другое происходит на Земле. Но это всё не от нас, а от Их желания, Их воли. И вот это — главное — человеку надо бы никогда не забывать, не приписывать себе сверхсвойства, сверхспособности. Если мы что-то и умеем, то только по Воле Свыше.

Салкин Н.:

— Откуда берётся усталость? Сейчас у людей появилась хроническая усталость. Учёные предполагают, что это особый вирус, вызывающий утомление. Как победить синдром хронической усталости?

— Синдром хронической усталости не в вирусе. Каждый из вас, наверное, испытывал после сна непонятной состояние — как будто вас всю ночь били палками?

— Да, было такое, — соглашается Салкин.

— Вы это знаете прекрасно, — подтверждают Они и продолжают: — вокруг вас полно тех астральных тел, лишённых разума, которые живут за счет вашей энергии, хотя не умеют ни думать, ни рассуждать, как вы. Из-за несовершенства вашего зрения вы их не видите, но они подпитываются вашей энергией. Однако вам этого бояться нечего, так как Космос постоянно подпитывает вас энергией. Если же у человека нарушена в какой-то мере психика или биополя, или идёт преднамеренный отсос энергии каким-нибудь человеком или существом, то в этом случае человек испытывает постоянную усталость. Такому человеку следует обратиться к экстрасенсу, который свою энергию затрачивает лишь на благо человечества, и он окажет необходимую помощь в этом плане, если у человека будет вера в этого экстрасенса. Но существует много людей, которые вообще не верят в информацию космического плана и живущих только материально. Таким труднее восполнить затраты энергии. И помочь им смогут другие люди, например даже вы, если будете постоянно посылать положительные импульсы всему человечеству. Через Космос ваша энергия перераспределится и даже этого хватит, чтобы какая-то часть людей восполнила свои энергетические запасы.

Стрельникова Л.Л.:
– Правильно ли утверждение, что нервные клетки не восстанавливаются?
– Да.
– А с какой целью это сделано Создателем?
– Чтобы человек осознавал – на что он тратит свои силы, и что будет его ожидать, если он не научится рационально использовать их.
– Существует два типа заболеваний: хронические разных органов и простудные заболевания, связанные с вирусами, микробами. Для чего они даются?
– Простудные вы получаете за халатное отношение к себе и окружающим, если переносчиками являются микробы. Это невыполнение каких-то обязанностей самосохранения по отношению к себе и другим. Надо научиться уважать и себя и тех, кто вокруг, научиться заботиться укреплять свою волю определённой системой упражнений, направленных на закаливание.
– Значит, простудные заболевания даются человеку для укрепления его силы воли и для работы над собой?
– Это даёт ему лишний раз сделать выводы. Да, но бывает, что болеют и дети, хотя они не осознают, что у них нет силы воли и что они связаны как-то с обществом. В этом случае – это наказание не им, а родителям, так как они ухаживают за ними, страдают и осознают, что что-то делали не так, как надо.

Голубин С.:
– Как исправить наследственные болезни?

– Это зависит от самого человека. С помощью медитации можно достичь многого. Сейчас люди не способны осознать себя и окружающий мир. Отсюда нарушен энергообмен, психика и многое другое. Наследственные болезни излечить можно, если человек поверит в себя и будет использовать такие способы как: медитация, концентрация на мысли, что у него нет данного заболевания. Все сомнения надо победить – и вы добьётесь успеха. Если в одном поколении люди болели, то в другом болеть не будут.

Салкин Н.:
– Какое значение для организма имеют дыхательные упражнения?

– Правильно дышать – это значит дышать с определенным заданным ритмом. При дыхании в организм через заданные промежутки времени поступает кислород, азот и другие газы. А в мозг человека идёт сигнал о количестве данных порций, откуда импульсы направляются ко всему организму. Клетки разных тканей настраиваются на приём данного количества газов и находятся в этом настрое всё то время, пока человек дышит с заданной частотой. Когда же он перестраивается на другую частоту, клетки тканей перестраиваются тоже. И чем чаще клетки перестраиваются на разные частоты, тем хуже для всего организма. Но хуже всего, когда частота дыхания совершенно разная, человек дышит не равномерно – для клеток это губительно.

– А в повседневной жизни режим дыхания имеет значение?

– Желательно, чтобы в течение жизни вы дышали также равномерно. Можно на счёт шесть, на счёт четыре, главное – равномерно. Мы понимаем, что для вас это трудно, но когда вы выработаете в себе систему, то есть примете это за правило, вам это даст ещё несколько десятков лет жизни.

ЛЕЧЕНИЕ

Контактёр Марина Молодцова
Дмитриев А.:
– Что такое точки внутренней энергии человека?

Контактёру дают зрительный образ и словесное пояснение.

– Точка 1 – середина лба (третий глаз). С ней связана психика человека, влияние на окружающую среду и психика другого человека.

– Точка 2 – находится на 2–3 сантиметра выше пупка. С ней связано дыхание, желудок, поджелудочная железа, лёгкие. Поглаживая большим пальцем её по часовой стрелке, улучшают работу внутренних органов пищеварения.

– Точка 3 – отверстие Брамы, затылочная часть головы. Воздействовать непрямым массажем против часовой стрелки, то есть воздействие рукой на расстоянии пяти сантиметров против часовой стрелки. При этом надо сосредоточить внимание на саму точку в течение двух минут. Человеку можно внушить, чтобы он не пил.

– Точка 4 – находится на пятках ног. Это точки воздействия на душу, на её человеческие качества, доброту, милосердие, отзывчивость. Воздействие – нажатие всеми пальцами одной руки вокруг пятки.

– Точка 5 – середина левой ладони. Нервы. Воздействовать можно, попеременно прикладывая холодные и тёплые компрессы, чередуя их. Потом вращать указательным пальцем правой руки в любую сторону, как бы делая «сороку-белобоку». Это успокаивает нервы.

– Точка 6 – внутренняя на сердце. Внешняя точка совпадает с точкой нервов на ладони, то есть точка нервов и сердца связаны между собой. Так что, воздействуя на середину левой ладони, одновременно можно воздействовать на кровеносную систему, регулировать давление. Непосредственно же на точку «6» можно воздействовать бесконтактным способом, то есть на расстоянии посылать на эту точку рукой космическую или свою энергию.

Дмитриев А.:
– Вы назвали шесть активных точек, а всего их 37?
– Их гораздо больше.

Контактёр Володя Чичилин
Дмитриев А.:
– Как лечить нервные расстройства?
– Воздействием на лоб: крутить пальцами рук по часовой стрелке три минуты.
– Как влиять на кровеносную систему?

– Центр правой ладони – делать массаж.

Молодцова Н.А.:

– Как влиять на пищеварительную систему?

– Центр правой ладони.

– Как повысить гемоглобин в крови?

– Точка находится на пять сантиметров справа от соска. На неё воздействовать контактным массажем по часовой стрелке в течение 3–5 минут (правая сторона).

– Как избавиться от головной боли?

– Лёгкое массирование двух точек на концах челюстей.

Голубин С.:

– Как воздействовать на бородавки, родинки и прочие образования?

– Точки на пятках.

– Как улучшить работу кишечника, желудка?

– Точка находится на 3–4 сантиметра выше пупка. Массировать пальцем по часовой стрелке в течение трех минут.

Чичилина Т.В.:

– Как снизить внутричерепное давление?

– Две точки: одна выше ушей на два сантиметра и вторая – чуть сзади их. Надавливать на эти точки.

Контактёр Марина Молодцова

Стрельникова Л.Л.:

– Как регулировать обмен веществ в организме?

– Потягивание за мочки ушей.

– Как лечить аллергию?

– От всех болезней самое качественное лекарство – психика человека. Надо научиться концентрировать в себе энергию. Учиться концентрировать внимание на каком-то предмете. У человека огромный резерв. Такие болезни, как сердце, нервы, боли в суставах, мышцах, зрение, слух – всё лечится в дополнении к самовнушению физическими упражнениями. К каждому заболеванию – своя группа упражнений.

Контактёр Володя Чичилин

Стрельников А.И.:

– Какой характер носит головная боль при голодании?

– Энергетический. Боль надо терпеть, так как один день голодания полезен.

Стрельникова Л.Л.:

– Дайте способ лечения от рака?

– Это болезнь материальная. Мы не знаем. Спросите у Материальных Систем, они расскажут.

Отвечала Духовная Система, с которой контактировал Володя, поэтому вопрос пришлось перенести к Марининой Системе.

Контактёр Марина Молодцова

– Дайте способ лечения от рака?

– Существуют три способа, которые связаны с характером человека.

1. Самовнушение. Сильная воля подавляет рост больных клеток.

2. Комбинированный способ: самовнушение, когда человек настроен оптимистично, и воздействие на несколько точек на теле, о которых скажем позднее.

3. Медикаментозный способ, но конкретного лекарства ещё нет.

Точки пригодны только для того человека, который сможет сконцентрировать в себе энергию. Сам процесс обучения очень важен: в течение 4–6 дней, чтобы научиться концентрировать энергию, нужно вести спокойный образ жизни. Интересоваться самым важным, всё остальное отбросить, чётко сформировать цель в жизни.

Первый способ

Самовнушение, подавление сильной волей. Найти место, где бы человек мог находиться в полном покое.

1 день. Задача – думать только о важном событии вашей жизни, которое было или будет. Постоянно повторять о нём про себя, вникать в него, стараться думать над каждым словом. И делать это несколько раз в день.

2 и 3 день. Человек должен находиться в постоянном спокойствии и думать только о своём здоровом органе, любом, например, руке или ноге, изучать его. Думать, что рука должна нагреться, и сосредоточиться только на этом представлении. Тогда она потеплеет. Это придаст человеку уверенность в себе, уверенность в том, что он способен что-то внушить себе.

4 день. Задача – сконцентрироваться теперь на больном органе и думать о нём только хорошее, то есть что он самый здоровый и самый крепкий. Чтобы его вылечить, нужно думать о нём чаще и более сосредоточенно, ни на что не отвлекаясь.

5 и 6 день. Задача – продолжать предыдущее. Эффект будет. Самовнушение вначале приостановит развитие опухолевых клеток, а затем они начнут самоуничтожаться. Опухоль начнёт опадать. Надо всегда помнить, что физическое тело человека подвластно его силе воле. От того, насколько он может сконцентрировать мысль, зависит его здоровье. Ему необходимо ежедневно, ежечасно делать такие упражнения.

Второй способ

В зависимости от больного органа даются конкретные точки. После этого проводится бесконтактный массаж данных точек любой рукой, любым пальцем. Чем сильнее концентрация энергии в руке, тем лучше. Энергия в пальце направляется в больной орган с сильной концентрацией в пучок. Не дотрагиваясь до тела, можно вращать пальцем, покачивать, отводить вверх-вниз. Одновременно человек занимается самовнушением, так как идёт настройка организма на лечение. У человека должна преобладать полная уверенность в излечении. Даже самое маленькое сомнение может сильно повредить лечению.

Дмитриев А.:

– Другого человека можно так лечить?

– Человек с более высокой энергетикой может лечить человека с меньшей энергетикой.

– Назовите способ профилактики рака?

– Существует масса ограничений. Профилактика сложна. Человек должен быть чаще на свежем воздухе, подальше находиться от улиц с большим движением автомашин, меньше употреблять в пищу продукты с красителями: кремы тортов, цветные конфеты и прочее. Некоторые лекарства сильно токсичны, например – эритромицин. Сверхактивная нервно-психическая деятельность, стрессы также способствуют возникновению рака.

– Дайте какой-нибудь рецепт от рака попроще?

— Лекарство состоит из натуральных продуктов, в которые не входит ни одно химическое вещество, ни один краситель. В него входят:

1. Натуральный пчелиный мёд.
2. Белок яйца (продукты из деревни).
3. Молоко (также).
4. Родниковая вода.

Всё брать в равных пропорциях 1:1:1:1.

Это профилактика и лечение. Всё перемешать до однородной массы. При употреблении исключена другая пища (т.е. голодание). Курс лечения – 10 дней. Принимать три раза в день. На день – один стакан: разделить его предварительно на три части и принимать по одной части.

Дмитриев А.:

— Но где взять очищенные родники?

— Интуиция подскажет вам. Сейчас в недрах Земли происходит очищение воды. Лекарство, чем свежее, тем лучше.

Панкратова Н.:

— Когда будет излечен СПИД?

— В ближайшее время число больных будет нарастать. Поднимется смертность, и потом СПИД прекратит свою активность. Носителей СПИДа будет много, но болеть будут только восприимчивые. Ослабление вируса будет происходить за счёт эффективности профилактики. Сейчас многие Системы заинтересованы в гармонии физического тела и души. Если физическое тело больно, оно перестаёт посылать правильные импульсы душе. Душа затормаживается.

СПИД существовал и ранее, но вспышка произошла в двадцатом веке. Это испытание людей на силу воли, силу души устоять против искушений. Это борьба за повышение нравственности человека. Много зависит от того, способен ли он заставить себя не делать плохого или нет. В этом проявление силы воли.

— Откуда берутся болезни?

— Каждая болезнь запрограммирована. Она даётся для испытания человеческой души. И если человек перестанет бороться с болезнями, то они заполнят всю планету. От СПИДа ожидали худшее. Мы рады, что вы так быстро нашли средства противостоять ему. Этот эксперимент будет утихать и скоро прекратится совсем.

Стрельников А.И.:

– Что даёт отрицательная и положительная энергии, находящиеся в организме человека?

– Отрицательная энергия несёт дисгармонию. Иногда и та, и другая энергии существуют в человеке в равных пропорциях.

– Можно ли регулировать качество отрицательной и положительной энергии в теле человека?

– Вам это невозможно проконтролировать. Исход испытания накладывается на душу и зависит от человека как личности. От того, как выйдет человек из болезни, видно, насколько поднялась в своём развитии душа.

– Как лечить шизофрению?

Первый способ – с помощью внушения. Больной находится в трансе (или в коме), а другой человек с более сильной энергетикой делает ему внушение.

Второй способ – сделать семь физических упражнений.

1. Вращение головой в обе стороны.

2. Вращение кистями рук. Опустить руки, медленно поднять к лицу и медленно гладить сверху вниз.

3. Одновременно поднятые на уровне плеч ладони сжимать и разжимать. Когда ладони сжимаются, глаза закрываются.

4. Переступать ступнёй с носка на пятку несколько раз.

5. Поворот головы в обе стороны с концентрацией внимания сзади.

6. Повороты туловища в стороны с переводом во вращение.

7. Плавная ходьба.

Третий способ – бесконтактный массаж головы в затылочной области, за ушами и под подбородком. Энергия концентрируется в указательном пальце и направляется в центр лба. Достаточно небольшого количества энергии.

Стрельников А.И.:

– Сколько времени надо воздействовать?

– Пока не наступит улучшения. Можно добиться хороших результатов за 4 дня комплексом воздействий.

Дмитриев А.:

– Как улучшить зрение?

– С помощью воли человека. Если энергетический уровень больного от 35 и выше, можно воздействовать на самого себя.

1. Упражнение состоит в полном расслаблении. Сосредоточиться в себе и самовнушением повторять фразы самые разные, зависящие от человека. К примеру: «Скоро я сниму очки. Я буду видеть хорошо без них. Я найду в себе силы и вылечу самого себя».

2. На людей, у которых уровень ниже 35 и которые не уверены в себе, может воздействовать другой человек с уровнем больше 35. Надо концентрировать энергию в руках до теплоты. Проверить отталкивание рук между собой. После подобной подготовки поставить руки около глаз больного на расстоянии 5–10 см и делать массаж от глаз до затылка. Повторить 10 раз с перерывом. Всего нужно сделать 50 раз.

Стрельников А.И.:

– Верна ли теория Мартынова о прочистке энергетического канала?

– Пока для вас это сложно. Огромную роль играет ваше воображение. Надо встать спиной к тому, кто чистит. Прочистку надо делать кому-то другому. Энергетический уровень обоих должен быть не ниже 47.

Чистящий делит позвоночник на 5 частей мысленно. Затем представляет, что каждая часть имеет свой цвет – синий, зелёный, красный, оранжевый и т.д. Любой цвет, не важно какой. Тот, кто чистит, должен это всё чётко представлять. Затем представить энергетический шар в руке величиной с яблоко, почувствовать его тепло. Цвет шара должен быть такой же, как цвет каждой части позвоночника. Дальше – прокатывать шар по частям позвоночника, меняя его цвет, соответственно цвету каждой части. Но при этом вытягивать грязь из каждой части позвоночника. Провести рукой снизу вверх несколько раз. Мысли у обоих должны быть такими, что они хотят излечить друг друга, прочистить канал. Лечащий получает ответные импульсы и сам очищается тоже.

– Как воздействовать на психику человека, чтобы подавить в нём агрессию, дать мирное направление мыслей?

– На затылке существует линия, чувствительная к вашей психической энергии. Воздействовать можно руками или глазами в зависимости от того, где больше энергии: в ваших руках или глазах. Воздействовать надо бесконтактно на расстоянии.

– Существует ли ещё какой-нибудь метод прочистки каналов?

– Надо поднять руки вверх, слегка расставив в стороны ладони и представить на них сосуды, а в них стекает чистая энергия. И когда сосуды наполнятся, вылить эту чистую энергию на себя, промыть себя внутри. Так же можно прочистить и другого, а потом руки поставить ладонь к ладони, но не прикасаясь, то есть ладони лечащего и больного, а также прочищаемого развёрнуты друг к другу на расстоянии 3–5 см. Произойдёт очистка. Прочистка энергетических каналов способствует нормальной циркуляции энергии в организме и постепенному выздоровлению человека.

ЭПИЛОГ

Годы стремительно летели вперёд. Первоначальная группа полностью распалась. Более года контактной деятельности обычные люди не выдерживали, даже при условии, что вопросы для контактов придумывали мы. У самих у них больше десяти-двадцати вопросов земного плана не набиралось. Быстрый отход их от контактной деятельности был, очевидно, связан с энергетической пресыщенностью, неспособностью повышать свой энергоуровень, так как их оболочки были предельны.

Контакты продолжали только семья Чичилиных и наша семья, но работали мы отдельно. О результатах контактов докладывали на клубе, который я продолжала поддерживать. Приближался 1999 год. Мы помнили о зловещем предсказании смерти Володи Чичилина, и так как любили его, то периодически в своих контактах просили Высших продлить ему жизнь. Просила и мать, Татьяна Васильевна, в своей группе.

И Высшие прислушались к нашим просьбам. Володя остался жив. Вместо него Они забрали его отца, которому было всего 48 лет.

Хочу напомнить, что когда-то на одном из сеансов связи Александр Иванович говорил им о возможной компенсации. Конечно, он не имел в виду жизнь другого человека, а подразумевал какую-то дополнительную работу на благо Космоса, но Они распорядились так: оставив сына Татьяне Васильевне, взяли её мужа. И это было решение Высших, которое – неоспоримо.

У Володи впоследствии родилось двое детей: дочь и сын. Он полностью отошёл от контактов и посвятил себя семье. Марина через два года после начала контактной деятельности окончательно уехала в Москву и там обосновалась. Мы продолжали работать сами. Клуб «Контакт» просуществовал более десяти лет.

Многие из сообщений, делаемых Высшими Иерархами на контактах в начальный период, непонятных в те времена, прояснились и были осмыслены лишь по прошествии нескольких лет, когда у нас накопился определённый космический опыт, и расширилось общее мировоззрение.

Марина и Володя, как нам сказали на одном из контактов, были контактёрами первого круга, а это значит – первого подготовительного этапа работы с нами. Они познакомили нас с азами новых космических знаний, ввели новые простые понятия о душе, энергии, смерти, о том, что многое в Космосе, включая и нашу Землю, живое, и т.д.

Когда Марина и Володя, спустя два года, ушли, начался второй подготовительный этап, где мы уже стали работать с личными каналами связи, изменилась форма работы. Продолжались наши испытания. Часто они носили морально-нравственный характер. Шла проверка на качества души, на правильность решений тех или иных ситуаций, на верность Богу, на признание Его не в старых одеяниях, общепризнанных и поэтому безопасных, а в новых проявлениях, которые передовой частью общества принимались подозрительно и с опасением, а остальными вообще были не поняты и не признаны. Однако, как мы поняли, современные проявления Бога человек не видел, к ним он оставался по-прежнему слеп и глух.

Две группы (и в каждой ведущими были мать и дочь) упорно двигались вперёд, но уже к разным целям, потому что их душами был сделан основной выбор. Одни (семья Чичилиных) стали лечить нетрадиционными методами, а это значит – остановились на физической материи, человеческих телах. Они тоже предпочли материальные блага и почитание окружающих.

Вторые (наша семья) выбрали духовное направление, т.е. отказавшись от каких бы то ни было привилегий, продолжили работать не для себя, а для других, для прогрессирования душ всего человечества.

Таким образом, одни работали с телом человека, другие – с его душой. А это уже разные Уровни совершенствования. И в этом состояло разделение на материальное и духовное.

Каждый в жизни делал свой индивидуальный выбор, доходил до своего предела. Испытания продолжались, ситуации становились всё сложнее. А любая ситуация и поведение в ней человека всегда давали полную характеристику качеств его души.

Однако все эти годы мы поддерживали тесную связь с Чичлилиными. Жизненные же испытания, переплетаясь, часто связывали нас воедино, поэтому между нами всегда существовали тёплые, дружеские отношения, и часто так получалось, что мы приходили на помощь им.

Если же говорить о членах группы, то проверку временем многие не выдержали, а нас проверяли и на короткой дистанции, и на длинной, протяжённостью в десять лет. И испытание временем оказалось самым непреодолимым. Люди рассчитывали на быстрое получение каких-то выгод, а когда видели, что быстро ничего не дадут, то уходили. Но это свидетельствовало только о том, что выгоду они ставили выше духовного развития. Да, собственно говоря, никто из них о духовном совершенствовании и не думал. Все приходили только для того, чтобы получить что-то для себя. Преследуя разные цели, люди не могли объединяться в долго существующие группы, поэтому последние не могли долго существовать.

Вот здесь вновь надо подчеркнуть, что группа лучше всего функционировала в таких семейных отношениях как мать и дочь. Первая пара – Марина и Наталья Александровна Молодцовы – составила пару первого круга. Анна и Татьяна Васильевна Чичилины составили пару второго круга. И мы, дочь и мать, составили пару третьего, завершающего круга. Но, конечно, нельзя умалять и значение Александра Ивановича, ибо нам удалось дойти до вершины только потому, что мы все трое были едины. Наша семья оказалась полноценной и поэтому наиболее продуктивной. Так если у треноги отпилить одну опору, то она перестанет функционировать, потому что на каждую «ногу» падает своя нагрузка. Поэтому без материальной основы, которую создавал Александр Иванович, мы не смогли бы так плодотворно трудиться на благо Космоса.

Третий этап работы шёл уже после того, как каждой душой был сделан конкретный выбор. Чем выше поднимаешься, тем меньше рядом с тобой остаётся людей. Так происходило и у нас. На третьем этапе работало только трое. До вершины дошли самые тихие и скромные, самые исполнительные и ответственные, бескорыстные и трудолюбивые. Но испытания продолжались, и каждому они давались свои. Да и нет на Земле человека, который был бы освобождён от них. Благополучие не раскрывает сути человека. Только испытания позволяют судить о степени зрелости его души и способствуют дальнейшему совершенствованию. Человек не должен топтаться на одном месте. Цель его – не останавливаясь идти в совершенствовании вперёд и вперёд.

СЛОВАРЬ

Абсолют – 1) Бог, Высший Разум; 2) пространственный объём, олицетворяющий собой живой организм Высшего Существа, содержащего в себе всё Сущее и являющегося вершиной определённого цикла развития.

Абсолютный – достигший высшего состояния развития, содержащего в себе полный комплект требуемых составляющих энергокомпонентов.

Высшие – личности, находящиеся по Уровню развития выше земного плана и руководящие Землёй и человечеством.

Душа – энергетическая суть человека, меняющаяся в процессе совершенствования.

Иерархия – каркасная пространственная конструкция «тонкого» плана, в которой в определённом порядке располагаются миры Бога, населяемые индивидами определённого уровня развития. Миры (или планы бытия) – это Уровни. Степень их развития возрастает от основания пирамиды Иерархии к вершине, на которой находится Бог, управляющий всем нижележащим. Иерархия вмещает в себя строго конкретное число личностей.

Качество энергии – однородный вид энергии.

Композит – качественный состав души, определяющий выразительность и индивидуальность личности.

Карма – воздаяние человеку за положительные или отрицательные действия в прошлой жизни (добрая или злая судьба, заложенная в программу жизни человека).

Мощность души (мощь) – 1) это её сила, состоящая из потенциалов накопленных энергий; 2) способность души совершать какие-либо действия или процессы (в том числе и мыслительные); способность совершать работу в единицу времени.

Низшие – индивиды, относящиеся к земному миру. Материальный человек всегда по развитию стоит ниже тех, кто находится в Иерархии, так как «тонкая» энергия – это более высокий уровень организации материи.

Объём – количественный содержатель чего-либо, обладающий границами.

Прогрессирование души – накопление в её матрице энергий в соответствии с заданной программой.

Потенциал души – силовой показатель личности. Он складывается из потенциала энергий, наполняющих её матрицу и постоянные оболочки.

Раскодирование – уничтожение души на «тонком» плане; аннулирование у индивида осознания своего «Я» как личности: разборка тонкоэнергетических построек души с полным очищением ячеек матрицы от набранных индивидом энергий во всех предыдущих жизнях.

Распределитель – то же, что и сепаратор.

Сепаратор – установка тонкого плана, собирающая и распределяющая души людей после смерти.

Сущность (существо) – разумный индивид, относящийся к другому миру, находящийся в форме, не подобной человеческой, но обладающей временными конструкциями, приспосабливающими его к миру, в котором он существует.

Тонкий (мир, конструкция, структура, и т.д.) – 1) всё, что находится за пределами восприятия человека; 2) всё, что создано из энергии более высокого порядка, чем физическая материя.

Уровень – степень развития чего-либо или кого-либо.

Уровень Иерархии – мир или план существования в Иерархии. Уровни располагаются согласно своей порядковости, то есть закономерной последовательности развития энергии от низших, ближайших к Земле, – к высшим, ближайшим к Богу.

Энергетика – новое обозначение слова «энергия», содержащее в себе по построению более мощный тип энергий, характерных для подачи на Землю из Космоса на настоящий момент времени (2000 г. – *Прим. авт.*).

Энергия – 1) любой вид материи как физического плана, так и «тонкого»; 2) это общая мера различных форм движения материи (классическое определение).

Слова, объединённые по смыслу

Небесный Учитель – Высшая личность или другое существо, ведущее человека по жизни.

Духовная Система – разумные сообщества Высших Личностей, находящихся в Иерархии Бога, то есть принадлежащих к «тонкому» миру.

Материальная Система – сообщество разумных существ, находящихся в материальных телах и обладающих уровнем развития, во много раз превосходящим человеческий.

Иерархическая Система – 1) сообщество разумных Сутей, объединённых одним Уровнем развития и пребывающих в Иерархии. Системы располагаются на одном или разных Уровнях и имеют степень развития, соответствующую этому Уровню; 2) Система, принадлежащая Иерархии.

Космическая Система – сообщество разумных существ, находящихся за пределами Иерархии Бога.

Содержание

ИЗДАТЕЛЬСКИЙ ДОМ «АМРИТА-РУСЬ»

Розничная и оптовая продажа:
Книжная ярмарка, м. Пр. Мира, СК «Олимпийский»,
1 этаж, место 13, тел. 8 (909) 156-59-19

Оптовая продажа:
Выставочный центр, м. Красносельская (или Комсомольская),
ул. Краснопрудная, 22а, стр. 1

В торгово-выставочном центре издательства «Амрита-Русь» постоянно имеется более 2000 наименований литературы по эзотерике, теософии, философии, восточным методикам и практике совершенствования, традиционной и нетрадиционной медицине, астрологии, мировым религиям и религиозным течениям.

тел./факс (499) 264-05-89, тел. 264-05-81
Вы можете заказать книги на нашем сайте:
www.amrita-rus.ru, info@amrita-rus.ru
Книга почтой: 107140, Москва, а/я 38

*По заявке оптовиков делается электронная
рассылка полного книжного каталога.*

*Приглашаем к сотрудничеству книготорговые организации,
авторов и переводчиков эзотерической литературы.*

Духовно-просветительное издание

Серия «За гранью непознанного»

Секлитова Лариса Александровна
Стрельникова Людмила Леоновна

ВЫСШИЙ РАЗУМ
ОТКРЫВАЕТ ТАЙНЫ

Подписано в печать 24.12.2007.
Формат 84x108/32.
Усл. печ. л. 22,7
Тираж 7000 экз. Заказ № 127

Издательский дом «Амрита-Русь»
107061, Москва, ул. Б. Черкизовская, д. 1, корп. 1
тел/факс (499) 264-05-89, тел. 264-05-81
e-mail: info@amrita-rus.ru   www.amrita-rus.ru
Книга почтой: 107140, Москва, а/я 38
По заявке оптовиков делается электронная
рассылка полного книжного каталога.

Отпечатано в полном соответствии с качеством
предоставленных диапозитивов в ОАО «Издательско-
полиграфическое предприятие «Правда Севера».
163002, г. Архангельск, пр. Новгородский, 32.
Тел./факс (8182) 64-14-54, тел.: (8182) 65-37-65, 65-38-78
www.ippps.ru, e-mail: zakaz@ippps.ru